DURCH DIE WEITE WELT

DURCH DIE WEITE WELT

DAS GROSSE BUCH FÜR JEDEN JUNGEN

Mit über 300 ein- und mehrfarbigen Abbildungen
und einer bunten Ausklapptafel

47. Band

FRANCKH'SCHE VERLAGSHANDLUNG STUTTGART

Umschlaggestaltung von Edgar Dambacher
Die Bilder zeigen: Motorradweltmeister Giacomo Agostini (Foto: E. Leverkus);
Wellenreiter (Foto: USIS)
Ausklapptafel „Traumwagen gestern und heute", gezeichnet von Claus Bock

Franckh'sche Verlagshandlung, W. Keller & Co., Stuttgart / 1973
Alle Rechte, auch die des auszugsweisen Nachdrucks, der fotomechanischen
Wiedergabe, der Übersetzung und der Übertragung in Bildstreifen, vorbehalten
© Franckh'sche Verlagshandlung, W. Keller & Co., Stuttgart
1973 / Printed in Germany / Imprimé en Allemagne / ISBN 3-440-04010-0 / LH 19 hä
Gesamtherstellung: Ernst Klett Druckerei, Stuttgart
Klischeeanfertigung: Graphische Kunstanstalt Willy Berger, Stuttgart
Papier: Papierfabrik Scheufelen, Oberlenningen (Württ.)

DURCH DIE WEITE WELT | BAND 47

Die Welt, in der wir leben

Was ist eigentlich Demokratie? / Von Friedrich Traub 16
Probleme der Jugend — Probleme der Zeit / Von Lutz-Volker Kroll 21
   Jung und alt — Das Generationsproblem 22
   Genuß zu hohem Preis 27
   Leistung — Streß — Herzinfarkt 31
   Sex und Erotik — das große Geschäft 35
   Hat unser Leben einen Sinn? 41

Kultur, Geschichte, Musik

Stradivari — Paganini: Kostbare Geigen, berühmte Virtuosen, Geheimnisse des Geigenbaus / Von Erich Stripling ... 155
Aus der fernen Zeit der Minnesänger / Von Kurt Pahlen ... 201
Es werde Licht — Kleine Historie der Straßenbeleuchtung / Von Bruno Klinger 295
Glanz und Elend im Dasein berühmter Dichter — Friedrich Hölderlin / Von Johannes Carstensen 324
Mahatma Gandhi — Sieg durch Gewaltlosigkeit / Von Richard Diederichs 369

Aus Technik und Verkehr

Das große Abenteuer „Motorrad" — Zwei Männer erobern die Welt / Von A. Klacks 9
Wie funktioniert denn das? — Barometer und Tachometer / Von Thomas G. Aylesworth 58
Tausendsassa der Luft: Hubschrauber / Von Ingo Rogge ... 77
Das große Erlebnis — Weltmeer, Seewind und moderne Schiffe
Das Seenot-Rettungswesen — Flaggen fremder Länder — Signalflaggen-Alphabet — Seenotsignale — Praktischer Verkehr mit Signalflaggen — Windstärken — Sturmwarnungssignale — Seeschiffe der Handelsmarine — Einige Schiffstypen der Bundesmarine / Von Hans Georg Prager ... 94
Die Eisenbahn: Die alte Zeit — die neue Zeit / Von Ralf Roman Rossberg 118
Hochseeschlepper — Berger in aller Welt / Von Wilhelm Nootbaar 180
Wolkenwanderer — Wie ein Motorflugzeug entsteht / Von Ernst Leverkus 191
Die Abschreckungswaffe der USA: Interkontinentalraketen / Von Fred. R. Stoker 376

Traumwagen gestern — Traumwagen heute / Von Claus Bock 391

Forschung — gestern, heute, morgen

Computer für Schule und Ausbildung / Von Georg Wadehn   85
Technik macht's möglich: Klima auf Wunsch / Von Wolfgang Messerschmidt 222
Fotochemie nach Noten — Zwei junge Musiker erfinden den Farbfilm / Von Horst W. Staubach 236
Umweltschutz geht alle an — Ein Chemiewerk und seine Bemühungen um eine schadlose Abfallbeseitigung / Von Erich H. Heimann 299
In tropischer Hitze und arktischer Kälte — Klimatest für Autos / Von Erich H. Heimann 339
Jupiter im Fadenkreuz / Von Wolfgang Richter 350

Reisen und Abenteuer in aller Welt

Der Tiger und die Zecken. Kleine Plagegeister — große Auswirkungen / Von Karl Helbig 257
Raupen dröhnen durch die Winternacht — In unerschlossenes Land auf Straßen aus Eis und Schnee / Von Vitalis Pantenburg 268
Zwei zog es in die Ferne — Auf- und Abstieg im Leben eines Auswanderers / Von Karl Helbig 309
Mahagoni aus Afrikas Urwäldern / Von Hans Leuenberger   331
Auf der Himmelstreppe zur „Fußspur des Glücks" — Mond- und Sonnenkult bei der Wallfahrt zum Adam's Peak (Ceylon) / Von Sigrid Knecht 359

Wissen für alle

Der Mensch und das Universum / Von Erich Krug   47
Überleben auf See — Übung für den Ernstfall / Von Manfred Leihse 142
Die Blue-jeans-Story — Eine Hose geht um die Welt / Von Helmut Ludwig 170
Was ein Flugkapitän erzählt. Der Dienst an Bord einer Lufthansa-Maschine / Von Manfred Leihse 231
Wenn Staatsmänner reisen ... — Im Flugzeug des Präsidenten der Vereinigten Staaten von Nordamerika / Von Gerhard Berendes 246
Sojabohnen aus Amerika / Von Gert Bender 260
Geheimnisvolles Watt / Von Erich Fischer 277

Sport

Wie werde ich Bergsteiger? Klettern in Fels und Eis — Sport nur für Auserwählte? / Von Anderl Heckmair   62

Eddy Merckx: Mit dem Superrad zum Weltrekord / Von Holger Tamm	151
Sie stellen sich auf schmale Balken und reiten aufrecht durch die furchterregenden Wellen / Von Torsten Andersson	164
Zum Fußball-As geboren / Von Helmut Sohre	388

Aus der Welt der Natur

Die giftige Tarantel / Von Wolfgang Bechtle	92
Der Herrscher / Von I. G. Kornbusch	124
Auch der Tiger ist des Menschen Bruder. Habt ein Herz für Tiere — Tierschutz tut not! / Von Adolf Zänkert	126
Hund im Löwenzwinger — ungewöhnliche Tierfreundschaft / Von Kurt Lorz	162
Haie — Schrecken der Meere / Von Flip Schulke	168
Afrika — Paradies der wilden Tiere / Von Adolf Zänkert	184
Tiere im Dienste des Menschen: Die Erdkröte — ein Polizist auf dem Streifgang / Von Edi Polz	213
Freund Pferd — Von Pferden und Pferdesport / Von Helmut Sohre	214
Selbst im kleinsten Lebewesen wohnt das Wunder / Von I. G. Kornbusch	250

Fesselnde Erzählungen

Seltsame Christmette — Eine Geschichte aus der Zeit der Tiroler Freiheitskämpfe / Von Karl Springenschmid	136
Chui, der wahre König der Tiere / Von Jean-Pierre Hallet	206
Die Fahrt des letzten Raumschiffes. Eine Geschichte, anno 2304, um eine Zukunftstragödie / Von Alfred K. Nauck	289
Die Freuden der Musik / Von Josef Wechsberg	347
Die geheimnisvollen Höhlen von Qumran / Von Franz Braumann	381

Für die Freizeit

Wir experimentieren — Experimente, die uns Spaß machen / Von Leonard de Vries	69
Wert 100 000 DM: Briefmarken und Briefmarkenraritäten — Die Bewertung von Marken / Von Herbert Stritter	74
Wir bauen eine Drechselbank / Von Rudolf Wollmann	171
Der standhafte Papierbogen	190
Wir bauen eine Sandhaufenburg / Von Walter Sperling	288
Was ist Elektronik? / Von Rudolf Wollmann	395
Das Geheimnis der magischen Dreiecke / Von Walter Sperling	397
Hutzliputz zeigt ein tolles Zauberkunststück: Das frei schwebende Glas / Von Walter Sperling	398

Rätsel, Denksport, Spiele

Kluge Kombination	45
Die drei Verschwörer (Bilderrätsel)	57
Wieviel Eier sind im Korb?	61
Für Rätselfreunde: Die gemeinsame Vorsilbe	73
Pinguin und Pinguine — Ein Kreuzworträtsel	84
Wer hat besonders gute Augen?	91
Eine Seefahrt, die ist lustig	123
Von wem sind die Spuren im Schnee? (Bilderrätsel)	141
Das rätselhafte Glas	183
Ein lustiger Knüttelreim	230
Lustige Täuschung — der fixe Tormann	330
Ein Regenspiel / Von Walter Sperling	358
Ein Spiel mit Nullen	367
Lange nicht gesehen — doch wiedererkannt	375
Auflösung der Rätsel und Denksportaufgaben	399

Das große Abenteuer „Motorrad" – Zwei Männer erobern die Welt

Von A. Klacks

Als der gute alte Gottlieb Daimler 1885 sein erstes „Kraftfahrzeug", ein Motorrad mit Verbrennungsmotor, Holzfahrwerk und Holzrädern, in Bad Cannstatt bei Stuttgart spät abends im Dunkeln zur ersten Probefahrt auf die Straße schob, begann das große Abenteuer. Der Gottlieb bekam prompt Ärger mit einem Polizisten wie fast alle Motorradfahrer nach ihm, denn die Kiste machte einen ungebührlichen Lärm. Aber die Bewegung „ohne Pferd" begann die Menschen gewaltig zu faszinieren. 1894 bauten Hildebrand und Wolfmüller in München das erste „Serien"-Motorrad der Welt, 1907 begannen auf der Insel Man in der Irischen See die ersten großen Motorradrennen, die bis heute Weltgeltung behalten haben. Ein neues Kapitel der Technik in der Menschheitsgeschichte wurde aufgeschlagen.

Das Motorrad war als Fahrzeug vom ersten Tage an nicht nur ein Fortbewegungsmittel. Seine bis heute unveränderte, klassische Konstruktion (zwischen zwei hintereinander auf gleicher Spur angeordneten Rädern ein kraftvoller Motor) brachte nicht nur wirtschaftliche und verkehrstechnische Vorteile mit, sie erzeugte

Titelbild: Der erfolgreichste Motorradrennfahrer der Welt ist heute der zwölffache Weltmeister Giacomo Agostini. Hier mit seiner 500-ccm-MV-Agusta (Dreizylindermotor) beim Training im Hockenheimer Motodrom.

Mit den Vierzylinder-Serienmaschinen eroberte Soichiro Honda den Motorrad-Weltmarkt auf Anhieb. Er baute das, was andere Fabriken nicht wagten. Der Erfolg gab ihm recht. Dies ist die 500-ccm-Vierzylinder CB 500.

auch eine besondere Fahrtechnik, eine besondere Wendigkeit, Schnelligkeit und damit als natürliche Folge die Sportlichkeit.

Die Sportlichkeit dieses Fahrzeuges aber begann die jungen Menschen zu begeistern, und selbst in den Zeiten, in denen schlechte Wirtschaftslagen dazu zwangen, das Motorrad aus Billigkeitsgründen dem Automobil vorzuziehen, spielte das sportliche Element eine so große Rolle, daß die Fahrer manche Schwierigkeiten auf sich nahmen, die ein Autofahrer niemals akzeptiert hätte.

Beim Motorrad war schon immer alles anders — heute ist es wieder so. Die Zeiten sind heute vorbei, in denen man ein Motorrad fuhr, weil es weniger als ein Auto kostete. Die großen Maschinen mit einem Hubraum von 750 ccm kosten heute mehr als manches Auto — es gibt Modelle, die mit 15 000,— DM noch nicht bezahlt sind. Dazu kommen die Kosten für Bekleidung und Ausrüstung, die Kosten für Steuer und Versicherungen, die hohen Kosten für Pflege und Ersatzteile. Das Motorradfahren wurde zu einem exklusiven Sport unserer Zeit.

Die Hubschrauber-Fabrik von MV-Agusta hat „in der Ecke" eine kleine Motorradfertigung, wo die exklusive 750-ccm-Sportmaschine gebaut wird. Vier Zylinder, Kardanantrieb, 750 ccm. Die Rennmaschinen sind das Hobby von Graf Agusta.

In seiner Welt spielen sich erstaunliche Dinge ab, von denen ich heute erzählen möchte. Jeder Junge wird den Markennamen „Honda" oder „BMW" schon einmal irgendwo gehört haben. Und wer besonders am Motorsport interessiert ist, dem wird auch der Markenname „MV-Agusta" nicht unbekannt sein.

„Honda" ist die größte Motorradfabrik der Welt in Japan, wo sie viele Werke hat. Der Chef des Hauses ist der Japaner Soichiro Honda.

„MV-Agusta" ist eine Fabrik in Italien, die in der Hauptsache Hubschrauber baut und in einem Nebenbetrieb in geringer Stückzahl Motorräder herstellt. Der Chef dieses Unternehmens war bis zu seinem Tode 1971 der Graf Domenico Agusta, heute ist es sein Sohn Graf Corrado Agusta.

Diese beiden Familien haben in den letzten 15 Jahren das Bild des Motorradabenteuers gezeichnet.

Bis zum Jahre 1956 etwa war das Motorrad im wiederaufstrebenden Europa nach dem Kriege ein Fahrzeug, das fast nur aus wirtschaftlichen Gesichtspunkten heraus angeschafft wurde. Im

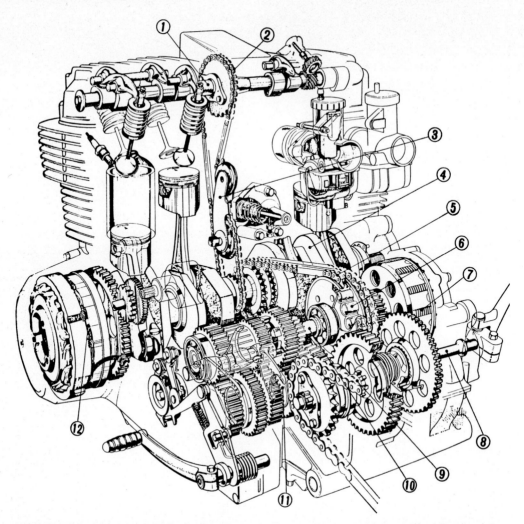

Schnittbild des 750-ccm-Vierzylinder-Hondamotors CB 750. 1 obenliegende Nockenwelle, 2 Nockenwellenkettenrad, 3 Kettenspanner, 4 Kurbelwelle, 5 Primärkette, 6 Stoßdämpfung im Primärantrieb, 7 Kupplung, 8 Kickstarterwelle, 9 Hinterradkette, 10 Getriebewelle, 11 Getriebenebenwelle, 12 Lichtmaschine.

Zuge des Wirtschaftswunders stiegen die Leute dann in Autos um — das Motorrad drohte ganz von der Bildfläche zu verschwinden.

In dieser Zeit aber wuchs in Japan eine neue Motorradindustrie heran, deren Kunden im ganzen asiatischen Raum zu suchen waren. Die erste japanische Maschine kam 1958 nach Deutschland, es war eine 250 ccm Honda C 72. Ein Motorradenthusiast in Nürnberg hatte sie sich aus Japan direkt schicken lassen. Von dieser Industrie aber wußte man in Europa noch herzlich wenig. Man stellte nur fest, daß die Japaner europäische Motorräder direkt kopierten und nachbauten.

Dieser europäische Motorradbau machte in jenen Jahren eine schwere Krise durch, und es war eigentlich nur

Der 1971 verstorbene Graf Domenico Agusta, Chef der MV-Agusta-Fabrik in Gallarate, Italien

Soichiro Honda, Chef der japanischen Motorradfabrik Honda. Der Mann, der den Motorradsport renovierte.

der Motorradsport, die großen Rennen der Weltmeisterschaft, die immer wieder die Begeisterung anfachten und den Sport am Leben hielten. Schon vor dem Kriege hatte die italienische Firma MV-Agusta im Grand-Prix-Sport Europameistertitel errungen, und jetzt in den fünfziger Jahren war diese Marke wieder dabei, die Elite an Maschinen und Fahrern zu stellen. Die deutschen Marken BMW, DKW und NSU verschwanden in den Soloklassen aus den Erfolgslisten (NSU holte sich mit dem Fahrer H.-P. Müller 1955 in der Klasse bis 250 ccm der Solomaschinen den letzten deutschen Titel dieser Kategorien — BMW blieb bei den Seitenwagen erfolgreich, aber wirtschaftlich unbedeutend). Der Italiener Carlo Ubbiali, der in seiner sportlichen Laufbahn neunmal Weltmeister war, begann 1955 mit den ersten Nachkriegserfolgen der MV-Agusta in der Soloklasse bis 125 ccm, nachdem vorher der Engländer Cecil Sandford 1952 auf einer 125 ccm MV-Agusta Weltmeister war. Bis zum Jahre 1959 holten sich die Italiener mit den Fahrern Tarquinio Provini, Cecil Sandford, John Surtees (dem heutigen Automobil-Rennfahrer) und Carlo Ubbiali 13 Weltmeister-Titel nach dem Kriege.

Soichiro Honda im entfernten Japan hatte in seiner damals noch kleineren Fabrik die Entwicklung in Europa aufmerksam verfolgt. 1959 erschienen zum ersten Male japanische Rennfahrer mit 125-ccm-Honda-Rennmaschinen bei dem berühmten Motorradrennen auf der Insel Man, der Tourist-Trophy. In einem dramatischen Rennen belegten sie den 6., 7.

und 8. Platz und holten sich den Mannschaftspreis. Die Motorradwelt horchte auf.

1960 hießen die Weltmeister noch einmal Carlo Ubbiali auf MV-Agusta in der 125-ccm- und 250-ccm-Soloklasse, aber auf den nächsten Plätzen finden sich bereits Honda-Fahrer — vor allem der Rhodesier Jim Redman und der Japaner Takahashi.

Und 1961? — Zwei Weltmeister auf 125-ccm- und 250-ccm-Hondas: Tom Phillis (Australien) und Mike Hailwood (England). MV-Agusta wird Weltmeister mit Gary Hocking in der 350-ccm- und 500-ccm-Klasse. Noch trafen in den großen Klassen beide Marken nicht aufeinander.

Soichiro Honda baute seine Erfolge aus. Er hatte erkannt, daß in Amerika das sportliche Interesse an Motorräder wuchs, und darauf baute er zunächst seine Unternehmungen auf. Mit dem Werbespruch „Auf einer Honda trifft man die nettesten Menschen", mit den Erfolgen der Weltmeisterschaft und mit den technischen Eigenarten seiner Maschinen gelang es ihm, Amerika für das Motorrad zu erobern. Er ist der Mann, der die Renaissance des Motorrades begründete.

Er merkte, daß die Jugend sich für technische Besonderheiten begeisterte, und so waren seine Serienmotorräder fast direkte Nachkommen seiner inzwischen weltberühmten Rennmaschinen. Zunächst brachte er 1962 das Modell CB 72 in größeren Stückzahlen auch nach Deutschland. Es war eine 250-ccm-Maschine mit einem Viertaktmotor. Er hatte zwei Zylinder, zwei Vergaser und eine für die Steuerung der Ventile obenliegende Nockenwelle. Attribute reinen Rennmaschinenbaues. Der Motor leistete 25 PS, die Maschine lief zwischen 140 und 160 km/h. Das war eine Sensation. Manche Details erinnerten an die alte Zweizylinder NSU-Rennmaschine von 1952. Der Verkaufserfolg stellte sich nicht nur in Deutschland ein.

Von 1962 an war Honda laufend in den Erfolgslisten der Weltmeisterschaften vertreten. Die Vierzylinder-Rennmaschinen bekamen einen sagenhaften Ruf. Ab 1962 etwa begann das Duell um die Weltmeisterschaft in der 350-ccm- und 500-ccm-Soloklasse mit MV-Agusta in jedem Jahre neu. Aber Honda schaffte es nur immer in der 350er-Klasse. 1962, 1963, 1964, 1965, 1966 und 1967 ging die Weltmeisterschaft in dieser Gruppe an Honda-Maschinen unter den Fahrern Jim Redman und Mike Hailwood! Aber auch in kleineren Klassen purzelten für Soichiro die Titel — bis 1967 insgesamt 16.

Längst hatten europäische Fabriken die Beteiligung am Grand-Prix-Sport aufgegeben und das Feld den Privatfahrern überlassen. Gegen die technische Überlegenheit von Honda und deren Entwicklungszentrum, in dem inzwischen bis zu 300 Ingenieure arbeiteten, war kein Kraut gewachsen. Nachdem der Welterfolg mit der Serienmaschine CB 450 noch vergrößert worden war, schien das Haus Honda überall unschlagbar zu sein. Diese CB 450 hatte einen 444-ccm-Viertaktmotor mit zwei Zylindern, zwei obenliegende Nockenwellen, zwei Unterdruckvergaser, Torsionsstäbe als Ventilfedern. Der Motor leistet 45 PS, das Motorrad fährt 175 km/h. Das war ein neuer Schlager auf dem Markt, und die wirtschaftlichen Erfolge wurden so groß, daß die Beteiligung am Grand-Prix-Sport eingeschränkt wurde.

Wer jedoch in diesen Jahren des Kampfes um sportliche Ehren und Märkte nicht nachgegeben hatte, das war der Graf Agusta in Gallarate in Italien. Jahr für

Jahr schickte er seine Fahrer und Maschinen zu den großen Rennen und war die einzige Fabrik, die den Japanern ernsthaften Widerstand entgegensetzte.

Seine Fahrer waren der Italiener Giacomo Agostini, der Engländer Mike Hailwood, der Rhodesier Gary Hocking und bis 1960 der Engländer John Surtees. In der großen 500-ccm-Klasse war die Weltmeisterschaft ab 1958 in ununterbrochener Reihenfolge an seine Fahrer gegangen, und selbst die stärksten Angriffe von Honda schlugen hier fehl. Das lag in der Hauptsache daran, daß es den Honda-Ingenieuren nicht gelang, ein absolut spurtreues Fahrwerk für diese große Rennmaschine zu bauen. Man baute Motoren von vier bis sechs Zylinder — aber das Fahrwerk hinkte immer etwas hinterdrein — Hondas Achillesferse.

In der Klasse bis 350 ccm sah es in der Titelreihenfolge so aus: 1958, 1959, 1960, 1961 MV-Agusta. 1962, 1963, 1964, 1965, 1966, 1967 Honda. 1968, 1969, 1970, 1971, 1972 MV-Agusta. Hier ging es hart zu. Aber Graf Agusta konnte sich behaupten, und 1972 hatte er insgesamt seit dem Kriege 34 Weltmeister-Titel mit seinen Maschinen errungen. Davon sein Fahrer Giacomo Agostini als der bis heute erfolgreichste Motorradrennfahrer der Welt insgesamt 12 Titel.

Was hinter diesen Zahlen steht, kann man kaum ermessen. Allein die wahnsinnigen Kosten, die eine Teilnahme an der Weltmeisterschaft bedeuten. Eine Rennsaison kostete Soichiro Honda einmal mehr als zwei Millionen Dollar!

Während Honda mit seinen Erfolgen kräftig Reklame machte und somit zu einem überragenden wirtschaftlichen Erfolg kam, während er die Erkenntnisse vom Bau der sagenhaften Rennmaschinen (es gab einmal eine Fünfzylinder-125er und eine Sechszylinder-250er!) für seinen Serienbau auswertete und mit ebenso berühmten Serienmotorrädern brillierte, nutzt das Haus MV-Agusta diese Rennerfolge überhaupt nicht aus. Hier eroberte man die Welt des Sportes allein. Honda brachte die 750-ccm-Maschine CB 750 mit vier Zylindern, vier Vergasern, obenliegender Nockenwelle, 70 PS und fast 200 km/h Höchstgeschwindigkeit auf den Markt und holte sich damit neue Berühmtheit. Bei MV-Agusta scheint man nur an den Drei- und Vierzylinder-Rennmaschinen zu arbeiten. Der Serienbau ist unbedeutend, wenn es auch eine 750-ccm-Vierzylinder-Maschine mit Kardanantrieb zum Hinterrad gibt, die den Kenner begeistert. Aber es werden nur wenige gebaut, und der Preis ist irrsinnig hoch — über DM 16 000,—.

„Wir haben Freude am Sport", sagt Graf Corrado Agusta. Und baut und verkauft Hubschrauber.

Der etwas publikumsscheue Japaner lächelt und arbeitet. Soichiro ist bestimmt der fleißigste Mann in seinem heute riesigen Konzern. 1971 stellten seine Fabriken 1 927 186 Motorräder her. Vom September 1971 bis August 1972 wurden 438 642 Maschinen über 250 ccm Hubraum produziert. Fast konkurrenzlos steht er heute da, denn der nächste Konkurrent, die japanische Marke Yamaha, baute in demselben Zeitraum „nur" 100 288 Maschinen über 250 ccm. Und von der großen Serien-MV-Agusta verlassen höchstens zwei Maschinen pro Woche die Fabrik.

Welche Unterschiede! Und welche Ergebnisse! Der kleine Graf, der den großen Japaner schlug — der große Japaner, der die Welt des Motorrades umkrempelte.

Das große Abenteuer „Motorrad".

(Fotos: E. Leverkus)

Was ist eigentlich Demokratie?

Von Friedrich Traub

Zum Wesen der Demokratie gehört von Anfang an das Seine-Meinung-Sagen – Bild rechts –, aber auch die Repräsentation der Staatsoberhäupter wie im Bild links beim Empfang von Bundespräsident Heinemann durch Königin Elizabeth von England anläßlich des Staatsbesuches 1972.

Eine leichte Frage, die ein jeder beantworten kann, denn es gibt nur wenige Worte, die uns so geläufig sind wie das Wort Demokratie. Wir lesen und hören es täglich in der Zeitung, im Radio, im Fernsehen, nicht nur als Hauptwort, häufiger noch in seiner Abwandlung zum Eigenschaftswort demokratisch und undemokratisch. Besonders die letztere Vokabel hat sich in der Praxis als vielseitig verwendbar erwiesen. Man kann mit ihr so schön jemanden, der anderer Meinung ist als man selbst, den Wind aus den Segeln nehmen. Denn wer möchte schon undemokratisch sein? Das hat sich in der Schule besonders bewährt. Wer in der Klassenarbeit nicht abschreiben läßt, oder wer die Niederschrift aus der Sozialkunde-Stunde nicht gleich für alle Schüler vervielfältigt, verhält sich undemokratisch. Eine feine Sache schon, diese Demokratie!

Demokratie ist also etwas, wo wir alle mitreden können, wo wir alle etwas zu sagen haben. Unsere Schule, unsere Regierung, die Parteien, die Gewerkschaften, alle sind sie demokratisch, denn unser ganzes Staatswesen nennt sich Demokratie.

Haben wir aber wirklich alle mitzubestimmen? Ist das wirklich Demokratie, wenn sozusagen jeder Dummkopf mitschwätzen kann? Wenn auch alle die, die von einer Sache gar nichts verstehen, dennoch darüber zu entscheiden haben? Schließlich gibt es noch die sogenannte Volksdemokratie in den Ostblockstaaten. Was verbirgt sich hinter dieser Bezeichnung?

Es geht uns auch bei diesem Wort wie so oft im Leben. Gerade die Worte, die wir gedankenlos im Munde führen, haben es in sich. Wenn wir sie definieren sollen, geraten wir ins Stocken und merken, daß es gar nicht so einfach ist, sich Klarheit zu verschaffen.

Machen wir uns einmal den Spaß und gehen wir der Sache auf den Grund. Besonders bei diesem doch arg abgedroschenen, geschundenen, mißhandelten Wort, mit dem, solange es besteht, nur Schindluder getrieben worden ist, müßte es sich lohnen.

Was hat sich doch im Laufe der Zeit schon alles Demokratie und demokratisch genannt? Und was nennt sich heute noch so? Wie oft ist unter dieser Bezeichnung aus Recht Unrecht gedrechselt worden, wie oft ist eine Handlungsweise als demokratisch angepriesen worden, die nichts weiter im Sinne hatte, als seinen Mitmenschen übers Ohr zu hauen.

Auch das Wort Demokratie stammt aus dem Griechischen, wie denn die alten Griechen dafür gesorgt haben, daß wir für jedes Ding auch die richtige Bezeichnung anwenden können. „Demokratía" kommt zuerst bei Thukydides in der zweiten Hälfte des 5. Jahrhunderts v. Chr. vor. Der Begriff ist aus zwei Worten entstanden, nämlich aus „demos", einer sehr alten Bezeichnung, die ursprünglich vielleicht Abteilung bedeutet haben mag. Bei Homer finden wir mehrere Definitionen, die aber mal dies und mal jenes bedeuten. So kann „demos" sowohl Volk im ganzen, die Bürgschaft (lat. populos), das Volk (lat. plebs) im Gegensatz zu den Vornehmen, das Staatsgebiet, aber auch eine kleine Dorfgemeinde oder einen Stadtbezirk bezeichnen. Leicht wird es uns also nicht gerade gemacht, der Demokratie hinter die Schliche zu kommen.

Mit der zweiten Worthälfte geht es etwas besser. „Kratéo" heißt Macht haben, herrschen, in seiner Gewalt besitzen. „Demokratía" übersetzen wir also mit Herrschaft des Volkes, Volksherrschaft, wie denn einer der Fundamentalsätze einer Demokratie lautet: Alle Gewalt geht vom Volke aus.

Doch jetzt wird's schon wieder kompliziert. Dieser Grundsatz stellt gleichzeitig ein Fundamentalgesetz der republikanischen Staatsform dar, wie wir sie auch in unserer Bundesrepublik haben. Eine Demokratie muß aber nicht notwendigerweise eine Republik sein. Denken wir nur an die ältesten und solidesten europäischen Demokratien, an England und die skandinavischen Staaten, die sich sogar einen König als Staatsrepräsentanten leisten, also eine Monarchie bilden und dabei durch und durch demokratisch sind.

Deshalb noch einmal zurück zu den alten Griechen. Keine Bange, wir wollen keinen Geschichtsunterricht treiben. Nur soviel soll gesagt werden: Sie gelten als Erfinder der Demokratie. Aus der Schule erinnern wir uns, daß im alten Athen das ganze Volk sich versammelte und selbst seine Angelegenheiten regelte. Wer etwas zum Thema zu sagen hatte, ergriff das Wort und verkündete in aller Öffentlichkeit seine Ansicht. Zu den Tugenden der Griechen gehörte ja die Rhetorik, die Redekunst, die hier fleißig geübt wurde. Geredet wurde viel und lange, das große Palaver zählte also von Anfang an zu den Attributen der Demokratie. Böse Zungen haben den deutschen Reichstag vor der Zeit Hitlers eine Quasselbude genannt. Wobei wir bei solch abfällig klingenden Worten nie vergessen wollen, daß da, wo man redet, nicht geschossen wird.

Im Athen des Altertums herrschte also die unmittelbare oder absolute Demokratie, wie die Wissenschaftler definieren. Der Staat war so klein, daß seine Angelegenheiten noch durch das gesamte Volk beraten und entschieden werden konnten. Diese reinste Form demokratischen Lebens gibt es nur noch in einigen Schweizer Kantonen. Wir erkennen bei der attischen Demokratie bereits einen Kernpunkt der Sache, nämlich das Majoritätsprinzip, das der Mehrheit. Der Wille der Mehrheit aller Versammelten gilt als Entscheidung der Gesamtheit. Den Gegensatz zu diesem Majoritätsprinzip bildet das der Autorität, das den Willen nur einer oder einiger weniger Personen gelten läßt. Es führt uns zu der unserer Demokratie gerade entgegengesetzten Staatsform, nämlich der Aristokratie, bei welcher der Beste von allen an die Spitze des Staates gestellt wird. Das wäre ja eigentlich die ideale Staatsform. Nur — wie findet man den Besten? Da liegt der Hase im Pfeffer, und an dieser Frage sind die Aristokratien der Geschichte fast immer gescheitert.

Die Völker sind heute so groß, der Menschen so viele, daß eine Versammlung des ganzen Volkes nicht mehr durchführbar ist. Schon frühzeitig entstand also die mittelbare oder repräsentative Demokratie, bei welcher vom Volke gewählte Repräsentanten — Volksvertreter oder Abgeordnete genannt — die Staatsangelegenheiten regeln. Dieses Verfahren ist heute in der ganzen Welt üblich und hat sich als zweckmäßig erwiesen. Zusätzlich kennen verschiedene Staaten noch den Volksentscheid als Mittel, die Ansicht des ganzen Volkes in einer bestimmten Frage zu erfahren.

Die mittelbare Demokratie hat zu einer Staatsform geführt, die wir Republik nennen. Die gewählten Volksvertreter bilden das Parlament, es ist das gesetzgebende und die Regierung bildende Organ. Die Wahl der einzelnen Abgeordneten wird heute bei der Kompliziertheit eines modernen Staatswesens durch politische Parteien beeinflußt, da der einzelne Staatsbürger die Dinge nicht selbst überschauen kann. Sofern also der wahlberechtigte Bürger keinen Kandidaten persönlich kennt, der seine Ansichten vertreten würde, hat er die Möglichkeit, eine Partei zu wählen, deren Ziele seinen Vorstellungen entsprechen. Diese hält Kandidaten für das Parlament bereit, sie vertreten die Interessen aller Bürger, von denen die betreffende Partei gewählt worden ist.

Ein neuer Name ist aufgetaucht, das Parlament. Im Jahre 1272 finden wir das Wort erstmals in England als Bezeichnung für die unter der Normannenherrschaft entstandene Versammlung der Barone, Prälaten und Bannerherren. Der Begriff ist später für die Versammlung der Volksvertreter übernommen worden. Die einzelnen Staaten haben eigene Bezeichnungen entwickelt, Unterhaus in England (das Oberhaus wird nicht gewählt!), Reichstag und Bundestag in Deutschland, Nationalversammlung in Frankreich, Repräsentantenhaus in den USA. Im Grunde ähneln die demokratischen Staaten einander alle. Die Demokratie hat sich als die unserer Industriegesellschaft am besten entsprechende Staatsform bewährt. Der demokratische Staat regelt Rechte und Pflichten der Bürger und der Staatsorgane in einem Grundgesetz oder einer Verfassung, die auf der Teilung der Gewalten in legislative (gesetzgebende = Parlament), exekutive (ausführende = Regierung) und einer unabhängigen Rechtsprechung beruht. In einigen Staaten wird auch der Präsident vom ganzen Volk gewählt (USA, früher auch in Deutschland).

Es gibt noch einen feinen Unterschied. Die Staaten des Ostblocks, die sich sozialistisch oder kommunistisch nennen, haben, um den Gegensatz zu den Demokratien der sogenannten kapitalistischen Welt besonders herauszustellen, ihre Staatsform Volksdemokratie genannt. Da das Wort Demokratie, wie wir jetzt wissen, bereits Volksherrschaft bedeutet, stellt diese Bezeichnung sprachlichen Unsinn dar. Man wollte wohl damit so eine Art Superdemokratie kenntlich machen. Aber in der Geschichte geht es nicht nach Sinn oder Unsinn, das Entstehen eines solchen Wortes ließe sich sonst nicht erklären. Allerdings besteht ein prinzipieller Unterschied zwischen der westlichen und der östlichen Demokratie. Im Westen zählt die Freiheit und Gleichheit jedes einzelnen Bürgers zu ihren Grundfesten. Beide sind sozusagen die Voraussetzung überhaupt, soll ein solches Staatsgebilde diese Bezeichnung führen. Das gilt im Osten nur nominell. Weder die Freiheit noch die Gleichheit sind uneingeschränkt vorhanden. Die herrschende Partei bestimmt vielmehr, was getan werden soll, das Volk hat nur die Möglichkeit, dem zuzustimmen.

Es geht uns hier nicht um Kapitalismus oder Sozialismus, nicht um Monarchie oder Republik, nicht um Rechtsstaat oder Diktatur, sondern schlicht und einfach um die Demokratie, um einen Begriff, der als Schlagwort in aller Munde ist. Jeder Klub und jedes Grüppchen reden doch davon, als hätten sie die Demokratie erfunden. Ob der Kegelklub „Gut Holz", ob der Kanarienzüchterverein „Hänschen" oder der Jungfrauenbund „Unschuld", alle fühlen sich zum Hüter der Demokratie berufen — mit Worten jedenfalls —- so daß mit diesem Begriff viel Schindluder getrieben wird, wir haben es eingangs erwähnt. Man spricht heute sogar von der Gefahr einer Überdemokratisierung, besonders in Deutschland.

Wir haben gehört, wie in der Demokratie der Wille der Mehrheit des Volkes maßgebend ist und die Staatsgewalt vom Volke ausgeht. Es ist gut so, daß dieses Bewußtsein in uns allen relativ stark verwurzelt ist, die Nazizeit und der 2. Weltkrieg haben den Prozeß des Umdenkens nachdrücklich gefördert. Nur sollten wir die Begriffe demokratisch und undemokratisch dort anwenden, wo sie hingehören. Auch in der Demokratie muß die Regierung eine Entscheidung treffen, sie muß eine Frage einfach mit Ja oder mit Nein beantworten. Wenn also der Vorsitzende unseres Sportvereins etwas Satzungswidriges bestimmt, so verhält er sich nicht undemokratisch, sondern ganz einfach falsch. Gewiß ist unser Verein nach demokratischen Grundsätzen im kleinen aufgebaut. Aber alle haben sowieso das gleiche Ziel, sonst wären sie keine Mitglieder geworden. Hüten wir uns also vor großen Worten für kleine Dinge. In unserem kleinen Kreis verhalten wir uns nämlich weder demokratisch noch undemokratisch, sondern einfach richtig oder falsch, gut oder böse, diese Begriffe sind mit der Demokratie noch nicht identisch. Welch ein Glück!

Zum Wesen der Demokratie gehört von Anfang an die Rede, das öffentliche Sprechen, das Seine-Meinung-Sagen, die Diskussion. Gerade die Jugend übt sich heute mehr als die Älteren in der Diskussion. Die Alten könnten manchmal von der Art und Weise, wie hier praktische Demokratie geübt wird, etwas lernen. Aber — und das ist das Bedrückende dabei — Protest ja, Diskussion ja, doch wenn es darum geht, mitzuentscheiden, dann hat plötzlich niemand mehr Interesse daran, übrig bleibt wieder die Väter- und Großvätergeneration. Reden — jede Menge, aber handeln — nein! Die jungen Leute schieben gern den Karren an, aber mitfahren wollen sie nicht. So wird beispielsweise das Problem der Wahlbeteiligung der Jugend zum großen Sorgenkind aller Politiker. Die hohe Wahlbeteiligung bei der Bundestagswahl im November 1972 hat allerdings gezeigt, daß die Jugend zur Stelle ist, wenn es um Entscheidungen grundsätzlicher Bedeutung geht.

Mit der Beantwortung der Frage: „Was ist eigentlich Demokratie?" ist es also allein nicht getan. Das Wissen um die Dinge genügt nicht, Demokratie erfordert Tätigkeit, Mitarbeit, Handeln zum Wohle der Allgemeinheit, zum Wohle des ganzen Volkes und seines Staates. Den Staat von morgen zu bauen aber ist Sache der Jugend, die in ihm leben will und muß. Wir wollen daher alle praktische Demokratie üben, an unserem Staat tatkräftig und besonnen mitschaffen, denn letztlich sind wir alle — Nutznießer solchen Tuns.

(Fotos: dpa; Presse- und Informationsamt der Bundesregierung — Bundesbildstelle)

Probleme der Jugend – Probleme der Zeit

Von Lutz-Volker Kroll

Jede Zeit bringt ihre eigenen Probleme hervor, mit denen alle irgendwie fertig werden müssen, ob jung oder alt. Die sich seit Jahrtausenden immer wieder ändernden Lebensbedingungen bewirken, daß die Sorgen und Nöte von Generation zu Generation verschieden sind und jeweils eigene Lösungen erfordern. Man löst Probleme nicht dadurch, daß man sie in seinem Innern verschließt und im stillen Kämmerlein darüber grübelt, sondern indem man sie anspricht, sie aufzeigt und zur Diskussion stellt. Man muß darüber reden, immer und immer wieder, die Ansichten der anderen in Ruhe anhören und abwägen, was richtig und was falsch sein könnte. Unternehmen auch wir hier den Versuch, die Probleme unserer Zeit, die uns junge Menschen besonders bedrükken, offen und ehrlich anzusprechen und sie nach allen Seiten zu umreißen. Eine Patentlösung gibt es natürlich nicht, die können auch wir nicht bieten. Aber laßt uns darüber nachdenken, was wir besser machen können, laßt uns wenigstens mit dem Lösungsversuch beginnen.

(Foto: Ullstein)

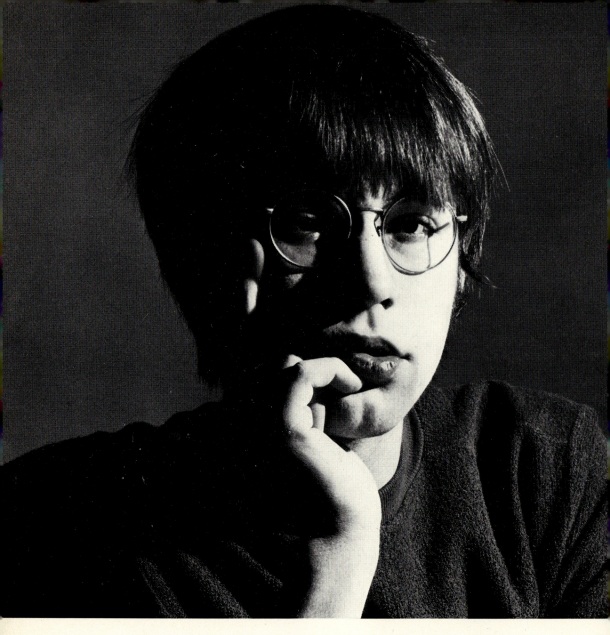

Jung und alt – das Generationsproblem

Wer kennt es nicht? Wer hat noch nicht am eigenen Leibe verspürt, wie groß die Gegensätze zwischen jung und alt heute sind? Wie die Jungen die Alten nicht verstehen und umgekehrt, die Alten sich oft gar nicht die Mühe machen, ein Gespräch mit den Jungen herbeizuführen, Antwort auf Fragen zu geben, die zu erteilen sie aufgrund ihres Alters und ihrer vielgerühmten Erfahrung eigentlich in der Lage sein müßten. Im Gegenteil, wo der junge Mensch hinschaut, prüfend, auf der Suche nach einem eigenen Weltbild, da begegnet ihm sinnloses Geschwätz: „Lernt erst mal ordentlich", „bringt es erst mal zu was", „macht erst

mal durch, was wir erleben mußten..." Die törichten Redewendungen sind ohne Zahl, wir kennen sie alle auswendig und hören schon am ersten Worte, welche Platte die andere Seite auflegen will.

Nun ist ja das Generationsproblem, das sich kurzerhand als die Forderung der Alten an die Jugend darstellt, sich anzupassen, und umgekehrt als die Weigerung der Jungen, dies nicht unbesehen zu tun, eine alte Geschichte. Schon Goethe klagte in späteren Jahren, daß die Jugend nichts mehr tauge und er früher ein ganz anderer Kerl gewesen sei. Die Dinge haben jedoch zwei Seiten. Den „ver sacrum", den heiligen Frühling der Jugend, die auszog, eine neue Welt zu schaffen, den kannte man schon im Altertum. In Liedern, Gedichten, Gesängen wurde ehedem die „glückliche" Jugend verherrlicht, und die alten Recken der Vorzeit träumten noch als Greise von ihren jugendlichen Taten. Gab es also in der Vorzeit einen besseren Kontakt zwischen Jugend und Alter?

Zweifellos, denn die Bindungen zwischen den Generationen waren stärker. Es bestanden viel mehr Gemeinsamkeiten, gemeinsamer Hunger, gemeinsame Not, gemeinsame Feinde, dazu Naturkatastrophen, die nur in der Gemeinschaft abgewehrt werden konnten. Das schweißte beizeiten zusammen, um so mehr, als man in der Großfamilie lebte, in der einer auf den anderen angewiesen war. Diese vereinte sowieso mehrere Generationen, aus jugendlichem Ungestüm und abgeklärter Altersweisheit entstand die Synthese, die den Fortbestand der Menschheit immer wieder gesichert hat.

Warum ist das heute anders? Warum sind die Gegensätze in der heutigen Zeit größer denn je? Nun, wir wissen es alle aus eigener Erfahrung, aus eigener Anschauung. Unser Lebensraum, unser Lebenskreis ist viel kleiner geworden. Enge erzeugt Druck, die Ansichten stoßen sich im Raum, die Meinungen prallen aufeinander. Leitbilder, an denen die Jungen sich orientieren könnten, gibt es nicht mehr, über der Schaffung des sogenannten Wohlstandes hat man die Jugend offenbar vergessen. Ein Blick auf die Probleme der älteren Generation genügt, um ein für allemal genug davon zu haben. Wie sieht denn das Leben aus, das sie uns zu bieten nicht scheuen. Da hocken sie des Abends satt und träge vor dem Fernseher, lassen Schnaps und Bier in sich hineinlaufen und grunzen behaglich, wenn halbnackte Tanzmädchen über den Bildschirm hüpfen. Von Vietnam haben sie offenbar noch nie etwas gehört. Oder von Indien. Vom Massenelend in Südamerika. Nein, des alten Herrn größte Sorge ist doch, daß er sich bald den 90-PS-Wagen leisten kann — um den Kollegen auszustechen. Und die Mutter bewegt sich geistig auch nur im Kreis zwischen Knallmanns Superweiß, der Modezeitung und dem Kulenkampff. In der Schule wird uns weiterhin der alte Zopf gelehrt. Daß es eine dritte, junge Welt gibt, hat sich noch nicht herumgesprochen. Und diese Generation mit ihren Wohlstandssorgen soll uns Leitbild sein? Ist das abendliche Pantoffelkino tatsächlich das erhabenste Ziel, für das es sich allein zu leben lohnt?

In den USA schrieb ein Fünfzehnjähriger in einem Aufsatz: „In den Köpfen meiner Generation herrscht völliges Durcheinander, weil wir versuchen, für uns selbst und um uns herum eine Lösung zu finden." Margaret Mead hat in ihrem Buch „Jugend ohne Vorbild" die Dinge beim Namen genannt: „Meine Generation wird ja fast wie eine Maschine bedient. Wir sollen feste Normen lernen, uns eine bessere Ausbildung zulegen, damit wir in die Fußstapfen der Älteren treten können. Aber wozu? Wenn aus uns eine Generation werden soll, die alles nur wiederholt, wird der Zustand nur noch schlimmer."

Ist es nicht tatsächlich so? Was haben denn die Generationen vor uns vollbracht? Zwei Weltkriege mit Millionen von Toten! Auf den Wiederaufbau nach 1945 sind sie furchtbar stolz — aber daß er gar nicht zu sein brauchte, wenn sie nicht vorher mit Begeisterung dem Hitler gefolgt wären, das merken sie offenbar nicht. Und neben dem Aufbau spielen sie mit der Atombombe und überlegen, wie sie noch schneller, noch wirkungsvoller ihre Mitmenschen vernichten können. Margaret Mead schreibt: „Geschichte ist für weite Teile der Jugend deshalb keine Antwort mehr, weil sie die Vergangenheit mit ihren Kriegen, ihrem Kolonialismus und ihren Ungerechtigkeiten als unbegreifbaren Fehlschlag empfinden."

Dann wundern sich die Alten, wenn wir versuchen, das alles eben nicht zu wiederholen, vielmehr unseren eigenen Weg zu gehen, eine bessere Welt zu suchen, sei es selbst als Hippie oder als Gammler. Wenn wir von dem Establishment mit dem größeren Auto, dem neuen Fernseher, dem Superkühlschrank nichts wissen wollen, uns eine eigene Sprache formen, uns von Pop- und Soulmusik angesprochen fühlen, die von Menschen mit gleichem Denken stammt. Ja, selbst der Rocker wird als Auflehnung verständlich, er symbolisiert den Protest gegen diese unheile Welt, so wie wir uns Bärte wachsen lassen, nur — weil wir uns von den Satten und Trägen distanzieren wollen. Und die Alten? Welche Entgegnung finden sie? „Die Jugend von heute — wir waren ganz anders — der Hitler hätte sie schon herangenommen — denen fehlt der preußische Kommiß!"

Gibt es keinen Ausweg aus diesem Zwiespalt? Sind wir Jugendlichen in der Wohlstandsgesellschaft dazu verurteilt, vor den Alten zu kapitulieren? Denn darauf läuft doch alles hinaus. Die Protestler von vorgestern, wo sind sie heute? Sie haben sich angepaßt, um ihr Stück vom Wohlstandskuchen abzubekommen. Ihr Leitbild ist die D-Mark geworden — und vor Jahren wollten sie noch den Himmel stürmen!

Ist das auch unser Geschick? Hat alles keinen Zweck? Gibt es niemanden, der uns aus der Sackgasse führt, aus dieser Wirrnis, die in uns ist? Zu Kaisers Zeiten galt das Soldatsein als höchstes Ziel des jungen Menschen. Unter Hitler waren es Totila und Teja, die alten Germanenkönige, oder Gneisenau und Schill und wie die Strategen alle hießen, die der Jugend als Idol dienten, auf daß sie sich mit Begeisterung totschießen ließ. Was haben sie dagegen uns vorgesetzt? Außer der D-Mark? Nichts! Sie haben einfach vergessen, sich um uns zu kümmern. So bleibt uns nichts anderes übrig, als selbst den mühsamen Weg des Suchens zu beschreiten, ohne Hilfe, allein gelassen. Der eine findet sein Ideal in Che Guevara oder Mao Tse-tung, der andere bei Ho Tschi-minh oder Angela Davis, bei Kämpfern unserer Zeit. Oder wir spüren unsere Gemeinsamkeit bei den Klängen der Band, oder wenn die Mathieu singt, oder Ramona — — —.

Freilich, das Leben wird durch diese Konfliktsituation mit ihrer täglichen Konfrontation von jung und alt nicht lebenswerter. Im Elternhaus, in der Schule, im Lehrberuf, täglich stehen uns die Alten gegenüber. Oft sind die Spannungen unerträglich. Was sollen wir tun? Verständnis für die Alten haben? Sie zeigen auch keines für uns. Mitleid? Vielleicht das, vielleicht Mitleid mit ihrem armseligen Leben ohne Inhalt. Vielleicht sollten wir versuchen als Jugend, den Alten neue Impulse zu geben? Wenn es auch zunächst zwecklos erscheint. Aber vielleicht fehlt es uns an Ausdauer? Anstatt immer wieder zu opponieren, zu resignieren, sie wachzurütteln versuchen, sie auf die Unvollkommenheit, ja Schäbigkeit der Welt aufmerksam zu machen? Warum eigentlich haben wir solchen Abscheu vor diesem supermiesen Fach Geschichte? Daran sind doch nur diejenigen schuld, die sie uns falsch serviert haben. Immer nur von Krieg, Unterdrückung, Mord und Totschlag predigten. Wann haben wir je etwas über Ärzte, Forscher, Erfinder, Künstler gehört? Warum suchen wir aber nicht selbst Kontakt zu ihnen, ohne die

Pauker? Freunde, es hat keinen Zweck, zu warten bis einer kommt und uns neue Ziele weist. Das führt nur auf den Weg, den uns unsere Eltern vorgelebt haben. Zu denen kam der Hitler und wies ihnen die Straße zum Völkermord.

Aber das andere Extrem sind die Hippies. Passivität? Ach, was soll's, die hat noch nie etwas erreicht. Und nicht jeder von uns ist ein Gandhi. Die Schuld nur auf die ältere Generation schieben führt auch zu nichts. Machen wir es uns denn zu leicht? Haben wir noch nicht begriffen, daß die Zukunft, in die wir hineinwachsen, irgendwie anders aussieht? Daß wir uns in einer Übergangsphase befinden und gerade deshalb die Probleme so kompliziert sind.

Jugend wird heute zur Tugend erhoben — um uns das Geld aus der Tasche zu ziehen. Am Generationsproblem verdienen die Psychologen — und nicht schlecht. Auf der einen Seite zeigt man mit dem Finger auf uns, auf der anderen werden wir beweihräuchert. Dabei haben wir mehr Freiheiten als je eine Generation vor uns, wir leben ungezwungener, natürlicher, ohne Tabus, ohne Rassenvorurteil. Wir haben doch die bessere Position!

Aber wir nutzen sie nicht. Wir ruhen uns auf den Gegensätzen aus, statt sie zu überwinden. Im Bewußtsein unserer Stärke, unserer besseren Argumente, lässig, wie es unsere Art ist. Laßt sie nur reden, sagen wir — und gähnen. „Die Alten", so nennen wir sie und treffen mit dieser Bezeichnung schon Menschen, die eben die Dreißig überschritten haben. „Die Alten" sind an allem schuld, so übersteigern wir noch die Probleme, sie lehren uns alles falsch, sie machen alles falsch, sie können ja noch nicht einmal richtig Auto fahren. Wo wir hinschauen sind uns die Alten im Wege — meinen wir und möchten am liebsten solch einem „Opa" mitleidig auf die Schulter klopfen, damit er uns aus dem Wege geht. Denken wir aber eigentlich nicht falsch herum? Das Versagen unserer Eltern hat das Generationsproblem in unserer Zeit übernatürlich hochgespielt. Holen wir es wieder auf den Boden der Wirklichkeit herab. Es liegt doch an uns, die Dinge in die Hand zu nehmen und die Alten auf den Weg einer besseren Welt zu führen, den sie offenbar allein nicht finden. Schließlich: Nicht überall besteht der Gegensatz zwischen jung und alt, vielerorts sind die Familien noch in Ordnung, besteht ein Vertrauensverhältnis zwischen den Generationen. Das sollte als Beweis dienen, daß es eine Brücke geben muß und auch gibt. Nur der Anfang muß getan werden. Und das ist am schwersten. Besonders, wenn man schon begonnen hat, müde zu werden.

Also Freunde, packen wir's an. Wie sollen wir die Ungerechtigkeit dieser Welt überwinden, wenn wir nicht im kleinsten damit beginnen? Nicht Haß und Zorn verbessern die Welt, vielmehr — das Gute zu tun — nur das Gute! Nicht mitzuhassen — mitzulieben sind wir da! —

(Fotos: Süddeutscher Verlag / Wagner Ku; Interfoto — F. Rauch)

Genuß zu hohem Preis

Zu den Problemen, die wir uns in mühevoller Kleinarbeit im Laufe der Jahre zusammengebastelt haben, gehört das, was heute vielfach als Suchtproblem bezeichnet wird. Keine Bange, jetzt kommt nicht wieder die alte Leier mit dem berühmten Schreckgespenst Drogenmißbrauch. Über Rauschgifte ist schon so viel geschrieben worden, ersparen wir uns eine Wiederholung. Auch der Alkohol soll einmal beiseite bleiben.

Nein, es geht um keine große und weltbewegende Sache, es geht uns nur um das kleine Stäbchen, das wir uns in der Schulpause zwischen die Lippen stecken oder nach dem Frühstück genießerisch inhalieren. Und auch hier — wir sprechen ja unter uns — wollen wir all das Gerede einmal beiseite lassen, was passiert, wenn — und so weiter. Na schön, wir wissen es längst, daß das Rauchen das beste Mittel ist, um sich einen Lungenkrebs zuzulegen. Oder daß derjenige, der im Alter gern ein Bein los sein möchte, nur stark zu qualmen braucht, damit ihm die Ärzte diesen Wunsch erfüllen (Nikotin ist ein Gefäßgift, es verengt die Adern und verhindert die Durchblutung bis zum völligen Absterben der Gliedmaßen). Ja, ja, ist ja alles wahr, aber denkt denn jeder, der sich seinen Glimmstengel anbrennt, an derartige Dinge? Nikotin übt offenbar eine nervlich aufmunternde Wirkung aus. Und letztlich: 90 Jahre war unser Opa alt und hat zeit seines Lebens gequalmt wie ein Wachsoldat. Die Piepe ist ihm nie ausgegangen, und wenn er der Oma blauen Dunst vormachen konnte, dann wurde es erst richtig gemütlich.

Also was ist schon wieder dagegen zu sagen? Wenn es nach den Ärzten ginge, dann dürften wir überhaupt nichts. Dem Jugendlichen schadet ja angeblich schon ein Glas Bier. Wir müßten vielmehr frühmorgens mit dem Waldlauf beginnen, dann brav unseren Joghurt löffeln und Tomatensaft dazu trinken und mindestens in jeder Pause eine Runde Trimm-Dich treiben. Des Abends dann mit den Hühnern zu Bett, auch das Fernsehen soll schädlich für uns sein. Ein Wort von Aldous Huxley, dem englischen Dichter, fällt mir ein, weil es gerade so schön zu unserem Thema paßt: Die medizinische Forschung hat so enorme Fortschritte gemacht, daß es praktisch überhaupt keine gesunden Menschen mehr gibt. Also — hat der Mann nicht recht?

Die Dinge liegen doch anders. Uns Jugendliche drängt es ja gar nicht so sehr nach dem sogenannten „Genuß" der Zigarette. Ich kenne viele, denen schmeckt sie überhaupt nicht. Seien wir einmal ganz ehrlich. Wenn drei Freunde beisammenstehen und einer reicht die Schachtel herum — wer wollte da schon ablehnen? Und sich den dummen Bemerkungen der beiden anderen aussetzen? Oder wer möchte auf der Party lieber Malzbier trinken und einen Apfel dazu essen als Apostel für die Gesundheit des Menschengeschlechtes? Oder in der Diskothek Hustendragées lutschen? Wir Jungen haben uns mit viel Mühe und unter Protest unsere eigene Welt geschaffen — das Rauchen ist unser Statussymbol, genauso wie das Knattern unserer Mopeds oder der Mofas. Wer raucht, ist „in" — stimmt's? Und haben nicht unsere Eltern genau das gleiche getan? Erzählt Vater nicht oft genug, wie er schon mit 13 seine erste Zigarette probiert habe? Aha, die Alten sind stolz auf das, was sie den Jungen heute vorwerfen. Je größer also der zeitliche Abstand von den sogenannten La-

So sieht er aus, der Altar, dem wir unsere Freiheit zum Opfer bringen.

stern der Jugend, desto harmloser erscheinen sie und gewinnen sogar eine gewisse Verklärung. Gut, daß wir das wissen.

Aber da ist noch etwas anderes, das unsere Väter offenbar nicht gestört hat. Ich weiß nicht, Freunde, vielleicht habt ihr das selbst auch schon so empfunden. Derjenige, der raucht, ist ja im Grunde ein Sklave des Glimmstengels geworden. Nicht wegen der Gesundheitsmasche. Niemand glaubt doch im Ernst, daß die Menschheit — bestünde sie aus lauter Nichtrauchern — doppelt so lange leben würde. Meinetwegen, die Gefahren sollen nicht beschönigt werden, sie sind längst erwiesen. Dem Siegeszug der Zigarette um die Welt folgte zwanzig Jahre später der Siegeszug des Lungenkrebses auf genau der gleichen Strecke. Ich meine etwas anderes.

Wir Raucher sind in eine bedrückende Abhängigkeit zur Zigarette geraten. Das ist es, was ich als so schwerwiegend empfinde. Unser jugendlicher Drang geht nach Freiheit — sie wird uns täglich gepredigt, hunderterlei gibt es, was uns angeblich frei macht. Aber die Zigarette?

Gehen wir zu Bekannten, so lautet unsere erste Frage: Darf ich rauchen? Wir erwarten gar nicht, daß sie nein sagen, wir betrachten die Genehmigung als unser Privileg. Wir bekommen es auch immer gestattet, zähneknirschend oft, aber wer möchte seinem Gast etwas verbieten wollen? Und wenn ihn der verdammte Rauch noch so stört, wenn er ihn gar nicht vertragen kann! Fahren wir mit der Bahn, müssen wir ins Raucherabteil steigen, selbst wenn es schon überfüllt ist. Im Theater sind die Pausen am schönsten, weil wir da wieder rauchen dürfen. Man sagt doch sogar im Scherz, daß der Raucher nur ißt, damit anschließend die Zigarette wieder schmeckt. Ich habe sogar schon einen gesehen, der hat mit der brennenden Zigarette im Mund Benzin in den Tank seines Autos gefüllt. Wir sind derart versklavt, daß wir sogar das Maß für unser Verhalten verlieren. Und wissen wir eigentlich, was wir unseren nichtrauchenden Mitmenschen mit unserer Sucht zumuten?

Das ist das Bedrückende an der Geschichte — diese abscheuliche Unfreiheit, dieses elende „müssen". Man ist dieser Sucht buchstäblich verfallen — ei, freilich ist es eine Sucht! Es sei denn, man besäße so viel Selbstbeherrschung, daß man es jederzeit lassen könnte oder eben den Genuß dieses Giftes Nikotin auf die Stunde beschränkte, wo einem ein wenig Gift das Leben scheinbar erleichtert und die Nerven etwas anregt. Aber wer kann das schon?

So ist unsere Zeit nicht nur voller Probleme, vielmehr voller Widersprüche. Die Freiheit geht uns angeblich über alles, aber im Genuß werden wir zu Sklaven. Nur um „in" zu sein. Um von einem guten Kumpel als gleichberechtigt anerkannt zu werden. Ist das tatsächlich so? Oder heißt es vielmehr, allen Blödsinn, den uns ein paar Leithammel vormachen, getreulich nachzuäffen? Ich habe noch nie erlebt, daß sich irgend jemand beispielsweise für Physik interessiert hätte, um „in" zu sein. Aber das Treiben des dümmsten Großmaules in der Klasse nachzuahmen, das heißen wir gut. Warum fallen wir immer wieder auf die Schwadronierer, die Scharlatane, die angeblich Schon-etwas-erlebt-Habenden herein? Warum rauchen wir, auch wenn wir uns gar nichts daraus machen? Warum verkaufen wir unsere herrliche Freiheit an ein so fragwürdiges Geltungsbedürfnis? Warum sehen wir gerade in der Jugend unser Seelenheil darin — wie die anderen zu sein? Um jeden Unfug, den die Alten uns vorexerziert haben, nachzumachen? Während wir sonst immer dagegen sind? Wenige Seiten vorher haben wir über das Generationsproblem gesprochen. Über das miese Leitbild, das uns die Alten zu bieten haben. Aber wenn es um den Glimmstengel geht, da überschlagen wir uns förmlich, es ihnen gleichzutun, ja sie nach Kräften noch zu übertreffen.

Rauchen, Genuß mit später Reue, so sagen die Mediziner. Die rauchen selbstverständlich nicht. Oder habt ihr schon mal einen Arzt gesehen, der raucht? Ja? Ei der Daus, wie schade. Dann stehen wir ja wieder ganz allein mit unserem Problem: Rauchen ist ein Genuß zum Preise der Freiheit.

Dieser Preis ist es, der die Sache ein bißchen zu teuer macht. Den wir zu den schweren Gesundheitsschäden noch extra drauflegen müssen.

(Foto: Comet)

Leistung
Streß
Herzinfarkt

Die Wohlstandsgesellschaft unserer Zeit hat die sozialen Verhältnisse, zumindest in Europa, in einer Weise verändert, wie sie zu Ende des Zweiten Weltkrieges unvorausschaubar war. Während der Konflikt der Generationen zwar stärker geworden ist, hat der vorausgesagte Zusammenbruch des kapitalistischen Wirtschaftssystems nicht stattgefunden. Die Lehre von Karl Marx vom sich immer mehr verschärfenden Klassenkampf, von der zunehmenden Verelendung der Massen, hat sich als Irrtum erwiesen. Das Gegenteil ist eingetreten, den Massen geht es zusehends besser, die Klassengegensätze haben sich in einem nicht zu erwartenden Umfang abgeschliffen, das Selbstbewußtsein der Arbeiterklasse hat zu einem soliden Selbstvertrauen geführt, und Arme im Sinne der Almosenempfänger früherer Zeit gibt es praktisch nicht mehr.

Wohlstand in so breiter Streuung ist nur in einer Leistungsgesellschaft möglich. Aus den Riesenanstrengungen der europäischen Nationen zur Beseitigung der Kriegsschäden ist ein Zwang geworden, der Zwang zur Produktion, der erforderlich ist, soll das Erreichte Bestand haben, denn die Spirale Produktion — Verbrauch — Produktion dreht sich immer schneller. Wir sprechen von Leistungsgesellschaft und meinen damit, daß das dem Menschen angeborene Bedürfnis, sich zu beschäftigen, in einen — fast möchte man sagen höllischen Zwang ausgeartet ist. Die gesunde, geruhsame, bedächtige Arbeit, die über das Beschäftigungsbedürfnis hinaus nur dem Broterwerb dient, hat sich in einen Arbeitszwang gewandelt, dem wir folgen müssen, soll der Wohlstand in bisherigem Umfang erhalten bleiben, ja, noch gesteigert werden, wie es die Fortschrittsapostel predigen. Mit dieser Übersteigerung entfernen wir uns immer mehr von unserem eigenen Wesen und überschreiten die Möglichkeiten unserer natürlichen Anlagen. Jede Entfremdung von den natürlichen Lebensvoraussetzungen fordert ihren Preis: Hetze, Streß, Herzinfarkt. Gibt es eine Möglichkeit, mit diesen neuen, von uns selbst erfundenen Geiseln der Menschheit fertig zu werden?

Betrachten wir unseren Tagesablauf. Die Hetze fängt meist schon in der Frühe an. Unausgeschlafen, unlustig beginnen wir den Morgen, schlingen das Frühstück hastig hinunter. Dann geht es in den brodelnden, brandenden Verkehrslärm hinaus, der unser treuer Begleiter bis zum Feierabend bleibt. Wir Jugendlichen haben es dabei etwas besser als die Erwachsenen, die sich mit dem Auto zu ihrer Arbeitsstelle quälen müssen. Und abends wieder heim. Denn ein Umsteigen auf ein öffentliches Verkehrsmittel wäre einem Prestigeverlust gleichzusetzen und dem eigenen Geltungsbedürfnis nicht angemessen. Nur der Autofahrer zählt in unserer Gesellschaft — selbst um den Preis des Lebens. In unserer Schule mag es vielleicht noch etwas ruhiger zugehen, sofern sie nicht gerade an einem verkehrsreichen Platz liegt. Mitunter gibt es auch einmal eine Gammelstunde. Der Lehrling im Betrieb hat es schlechter, er ist bereits in die Betriebsmaschinerie eingespannt mit all ihrer Hetze, ihrem Dauerlärm, ihrem Streß, der bis zum Feierabend nicht nachläßt. Von früh bis abends Leistung, Lärm, Streß. Das Arbeitstempo wird immer mehr gesteigert, Akkord, Fließbandarbeit machen den Menschen zum Roboter und zehren an seinen Nerven.

Was ist überhaupt Streß? Laut Lexikon eine Belastung, die der Körper durch zu lange dauernde oder ihm unangenehme Reize und schädigende Einflüsse erhält. Wir sprechen meist kurz von Überbeanspruchung. Aber wissen wir denn eigentlich, was uns täglich belastet, was davon zu lange dauert und was unangenehm und schädigend ist? Nein, wir wissen es nicht, wir haben uns bereits derart an Lärm und Hektik gewöhnt, daß wir die Stille als etwas Störendes empfinden. Die Stille tut uns weh, unser Ohr ist an eine ständige Geräuschbelastung gewöhnt. Tritt Stille ein, greifen wir sofort zu unserem Transistorradio oder nehmen unser Mofa und lassen den Motor aufheulen. Das tut wohl, das befriedigt, und außerdem haben wir unseren gewohnten Lärmpegel wieder erreicht. Nur, unser Zentralnervensystem vermag die ständige Überreizung nicht mehr zu verarbeiten, ein Verhängnis, das wir erst spüren, wenn es zu spät ist.

So hören wir wohl davon, daß ein Bekannter zusammengebrochen ist, schlimmer, daß er mitten im Dienst einen Herzinfarkt erlitten hat. Das Wort Herzinfarkt hängt sozusagen wie das Schwert des Damokles über unseren Häuptern, er ist zur häufigsten Todesursache überhaupt geworden, aber — auch an ihn haben wir uns gewöhnt. Das ist doch merkwürdig. Wie soll man erklären, daß wir heute Dinge als schicksalsbedingt empfinden, die wir selbst erst hervorgebracht haben? Hetze, Streß, Herzinfarkt müssen doch nicht sein, sie sind doch unsere eigenen Erfindungen? Was nützt uns eigentlich der ganze Wohlstand, wenn wir ihn mit dauernden Schädigungen an Leib und Seele bezahlen müssen? Wir sprechen so oft von Überforderungssituationen und der Einsamkeit des Menschen. Und meinen immer die anderen damit — wir selbst sind uns gegenüber blind.

Wie aber das ändern? Freilich haben wir hie und da schon die Mahnungen der Ärzte gelesen. Sie klingen schön, und Ärzte haben gut reden. Wer erst um 8 Uhr früh aufzustehen braucht und Muße hat, gemütlich Kaffee zu trinken und die Zeitung zu lesen, der mag gut Vorschläge für ein gesünderes Leben aufstellen. Aber was können wir tun, die wir nun eben früh zum Bus rennen müssen, wie all die berufstätigen Menschen, die keine Möglichkeit haben, in Ruhe das Tagewerk zu beginnen, weil sie ohnehin um fünf schon aus den Federn müssen?

Lassen wir die medizinische Wissenschaft an dieser Stelle beiseite. Es wäre schön, wenn man dem Herzinfarkt durch den Genuß einer bestimmten Margarinesorte entgehen könnte, wie es eine geschäftstüchtige Werbung uns einreden will. Lassen wir auch das Gerede vom zu üppigen Essen, von den viel zu vielen Kalorien und dem Fettgehalt im Blut außer acht. Hier weiß die Medizin selbst noch nicht genau Bescheid.

Nein, Leistung, Hetze, Streß — das sind doch Probleme ganz anderer Art, das sind doch Fragen, die unser inneres Gleichgewicht betreffen, das eben durch diese Faktoren gestört ist und ständig erneut gestört wird. Es gibt zwei Möglichkeiten: Entweder wir lassen uns zum Sklaven der Leistungsgesellschaft herabwürdigen, dann brauchen wir keine Religion, keine Philosophie, keine Kunst, keinen Gott und noch nicht einmal einen Teufel. Dann lautet unser tägliches Bekenntnis: Ich glaube an mein Auto und, daß ich mir im Frühjahr einen neuen Wagen anschaffen kann. Ich glaube an meine Reise nach Mallorca und an den neuen Fernsehapparat. Ich glaube an mehr Wohlstand und noch mehr Wohlstand. Dafür schaffe ich, bis ich umfalle. Dann können wir aber auch nicht von menschenwürdigem Leben reden, dann vegetieren wir nur dahin und haben die berühmten vier F zu unserem Lebensinhalt erkoren — Feierabend, Fernsehen, Filzpantoffel, Flaschenbier. Wenn wir — gerade wir Jungen — im vorigen Kapitel haben wir davon gesprochen — unsere Welt menschlicher gestalten wollen, dann gehört der Kampf gegen Hetze und Streß genauso dazu wie der Feldzug gegen die Umweltverschmutzung und Umweltvergiftung.

Wir nannten das innere Gleichgewicht den entscheidenden Faktor, der den Wert unseres Lebens bestimmt. Was verstehen wir darunter? Ist dieses Gleichgewicht angeboren, erlernbar oder manchem unter uns überhaupt verschlossen?

Schiller hat einmal gesagt (wie gut, daß es Dichter gibt, die immer eine passende Lebensweisheit bei der Hand haben): „Es ist der Geist, der sich den Körper baut!" Das innere Gleichgewicht mag wohl durch Veranlagung dem einen leichter, dem anderen schwerer erreichbar werden — entscheidend ist aber unsere geistige Einstellung dazu. Und da haben wir keine Wahl. Wir müssen uns einen Panzer anlegen, an dem Hetze und Streß wirkungslos abprallen. Zur geistigen Freiheit gehört die Erkenntnis, daß alles im Leben Maß und Ziel hat, daß der Leistung der ihr allein gebührende Platz zugewiesen wird — und nicht mehr. Daß der Kühlschrank, das Auto, der Fernseher Dinge sind, die wohl das Leben erleichtern, aber doch niemals Selbstzweck sein können. Was wäre das doch für ein jammervolles Dasein, wollte es sich nur um solch materielle Dinge drehen, nur um vermehrten Konsum handeln. Geistige Freiheit und inneres Gleichgewicht sind miteinander identisch. Sie bewirken, daß wir unsere Freizeit sinnvoll nutzen, durch Sport, durch Musik, durch ein Hobby — wie viele schöne Beschäftigungen gibt es. Wie schön ist die Natur, wenn wir sie endlich wieder neu entdecken — nicht auf der Autostraße, sondern tief im Walde verborgen. Was haben uns die großen Geister des Abendlandes für umfassende Erkenntnisse hinterlassen — freilich müssen wir sie lesen, um sie zu gewinnen. Wir werden überrascht sein, was sie uns an Weisheiten mit auf den Weg zu geben haben, wie sie die Dinge klar ansprechen, die uns selbst nur unklar bewußt sind. Entweder — oder, es liegt ganz an uns, ob wir uns von der Hektik der Zeit zermahlen lassen wollen oder in Gelassenheit üben. Inneres Gleichgewicht, Gelassenheit und — Stille sind die einzigen Mittel, dem Herzinfarkt zu begegnen. Das sollten wir uns merken. Denn Freunde — es geht ums Überleben!

(Foto: Ullstein)

Sex und Erotik – das große Geschäft

Da haben Dichter dicke Bücher drüber geschrieben und wundervolle Verse geschmiedet. Das schönste, was Literatur, Musik, Bildhauerkunst, Malerei seit Bestehen der Menschheit hervorgebracht hat, behandelt dieses Thema, nur — ehedem belegte man es mit dem altertümlichen Wort „Liebe". Gewiß, der Begriff ist außer Mode gekommen. Er mutet uns wohl auch etwas kitschig an, und wir denken dabei unwillkürlich an das Kino mit seinen rührseligen Liebesschnulzen. Wenn die beiden Hauptdarsteller in Großaufnahme auf der Leinwand erscheinen, er hingerissen von ihrer Schönheit, sein „ich liebe dich" flüstert und sie dann mit seligem Augenaufschlag in seine Arme sinkt, worauf sich alle alten Omas vor Rührung in ihre Tücher schneuzen und einander „ach, ist das schön" zuflüstern.

So ist diese Vokabel etwas verstaubt und abgedroschen. Heute nennt man die Dinge anders. Aus der Neuen Welt ist vor Jahrzehnten der Begriff des „sex appeal" zu uns gekommen, des — wörtlich übersetzt — geschlechtlichen Rufes. Daraus wurde die Bezeichnung „sexy" abgeleitet für alles, was ein weibliches Wesen an sich hat, um liebens- und begehrenswert zu erscheinen. Wir würden lieber das französische Wort „charme" gebrauchen, es klingt — menschlicher. Immerhin, dem Wort „sexy" haftet noch eine gewisse Liebenswürdigkeit an. Die grobe Vokabel „Sex" (vom lateinischen sexus, das Geschlecht) hingegen klingt brutal, aber eigentlich auch wieder zu dem passend, was sich unter seiner Bezeichnung alles an vulgären und ordinären Dingen verbirgt. Denn der Begriff Sex hat heute nichts mehr mit seiner aus der Wissenschaft stammenden Bedeutung gemein, er ist zu einem Sammelwort für alles mögliche geworden. Wir brauchen ja nur an einem Zeitungskiosk vorbeizugehen, um ganzen Kompanien von Nackedeis zu begegnen, die uns auf den Titelblättern der ausgestellten Magazine anlachen, mit Busen, die an anatomische Wunder grenzen, meist gänzlich hüllenlos, wobei wohl nicht viel Rühmliches zu verbergen war. Erst recht in die Niederungen menschlicher Häßlichkeit führen die an St. Pauli oder die Reeperbahn erinnernden Zeitschriften. Pornographie heißt der Fachausdruck hierfür, er bezeichnet alle Darstellungen und Schriften unzüchtigen Charakters. Wenn wir auch nicht recht wissen, was unzüchtig ist, am Inhalt merken wir es auf jeden Fall. Mann und Frau begeben sich darin auf ein Niveau, das man nicht einmal einem Tier zutraut. Aber das ist wohl eben der Vorzug des Menschengeschlechtes, daß es auch in seiner intimsten Verhaltensweise die Tierwelt weit unterbietet.

Sind die Titelfotos der Illustrierten nur Standfotos, so wird's erst recht schlimm, betrachten wir, was die Kinos heute an Filmen bieten. Da jagt ein „Report" den anderen, Schulmädchen treten auf, die danach wahre Ausbünde von Verworfenheit sein müssen (wer hat das eigentlich schon gewußt?), Hausfrauen, die offenbar daheim bar aller Hüllen herumlaufen und nur darauf aus sind, den Briefträger zu umarmen, Sekretärinnen, die nichts weiter im Hirn haben, als ihren Chef zu verführen, von den erfundenen Figuren wie Josefine Mutzenbacher oder Graf Porno ganz zu schweigen. Kurzum, unter dem Deckmantel sogenannter Aufklärung verbirgt sich übelste Geschäftemacherei. Der Titel wird zum Mittel, Nackedeis in jeder Pose dem Beschauer vorzuführen. Einen Inhalt kennen diese Machwerke ohnehin nicht, er ist auch überflüssig, es geht allein darum, lüsternen alten Genießern irgendwelche nie erlebten Dinge zweifelhaften

Ein ganz klein wenig Erotik schwingt um diese Skulptur. Liegt es nur am Genie des Bildhauers, daß sie hier so bezaubernd wirkt? Amor und Psyche von Antonio Canova (1757—1822), Marmor, 1793.

Ruhmes vorzugaukeln, kurzum, mit den niedrigsten Instinkten geistig primitiver Menschen schlechtweg Kasse zu machen. Westdeutschland ist wieder einmal führend auf diesem Gebiet. Eine amerikanische Fachzeitschrift schrieb kürzlich: Westdeutschlands kommerzielle Filmindustrie liegt offensichtlich unter dem Stand der übrigen europäischen Länder und konzentriert sich fast ausschließlich auf die Ausbeutung der Sexwelle.

Wohin wir also schauen, Sex und Erotik. Wobei Erotik die von dem griechischen Gott der Liebe Eros abgeleitete Bezeichnung für eine gewisse Vergeistigung des Geschlechtslebens darstellt, mit reiner Liebe aber genauso wenig zu tun hat.

Allüberall Nackedeis — gegen die ja nichts einzuwenden wäre, ginge es nur um die Darstellung der Schönheit des menschlichen Körpers. Die Skulptur eines berühmten Bildhauers sieht doch merkwürdigerweise ganz anders aus als ein Produkt der Sexwelle. Wie sind diese Unterschiede, diese Schönheit in der Kunst und diese Primitivität der Sexwelle nur zu erklären? Was sollen wir Jugendlichen mit all dem Zeug beginnen? So viel haben wir schon begriffen, irgend etwas an der Geschichte muß faul sein, nur was? Unsere Mitschülerinnen, unsere Freundinnen, die Lehrmädchen im Geschäft, sie sind doch alle ganz anders, die Karin, die Jutta und die Dagmar. Das sind doch einfach prima Kameradinnen, auf die man zählen kann. Aber was ist bei denen Sex? Macht es denn das Aussehen? Zu Karin sagen wir immer Intelligenzbestie, weil sie so viel weiß. Und die Jutta kann auf 'ner Veranstaltung von den Linken mit 'ner Mao-Bibel hausieren gehen, ihr langes Haar macht sie richtig revolutionär. Auch die Elke kann man sich als Magazin-Titelbild ebenfalls nicht vorstellen, wenn sie in ihren Jeans auf dem Fahrrad um die Ecke fegt, oder wenn sie am Tisch sitzt mit dem Butterbrot in der Rechten und der Cola-Pulle in der Linken. Wenn die Conny im Freibad den Sprungturm besteigt und oben vom 10-m-Brett sich herabsausen läßt, ist das sexy? Die Erwachsenen, sagen wir besser, die Älteren, machen es uns Jungen doch in jeder Hinsicht schwer, in ihre Welt einzudringen, sie als Vorbild anzuerkennen, sie überhaupt zu verstehen. Und dann wundern sie sich, wenn wir mit einem gewissen Abscheu von ihnen sprechen. Wie ist uns doch der ganze idiotische Sexrummel zuwider.

Ja, wie kam das überhaupt? Mit der sogenannten „Aufklärung" des Oswalt Kolle fing es an. Von unseren Eltern wissen wir, daß sie meist in Unwissenheit über natürliche Vorgänge und oft sogar in muffiger Atmosphäre erzogen worden sind. Der nackte Körper gilt manchem heute noch als unanständig. Immerhin wird's nicht ganz so schlimm gewesen sein, sonst wäre die Menschheit heute schon ausgestorben. Also Aufklärung ist schon richtig, die Sexualkunde in der Schule durchaus in Ordnung, das ganze Drumherumgerede hat ja früher nur dazu geführt, bei den Älteren Dinge zu erfahren, die wir nicht wußten, und die sie uns auch bereitwillig wichtigtuerisch erzählt haben. So weit, so gut.

Aber wie ist das nun mit dem Sex und der Erotik? Erwartet denn die Karin von mir, daß ich sie für eine Sexbombe halte? Wie sieht das denn aus, was Erotik genannt wird, ich habe bei meinen Freundinnen noch nichts davon gemerkt. Offenbar sind die Schulmädchen gar nicht so, wie sie der Film hinstellen will?

Die Sexwelle ist als Gegenströmung mit dem Fall der bisherigen Tabus entstanden und gleich in das andere Extrem umgeschlagen. Vor allem, als man das große Geschäft damit machen konnte. Denn das ist das entscheidende, Oswalt Kolle hat als erster „kassiert", nach ihm haben Hunderte von Verlegern, Berichterstattern, sogenannten medizinischen Beratern und Filmemacher das große Geld aus den Zeichen der Zeit geschöpft, besser gesagt, die Dummheit ihrer Mitmenschen gehörig ausgebeutet. Und wir fallen ja immer wieder darauf herein. Und glauben, die Mädchen hätten nichts anderes im Sinn, als mit uns zu „verkehren", welch abscheuliches Wort, oder Gruppensex — auch so eine moderne idiotische Sprachschöpfung

— zu treiben. Welch ein Glück, daß wir den ganzen Unfug nicht für voll nehmen. Na schön, wer mag, der kann sich ja jede Menge Nackedeis an die Wände hängen. Sie sind wohl nur der Ausdruck seiner verklemmten Gefühle, die ihn zu nichts Echtem und Wahrem befähigen. Was uns jedoch immer wieder verblüfft, ist, daß wir der Sexwelle als etwas dem denkenden Menschen Unfaßbares gegenüberstehen. Wie kann der Mensch sich selbst nur jenes kleine, süße Geheimnis mit all seiner Zauberhaftigkeit so brutal zerstören? Denn die wahre Liebe lebt von der Spannung, nicht von der Enthemmung. Aber Brutalität und Sex sind Geschwister.

Bleibt noch eine Frage offen, vielleicht die wichtigste, auf die wir Jungen so selten eine Antwort bekommen: Wie ist das denn mit der Liebe? Gibt es sie nicht mehr? Oder sagt uns nur niemand, was wir wirklich darunter zu verstehen haben?

Doch, Goethe hat es gesagt: „Wenn Ihr's nicht fühlt, Ihr werdet's nicht erjagen!" Liebe ist nämlich etwas ganz anderes, etwas so unendlich Schönes, daß sie sich mit Worten nicht beschreiben läßt. Wir mögen sie nicht, die alten griechischen Sagen. Aber als der Leander, um zu seiner geliebten Hero zu kommen, sich nicht scheute, jeden Abend durch die Dardanellen zu schwimmen — und schließlich in einer Sturmnacht dabei ertrank, da entstand der Begriff von der wahren Liebe. Diese wahre Liebe zwischen den Geschlechtern steht außerhalb von Sex und Erotik, sie ist ein zutiefst innerlich in einem jeden von uns wohnendes Sehnen, etwas unfaßbar Zärtliches, das uns mit magischer Gewalt zu dem anderen hinzieht, zu einem wildfremden Menschen, den wir vorher oftmals gar nicht gekannt haben. Das ist ja das Mysterium dabei, daß sich zwei Menschen finden, füreinander bestimmt sind, ohne daß sie eine solche Begegnung herbeigeführt hätten. Die wahre, ach so süße Liebe, wie der Dichter sagt, ist auch etwas ganz Altmodisches, etwas ganz altertümlich Romantisches und — etwas ganz Uneigennütziges. Die wahre Liebe fordert nichts, sie will nur geben, der eine will nur für den anderen dasein. Die von der Sexwelle zum Mittelpunkt des Lebens erhobene körperliche Vereinigung ist — Freunde — etwas, an das die wahre Liebe gar nicht denkt, weil es sich zu seiner Zeit ganz von selbst ergibt.

Versteht ihr, wie ich das meine? Lest einmal die Geschichte von Philemon und Baucis, von jenem alten Ehepaar, das sich als einzige Gnade den gemeinsamen Tod von den Göttern erbat. Dann wißt ihr, was wahre Liebe heißt. Oder hört das schöne Gedicht, das so gar nicht in unsere Zeit paßt:

Willst du dein Herz mir schenken,
so fang es heimlich an,
daß unser beider Denken
niemand erraten kann.

So kennt die wahre Liebe fernab von Sex und Erotik nur zwei Menschen, denen es von der Natur bestimmt ist, eins zu werden. Und sich in diesem Einswerden selbst zu erneuern. Wie ist doch unsere Gegenwart so erbärmlich, daß sie sich nicht scheut, das Schönste, was das Menschsein zu bieten hat, so tief in den Schmutz zu treten, ein entwürdigendes Geschäft daraus zu machen, und die Frau als ein Lustobjekt hinzustellen, minderwertiger als ein Tier. Wir Jungen sind aufgestanden, die heile Welt zu suchen und die gegenwärtige zu verbessern. Freunde, sie hat es nötig — arg nötig!

(Fotos: Comet; Archiv für Kunst und Geschichte, Berlin)

Der Fall hat sich kürzlich in der Nachbarschaft zugetragen und erregte beträchtliches Aufsehen, obwohl die Begebenheit an sich gar nicht so außergewöhnlich ist. Wilfried war eben 18 Jahre alt geworden, hatte seine Fahrprüfung bestanden und war stolz darauf, nunmehr selbst Herr über soundso viele PS sein zu dürfen. Als Schüler konnte er sich noch kein eigenes Auto leisten — er bettelte den Vater so lange, bis der ihm für Samstag abend seinen Wagen überließ, um ein paar Runden zu fahren und in Übung zu bleiben.

Nun, es blieb nicht bei ein paar Runden, Wilfried mußte ja testen, was die Kiste noch hergab. Außerdem war das eine Gelegenheit, Gudrun zu zeigen, welch tüchtiger Kerl er doch sei. Er holte das Mädchen von zu Hause ab, und dann ging es die Bundesstraße hinaus im Vollgefühl seines Könnens. Mit Befriedigung stellte Wilfried fest, daß der Schlitten tatsächlich noch seine 160 machte. Nur die „lahmen Enten" der anderen Autofahrer störten ihn und zwangen laufend zum Überholen. In Anbetracht der daneben sitzenden Gudrun galt es, diese Manöver

Hat unser Leben einen Sinn?

Massenelend in Südamerika (links eine deutsche Entwicklungshelferin in Bolivien) und Lebensüberdruß in der übersättigten Wohlstandsgesellschaft (rechts) — wo liegt der Sinn unseres Lebens?

mit betonter Lässigkeit und selbstverständlich einhändig auszuführen, denn wer nichts anderes aufzuweisen hat, womit er einem Mädchen imponieren kann, der muß es eben mit Autofahren tun.

Machen wir es kurz. Am anderen Morgen berichteten die Zeitungen von einem Frontalzusammenstoß auf der Bundesstraße. Ein achtzehnjähriger Kraftfahrer sei infolge überhöhter Geschwindigkeit beim Überholen auf einen in Gegenrichtung fahrenden Pkw geprallt. Er und seine Begleiterin, ein sechzehnjähriges Mädchen, sowie ein in dem entgegenkommenden Wagen fahrendes Ehepaar seien auf der Stelle tot gewesen.

Fast täglich lesen wir derartige Berichte, fast täglich wird die Frage gestellt, wie denn so etwas passieren konnte und wie sinnlos die Handlungsweise der Beteiligten gewesen sei.

Sinnlos — ein dahingeworfenes Wort, das uns aber doch zum Kern der Sache führt. Der fromme Christ kennt diesen Begriff nicht, denn alles liegt in Gottes Hand und seinem unerforschlichen Ratschluß. Auch Mohammed bietet eine einfache Lösung an, das Kismet, das vorherbestimmte Schicksal eines jeden von uns. Es befähigt den gläubigen Muslim, mit einem Achselzucken über solches Unglück hinwegzuschreiten. Dennoch empfinden wir eine solche Lösung als unbefriedigend, zumindest was das tragische Schicksal der drei Unbeteiligten angeht, des Mädchens Gudrun und des Ehepaares.

Tragisch — das ist wieder so eine Phrase, die wir täglich daherplappern und mit der wir der Frage nach den letzten Dingen aus dem Wege gehen. War es auch nur Tragik, daß in den beiden Weltkriegen so viele Menschen für das Phantom Vaterland sterben mußten? Oder in Auschwitz vergast wurden? Menschen wie du und ich, wie der Jürgen von nebenan und die Marlies, die nette lustige Marlies?

Für jeden von uns hat sich zwangsläufig schon einmal die Frage ergeben, ob denn das Leben überhaupt einen Sinn habe, oder ob unser Dasein allein dem Zufall anheimgegeben ist. Gewiß, für uns Junge sind diese Fragen nicht so aktuell, das Lebensende liegt in weiter Ferne und der Tod erscheint uns sowieso als etwas Unbegreifliches, etwas, an das wir nicht gern denken, etwas — Peinliches. Der Friedhof liegt zum Glück weit draußen, außerhalb unseres Wohnortes. Wir würden ja unsere Toten am liebsten gleich verbrennen, damit sie uns ja rasch aus den Augen kommen und uns durch den Friedhof nicht an das Ende erinnern. Alles hat seine Wechselwirkung. Der Mensch des Mittelalters kannte dieses Problem nicht. Er lebte mit seinen Toten, die mitten im Ort neben der Kirche ihren Ruheplatz fanden. Er konnte sie täglich besuchen, mit ihnen geistige Zwiesprache halten, und er freute sich auf das Wiedersehen nach dem Tode, auf das Weiterleben im Paradiese, wie es der Pfarrer von der Kanzel verkündete. Das ist wohl überhaupt die größte Leistung des Christentums, daß es den Gläubigen die Furcht vor dem Tode genommen hat, auf daß er sich ganz dem Leben widmen kann. Mehr oder weniger beschäftigen sich alle Religionen mit diesem Problem. Die Juden erhoffen Erlösung durch das Erscheinen des Messias. Der Islam erleichtert das Leben wesentlich durch seine Lehre von der Vorherbestimmung alles Geschehens. Auch für die asiatischen Religionen ist die Seele unsterblich, Nirwana wird zum erhabensten Lebensziel als völliges Losgelöstsein von allen Dingen. Das Leben selbst bleibt eine unwichtige Vorstufe zu dem, was uns nach dem Tode erwartet.

Können die Antworten der Religionen auf unsere Frage heute noch befriedigen? Erklären sie uns, warum Wilfried und Gudrun in der Blüte ihrer Jahre sterben mußten, warum das Ehepaar für den Leichtsinn des jungen Mannes zu büßen hatte?

Wir erwähnten vorhin den Begriff der Tragik. Unter diesem Gesichtspunkt freilich scheint das Leben sinnlos zu verlaufen. Bei Wilfried könnte man zwar sagen, er habe sein Dasein überhaupt nicht begriffen. Aber bei den drei anderen?

Wir geraten in eine Sackgasse unter solcher Betrachtungsweise. Trennen wir erst einmal das eine vom anderen. Natürlich war Wilfrieds Handlungsweise sinnlos, ja geradezu idiotisch, verbrecherisch oder wie wir es nennen wollen. Und der Tod der drei anderen geht allein auf das Konto des jungen Burschen und hat mit dem Sinn des Lebens überhaupt nichts zu tun. Hier geht es vielmehr um den Lebenskampf schlechthin, um das Hervortreten der Bestie im Menschen, jenes grausamen Tieres, das in einem jeden von uns versteckt ist, das töten will, im Kriege, auf der Straße, im Walde, wo immer der Mensch von seinen dunklen Trieben überwältigt wird. Seit Kain seinen Bruder Abel erschlug, wie es die Bibel berichtet, zieht sich dieses Verhängnis durch unser Leben. Wir müssen mit dem Satan in uns auskommen, wir müssen dauernd auf dem Kriegspfad sein, um uns vor unseren Mitmenschen zu schützen. Die Überwindung des Bösen, des Teufels, das ist doch das Fundament jeder Religion. Leider verniedlichen wir gern das Übel. Der Mord mit dem Auto, der genauso gemein, brutal, hinterhältig ist wie der mit dem Revolver, erhält ein mildes Urteil in unseren Augen. Wie sagen wir? Das kommt eben vor, der hat eben Pech gehabt — seht, so leicht machen wir es uns, und schämen uns nicht einmal dabei.

Nein, der Sinn des Lebens muß doch wohl auf anderem Gebiet liegen, und er ist, bei rechtem Licht betrachtet, auch unschwer zu begreifen. Als in den Kreislauf der Natur eingespanntes Lebewesen folgen wir dem Trieb nach Erhaltung der Art. Als höchst entwickeltes Säugetier ist uns ferner der allen Primaten eigene Trieb zur Beschäftigung angeboren. Der Mensch ist dann glücklich, wenn er seinen natürlichen Anlagen folgen, sie ohne Behinderung weiterentwickeln kann (Behinderung bleibt aber beim Zusammenleben auf so engem Raum nicht aus). Wenn wir also den Drang zur Fortpflanzung, weil mehr instinktiv, beiseite lassen, so bleibt allein unser Verlangen nach Tätigkeit übrig. Das aber haben uns seit Jahrtausenden alle Philosophen und Religionsstifter gelehrt: Die Arbeit stellt den uns allein befriedigenden Lebensinhalt dar. Unser hochentwickelter Geist, also unsere Intelligenz, befähigt uns, der Arbeit einen für die Gemeinschaft nützlichen Inhalt zu geben, gemeinnützig zu wirken, zu handeln, unseren Mitmenschen zu helfen, das Gute zu tun, denn der Mensch ist ein geselliges Wesen. Wir wissen alle, daß Tätigkeit jung erhält. Wer ein hohes Alter erreicht, hat fast immer gern gearbeitet oder sich intensiv geistig beschäftigt. Wie viele Gelehrte und Staatsmänner kennen wir, die bis zum Verlassen ihrer physischen Kräfte aktiv waren. Der Schwerpunkt liegt also nicht auf dem Begriff „arbeiten", vielmehr auf dem des „Wirkens". Bäume fällen kann nicht der Sinn des Lebens sein. Dieser entsteht vielmehr erst durch den Zusammenhang, also durch sinnvolle Rodung des Waldes, durch Anlage neuer Schonungen, durch den Verkauf des Holzes und die aus dem Erfolg des Tuns herrührende Befriedigung über die eigene Leistung, eben das, was wir „Wirken" genannt haben. Es wird zum Segen für den, der es bewußt erlebt.

Aber da ist noch etwas anderes.

Da ist die Atombombe und Vietnam, da ist die Lebensangst, da ist noch immer Wilfried als fahrlässiger Mörder, da sind alle jene, die selbst ihrem Leben ein Ende setzen, auch unter uns Jugendlichen. Da ist der Wohlstand, der uns manchmal übel werden läßt mit seiner Sucht nach einem immer höheren Lebensstandard. Und jetzt drehen wir uns im Kreise — denn wieder begegnet uns das Generationsproblem, erleben wir Hetze und Streß und Herzinfarkt, treffen wir auf Sex und Erotik, auf die Süchte, kurz, alles, worüber wir uns auf diesen Seiten Gedanken gemacht haben. Alles mündet letztlich wieder in die Frage: Hat unser Leben trotzdem, trotz aller Probleme und Unzulänglichkeiten noch immer einen Sinn? Oder überschattet das Negative allzusehr unsere natürlichen Anlagen, unseren Instinkt und gesunden Trieb?

Was eine Tageszeitung jüngst zu diesem Thema berichtete, stimmt wenig ermutigend. Die Verbesserung unseres Lebensstandards hat nicht zu einer Verbesserung des menschlichen Wohlbefindens, der viel genannten Lebensqualität, beigetragen. Millionen Menschen nehmen täglich Beruhigungsmittel, um die Belastungen des Alltags zu bewältigen. Die psychischen Störungen häufen sich in erschreckender Weise. In der Bundesrepublik gibt es allein 600 000 Alkoholiker. Und rund 15 000 Selbstmorde jährlich. Mindestens 40 000 Menschen machen den Versuch, sich das Leben zu nehmen. In jedem Jahr zerbrechen allein 1000 Männer an ihrer Pensionierung und töten sich. Jede 6. Frau und jeder 9. Mann müssen damit rechnen, einen Teil ihres Lebens in psychiatrischen Krankenhäusern zu verbringen.

Die Reihe dieser düsteren Bilder ließe sich beliebig fortsetzen. Es wird uns immer schwerer, unsere Frage zu beantworten. War die oben genannte Definition doch zu einfach? Verleiht die Arbeit, das Wirken, doch nicht die Befriedigung, die dem Leben seinen Sinn verleiht? Ist die Lebensangst übermächtig geworden?

Lassen wir uns den Sinn nicht durch die Erscheinungen der Zeit trüben. Die geschilderten Auswirkungen des Wohlstandes beruhen doch darauf, daß wir uns eben vom Sinne unseres Lebens entfernt haben, ihn nur noch nebelhaft erkennen. Es ist allgemein bekannt, daß die Menschheit in den Jahren nach 1945, als sie aufbauen, die Zerstörungen des Krieges beseitigen konnte, seelisch am meisten intakt war. Jeder Tag verlieh dem einzelnen Befriedigung, wenn er wieder ein Stück weitergekommen war. Der Erwerb eines Laibes Brot schuf höchstes Lebensglück. Eine Kriminalität gab es so gut wie nicht, es gab kein Suchtproblem und keinen Herzinfarkt. Einem jeden lag der Sinn seines Lebens klar auf der Hand. Wenn wir die Gegenwart betrachten und sie mit den Jahren nach 1945 vergleichen, könnte man versucht sein, auszurufen: Ja, muß denn erst wieder ein Krieg kommen, damit sich die Menschheit auf sich selbst besinnt? Und nicht länger dem Phantom des sich immer steigernden Wohlstandes nachjagt! Ein amerikanischer Forscher hat ja einmal das böse Wort geprägt, daß die Menschheit schon ausgestorben wäre, wenn sie durch den Krieg nicht immer wieder neue Lebenskraft erhielte.

Nun, das hieße von einem Extrem in das andere verfallen. Nein, versuchen wir immer, die Dinge nüchtern und klar zu sehen, diskutieren wir miteinander im Freundeskreis dieses Problem bis zum befriedigenden Ende. Am ursprünglichen Sinn unseres Lebens, wie wir ihn aufgrund unserer natürlichen Gegebenheiten aufgezeigt haben, hat sich nichts geändert. Wir müssen nur wieder dahin zurückfinden, wir, das heißt, jeder einzelne von uns, besonders wir Jungen. Wir sind die Menschheit von morgen, wir haben doch das Wort vom „ver sacrum" gebildet, vom heiligen Frühling, vom selbstlosen, begeisterten Kampf der Jugend für das Bessere, für Gerechtigkeit, für Glückseligkeit, die nun einmal nicht in einem zweiten oder dritten Fernsehgerät zu finden ist. Auch nicht im Goldenen Kalb unserer Zeit, um das wir täglich unseren Tanz vollführen, im Auto. Laßt uns Vorkämpfer sein, unsere Mitwelt wieder zum Sinn ihres Daseins zurückzuführen, besser noch, ihr ein sinnvolles Dasein vorzuleben. So unrecht hat der alte Seneca gar nicht, wenn er schreibt: Du mußt für deinen Nächsten leben, wenn du für dich selbst leben willst.

Bliebe noch ein letztes.

Alle Religionen haben den Höhepunkt

des Lebens im Tode gesehen, wir sprachen vorhin darüber. Das Christentum hat uns seine wundervolle Lehre von der Unsterblichkeit der Seele geschenkt, die — mögen wir daran glauben oder nicht — doch zum Herrlichsten gehört, was sich der Mensch ausdenken konnte. Ein Wiedersehen mit all denen, die wir geliebt haben, im Himmel!

Freilich, der Himmel — was bedeutet er heute? Die Astronauten haben ihn entzaubert, die Astronomen haben ihn in Dimensionen gerückt, die mit normalem Verstand nicht mehr faßbar sind. Und Gott — wo ist Gott geblieben?

Abermals sind wir an einer Stelle angelangt, wo wir dem Geist zu seinem gebührenden Recht verhelfen müssen. Denn das Leben erfordert auch eine geistige Anteilnahme, soll es seinen Sinn richtig und wahrhaftig erfüllen. Nur mit geistiger Festigkeit und Klarheit, mit geistiger Gelassenheit und Würde können wir den entzauberten Himmel ersetzen. Dann stehen Leben und Tod wieder in einem richtigen Verhältnis zueinander. Hermann Hesse, der Dichter, dem die Jugend vor uns schon so viel zu verdanken hat, weist uns die Straße dahin:

Sieh deinen Weg und deine Aufgabe, dem Ende entgegenzugehen als der Vollendung, ihm zu reifen und zu nahen als dem ernstesten aller Feste.

(Fotos: Ullstein; Kindermann)

Kluge Kombination

Durch jeweilige Änderung eines Buchstabens ergeben sich aus dem Worte — NOTEN — drei weitere fünfbuchstabige Wörter folgender Begriffe: 2. längliche Vertiefungen — 3. Hupen — 4. Handlungen.

Kombinierer, heraus!

(Lösung auf Seite 399)

Der Mensch und das Universum

Von Erich Krug

Weit und mühevoll war der Weg, der den Menschen — über Jahrtausende hinweg — vom Mittelpunktswahn zum Unendlichkeitsbegriff führte. Einst galt die Erde als der Mittelpunkt der Welt, ja, als die Welt selbst in des Wortes unendlichster Bedeutung. Ein kleiner Rest jener alten Vorstellungen ist als Überbleibsel aus längst vergangenen Tagen hier und da auch heute noch anzutreffen, zum Beispiel wenn wir sprachlichen Formulierungen wie Weltausstellung, Weltrekord oder Weltmeisterschaft begegnen. Aber schon lange ist die kleine Erde nicht mehr die Welt, sind die Sterne nicht mehr Zierat an der Himmelsglocke und ist der Mensch nicht mehr die „Krone der Schöpfung", also ein Bevorzugter im unermeßlichen All. Als ein Gemälde von gewaltiger Großartigkeit steht der Wunderbau des Weltgebäudes vor dem geistigen Auge des denkenden Menschen.

Die Naturgesetze, die wir hier auf der Erde in vielfältigster Weise wirken sehen, gelten im ganzen Weltall. Erst ihre Kenntnis ermöglicht es, astronomische Ereignisse vorauszuberechnen, Mond- und Sonnenfinsternisse vorherzusagen oder ein von Menschenkopf und Menschenhand geschaffenes Raumschiff jenseits der Erde zielsicher zu anderen Himmelskörpern zu steuern. Es gibt keine Macht, die diese großen Gesetze umgehen oder durchbrechen kann, wie es uns gelegentlich naive Vorstellungen oder törichte Menschenwünsche glauben machen wollen. Die Ordnung und Harmonie der Welt ist ohne die Naturgesetze nicht denkbar. Alles Geschehen spielt sich in ihrem Rahmen ab.

In diese wunderbare, geheimnisvolle Welt ist der Mensch hineingestellt, als Bewohner eines Himmelskörpers, der im dahintreibenden Strom der Welten nur die Bedeutung eines Sandkorns hat. Kann die Unermeßlichkeit des Universums im Menschenhirn ein winziges Spiegelbild finden? Ist es nicht vermessen, von solch einem verschwindenden kosmischen Wohnplatz aus die Welt, die Unendlichkeit erkennen und begreifen zu wollen? Der Mensch hat es gewagt. Er fand Antworten auf die Fragen „Wo stehe ich?", „Was ist die Welt?" Und das macht ihn groß trotz seiner Winzigkeit. —

Unablässig rollt die Erde auf ihrer Bahn um die Sonne. In einem Jahr hat sie einen Umlauf beendet. Immer von neuem beginnt das Tänzchen — seit Jahrmilliarden. Auch die acht Planeten, die Geschwister der Erde, und eine große Kleinplaneten- und Kometenschar, umkreisen den glühenden, licht- und wärmespendenden Ball, der so groß ist, daß 1 300 000 Erdkugeln in ihm Platz finden könnten. Das Sonnensystem ist die engere kosmische Heimat des Menschen. Aber auch die Sonne steht nicht still. Als eine unter Milliarden in der Milchstraße zieht sie mit ihren Planeten im Sternenstrom dahin. Was ist die Milchstraße?

Wir verstehen darunter zunächst das mattschimmernde Band, das die ganze Himmelskugel umgürtet. In allen Kulturkreisen regte das eindrucksvolle Bild die Phantasie der Menschen zur Legendenbildung und zu Vorstellungen aus der Götter- und Sagenwelt an. Bei manchem Gelehrten und Philosophen des Altertums

Unsere Weltinsel

Unser Milchstraßensystem ist eine kaum vorstellbar große Welteninsel. Rund 100 Milliarden Sonnen bauen das spiralförmige Gebilde auf. Das schimmernde Band an unserem Himmel ist nur ein Teil, ein Randgebiet des Systems. Irgendwo am Rande eines äußeren Spiralarms befindet sich unsere Sonne mit ihren Planeten. Sie ist ein winziges Fünkchen in diesem kreisenden Feuerrad. Weit draußen in kosmischen Fernen aber gibt es viele weitere Milchstraßensysteme, die wie Fische im Ozean der Welten dahinschwimmen und sich in der Unermeßlichkeit verlieren.

keimte aber bereits der Gedanke, daß die lichte Himmelsbrücke irgendeine für die Erkenntnis des Weltgebäudes bedeutsame Rolle spielen müsse.

Den ersten ernsten Versuch, Aufbau und Gestalt der Milchstraße durch planmäßige Beobachtungen zu ergründen, machte gegen Ende des 18. Jahrhunderts der ehemalige hannoversche Regimentsmusiker und spätere königliche englische Astronom Wilhelm Herschel mit einem seiner selbstgebauten, großen Spiegelteleskope. Um diese Aufgabe zu lösen, wählte er die Methode der Sternzählungen. Mit größter Sorgfalt durchmusterte er 1080 Felder am Himmel und zählte alle Sterne, die im Gesichtsfeld des Fernrohrs erschienen. Im Verlaufe dieser Arbeit konnte er deutlich erkennen, daß die Anzahl der Sterne in einem Feld um so größer war, je näher dieser Bereich

Die Milchstraße im Sternbild Schwan. Der himmlische „Schwan" ist zur besseren Orientierung schon in alter Zeit geschaffen worden. Er hat mit freiem Auge die Gestalt eines großen Kreuzes, das den fliegenden Schwan andeuten soll. Auf der Photographie durch ein großes Fernrohr verschwindet das von der Phantasie geschaffene Bild. Vieles wird sichtbar, was das unbewaffnete Auge nicht sieht. Jedes Pünktchen ist eine ferne, leuchtende Sonne. Die weißen, kreisförmigen Scheibchen sind überbelichtete hellere Sterne. Am linken Rand der Aufnahme ist eine große, kosmische Gaswolke zu erkennen. Sie hat in Gestalt und Umriß eine solch überraschende Ähnlichkeit mit dem amerikanischen Kontinent, daß den Astronomen gar nichts anderes übrig blieb, als dem interessanten Gebilde den Namen „Nordamerika-Nebel" zu geben.

dem Band der Milchstraße stand. Schon in der Nähe des Bandes machte sich also die zunehmende Sternhäufung bemerkbar. Aus seinen Beobachtungen leitete Herschel ab, daß unsere Milchstraße die Form eines flachen Gebildes haben müsse. Nicht weit von der Mitte befand sich nach seiner Meinung unsere Sonne. Damit war zum erstenmal die Gestalt unserer weiteren, größeren Heimat, der Milchstraße, umrissen. Aber war dieses Bild richtig?

Hundert Jahre nach Herschel mußten sich die Sternforscher eingestehen, daß während des 19. Jahrhunderts die Erforschung der Milchstraße erstaunlich wenig vorangekommen war. Trotz mancher guter Arbeiten kannte man noch immer kaum Einzelheiten in dem Gefüge jener großen Sterneninsel, in der wir uns befinden und die wir deshalb nicht — wie ein außenstehender Beobachter — in ihrer Gesamtheit überblicken können.

Eine neue wichtige Erkenntnis brachten die Forschungsarbeiten eines damals noch jungen Astronomen vom Mount-Wilson-Observatorium in Kalifornien, Harlow Shapley, der sich der Untersuchung der kugelförmigen Sternhaufen widmete. Er fand in diesen Haufen eine bestimmte Art veränderlicher Sterne, deren Helligkeit gesetzmäßig schwankt, und zwar mit einer Periode von etwa einem Tag. Man weiß von den näher gelegenen Veränderlichen dieses Typs, daß sie etwa hundertmal heller als unsere Sonne sind. Shapley durfte mit Recht annehmen, daß die in den sehr weit entfernten Kugelsternhaufen beobachteten veränderlichen Sterne die gleiche Helligkeit haben wie ihre uns benachbarten Artgenossen. Damit hatte er eine astronomische „Meßkette" in die Hand bekommen, die es ihm ermöglichte, die ungefähre Entfernung einer größeren Anzahl dieser Kugelhaufen zu bestimmen. Er bemerkte dabei, daß diese als Haufen bezeichneten Sternzusammenballungen in der Nähe der großen Sternwolke im Sternbild Schütze deutlich zunehmen.

Was war daraus zu folgern? Der Kern des Systems der kugelförmigen Sternhaufen fällt mit dem Mittelpunkt der Milchstraße zusammen. Shapley schätzte, daß er in der Richtung zur großen, auch für das freie Auge auffälligen Sternwolke im Sternbild Schütze liegt und daß der Lichtstrahl, der in jeder Sekunde 300 000 Kilometer zurücklegt, etwa 50 000 Jahre braucht, um die Strecke Sonne—Milchstraßenzentrum zu durcheilen. Im Bild der Milchstraße hoben sich immer deutlicher Umrißlinien ab. Die im Jahr 1918 veröffentlichte Arbeit Shapleys war für das astronomische Weltbild nicht weniger umstürzlerisch als das Werk des Kopernikus. Dieser hatte bewiesen, daß sich die Erde nicht im Mittelpunkt des Sonnensystems befindet. Shapley zeigte, daß unsere Sonne nicht das Zentrum der Milchstraße ist, sondern mehr an ihrem Rande liegt.

Der nächste große Fortschritt in den Kenntnissen über unsere Welteninsel war in erster Linie durch umfangreiche und genaue Meßdaten zu erwarten, gewonnen aus den Bewegungen der nur scheinbar feststehenden Sterne. Zahlreiche Astronomen machten sich an diese mühevolle Arbeit, die zusätzlich erschwert wurde von dünnverteilter Materie in den Räumen zwischen den Sternen, von riesigen lichtverschluckenden Gas- und Staubwolken. Aus der Zusammenstellung der ermittelten Werte ergab sich unter anderem die bedeutsame Erkenntnis, daß unser Milchstraßensystem als Ganzes sich in schneller Umdrehung um seinen Mittelpunkt befindet. Es rotiert aber nicht wie ein fester Körper, sondern jeder einzelne Stern hat innerhalb des Systems noch seine eigene Bahn. Am Ort unserer Sonne beträgt die Umlaufsgeschwindigkeit 250 Kilometer in der Sekunde und die Dauer eines Umlaufes 200 Millionen Jahre. Es sind „schrecklich" große Zahlen, mit denen der Astronom arbeitet.

Die allgemeine Form und die Grenzen unserer großen Sternenheimat waren den Forschern inzwischen bekanntgeworden, und die meisten von ihnen waren schon seit vielen Jahren der Meinung, daß unsere Milchstraße oder Galaxis einen spiralförmigen Aufbau habe. Die Untersuchungen aber, die das endgültig beweisen sollten, mißlangen zunächst völlig. Im Verlaufe weiterer Forschungen kam die Unterstützung gewissermaßen von außen. Unsere Milchstraßen-Sterneninsel ist nicht die einzige im unermeßlichen Raum. In ihrer „Nachbarschaft" und in immer größeren Fernen gibt es zahllose andere. Sie sind im Fernrohr oder auf der Photoplatte in ihrer Gesamtheit zu sehen, und ihr Aufbau ist in zahlreichen Fällen mit allen Einzelheiten zu erkennen. Kann nicht so manche dieser Galaxien als ein Spiegelbild unserer eigenen Galaxis angesehen werden? Die Erscheinungsformen sind zwar sehr vielfältig, aber sie lassen sich doch auf drei Grundtypen zurückführen. Wir erkennen elliptische, spiralförmige und unregelmäßig geformte Welteninseln. Wenn man sich in die Lage eines Beobachters im Innern dieser drei typischen Sternsysteme versetzt, dann ist es nicht schwer, zu entscheiden, zu welcher Klasse unsere eigene Milchstraße gehört. Nur die Spiralanordnung kann von geeigneten Standpunkten aus ein unserer Milchstraße ähnliches Band auf die Himmelskugel projizieren.

Ein entscheidender Schritt in diese Richtung wurde Ende der vierziger Jahre getan. Der deutsche Astronom Walter Baade, der an den großen Fernrohren der Mount-Wilson- und Palomar-Observatorien arbeitete, entdeckte, daß zwei bestimmte Arten von Sternen und Gaswolken, die es auch in unserer Milchstraße gibt, den Verlauf der Spiralarme in den anderen Sternsystemen kennzeichnen. Die Untersuchungen wurden hauptsächlich am Andromedanebel durchgeführt. Der Name ist etwas irreführend, denn es handelt sich bei diesem Objekt um ein Milchstraßensystem, das unserer Milchstraße benachbart ist und im Sternbild Andromeda steht. Baade verwendete Farbfilter und rotempfindliche photographische Platten und konnte nachweisen, daß leuchtende kosmische Gaswolken, die nicht regellos verteilt sind, die Spiralarme des Andromedanebels flankieren wie eine Reihe von Straßenlaternen. Eine ähnliche Rolle spielen die heißen, blauweißen Überriesen-Sterne, die zwar in den Spiralarmen, aber nicht außerhalb der Arme vorkommen. Gerade diese Sterne, die 10 000- bis 100 000mal heller sind als unsere Sonne, sind wichtige Merkmale für die Gestaltung. Die Astronomen brauchten nur noch diese Überriesen im Sterngewimmel unserer Milchstraße zu finden, ihre Entfernungen zu messen und ihre Stellungen in eine Karte einzutragen, um die Spiralen unserer Welteninsel festzustellen.

Als eine wertvolle Hilfe erwies sich hierbei auch die Radioastronomie, die viel weiter in den Raum blickt als die optische Astronomie. Ausgedehnte Wolken aus neutralem Wasserstoff zwischen den Sternen senden Radiosignale aus, die von den großen Radioteleskopen empfangen werden und als Rauschen hörbar sind. Diese „Geräusch-Astronomie" erhielt für die Milchstraßenforschung große Bedeutung. Steinchen auf Steinchen wurde zusammengetragen. Die Entdeckung der Architektur unserer großen kosmischen Heimat erfolgte gewissermaßen in Raten.

Aus der Vielzahl aller Beobachtungen konnte in jüngster Zeit ein Bild unseres Sternsystems entworfen werden, das der Wirklichkeit schon recht nahekommen dürfte. Ungefähr 100 Milliarden Sterne bauen unsere Sterneninsel auf. Da zu ihrem Baustoff auch Riesensonnen gehören, dazu große Massen kosmischen Staubes und Gasnebel, spricht man in der Astronomie auch von 200 Milliarden Sonnenmassen. Unsere Milchstraßenwelt ist so riesengroß, daß die Sterne, die vielen Sonnen, nur einen winzigen Bruchteil ihres Raumes einnehmen. Der schnellste Bote der Welt, der Lichtstrahl, braucht rund 100 000 Jahre, um ihren Durchmesser in der Ebene zu durcheilen. Die Dicke dieser flachen, linsenförmigen Sterneninsel im Gebiet des Kerns hat nur ein Sechstel dieser Ausdehnung. Der Mittelpunkt des Ganzen liegt — von unserem irdischen Standpunkt aus gesehen — in Richtung des Sternbildes Schütze, wo die Milchstraße ihren größten Glanz entfaltet. Er ist nach neuen Messungen etwa 32 000 Lichtjahre von der Sonne entfernt. Mit guter Sicherheit weiß die Wissenschaft heute, daß unsere engere kosmische Heimat, die Sonne mit ihren Planeten, sich an der Innenseite eines äußeren Spiralarms befindet.

Die gewaltige Leistung, die mit dieser Erkenntnis verknüpft ist, läßt sich in ihrem ganzen Umfang kaum erfassen. Der Bewohner eines Sandkorns im Universum ermittelt seinen kosmischen Standort! Er weiß, daß seine Sonne nur eine unter Milliarden ist und daß es viele Sonnen in der Milchstraße oder in fernen Sternsystemen geben mag, die von lebentragenden Planeten umkreist werden. Eine Ahnung, die bereits im Bereiche größter Wahrscheinlichkeit liegt, sagt ihm, daß er als denkendes, nach den Sternen greifendes Wesen nicht allein ist im Kosmos.

Noch vor wenigen Jahren hätte wohl kaum jemand daran gedacht, daß es dem Menschen möglich sein würde, die Objekte des Weltraums auch in ihrer Farbenpracht zu erkennen. Dieser Erfolg ist der Erringung einer neuen Dimension vergleichbar. Farbenpracht? Nur wenige Menschen wissen es oder denken daran, daß der Sternenhimmel, der sich über uns wölbt, in seinen Tiefen nicht nur eine Vielfalt ferner Welten birgt, die in mehr oder weniger hellem Licht leuchten, sondern daß zu den Wundern des Alls auch ein ungeahntes Farbenmeer gehört. Leider ist es uns nicht vergönnt, das kosmische Farbenspiel direkt wahrzunehmen. Auch in den größten Fernrohren ist nichts davon zu sehen, weil das menschliche Auge in der Dämmerung oder bei schwachem Licht die Fähigkeit der Farbwahrnehmung verliert. Diese altbekannte Tatsache führte zu der bekannten Redensart: „Des Nachts sind alle Katzen grau!" Wenn wir nun statt der Katzen die fernen Objekte des Himmels in den Kreis unserer Betrachtung ziehen, kommen wir zu der Erkenntnis, daß der Mensch nach den Gesetzen der physiologischen Optik das Weltall im großen und ganzen nur farblos sehen kann.

Trotzdem ist der Astrophysik das Vorhandensein einer Farbenpracht im Kosmos schon lange bekannt. Untersuchungen mit Spektrographen ergaben sogar eine sehr genaue Kenntnis von Wellenlänge und Intensität dieser Farben. Aus dem Vergleich von Schwarzweißphotos, die auf rot- und blauempfindlichen Platten oder mit verschiedenen Farbfiltern auf panchromatischen Platten gemacht

Farbenpracht im Weltraum. Der Trifid- oder Dreispaltnebel im Sternbild Schütze. Riesige kosmische Gasmassen, zum großen Teil Wasserstoff, umhüllen hier zahlreiche Sterne. Ihre Strahlungskraft, die bei den einzelnen dieser Sonnen nicht selten sehr verschieden ist, regen die Gasteilchen zu verschiedenfarbigem Leuchten an. Die Erscheinung ähnelt dem Vorgang in den gasgefüllten Röhren der Lichtreklame. Die dunklen Lücken oder Spalten in den Nebelmassen sind höchstwahrscheinlich nur teilweise wirkliche Sternleeren. In der Hauptsache dürften sie durch vorgelagerte dunkle Wolken kosmischen Staubes verursacht werden.

Abbildungen auf der linken Seite.
Außen: Der Krabbennebel im Sternbild Stier ist eine kosmische Gaswolke besonderer Art. An dieser Stelle des Himmels beobachteten chinesische und japanische Sternkundige im Jahre 1054 nach Christo das Aufleuchten eines sehr hellen Sterns, der monatelang sichtbar war und allmählich wieder verschwand. Es war die seltene Erscheinung einer sogenannten Supernova, einer explodierenden Sonne, die mit einer ungeheuren Energieentfaltung ihre Materie in den Raum warf. Als Rest der ehemaligen Sonne befindet sich heute an dieser Himmelsstelle der stark zerklüftete Nebel, der wegen seiner Form „Krabbennebel" genannt wird. Er ist noch heute in ständiger Ausdehnung begriffen.

Innen: Unsere Nachbarmilchstraße, der Andromedanebel. Das Licht, das von ihm ausgeht, braucht etwa 2½ Millionen Jahre, um die Erde zu erreichen. Die Farbaufnahme läßt eindrucksvoll die beiden verschiedenen „Sternbevölkerungen" erkennen. In den Spiralarmen am Rande die jugendlichen, heißen, bläulich leuchtenden Sonnen. Im mittleren Teil des Sternsystems kühlere, mehr gelblich und rötlich strahlende Sterne. Die Bezeichnung „Nebel" ist bei diesem Objekt also etwas irreführend.

Unten: Ein Teil des Zirrusnebels im Sternbild Schwan. Wie ein bunter Schleier füllt der Nebel über unvorstellbare Weiten die Sternenräume. Vielleicht sind alle diese Gebilde der Baustoff für neue Welten.
(Fotos: E. Krug)

wurden, läßt sich eindeutig entnehmen, daß gerade die phantastischsten Objekte im Weltraum, die kosmischen Nebel, in verschiedenen Farben leuchten. Jede dieser Schwarzweißaufnahmen bietet einen etwas anderen Anblick dar, denn jede liefert eine getrennte Einzeltatsache, einen Auszug aus den verschiedenen Wellenlängenbereichen des Lichtes. Aber alle diese interessanten Unterlagen reichen letzten Endes doch nicht aus, eine auch nur annähernd zutreffende Vorstellung vom wirklichen Aussehen der Nebel, von der Verteilung der Farben in diesen ausgedehnten kosmischen Schleiern, also den Eindruck eines Farbbildes zu vermitteln.

Es hat nicht an Versuchen gefehlt, die Farbphotographie, die im praktischen Leben wie in Wissenschaft, Kunst und Forschung eine ständig zunehmende Bedeutung erlangte, auch für die Photographie des Himmels einzusetzen. Aber auf diesem Gebiet stellten sich ihrer Anwendung beträchtliche Schwierigkeiten entgegen. Sie bestanden sowohl in der geringen Flächenhelligkeit der kosmischen Objekte als auch in der noch zu geringen Empfindlichkeit der Farbfilme.

Als Ende der fünfziger Jahre die amerikanische Firma Ansco einen neuen Farbfilm mit einer größeren Empfindlichkeit auf den Markt brachte, rückte die Erfüllung der himmelsphotographischen Träume näher. Es war zuerst der Forschungsphotograph der Mount-Wilson- und Palomar-Observatorien, William C. Miller, der sich eingehend mit dem Plan befaßte, die Farbenpracht im Weltraum photographisch sichtbar zu machen. Es gab kaum jemanden, der zur Durchführung eines solchen Unternehmens berufener war als er, da ihm außer den speziellen photographischen Fachkenntnissen die lichtstärksten astronomischen Instrumente der Erde zur Verfügung standen.

Die Versuche erstreckten sich über Jahre, ehe sie wirklich von Erfolg gekrönt waren. Es ging ja nicht allein darum, ferne Nebelwelten farbig aufzunehmen, sondern die Farbwiedergabe mußte auch naturgetreu sein. Gerade hierbei ergab sich eine besondere Schwierigkeit, die bei den üblichen irdischen Farbaufnahmen nicht nennenswert in Erscheinung tritt. Es ist die Änderung der Farbenempfindlichkeit des Films bei zunehmender Belichtungszeit. Diese Änderung kommt dadurch zustande, daß die rot- und grünempfindlichen Schichten der Emulsion während der erforderlichen, oft stundenlangen Belichtung viel mehr an Empfindlichkeit verlieren als die blauempfindliche Schicht. Mister Miller mußte den Film lange und sorgfältig testen, um den Betrag der Farbverschiebung bestimmen und durch geeignete Filter berichtigen zu können.

Als die ersten Farbaufnahmen jener phantastischen Schleier, die unfaßlich große Räume zwischen den Sternen füllen, den Astronomen vorgelegt wurden, gab es einhellige Bewunderung. Zusammen mit der Farbenpracht werden mancherlei Einzelheiten und zahlreiche Sterne, die sich auf Schwarzweißaufnahmen der Wahrnehmung entziehen, erkennbar. Es erschließt sich uns eine neue Welt — ein farbiges Weltall!

Zu den prächtigsten und eindrucksvollsten Aufnahmen, die bisher gelangen, gehört unter anderen die große Nebelwolke im Orion, der Nordamerikanebel und der Zirrusnebel im Bilde des Schwans, der Krabbennebel im Stier, der Ringnebel in der Leier, der Hantelnebel im Fuchs und der Trifidnebel und Lagunennebel im Sternbild Schütze. Die vielen Nebelschwaden in unserer Milchstraße, die aus Gas- und Staubmassen bestehen, spielen im kosmischen Geschehen eine wichtige Rolle. Sie sind nicht nur, wie ein namhafter Astronom es einmal ausdrückte, der Abfall, der aus den Überresten zerstörter und zerfallener Himmelskörper bestehen mag, also eine Art kosmischen Mülls, sondern auch der Urstoff, aus dem neue Sterne geboren werden. Die in diesem Weltenstoff stehenden lichtmächtigen Sonnen regen mit ihrer Strahlungskraft die Materie zum Leuchten an. Zum Teil handelt es sich dabei auch um reflektiertes Sternenlicht.

Einen wundervollen Anblick bietet auch die Farbaufnahme des Andromedanebels, einer unserer Nachbarmilchstraßen, deren Licht „nur" rund $2^1/_2$ Millionen Jahre braucht, um die Erde zu erreichen. An dem Aufbau der Andromeda-Galaxis sind, wie bei ähnlichen Spiralnebeln, im wesentlichen zwei verschiedene Sternbevölkerungen beteiligt, die nach dem Vorschlag des deutschen Astronomen Walter Baade als Population I und Population II bezeichnet werden. Die eine Art enthält hauptsächlich junge, heiße, bläulich leuchtende und sehr helle Riesensterne, die erst nach und nach aus der interstellaren Materie entstanden sind und noch entstehen. Diese Sternart (Population I) findet sich in den Spiralarmen der Sternsysteme. Die andere (Population II) enthält Sterne in fortgeschritteneren Entwicklungszuständen, zum Beispiel rote Sterne von hoher Leuchtkraft und anderer physikalischer Eigenart. Sie sind überwiegend in den Kernen der Spiralnebel anzutreffen. Eindrucksvoll wird im Farbphoto die Verschiedenheit der beiden Sternarten sichtbar. Es vermittelt einen Einblick in die Struktur einer spiralförmigen Sterneninsel.

Inzwischen sind auf einigen anderen Sternwarten ebenfalls farbige Himmelsaufnahmen gemacht worden. Ein neuartiges Verfahren, bei dem die Empfindlichkeit des Farbfilms beträchtlich gesteigert werden kann, bietet bereits die Möglichkeit, auch mit kleineren und lichtschwächeren Instrumenten hervorragende Farbphotos von kosmischen Großobjekten zu erhalten. Es dürften auf diesem Gebiet noch manche Überraschungen auf uns warten. Der Erkenntnisdrang des Erdbewohners kennt kein Ermüden. Immer tiefer bohrt er sich mit dem Lichtfünkchen „Wissen" in das Weltgeheimnis hinein — immer weiter dringt er aus dem engen Kreis seines Planeten hinaus in den unermeßlichen Raum.

Wird dem Menschen in einer fernen Zukunft nichts mehr verborgen sein? Wird er alles entdeckt, erkannt, erforscht haben? Wird es einmal für ihn keine Rätsel mehr geben? Der Eingeweihte weiß, daß dem nicht so ist. Das, was wir wissen, ist nur sehr, sehr wenig gegenüber dem, was wir nicht wissen und zum großen Teil auch nie wissen werden. Die großen Denker aller Zeiten haben das erkannt und sind bescheiden geblieben, wie es zum Beispiel in einem Ausspruch zum Ausdruck kommt, den einmal der große Naturforscher Isaac Newton tat, als er sagte:

„Ich weiß nicht, wie ich der Welt erscheine, aber ich selbst komme mir vor wie ein Knabe, der am Meeresufer spielt, und der sich darüber freut, daß er dann und wann einen glatten Kiesel oder eine schönere Muschel findet als sonst. Doch der große Ozean der Wahrheit liegt noch immer unerforscht vor mir." —

Die drei Verschwörer

Kommissar Spürnase sah um Mitternacht die Umrisse von drei Verschwörern, die ein Verbrechen planten. Da er sie nicht genau erkennen konnte, schaute er in seiner Kartei nach und nimmt neun Bilder heraus, die ungefähr mit den von ihm bemerkten Umrissen übereinstimmen. Unter diesen neun Verdächtigen findet er die drei von ihm gesuchten Personen. Findet ihr sie auch? (Lösung auf Seite 399)

Wie funktioniert denn das?

Von Thomas G. Aylesworth

Wie funktioniert ein Barometer?

Das Barometer ist sowohl eins der wesentlichsten Hilfsmittel der Meteorologen als auch ein Segen für den Seemann. Es gibt zwei Arten von Barometer. Das eine, das Quecksilberbarometer, wurde von einem italienischen Wissenschaftler, Evangelista Torricelli, im Jahre 1643 erfunden. Dann gibt es noch das Dosenbarometer. Die Wissenschaftler benutzen jedoch noch immer das Quecksilberbarometer, weil es das genaueste Druckmeßinstrument ist.

Zur Wettervorhersage müssen die Meteorologen wissen, welches Gewicht die Luft über einem bestimmten Ort hat, wie warm oder kalt die Luft ist und wieviel Wasserdampf sie enthält.

Diese Leute messen das Gewicht der Luft, genauer gesagt, den Luftdruck mit einem Barometer. Der Luftdruck der Atmosphäre über irgendeinem Ort ändert sich stündlich und täglich, sobald die Luft wärmer oder kühler wird. Weil kalte Luft schwerer ist als warme Luft, drückt die kalte Luft stärker auf ein Barometer als die warme.

Das *Quecksilberbarometer* ist eine rund 80 cm lange, an einem Ende geschlossene enge Glasröhre. Diese ist mit Quecksilber gefüllt und steckt mit ihrem offenen unteren Ende in einer offenen Schale, dem Vorratsbehälter für Quecksilber. Das Quecksilber in der Röhre fällt einige Zentimeter ab und hinterläßt ein Vakuum an dem geschlossenen oberen Ende.

Was ist die Ursache dafür, daß das Quecksilber in der Röhre steckenbleibt? Die Luft drückt die Quecksilberoberfläche im Vorratsbehälter nieder und sorgt dafür, daß das Quecksilber in der Röhre bleibt. Sobald die Luft schwerer wird, drückt sie stärker auf das Quecksilber im Vorratsbehälter, und das Quecksilber in der Röhre steigt höher. Wenn die Luft leichter wird, drückt sie nicht mehr so stark auf das Quecksilber im Vorratsbehälter, und das Quecksilber im Rohr sinkt wieder tiefer.

Ein Maßstab am oberen Ende des Rohres zeigt genau an, wie viele Zentimeter das obere Ende der Quecksilbersäule sich über der Quecksilberoberfläche im Vorratsbehälter befindet. In Wetterberichten wird der Barometerstand meistens in Millimeter angegeben, und man erfährt so, ob der Luftdruck fällt oder steigt.

Der Luftdruck kann auch mit einem *Dosenbarometer* gemessen werden, das manchmal wie ein Bimetallthermometer oder eine Uhr aussieht. Im Inneren des Dosenbarometers befindet sich eine kleine scheibenförmige Metalldose, aus der fast alle Luft entfernt wurde. Sobald sich der Luftdruck außerhalb der Dose erhöht, drückt er die Oberfläche der Metalldose mehr nach innen. Wenn sich der Luftdruck außerhalb der Dose abschwächt, drückt die Luft im Inneren der Dose deren Oberfläche nach außen.

Die Bewegung der Dosenoberfläche ist zu gering, um sie direkt beobachten zu können. Die Bewegung wird jedoch durch eine Reihe von Hebeln auf einen Zeiger am Barometerzifferblatt übertragen. Dieser Zeiger bewegt sich bei Änderung des Luftdruckes, und der Maßstab

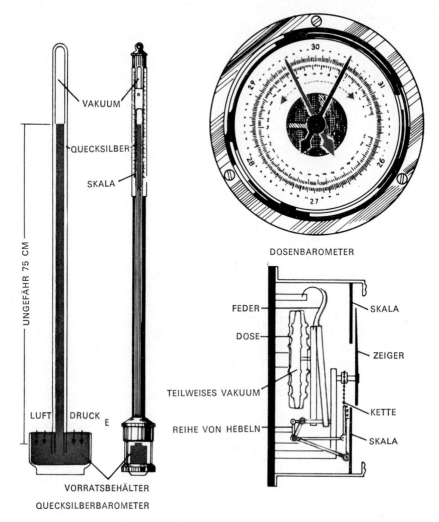

ist so gewählt, daß er die gleichen Werte (in mm) anzeigt wie ein Quecksilberbarometer.

Der Luftdruck verringert sich auch, wenn du vom Meeresspiegel aus höher steigst, zum Beispiel auf einen Berg. Barometer an verschiedenen Orten müssen so geeicht sein, daß sie die Druckdifferenz infolge der Höhendifferenz nicht zusammen mit den Änderungen des Luftdruckes messen.

Das Quecksilberbarometer kann sehr einfach dadurch geeicht werden, daß man den Maßstab nach oben oder unten schiebt. Ein Dosenbarometer wird geeicht, indem ein Knopf gedreht wird, der die Zeigerstellung entsprechend korrigiert.

Wie funktioniert das Tachometer?

Der Geschwindigkeitsmesser, auch Tachometer genannt, ist ein wesentlicher Gegenstand der Automobilausstattung. Er ist eine Sicherheitseinrichtung, die den Fahrer an seine Geschwindigkeit erinnert, damit er seine Fahrt auf einer Straße oder Autobahn besser beurteilen kann.

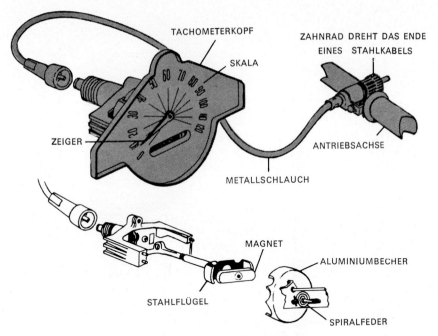

TEILE DES TACHOMETERKOPFES

Nimm einmal an, du fährst in einem Auto, das sich bei jeder Umdrehung seiner Räder um 1,8 m weiterbewegt, und nimm weiterhin an, daß sich die Räder 440mal in der Minute drehen. Kannst du ausrechnen, wie viele Kilometer das Auto in einer Stunde fährt?

Das brauchst du natürlich nicht, denn das Tachometer des Autos ist ein Rechner, der die Geschwindigkeit des Autos in jedem Augenblick anzeigt. Er funktioniert folgendermaßen:

Ein Zahnrad an der Antriebsachse der Räder dreht ein anderes Zahnrad am Ende eines Stahlkabels (siehe Bild). Beim Drehen dieser Achse dreht sich das Kabel im Inneren eines flexiblen Metallschlauches. Das Stahlkabel läuft durch diesen Schlauch zur Rückseite des Tachometers. Dort ist das Ende des Kabels mit einem gewöhnlichen Stabmagneten verbunden, so daß der Magnet rotiert, solange sich die Räder des Wagens drehen.

Der Magnet befindet sich im Inneren eines Aluminiumbechers. Dieser ist durch eine dünne Achse mit dem Zeiger (siehe Bild) verbunden. Eine Spiralfeder hält den Becher und die Achse in einer Lage, daß der Zeiger auf die Null der Tachometerskala zeigt, wenn der Wagen steht. Wenn die Räder sich aber drehen, fängt der Magnet zu rotieren an, und der Becher dreht sich ungefähr einige Millimeter in dieselbe Richtung wie der Magnet. Dadurch wird der Zeiger beispielsweise auf die 10 der Tachometerskala gestellt. Je schneller der Magnet rotiert, desto weiter dreht sich der Becher. Sobald sich der Magnet verlangsamt, dreht sich der Becher in die umgekehrte Richtung und bewegt den Zeiger auf eine niedrigere Zahl auf der Tachometerskala.

Da aber Aluminium ein nichtmagnetisches Metall ist und daher von dem Magneten nicht angezogen werden kann und ferner der Stabmagnet den Becher auch nicht berührt, wirst du dich vielleicht darüber wundern, wodurch der Becher bewegt wird. Wie alle anderen Stoffe enthält auch Aluminium winzige Teilchen, die Elektronen genannt werden. Durch das Magnetfeld des rotierenden Stabmagneten werden die Elektronen im Inneren des Aluminiums im Kreise bewegt. Diese Elektronenbewegung bildet einen elektrischen Strom, einen sogenannten Wirbelstrom. Durch eine elektromagnetische Wechselwirkung zwischen diesem Strom und dem Magnetfeld entsteht eine Kraft, die den Becher gegen die Spannung des Feldes verdreht.

An dem Stabmagneten sind zwei Stahlflügel angebracht, die um den Aluminiumbecher rotieren, wenn sich der Stabmagnet in dessen Inneren dreht (siehe Bild). Wenn der Stabmagnet schneller rotiert, wird der Strom im Becher stärker, und dieser dreht sich weiter herum. Sobald sich der Magnet verlangsamt, wird der Strom schwächer, wobei der Becher und der Zeiger durch die Spiralfeder wieder zurückgedreht werden.

Auf diese Weise benutzt das Tachometer einen elektrischen Strom zur „Imitation" der Radumdrehungen und zeigt so an, wie schnell sich das Auto in jedem Augenblick bewegt.

Geräte zur „Imitation" werden auch dazu benutzt, um die Geschwindigkeit und Richtung von Flugzeugen zu verfolgen. Andere „Imitations"-Geräte werden in Laboratorien und Fabriken zur Messung verschiedener Vorgänge verwendet, wenn man zum Beispiel wissen will, wie schnell eine Flüssigkeit fließt oder wie hoch ein Druck ist.

(Aus dem Buch „It works like this: a collection of machines from Nature and Science Magazin", herausgegeben durch Doubleday & Company, Inc., New York.)

Wieviel Eier sind im Korb?

Diese Frage soll der Konditorlehrling seinem ehemaligen Rechenlehrer beantworten. Der Herr Lehrer ist auf die Antwort nicht gefaßt, die er erhält, denn der Lehrling sagt: „$2/3$ davon sind 5 mehr als die Hälfte!"

Wer weiß wieviel Eier es sind?

(Lösung auf Seite 399)

Wie werde ich Bergsteiger? Klettern in Fels und Eis – Sport nur für Auserwählte?

Von Anderl Heckmair

Beim Betrachten von Bergbildern wird doch wohl jeden, der für die Natur aufgeschlossen ist, das Gefühl beschleichen, auch einmal solche Berge in der Wirklichkeit zu erleben. Dazu gehört aber der persönliche aktive Einsatz, der nicht nur Schweißtropfen verursacht, sondern auch Entbehrungen und sogar Lebensgefahren mit sich bringt. Die Lebensgefahr ist vorhanden, wenn man seine Grenzen überzieht und sich an Berge und Wände wagt, denen man noch nicht gewachsen ist.

Technik läßt sich erlernen. Die körperliche Voraussetzung, insbesondere bei jungen Menschen, die auch Sport treiben, läßt sich erzielen. Was aber noch dazu gehört, ist die Erfahrung, die man nur durch die Praxis erwerben kann, indem man mit bescheidenen Zielen anfängt. Das ist leicht gesagt, aber in der stürmenden Jugendzeit weist man so wohlgemeinte Ratschläge von sich. Mir selbst ist es auch nicht anders ergangen, als ich zum erstenmal in die Dolomiten kam.

Mein Ziel war die damals schwierigste Wand, die Civetta-Nordwestwand, die mir gerade gut genug war. Gleich darauf machte ich mit meinen Gefährten die zweite Begehung der hier abgebildeten Sass-Maor-Ostwand, die sechs Jahre vorher von Solleder aus München und Kummer aus Rosenheim erstiegen wurde und dann unberührt blieb, bis wir kamen. Unser Können war nicht überzogen, aber unser Orientierungssinn war noch nicht so entwickelt, daß wir uns auf Anhieb durch die schwierige Wand durchfanden. Schwere Verhauer brachten uns an den

Links: Im Waxeckkees (Zillertaler Alpen). (Foto: Löbl)

Rechts: Hinter den dunklen Wänden und Pfeilern steht als einziger Gipfel noch der Sass Maor (2812 m) im Licht. Die Abendnebel kriechen mit der Dämmerung an den Felswänden langsam in die Höhe. (Foto: Bucher)

Am Gipfel des Piz Corvatsch (3451 m). Die nahe Eisburg der Bernina im Rücken und vorne das weite malerische Panorama der Engadiner Bergwelt. (Foto: R. Bucher)

Der Aletschgletscher, der größte der Alpen, fließt vom Südfuß der Jungfrau hinab ins Rhonetal. Beim Eggishorn staut der Gletscher fast jedes Frühjahr den Märjelensee an seiner Flanke auf, so daß sich die Gletscherspalten im Wasser

...iegeln und die Eisschollen auf dem See umhertreiben. Irgendwann im Sommer verschwindet dann plötzlich die-
...es arktische Bild, denn dann bricht der See durch die Spalten des Gletschers und fließt unterirdisch ab. Danach
... der Blick wieder frei in den offenen Bauch des gewaltigen Eiswurms, der an dieser Stelle noch eine Dicke von
...ehreren hundert Metern hat.
(Foto: R. Bucher)

Der Montblanc (4807 m) von der Alpe du Pré aus gesehen. Am eindrucksvollsten ist der Blick auf die gerade gegenüberliegende Brenvaflanke des Montblanc mit dem Peutereygrat und dem Mont Maudit (4465 m). (Foto: R. Bucher)

Rand des Absturzes. Daß uns das Schicksal damals nicht ereilte, möchte ich heute noch als Glücksfall bezeichnen.

Es ist falsch, wenn man die Technik bis zur letzten Vollendung in den „Klettergärten" erlernt und dann gleich auf die großen Ziele losgeht. Vielmehr sollte man Wert auf das Bergwandern legen, denn zum Bergsteigen gehören unbedingt Beziehung zur Natur und die Kenntnis aller Belange, die beim Bergsteigen zu beachten sind, wie die objektiven und subjektiven Gefahren. Darunter versteht man die Gefahren, die man selbst verursacht, denn selbst bin ich ja das Subjekt. Als objektive Gefahr bezeichnet man die Gefahr, die vom Objekt, also vom Berg und von der Natur kommt, wie Wettersturz mit Gewitter, Blitzschlag, Kälteeinbrüche, Vereisung und Steinschlag.

Da muß man sich eben richtig verhalten und entsprechend bekleidet und ausgerüstet sein. Selbst beim so harmlosen Bergwandern ist gutes Schuhwerk unbedingte Voraussetzung, Regen- und Wärmeschutz dürfen im Rucksack nicht fehlen. Wie häufig sieht man unerfahrene Wanderer, die berüchtigt sind unter der Bezeichnung „Halbschuhtouristen", die, keinerlei Gefahr ahnend und ihre Grenzen weit überziehend, vergnügt in den Bergen umherziehen. Erstaunlich, wo man solche Leute überall antrifft. Es ist ihnen ja gegönnt; sie haben auch ihre Freude nicht nur an der Bewegung, sondern an der Natur, die sie ebenso intensiv erleben wie ein echter Bergsteiger.

Wie schnell kann aber so ein Lustwandeln zur Katastrophe werden. Dies erlebte ich auf einem alpinen Höhenweg, der von einer Bergbahnstation zu einer Scharte führte, von der es jedoch steil abwärts ging und wo der Weg durch Wetterstürze zum Teil weggerissen war. Eine Frau im Sommerkleidchen in Begleitung ihrer Familie war davon völlig unbeeindruckt und begann den Abstieg.

Als die schwierigen Stellen kamen, erfaßte sie aber anscheinend doch Panik, und sie machte das Ungeschickteste, was sie machen konnte, und lehnte sich in ihrer Angst zu sehr zum Hang hin, verlor dabei den Halt mit den Füßen vollständig und rutschte ab, sich einige Male überschlagend, bis sie in flachem Gelände schwer verletzt liegenblieb. Beim Abtransport erlag sie ihren Verletzungen. Das Entsetzen der sie begleitenden Familienmitglieder kann man sich vorstellen.

So etwas kann jederzeit dem völlig Unerfahrenen widerfahren. Es ist ein Wunder, daß solche Unglücksfälle nicht noch viel öfter geschehen. Trotzdem, die fast gleichbleibende Anzahl von 300 bis 400 Toten jährlich in den Bergen ist eine beredte Sprache. In unserer schnellebigen Zeit nimmt man dies nur so nebenbei zur Kenntnis. Was sind schon 300 Bergtote gegen 20 000 Verkehrstote? Jedoch, wenn man selbst in einen solchen Fall verwickelt ist, kommt einem erst die ganze Tragik zum Bewußtsein.

Glücklicherweise endet nicht jede Unwissenheit und jeder Leichtsinn im Berg so entsetzlich. Je schwerer aber die Tour, um so schwerwiegender sind die Folgen der Außerachtlassung der ungeschriebenen Gesetze der Berge. Fast 50 % der Ersteiger der Eiger-Nordwand gehen zugrunde. Daher wird sie als „Mordwand" bezeichnet. Dabei kann die Wand doch wirklich nichts dafür. Schuld sind die Menschen schon selbst, die die Schwierigkeiten und Gefahren unterschätzen, die es nicht wahrhaben wollen, daß mehr dazu gehört als nur ausgefeilte Klettertechnik. Wenn in einer solchen Wand auch nur eine Kleinigkeit, die notwendig ist, als unwesentlich betrachtet wird, sind die Folgen tödlich.

Deshalb ist das erste Gebot in den Bergen, seine Grenzen zu erkennen und darin zu bleiben!

Bei den meisten, die zum erstenmal mit den Bergen in Berührung kommen — sei es, daß sie in frühester Jugend schon mit den Eltern die Berge erleben oder, wie sehr häufig, mit einem erfahrenen Lehrer in den Bergen wandern —, erwacht plötzlich die Liebe zu den Bergen. Manche läßt es vollständig unberührt, im Gegenteil, sie können nicht begreifen, warum man die Berge überhaupt ersteigen soll, denn dies kostet nur Schweiß, Anstrengung, und man setzt sich unnötig Gefahren aus. Andere spüren aber die tiefe Genugtuung nach vollbrachter Ersteigung, und das Erlebte hat lange Nachwirkung und erweckt den Wunsch, wieder, und zwar noch intensiver die Bergwelt zu erleben.

Derjenige, der das ernst nimmt, wird mit Interesse Bergliteratur wälzen und sehr bald auch über die Entstehung der Berge, deren Aufbau und Gliederung etwas erfahren und über die Fauna und Flora Bescheid wissen. Mit solchen Grundkenntnissen sieht er die Berge schon mit ganz anderen Augen an. Will er nun noch mehr für sich tun, so gibt es in fast allen Bergorten Bergschulen und in den Sektionen des Deutschen Alpenvereins Grundausbildungskurse, bei denen wie auf einem Servierbrett all das präsentiert wird, was man durch Eigenerfahrung nur mühe- und gefahrvoll sich erwerben kann. Es werden dabei aber nur die Grundbegriffe der Technik des Gehens im Gelände, im Fels und auch im Eis gelehrt sowie Anseil- und Sicherungsarten.

Mit diesen Grundkenntnissen ausgerüstet, läßt sich nun schon eine Menge machen, vorausgesetzt, man ist mit dem Herzen dabei und strebt nicht nur sportliche Leistung beim Bergsteigen an.

Der Hauptfehler, der von Anfängern begangen wird, ist ein zu schnelles Gehen. Beim Bergsteigen kann man gar nicht genug kräftesparend langsam steigen. Jeder Schritt soll ein Genuß sein, und man soll sich Zeit nehmen, auch das zu betrachten, was alles zu sehen ist. Bezeichnend ist eine Eintragung in einem Gipfelbuch, wo einer einschrieb: „Vom Ausgangspunkt bis zum Gipfel nur 1 $^1/_2$ Stunden." Der nächste schrieb seinen Kommentar dazu: „Ohne Hirn ist leicht marschiern."

Das trifft den Nagel auf den Kopf, aber jungen Menschen macht nun einmal das Laufen Spaß. Nur soll man damit nicht angeben, denn nirgends ist Angabe so verpönt und so lächerlich wie beim Bergsteigen. Auf das Erlebnis kommt es an und auf sonst gar nichts, denn Bergsteigen ist kein Sport, obwohl man alle sportlichen Voraussetzungen dazu braucht. Die Leistung als solche ist nicht meß- und wertbar. Aber die Eindrücke prägen sich so tief in die Seele, daß man bleibende Erinnerungen daran hat. Nur ist es so relativ: Der eine ist erfüllt von einem kleinen alpinen Spaziergang, von den Blumen, den Steinen, von der Aussicht vom Gipfel. Der andere ist nur dann befriedigt, wenn er Gelegenheit hat, seine innere Angst zu überwinden, und steigert sich zu schwersten Touren.

Ein richtiger Bergsteiger ist aber nur der, der für alles aufgeschlossen ist, Toleranz genug in sich hat und den anderen tun und lassen läßt, was der will.

(Bergführer Anderl Heckmair hat ein neues Buch herausgebracht. Es heißt „Mein Leben als Bergsteiger", und ist in der Nymphenburger Verlagshandlung, München, erschienen. Zu beziehen durch jede Buchhandlung.)

Wir experimentieren –
Experimente, die uns Spaß machen

Von Leonard de Vries

Wie schwer ist doch Luft!

Material: 1 Holzlatte, 2 Zeitungen, unsere Faust

Das gewaltige Gewicht der Luft können wir, abgesehen von verschiedenen anderen Versuchen, auch folgendermaßen unter Beweis stellen: Auf einen Tisch, der einen harten Stoß vertragen kann, legen wir eine dünne Holzlatte von ungefähr 10 × 50 cm und breiten zwei Zeitungen darüber aus. Diese Zeitungen dürfen nicht beschädigt sein und keine Löcher enthalten. Wir streichen sie ganz glatt und hauen mit der Faust auf das herausstehende Ende der Latte. Zu unserem größten Erstaunen werden wir feststellen, daß es uns nicht gelingt, mit dem Hieb — mit dem wir bestimmt jemandem ein blaues Auge versetzen würden — die Zeitungen hochzuschlagen. Auch wenn wir sehr hart zuschlagen, bleiben die Zeitungen liegen, und es kann leicht vorkommen, daß wir die Latte entzweischlagen. Wir können sogar mit einem starken Stück Holz auf die Latte schlagen. Ohne weiteres bricht die Latte entzwei, und die Zeitungen bleiben liegen.

Wie kommt es, daß es den Anschein hat, als ob die Latte festgenagelt sei? Nehmen wir an, daß die Zeitung 100 cm lang und 50 cm breit ist, dann beträgt ihre Oberfläche 5000 cm², was bedeutet, daß die Luft mit einer Kraft von 5000 Kilo darauf drückt! Durch das Schlagen auf die Latte hat die Zeitung die Neigung, etwas hochzugehen; dadurch entsteht unter der Zeitung eine Luftverdünnung, und nun macht sich das gewaltige Gewicht von 5000 Kilo derart geltend, daß wir die Zeitung unter keinen Umständen hochschlagen können.

Ein Glas Wasser umdrehen, ohne daß Wasser herausfließt

Material: Ein Glas Wasser, 1 Stückchen Pappe.

Wir füllen ein Trinkglas bis an den Rand mit Wasser und legen ein Stückchen Pappe oder starkes Papier darauf. Die Pappe muß etwas angedrückt und das Glas dabei umgedreht werden. Wenn wir die Pappe loslassen, stellen wir fest, daß das Wasser im Glas bleibt und daß die Pappe durch das Gewicht des Wassers nicht weggedrückt wird. Wie ist das möglich?

Die Außenluft übt auf die Pappe einen Druck von 1 kg/cm² aus. Die Kraft, mit der durch die Außenluft das Stückchen Pappe gegen das Glas gedrückt wird, genügt vollkommen, um die 150 g Wasser, die es hält, zurückzuhalten. Mit ein wenig Geschick kann man auch das Glas umdrehen, ohne hierbei die Pappe anzudrücken.

Gefühle, die uns betrügen

Material: Eine rauchende Gesellschaft, 1 Stückchen Eis, 1 Messer

In einer Gesellschaft, in der die meisten Personen eine Zigarette rauchen, können wir einen netten Trick ausführen, der beweist, wie unzuverlässig unser Gefühl ist. Mit einem Messer spitzen wir, von den anderen unbeobachtet, ein Stückchen Eis an, trocknen es gut ab und drücken es dann ganz kurz in den Nacken einer der Gäste. Er wird erschrecken und vielleicht böse werden, weil ... wir nach seiner Ansicht das glühende Zigarettenende auf seinen Nacken gehalten haben. Jetzt sind wir aber die Erstaunten und zeigen das Stückchen Eis.

wird durch seine Trägheit ruhig stehenbleiben. Aber zögern dürfen wir dabei nicht; denn nur, wenn man das Papier ganz schnell, ruckartig wegzieht, gelingt das Experiment. Am besten verwenden wir ein unzerbrechliches Glas für den Fall, daß wir doch etwas zögern würden.

Die Trägheit ist ein eigenartiges Etwas

Material: 1 Glas Wasser, 1 Bogen Papier

„Ja, diese Trägheit ist ein eigenartiges Etwas", sagte der Junge, der faul im Sessel lag. „Ich habe kein Bedürfnis nach Beweisen dafür, was Newton ‚das Gesetz der Trägheit' nannte. Ich fühle das auch so..."

Wir wollen aber diesen trägen Jungen in Bewegung bringen, indem wir ihm ein überraschendes Experiment zeigen. Auf einen Bogen Papier setzen wir ein Glas Wasser, das an der Außenseite vollkommen trocken sein muß. Wenn das nicht der Fall ist, mißlingt der Versuch. Nun fragen wir unsere Freunde, ob sie es für möglich halten, das Glas vom Papier zu entfernen, ohne das Glas zu berühren. Wenn sie die Frage bejahen sollten, bitte vormachen lassen! Vielleicht wird einer versuchen, das Papier ganz langsam und vorsichtig unter dem Glas wegzuziehen, aber das wird ihm nicht gelingen. Dagegen gelingt es, das Papier mit *einem* schnellen Ruck wegzuziehen! Das Glas

Unser Atem kann Bücher mit einem Gewicht von 10 Kilo heben

Material: 1 großer Papier- oder Plastikbeutel, schwere Bücher

„Nein", werdet ihr sagen, „den Bären können Sie uns nicht aufbinden! Mit dem Atem 10 kg Bücher heben? Ausgeschlossen!" Und alle eure Familienangehörigen und Freunde werden der gleichen Meinung sein. Es sei denn ... Es sei denn, daß sie es einmal selbst ausprobieren. Ihr legt einen großen langen Papier- oder Plastikbeutel auf den Tisch, und darauf setzt ihr einen Stapel schwerer Bücher. Nehmt ruhig die dicksten und schwersten, die ihr findet. Alle können ohne wei-

teres auf diesen Beutel gestapelt werden. 10 Kilo wird euer Atem ohne weiteres heben. Blast den Beutel nur ruhig einmal auf und achtet darauf, daß die Öffnung, durch die ihr blast, so klein wie möglich bleibt. Nur blasen... aber bitte nicht so fest, das ist keineswegs notwendig. Ihr könnt es in aller Ruhe und ohne große Kraftvergeudung tun. Seht ihr jetzt, wie sich der Bücherstapel hebt?

Phantastisch, nicht war? 10 kg Bücher durch einfaches Blasen zu heben! Achtet jedoch darauf, daß der Stapel nicht stürzt und die Bücher auf euern Kopf fallen. Euer Atem ist ja stark genug, aber ob euer Kopf eine solche Ladung vertragen kann?

Wie erklärt sich nun dieser Vorgang? Nach einem bekannten Naturgesetz (Pascal), pflanzt sich ein Druck auf ein Gas (oder eine Flüssigkeit) in allen Richtungen mit unverminderter Kraft fort. Wenn wir nun mit unserem Atem einen kleinen Überdruck verursachen — beispielsweise $1/10$ Atmosphäre = 100 g je Quadratzentimeter —, dann ergibt das auf der Oberfläche des Beutels, die schätzungsweise 10×20 cm = 200 cm² beträgt, eine Kraft von 200×100 g = 20 kg. Darum läßt sich der Stapel Bücher so leicht heben.

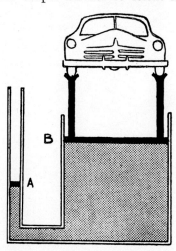

Nach dem gleichen Grundsatz arbeitet die hydraulische Presse, die allerdings nicht mit Luft, sondern mit einer Flüssigkeit gefüllt ist. Ist die Oberfläche des Kolbens B 1000mal so groß wie die Oberfläche des Kolbens A, dann wird eine auf den Kolben A ausgeübte Kraft von etwas mehr als 1 kg den Kolben B in die Lage versetzen, ein Gewicht von 1000 kg zu heben.

Mit unsichtbarer Tinte schreiben

Material: 1 Bogen Papier, 1 Feder, 1 Zitrone

In Abenteuerromanen lesen wir oft von alten Dokumenten, die den Ort eines verborgenen Schatzes angeben, jedoch in Geheimschrift abgefaßt sind. Mit Spannung verfolgen wir dann die Versuche des Helden der Erzählung, diese Schrift zu entziffern. Um eine solche Geheimschrift geht es hier nicht. Wir schreiben eine andere Geheimschrift... wir machen das mit unsichtbarer Tinte.

Mit dieser unsichtbaren Tinte können wir einen Brief schreiben und während des Schreibens sehen, was wir schreiben. Aber sobald unsere „Tinte" aufgetrocknet ist, ist nichts mehr von dem zu sehen, was wir soeben zu Papier gebracht haben ... die Schrift ist unsichtbar geworden. Aber — so werdet ihr fragen — wie kann derjenige, an den wir den Brief gerichtet haben, das lesen, was wir ihm geschrieben haben? Er vermag das natürlich nur, wenn er weiß, wie die unsichtbare Schrift wieder sichtbar gemacht werden kann. Wie das geschieht? Nun, das verrate ich noch nicht!

Unser Tintenfaß mit unsichtbarer Tinte ist ... eine halbe Zitrone! In diese Zitronenhälfte stecken wir den Federhalter mit einer sauberen Feder und stechen mit ihr fest in das Fruchtfleisch, damit recht viel Zitronensaft-„Tinte" daran hängenbleibt. Aber auch wieder nicht zuviel, weil wir sonst unsichtbare Flecken machen. Dann beginnen wir zu schreiben. Die einzelnen Buchstaben dürfen nicht zu dünn sein. Sind wir mit dem Brief fast fertig, dann wird der Anfang bereits unsichtbar geworden sein, weil der Zitronensaft schon aufgetrocknet ist. Wie macht man diese „Tinte" nun wieder sichtbar?

Der Bogen Papier wird mit der beschriebenen Seite ganz vorsichtig über einer Kerzenflamme, einem Gasbrenner oder einem heißen Ofen erwärmt. Das Papier darf dabei natürlich nicht in Flammen aufgehen, darum Vorsicht! Während des Erhitzens wird die unsichtbare Schrift langsam braun, also sichtbar!

Wer keine Zitrone im Haus hat, kann auch Essig benutzen. Allerdings geht's mit Zitrone besser!

(Zeichnungen: Schulze-Forster)

Für Rätselfreunde — Die gemeinsame Vorsilbe

Für jede der nachstehenden Silbengruppen (Silbenreihen) ist jeweils eine gemeinsame Vorsilbe zu suchen. Bei richtiger Lösung des Rätsels nennen die Anfangsbuchstaben der zu suchenden Silben, der Reihe nach gelesen, eine europäische Hauptstadt.

-sel, -dell, -de, -ment, -ral,
-ge, -bum, -pen, -tar, -ster,
-ra, -nau, -sis, -ver, -se,
-be, -batt, -ster, -sen, -gout,
-sel, -der, -go, -lett, -sekt,
-gen, -kret, -mut, -pot, -tail.

(Lösung auf Seite 399)

Wert 100 000 DM: Briefmarken und Briefmarkenraritäten — Die Bewertung von Marken

Von Herbert Stritter

Wer von uns würde nicht auch nach dem geldlichen Wert seiner Markenschätze fragen! Für viele Philatelisten bedeutet die Markensammlung geradezu eine Sparkasse, in der sie von Zeit zu Zeit einmal nachsehen, um festzustellen, wie „reich" sie mit der Zeit geworden sind. Die geldliche Feststellung eines Briefmarkenwertes ist nicht schwer, da in jedem Katalog der augenblicklich übliche Preis aller Postwertzeichen angegeben ist. Allerdings ist im Handelsverkehr mit Marken dabei zu beachten, daß (wie es im Michel-Katalog heißt) „die Preise in der ersten Spalte für ungebrauchte, in der zweiten aber für gestempelte Stücke gelten." Die Bewertung selbst richtet sich nach der Auflagenhöhe.

Unter Raritäten fallen alle Marken, die, wie das Wort schon sagt, selten sind, und jeder Sammler weiß, daß dies vor allem bei Postwertzeichen der älteren Ausgaben der Fall ist. Aber auch unter den neueren Stücken gibt es welche, die, weil sie nur in geringer Menge gedruckt wurden und daher schnell verkauft waren, deshalb zu den Seltenheiten gehören. Und hierbei stoßen wir auf einen weiteren Umstand, der solche Marken selten macht und sie in ihrem Preis immer mehr in die Höhe treibt. Je größer die Nachfrage nach einer Marke ist, desto kostspieliger wird ein Kauf sein, zumal niemand gern ein Wertstück wieder aus den Händen gibt.

Der gewöhnliche Sterbliche findet eine Schau seltener Marken nur noch in seinem Album vorgedruckt, in einer Zeitschrift wiedergegeben oder auf einer Briefmarkenausstellung unter Glas und hinter Schloß und Riegel.

Katalogpreise im Michel-Katalog sind Vergleichszahlen zur Errechnung des eigentlichen Handels- (= Verkaufs-) und Tauschwertes. Die Katalognotierung bedeutet nicht, daß man bei einem Verkauf diesen Wert erzielt oder daß man diesen auf Auktionen bezahlen muß. Hierbei spielt der sogenannte Liebhaberwert und die Knappheit des Materials eine große Rolle.

Leckerbissen für einen jeden Sammler!
Raritäten über Mi.M. 100 000.— auf einer Seite:
1. Reihe (von links nach rechts): Großbritannien: 1. 1878 Mi.Nr. 50, Wert Mi.M. 8000.—; 2. 1840, Mi.-Nr. 2 c, Wert Mi.M. 10 400.— (Bogenteil, sehr selten!) 3. 1885, Mi.Nr. 62, Wert Mi.M. 25 000.— (Dienstmarke). 2. Reihe: Großbritannien: 1902, Mi.Nr. 63, Wert Mi.M. 9000.— (Dienstmarke). 3. Reihe: 1. Schweiz, 1843, Kanton Zürich, Mi.Nr. 1, Wert Mi.M. 12 000.—; 2. Sachsen, 1850, Mi.Nr. 1, Wert Mi.M. 5000.—; 3. Rumänien, 1858, Mi.Nr. 5, Wert Mi.M. 10 000.—. 4. Reihe: 1. Schweiz, 1843, Kanton Genf („Doppelgenf"), Mi.Nr. 1, Wert Mi.M. 32 000.—; 2. Bayern, 1849, Mi.Nr. 1, Wert Mi.M. 3000.—; 3. Kirchenstaat, 1852, Mi.Nr. 11, Wert Mi.M. 2200.—.

Tausendsassa der Luft: Hubschrauber

Von Ingo Rogge

Fliegen erscheint uns heute als eine Selbstverständlichkeit. Wovon unsere Väter nur träumen konnten — das erleben wir heute täglich. Keiner von uns schaut mehr verwundert, wenn er ein Flugzeug oder einen Hubschrauber am Himmel sieht. Schon ist die Menschheit über die ersten Flüge zum Mond hinaus, und derartige Abenteuer nehmen nicht einmal mehr den Platz auf den ersten Seiten der Zeitungen ein.

Aber wer von uns weiß denn überhaupt, wie ein Flugzeug fliegt, wie ein Hubschrauber sich in der Luft bewegt?

Der Gedanke an das Fliegen beherrscht die Menschen seit Jahrtausenden, und es hat Überlegungen schon zu Urzeiten gegeben, wie man sich vom Erdboden erheben und wie ein Vogel in die Lüfte steigen könnte. Wer in Archiven herumstöbert, der wird nicht selten ganz erstaunt Aufzeichnungen solcher Gedanken finden. Die erste Ideen-Skizze über einen Hubschrauber findet sich

— na, wann wohl? —

im Jahre 1483. Vierzehnhundertdreiundachtzig. Fast 500 Jahre vor unserer Zeit.

Ist das zu glauben?

Ja. Es war der große Maler Leonardo da Vinci, der eine solche Skizze anfertigte und sich mit dem technischen Prinzip beschäftigte. Er zeichnete so eine Art Luftschraube mit senkrechter Achse, die seinen Flugkörper durch ihre Drehbewegungen anheben sollte. Seinen Apparat nannte er „Helix".

Aber erst 1784 flog der erste „Hubschrauber". Es war ein Modell zweier Franzosen, Launoy und Bienvenue, das in einem Saal aufstieg. Und erst 1905 gab es ein Fluggerät dieser Art, das einen Menschen anheben konnte. Dieses Gerät baute Maurice Léger und probierte es mit einem 15 PS starken Verbrennungsmotor in Monaco aus. Einige Sekunden und nur wenige Meter hoch war dieser Flug. Bis 1938 wurden immer neue Versuche mit neuen Modellen und neuen Systemen gemacht, der Spanier Juan de la Cierva entwickelte einen „Tragschrauber" im Jahre 1923, der vorwärts flog und lenkbar war. Als aber 1938 der Hubschrauber von Professor Focke in der riesigen Deutschlandhalle von Berlin geflogen werden konnte (dieses Kunststück unternahm die wagemutige Fliegerin Hanna Reitsch) und als dieses Modell Typ F 61 1939 auf eine Höhe von 3427 Metern kam, konnte

Das ist die berühmte Zeichnung von Leonardo da Vinci aus dem Jahre 1483, die sein Luftfahrzeug „Helix" zeigt. 500 Jahre vor unserer Zeit beschäftigte er sich mit diesem Problem.

Linke Seite: Selbst in urwaldähnlichen Gebieten, in Felsenschluchten und engen Schneisen gibt ein Hubschrauber nicht auf. Seine Beweglichkeit und seine Landemöglichkeiten sind fast unbegrenzt. (Im Bild Bell UH-1 D)

man dies wohl als den Beginn einer neuen Ära der Luftfahrt ansehen.

Der aus Rußland nach Amerika emigrierte Konstrukteur Igor I. Sikorsky begann in Amerika mit Versuchen und mit dem Bau von Hubschraubern, er war der erste, der im Krieg Großserien herstellen konnte.

Es ist eine bittere Tatsache, daß Konflikte und Kriege die Menschen zu äußersten Anstrengungen veranlassen, die in Friedenszeiten niemand machen würde. So auch hier wieder. Der Zweite Weltkrieg und dann der Korea-Konflikt waren Katalysatoren für die Entwicklung der Hubschrauber. Auch erkannten die Menschen erst zu diesen Zeitpunkten richtig die Verwendungsmöglichkeiten und Fähigkeiten des neuen Fluggerätes.

Wenn man einen Hubschrauber sieht, wie er — etwas nach vorn geneigt — vom Boden abhebt und aufsteigt, wie er dicht über Bäumen dahinzieht, in Waldschneisen verschwindet, senkrecht nach oben geht, sich dreht, rückwärts fliegt, enge Kurven und Bogen beschreibt, auf Dächern oder in Schluchten landet, mit hoher Geschwindigkeit geradeaus fliegt oder Bogen und Zirkel niedrig fliegend um Hindernisse beschreibt, kann man sich zunächst gar nicht vorstellen, wie es wohl ist, wenn man in diesem Apparat sitzt.

Die Neugier und das Interesse daran ließ uns nicht los, und als wir eines Tages eine Einladung der Heeresflieger-Waffenschule bekamen, setzten wir uns in unsere kleine Sportmaschine und flogen nach Bückeburg. Und das wurde ein ganz großes Abenteuer. Drei Tage lang sollten wir mit allen Hubschraubern mitfliegen können, die dort zur Ausbildung der Piloten vorhanden sind. Vor allem das Modell Bell UH-1 D und das Modell Alouette II.

Die Hubschrauber konnten in ihrer Pionierzeit erst dann die Erde verlassen, als der Verbrennungsmotor erfunden worden war. Denn nur diese Antriebsquelle war stark und vor allem auch leicht genug für diesen Zweck. Die Erfindung und Entwicklung des Turbinentriebwerkes aber brachte dieses Fluggerät erst zur heutigen Reife, denn dieses Triebwerk ist in der Lage, mit noch geringerem Gewicht bei zumindest gleicher Leistung auszukommen. So haben Hubschrauber also Turbinen als Antrieb.

Während ein normales Flugzeug — oder „Flächen-Flugzeug" — relativ einfach zu lenken ist, ist das Lenken eines Hubschraubers eine nicht ganz einfache Sache. Der Pilot muß seine Lenkbewegungen, die er mit den Füßen und Händen macht, sehr genau koordinieren. Denn der Hubschrauber fliegt anders als das Flächenflugzeug. Er „hängt" an den Rotorblättern, mit denen er auch gelenkt, angehoben und gesenkt werden muß. Das ist eine nicht ganz unkomplizierte Angelegenheit, wie wir dann auch gleich in Bückeburg beim ersten Flug mit dem Bell UH-1 D erlebten.

Dazu eine Prinzipskizze (Seite 81):

Die Rotorwelle b wird durch die Antriebsturbine bewegt. An ihr sind die Rotorblätter a befestigt. Sie haben ein ähnliches Profil wie die Tragflächen eines Flugzeuges und erzeugen durch ihre Drehbewegung durch die Luft nach dem gleichen Prinzip den Auftrieb. Unter den Rotorblättern befindet sich die „Taumelscheibe" c — sozusagen das Herz der Hubschrauber-Lenkung.

Diese Taumelscheibe hat einen äußeren, feststehenden Ring c_1, in dem sich mit der Rotorwelle zusammen der innere Ring c_2 dreht. Vom inneren Ring gehen Schubstangen d (oder c_4) zu den drehbaren Rotorblättern.

Dieser „mittlere Transport-Hubschrauber" der Bundeswehr, Sikorsky CH-53, ist ein gewaltiges Ding. Er hat sechs Rotorblätter, ist 27 m lang, wiegt leer 10,5 t und kann 41 Mann oder 6 t Ladung befördern. Seine beiden Turbinen leisten 7800 PS an der Abtriebswelle. Höchstgeschwindigkeit 315 km/h, Marschgeschwindigkeit 248 km/h, Reichweite 400 km. Rotordurchmesser 22 m. Die Rotorblätter können zum Hangarieren zusammengelegt werden.

Der kleine, sehr wendige Hubschrauber Alouette II wiegt 955 kg, hat eine Reichweite von 435 km, erreicht eine Höchstgeschwindigkeit von 185 km/h und befördert vier Personen.

Der äußere Taumelscheibenring c_1 ist durch vier Schubstangen e (oder c_3) mit der Lenkvorrichtung in der Kabine verbunden.

Hebt der Pilot durch einen Handhebel den äußeren Ring der Taumelscheibe gleichmäßig an, nimmt dieser Ring den inneren Teil c_2 mit und überträgt diese Bewegung durch die Schubstangen c_4 auf die Rotorblätter. Diese verdrehen sich um ihre Längsachse, so daß das Profil steiler angestellt ist. Das erzeugt bei der Drehbewegung des Rotors größeren Widerstand und größeren Auftrieb — der Hubschrauber steigt.

Damit bewegt er sich aber noch nicht vorwärts, seitwärts oder rückwärts. Um das zu bewerkstelligen, muß der Pilot mit seinem Steuerknüppel die Taumelscheibe nur auf einer Seite anheben. Sie dreht sich in diesem Falle um die Befestigungspunkte zweier gegenüberliegender Schubstangen, während sie von den beiden anderen Stangen auf der einen Seite angehoben und auf der anderen Seite gesenkt wird. Daher der Begriff „Taumel"-Scheibe.

Der innere Ring, der sich mit der Rotorwelle und den -blättern dreht, macht diese Bewegung mit, aber jetzt verdrehen sich die Rotorblätter zusätzlich entgegengesetzt. Je nach den Steuerbewegungen ist der Auftrieb auf einer Seite des Drehkreises stärker oder schwächer — der Hubschrauber bewegt sich vorwärts, rückwärts oder seitwärts.

Das Ganze ist nicht leicht zu verstehen, und man müßte das alles in Bewegung beobachten können.

Damit sich das Ganze nun aber nicht infolge des Trägheitsmoments um sich selbst dreht, hat man am Heck noch einen Heckrotor, der durch seinen seitlichen Druck für Ausgleich und Stabilität sorgt. Auch seine Blätter sind verstellbar und werden durch die Fußbewegungen des Piloten reguliert.

Bis der Pilot so weit ist, daß er seinen Hubschrauber technisch, taktisch und gefühlsmäßig 100%ig beherrscht, vergeht eine lange Ausbildungszeit. Mindestens 100 Flugstunden und neun Monate Schulung. Und das wird einem klar, wenn man allein das Lenksystem betrachtet. Von Modell zu Modell ist es natürlich etwas anders, und je größer der Hubschrauber

Die Steuerung der Rotorblätter. Oben sieht man deutlich die Schubstangen zwischen Taumelscheibe (unten) und Rotorblättern. Zu der Prinzipskizze unten gehören folgende Bezeichnungen: a Rotorblätter, b Rotorwelle, c Taumelscheibe, d obere Schubstangen, e untere Schubstangen, 1 äußerer Ring der Taumelscheibe, 2 innerer Ring der Taumelscheibe, 3 untere Schubstangen, 4 obere Schubstangen.

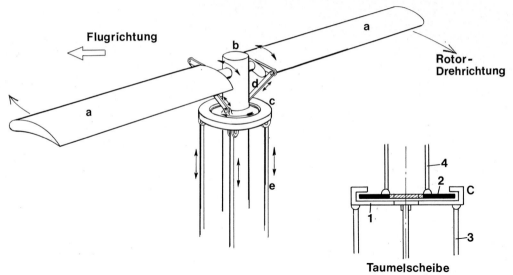

ist, um so komplizierter ist sein Antrieb und seine Steuereinrichtung.

Die Turbine des Bell UH-1 D hat eine Leistung von 1000 PS, die Maschine ist 17,4 m lang, 4,47 m hoch, der Rotor hat einen Durchmesser von 14,6 m (!). Man kann ein Gewicht von 1,5 Tonnen transportieren oder 13 Passagiere. Die Reichweite beträgt ca. 500 km. Er kann etwa zweieinhalb Stunden mit seinem Treibstoffvorrat in der Luft bleiben.

Wir flogen im Tiefflug durch Waldschneisen, auf einem Übungsplatz zwischen Häusern hindurch. Irgendwo wurde mitten in einem Steinbruch-Dschungel gelandet, und dann hopste man wieder über Weidezäune und um Bäume herum. Aber auch hoch über den

Cockpit des Bell UH-1 D. Oben am Armaturenbrett Flug- und Antriebsüberwachungsinstrumente, in der Mitte Funk- und elektronische Navigationsgeräte. Neben dem rechten Sitz Steuerknüppel.

Wolken ging es mit mehr als 200 km/h dahin. Der große Sikorsky CH-53 D erreicht eine Geschwindigkeit von 315 km/h, seine beiden Turbinen haben zusammen eine Leistung von 7800 WPS, und er kann 41 Menschen transportieren. Seine Dienstgipfelhöhe liegt über 6000 Metern. Länge 27 m. Ein gewaltiger „Eimer"!

Trotzdem staunt man gerade bei diesen größeren Maschinen, welche Möglichkeiten infolge der Wendigkeit vorhanden sind. Aber das schönste Erlebnis wurde der Flug mit der kleinen Alouette II. Sie befördert mit dem Piloten drei Passagiere, ist leicht und sehr wendig.

Mit diesem Hubschrauber konnte man buchstäblich in der Natur in geringster Höhe „spazierengehen", man konnte zwischen Büschen und Bäumen herumschleichen wie ein Indianer, solange Raum genug für die Rotorblätter war. Man konnte in größerer Höhe stillstehen und die Landschaft beobachten, oder blitzschnell um Waldecken herumschießen. Es gab keinen Punkt, den man nicht erreichte.

Hubschrauber können senkrecht starten und landen und sind dadurch vollkommen unabhängig von der Lage oder dem Zustand von Start- bzw. Landeplätzen. Man kann in Bodennähe mit jeder Geschwindigkeit zwischen 0 und Höchsttempo fliegen und jedes Hindernis umgehen oder überspringen. Man kann auch bei schlechtestem Wetter und schlechtester Sicht noch in Bodennähe fliegen, man kann Lasten aufnehmen und transportieren dort, wo kein anderes Transportmittel mehr hinkommen kann. Und so wurde der Hubschrauber zum Rettungsinstrument — ein Segen für uns alle!

In Deutschland gibt es zwei SAR-Bezirke („SAR" = Search and Resque = Suche und Rettung), die SAR-Leitstelle „See" für die deutschen Küstengebiete und die SAR-Leitstelle „Land" für das deutsche Festland. Von hier aus werden die Hubschrauber für Rettungseinsätze geführt. Vom Herbst 1969 bis zum April 1972 wurden über die Leitstelle „Land" 1200 Menschen aus Lebensgefahr gerettet, 800 Einsätze wurden zum Transport von Blut, Organen, zur Suche nach Verunglückten, nach Verbrechern u. a. geflogen. Also zwei Einsätze pro Tag! Die Leitstelle „See" meldete von 1958 bis Mai 1972: Krankentransporte 3459 und 1266 Menschen aus Seenot gerettet. Hinzu kommen für beide Leitstellen noch 2256 andere Rettungseinsätze — z. B. in den Bergen! 90 % aller Einsätze im zivilen Bereich. Als im Februar 1962 die Flutkatastrophe im norddeutschen Raum bei Hamburg Katastrophenalarm auslöste, war dies die Rettungsschlacht der Hubschrauber. Das Lied vom braven Mann wurde hier gesungen.

Noch eine elegante Kurve mit der Alouette, und unser Pilot setzte die Maschine sanft vor der Halle ab. Drei Tage lang hatten wir Hubschrauber studiert und geflogen. So weit die technische Entwicklung dieser Flugmaschinen heute schon ist — die Forschung bleibt nicht stehen, nachdem man erkannt hat, welche

In den Bell UH-1 D kann man sechs Kranke unterbringen, dazu Sanitätspersonal und zwei Piloten. Auf jeder Seite sind drei Krankenliegen vorgesehen. (Fotos: E. Leverkus; Zeichnung: C. Bock)

phantastischen Dinge ein Hubschrauber kann. Noch ist das Problem zu lösen, die Lenkung einfacher, die Triebwerke leichter und stärker zu machen. Die Zeit wird kommen.

Die Flieger der Heeresfliegerschule winkten uns nach, als unsere „alte" kleine Jodel von der Startbahn abhob und die Nase nach Süden richtete. Und obwohl wir mit 180 km/h über das Land flogen — es kam uns vor, als seien wir plötzlich fünfzig Jahre zurück in unserem Flächenflugzeug, das auch einmal zu seiner Zeit Aufregungen unter den Menschen erzeugte, als man anfing zu fliegen.

Pinguin und Pinguine — ein Kreuzworträtsel

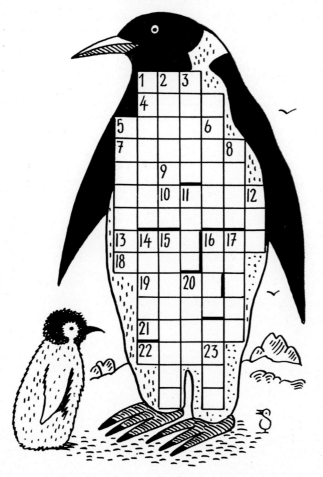

Waagerecht: 1 Sammelbegriff für eine Behörde, 4 Nagetier, 5 Männername, 7 Versehen, falsche Annahme, 9 andere Bezeichnung für Einsamkeit und Unwirtlichkeit, 10 Wurfwaffe, 13 Mädchenname, 16 europ. Hauptstadt, 18 franz.: schwarz, 19 Fischfett, 21 Werkzeug, 22 zwerghafter Erd- oder Berggeist.

Senkrecht: 1 Erdteil, 2 Angehöriger einer Schiffsbesatzung, 3 Verpackung, 5 unser Rätseltier, 6 Schiffssteuerung, 8 großes Gewässer, 11 Schiffsanlegeplatz, 12 alkohol. Getränk, 14 handschriftl. Anmerkung, 15 Dekorationsmaterial, 16 Milchspender, 17 südl. Ölfrucht, 20 Fluß in Italien, 23 Rechenzeichen.

(Lösung auf Seite 399)

Computer für Schule und Ausbildung

Von Georg Wadehn

In Band 46 von „Durch die weite Welt" haben wir uns auf Seite 152 ff. mit dem Computer beschäftigt, mit der modernen Informationstechnik. Wir haben dabei kennengelernt, was ein Computer ist, und uns über seine Anwendungen unterhalten.

Von daher ist es den Lesern ein Begriff geworden, daß es Datenverarbeitung seit Beginn der Menschheit gibt. Zuerst gab es sie nur mit unseren Sinnen. Wir Menschen sehen eine Blume, sie hat einen Farbwert, wie wir sagen. Unser Gedächtnis vergleicht diesen Wert mit einer gespeicherten Farbtabelle, die wir einfach im Kopf haben. Das Gedächtnis meldet dann beispielsweise: Die Blume ist rot. Wir nähern uns dieser Blume und stellen einen Duft fest. Wieder tritt unser Gedächtnis in Aktion und vergleicht den festgestellten Duft mit einem gespeicherten Duftkatalog. Diese Angaben, ob die Blume rot ist, welchen Duft sie hat, welches Aussehen sie besitzt, wurden uns in unserer Kindheit schon bekannt, das heißt in der Sprache der Datenverarbeitung „eingegeben".

Titelbild: „Wie heißt die Hauptstadt der USA?" Karsten lernt gerade Geografie. Er sitzt an einem sogenannten audiovisuell ausgerüsteten Adressatenplatz für computerunterstütztes individuelles Lernen. Über die schreibmaschinenähnliche Datenstation (Terminal) korrespondiert er selbständig mit dem Computer. Die Datenstation ist mit einem Dia-Projektor (links am Adressatenplatz) und einem Tonband gekoppelt. So werden die optischen und akustischen Signale ebenfalls vom Computer gesteuert. Karsten kann sein Lerntempo selbst bestimmen, kann Abschnitte wiederholen oder sich durchtasten und kleine Lernhilfen geben lassen.

Der Computer als Helfer des Lehrers. Er kann die Pädagogen nicht nur von routinemäßiger Verwaltungsarbeit entlasten, sondern ihnen auch beim Unterricht behilflich sein. Auf unserem Bild arbeiten Schüler und Lehrer zusammen an einer Datenfernverarbeitungsstation IBM 1050. Der Computer selbst kann mehrere hundert Kilometer weit entfernt stehen.

Wahrnehmungen speichert der Mensch in seinem Gedächtnis blitzschnell, in diesem Kurzzeitspeicher, wie wir ihn mit einem Begriff aus der Datenverarbeitung auch nennen könnten. Dann werden die Wahrnehmungswerte mit den bereits gespeicherten Erfahrungswerten verglichen. Ist kein Vergleich möglich, so kommt man durch logisches Denken zu einem Ergebnis, das an die Außenwelt weitergegeben wird. Die Gedanken werden geordnet und das Ergebnis, die Neuerkenntnis, im Speicher, dem Gedächtnis des Menschen, gespeichert. Ein Teil dieser verbindenden Gedanken „setzt" sich ebenfalls im menschlichen Gedächtnis fest, der Mensch hat sich über irgend etwas eine Meinung gebildet.

Sehr früh hat der Mensch Hilfsmittel zur Informationsverarbeitung ersonnen, weil sein Gedächtnis allein nicht ausreicht: Er nahm die Sprache, später die Schrift, zuerst Bilder und Keilschriften zu Hilfe.

Schule — Tummelplatz für Computer?

Im Band 46 dieser Jugendbuchreihe wurde ein Beispiel aus dem Schulbereich aufgeführt, um die Arbeitsweise eines Computers zu erläutern: das Schulzeugnis. Die Leistungen der Schüler stellen die Eingabe dar, der Lehrer selbst nimmt

Schülerinnen am Bildschirm, im Dialog mit dem Computer. Auf dem fernsehähnlichen Bildschirm erscheinen Fragen, die über die Tastatur beantwortet werden. Der Computer ist sachlich kühl und verliert nie die Geduld.

sie auf, er verarbeitet sie, d. h. er errechnet die Note nach den Leistungen des Schülers. Und das an die Schüler zweimal im Jahr herausgegebene Zeugnis mit allen errechneten Noten für die einzelnen Fächer ist dann die Ausgabe. Dabei bedient sich der Lehrer eines Notenbuches als Speicher, weil sein Gedächtnis nicht alle Werte ständig verfügbar hält.

Nun kann man die Schule nicht nur als eine Datenverarbeitungs-Institution ansehen: Die Schule ist auch dazu geeignet, wie in Industrie und Verwaltung, in Wissenschaft und Technik, den Computer als Hilfsmittel, als Arbeitsmittel zu benutzen.

Der Computer kann als Verwaltungshilfe, als Unterrichtsgegenstand und als Unterrichtshilfe dienen. Wir müssen uns dazu ein paar Grundbegriffe merken. So den Begriff computerunterstütztes Lernen oder den der computerunterstützten Prüfungsverfahren. Es gibt bereits fertige Programme für den Einsatz des Computers im Unterricht.

Natürlich ist nicht daran zu denken, daß die Kinder eines Tages in der Schule von einem Roboter-Computer unterrichtet werden, der Menschen überflüssig macht und nur noch Lehrmaschine ist: Wer einmal hinaus muß im Unterricht, der drückt einen Knopf. Wer einmal Kummer hat, dem reicht er ein Papiertaschentuch, oder er gibt durch einen elektrischen Impuls einen Verweis (auf einer Anzeigetafel, auf der die Schüler alle namentlich aufgeführt sind), wenn einer ungehörig gewesen ist. Nein, so geht es beileibe nicht! Wie in allen anderen Bereichen unseres Lebens, so soll auch in der Schule der Computer, die elektronische Datenverarbeitung (EDV), nichts anderes sein als ein Hilfsmittel für den Menschen, für Lehrer und Schüler.

Der Rechner als Verwaltungshilfe

Die Rationalisierung einer Verwaltung wird sich mit Hilfe von EDV-Anlagen auch auf die sogenannte Bildungsverwaltung erstrecken. So allmählich wird der Computer auch für die Verwaltung der Schulen und sonstigen Ausbildungsstätten, wie Fachhochschulen und Universitäten, eingesetzt werden. Auch die Bildungsplanung und die Bildungsforschung unter der Aufsicht von Schulverantwortlichen und Schulträgern wird von dieser Entwicklung erfaßt werden. Jedoch ist das ein Problem, mit dem sich die Lehrer und die Bildungs- und Schulpolitiker befassen müssen.

Was die Schüler in diesem Zusammenhang wissen müssen, ist, daß die einzelnen Informationen über die Schüler, über die Verteilung des Unterrichts, über Lehr- und Lernmittel, über Schulgebäude und Klassenzimmer und auch über die Lehrerplanstellen und die einzelnen Daten und Informationen über die Lehrer mit dem Computer sehr viel wirkungsvoller als bisher verwaltet werden können. Ein Direktor oder Schulverwaltungsfachmann muß sich dann nicht alle für ihn notwendigen Informationen zusammensammeln. Er kann wie der Lehrer aus dem Notenbuch die Zensuren vom Computer die jeweils gewünschten Daten „abrufen", wie der EDV-Techniker sagt.

Eines Tages wird es eine Selbstverständlichkeit sein, daß im Schulbereich von sogenannten Informationssystemen und von Schüler- und Lehrerdatenbanken gesprochen wird. Jeder Kreis, jede Stadt oder jeder Bezirk wird dann ein sogenanntes kommunales Rechenzentrum haben, das eine wichtige Rolle auch im Rahmen der Schulverwaltung spielt. Nehmen wir nur einmal den Stundenplan. Es gibt heute schon Schulen, die ihre umfangreichen Stundenpläne nicht mehr mit viel Lehreraufwand machen, sondern ihn durch einen Computer erstellen lassen. Als Beispiel möchte ich hier die Helene-Lange-Schule in Hannover anführen. Eine Lehrerin ist hier verantwortlich für die Stundenpläne der ganzen Schule. So ist vom ersten Schultag an klar, wer wann und mit welchem Lehrer und wie oft Unterricht zum Beispiel im Physiksaal oder im Musikzimmer hat. Keiner braucht dann mehr wochenlang auf seinen persönlichen Stundenplan zu warten. Ihr habt einen Computerstundenplan in Händen, vom ersten Schultag an. Es gibt sogar schon fertige Stundenplanprogramme, deren sich die Schulen bedienen können.

Morgen lernen wir anders

Der Computer als Unterrichtsgegenstand und Unterrichtshilfsmittel ist wiederum eine andere Sache. Er kann also nicht nur Verwaltungsaufgaben erfüllen, er kann, wie etwa die neue Mathematik oder die Gemeinschaftskunde und der Aufklärungsunterricht, zum Unterrichtsfach werden. Unter dem Stichwort „In-

Die Kinder lernen an Computern oder mit Computern. Heute ist das schon möglich. Unser Bild zeigt zwei Schüler mit einer Lehrkraft an der Zentraleinheit des Systems IBM/360 Modell 40. (Fotos: IBM)

formatik in der Schule" steht heute die EDV als Teil eines Unterrichtsfaches (z. B. Mathematik) in verschiedenen Bundesländern zur Diskussion oder ist bereits eingeführt, wie zum Beispiel in Bayern und Niedersachsen. In Baden-Württemberg und Hessen ist das geplant.

Das geht die Schüler an, denn sie müssen dann selbst mit dem Computer umgehen. Die Lehrer und diejenigen, die sich als Pädagogen mit dem Unterricht und der Ausbildung befassen, sagen, daß der Umgang mit dem Computer zu einer äußerst sorgfältigen und logisch ausgerichteten Arbeitsmethodik erzieht. Das heißt praktisch, der Schüler muß die Aufgabe gründlich lesen und die Probleme analysieren, und sie selber aussprechen, formulieren. Wenn er eine Lösung parat hat, muß er sie in logische Abläufe bringen, sie „programmieren". Die Beschäftigung mit dem Computer ist daher, losgelöst von allen beruflichen Gesichtspunkten, pädagogisch sehr wertvoll. Heute gehört Computerkenntnis zur Allgemeinbildung. Denn wer einmal von der Schule ins Leben hinaustritt, wird unweigerlich mit dem Computer und der EDV in Berührung kommen, welchen Beruf er auch immer ergreift.

Die Pädagogen sagen, daß die Informatik-Ausbildung praxisorientiert sein soll. Dabei muß der Computer nicht unbedingt im Schulhaus stehen, das wäre auch viel zu teuer für eine einzelne Schule. Kostengünstig läßt sich ein solcher EDV-Kursus in der Schule realisieren, wenn sich interessierte Schulen in einer Stadt oder an einem Ort sogenannte Datenstationen anschaffen und sie an einen zentralen Großcomputer anschließen lassen.

Betrachten wir nun den Computer einmal als Unterrichtshilfe. Wir haben den Begriff computerunterstütztes oder computerassistiertes Lernen (CAL) schon genannt. Dieses CAL ist nichts anderes als ein Gespräch des Schülers und Lehrers mit dem Computer. Die Grundlage ist das sogenannte programmierte Lernen, das man ja in unseren Schulen heute schon kennt, zum Beispiel im Mathematikunterricht. Sicher hat jeder schon einmal etwas von Buch- und Lernprogrammen gehört. Im Gegensatz zu diesen Programmen ermöglicht das Gespräch mit dem Computer eine unmittelbare, individuelle Reaktion des Computers auf die Antworten eines Schülers.

Und CAL läßt sogenanntes objektiviertes und individuelles Lernen offen, das heißt, der Computer ist wertfrei, er kennt den einzelnen Schüler nicht und kann ihn als Mensch nicht beurteilen. Seine Antworten und seine Lernhilfen kommen also unbeeinflußt. Eure Fragen und Antworten müssen in üblicher Klarschrift lesbar sein. Es gibt sogenannte Computer, die nur ein Ja oder ein Nein zulassen, damit kann man aber nicht gut lernen, dabei kann man auch das sogenannte logische Denken nicht erfassen.

Zu solchem Unterricht mit Computern braucht man als Hilfsmittel eine besondere Programmsprache. Zum Beispiel hat das Unternehmen IBM Deutschland für unsere Verhältnisse ein Programm mit dem Namen „Coursewriter" entwickelt. Hiermit kann man Lernprogramme schreiben und braucht noch nicht einmal große Computer- und EDV-Kenntnisse zu haben. Auch ein Lehrer kann seinen Unterrichtsstoff im Computer lesbar aufbereiten.

Man hat pädagogisch-technologische Zentren gegründet, in denen solche Dinge erarbeitet und erforscht werden. Nun bedeutet der Computer natürlich in diesem Lernsystem nicht alles. Das Buch, der Film und das Dia werden weiterhin ihre Bedeutung beibehalten, das heißt, sie werden in den Computerunterricht sinnvoll eingebaut. Ebenso das Fernsehen, das sich sehr gut mit dem Computer verbinden läßt.

Film- und computerunterstützter Gruppenunterricht

Nun wollen wir an dem Zusammenspiel von Computer, Lehrer und Fernsehen mal eine „reale Vision" aufzeigen. Industrieunternehmen, die ihre eigenen Mitarbeiter ausbilden, können so etwas einsetzen, ebenfalls Verwaltungsstellen: FCGU! Ein konkretes Beispiel soll hier genannt werden, denn die IBM Deutschland in Stuttgart benutzt FCGU, den film- und computerunterstützten Gruppenunterricht (auch Fernsehen ist denkbar), zur Ausbildung ihrer Mitarbeiter.

Für die Schule sähe das so aus: In einem Gruppenarbeitsraum mit nur acht Schülern steht ein Fernsehgerät oder ein Filmwiedergabeapparat. Dort läuft der Unterrichtsstoff ab, über Verkehrserziehung oder Mengenlehre — was man will. Die acht Schüler sehen sich das Programm an — und in etwa zehn weiteren solcher Gruppenräume können sich andere Schüler ebenfalls dasselbe Programm ansehen. Diese achtzig Schüler werden von einem einzigen Lehrer betreut, denn er kann zum Beispiel über ein schulinternes Fernsehstudio mit den Schülern sprechen, die von ihrem Platz aus über ein Mikrofon Fragen stellen und seine Fragen beantworten können, und er kann ihnen über die Fernsehschirme auch das Begleitmaterial und die Bilder zeigen.

Wenn die Schüler nun den Film oder das Fernsehstück, das Lehrmaterial also, gesehen haben, können sie mit Hilfe von Büchern und Heften an dem Problem arbeiten, sie können es diskutieren, und dann geben sie die so erarbeiteten Aufgabenlösungen dem klasseneigenen Kleincomputer ein. Der Computer sagt ihnen, denn er ist vom Lehrer programmiert, was falsch ist, und weist auf die richtige Antwort hin, das heißt, er gibt sogenannte Lernhilfen.

Allgemein kann man sagen, daß der Computer sicher in der Schule und der Ausbildung von morgen hilf- und segensreich sein wird, so wie er heute schon in Industrie, Wissenschaft, Verwaltung und Technik unentbehrlich ist.

Wer hat besonders gute Augen?

Wer vermag in drei Minuten alle hier befindlichen Glaskörper genau zu zählen? Der Lagerleiter betrachtet das Lager der verschieden großen Glasfabrikate, welche für Dekorationszwecke hier eingelagert sind. Ob er auch die genaue Anzahl in Rekordzeit festzustellen vermag? Es sind... ach ja, wie viele Glaskörper sind es? (Lösung auf Seite 399)

Die giftige Tarantel

Von Wolfgang Bechtle

Wer seine Sommerferien in Süditalien oder in Spanien verbringt, kann das Glück haben, eine Tarantel zu fangen, die ihren Eierkokon mit sich trägt. Das tun alle Wolfsspinnen (andere Spinnen hängen ihren Kokon irgendwo auf und kümmern sich nicht weiter darum), und bei allen Wolfsspinnen kann man in den folgenden Wochen etwas beobachten, was man niemals bei einer Giftspritze, wie die Tarantel eine ist, vermutet hätte. Aus dem Eikokon schlüpfen etwa 200 kleine, zunächst noch weiße, dann dunkel werdende Tarantelkinder, die sich nicht etwa sofort entfernen (um von der Mutter nicht gefressen zu werden), sondern die eifrig den Rücken der Mama besteigen, sich dort festklammern und die kommenden Wochen umhertragen lassen. Kommt der „Omnibus" ins Rumpeln, so passiert es, daß etliche Dutzende der Fahrgäste herunterfallen und sehr darauf schauen müssen, das Gefährt in voller Fahrt wieder zu entern. Die Kinder rennen an den langen Beinen der Mutter hinauf und klammern sich erneut an den Geschwistern fest.

Taranteln wohnen in kleinen, unterirdischen Bunkern, deren Eingang man tagsüber genau suchen muß. Er ist meist mit kleinen Steinchen verschlossen, besonders dann, wenn es regnet. Ein 6 bis 8 Zentimeter großes Loch im Boden führt zunächst senkrecht hinunter und knickt dann zu einer waagrechten Röhre ab. Bei gutem Wetter und dann, wenn die Tarantel nach Raubritter-Art auf vorbeikommende Insekten lauert, ist die Eingangsröhre oben offen und mit einem kleinen Wall von Steinen umgeben. Wenn man in diese Höhle hineinblickt, sieht man die beiden großen Hauptaugen der Spinne wie Türkise funkeln; sie reflektieren das Licht.

Die Beute wird von der Spinne in einem kurzen Sprung gefaßt, nie lange verfolgt. Mit den beiden Zangen am Mund, die man auch Cheliceren nennt, spritzt die Tarantel dem gepackten Insekt Gift ein und saugt die Beute dann aus. Auch einem unvorsichtigen Freier der eigenen Art kann dieses Mißgeschick passieren; so fand ich eine Tarantel, die eben ein Männchen verzehrte. Auch als ich sie fing, ließ sie ihren Gatten nicht los, sondern saugte ihn im Fangglas aus, bis nur noch die gelbbraungefleckte Haut übrig blieb.

Man sagt, der Biß der Tarantel sei ungefährlich und entspreche etwa dem Stich einer Wespe. Man kenne kein wissenschaftlich haltbares Material von Tarantelbissen, die lebensgefährlich oder gar tödlich gewesen wären.

Vermutlich wirkt der Tarantelbiß unterschiedlich stark: Es kommt zum ersten darauf an, wieviel Gift die Spinne im Augenblick führt (wann sie also zum letztenmal Beute gemacht hat) und zum zweiten reagieren Menschen auf Bisse und Stiche sehr verschieden; man kennt Schockwirkungen und Allergien. Natürlich könnte die Wissenschaft leicht erklären, was es nun mit dem Gift der Tarantel wirklich auf sich hat: Einer der Professoren oder Doktores brauchte sich nur von einer Tarantel einmal beißen zu lassen. Soviel ich weiß, ist bis jetzt auf derlei Versuche verzichtet worden. So sind wir auf Vermutungen angewiesen und liegen wohl mit der Annahme richtig, daß der Tarantelbiß kaum tödliche Folgen hat, aber auch keine Lappalie ist.

Ein „Omnibus" mit 200 Kindern. — Den linsenförmigen Eikokon tragen die Tarantelweibchen mit sich umher. Kurz vor dem Schlüpfen der Tarantelkinder wird das Kokongespinst am Rande etwas gelockert und beim Schlüpfen selbst hält die Mutter den Kokon zwischen den Hinterbeinen. Die Jungen klettern daran entlang auf den Rücken der Mutter und werden von ihr herumgetragen. (Foto: W. Bechtle)

„Willst du das Alter der Erde wissen, so blicke auf das Meer im Sturm", sagte der See-Dichter Joseph Conrad. — Bild oben: Das ist eine „See" bei Windstärke 10—11! (Foto: Archiv)

Das große Erlebnis — Weltmeer, Seewind und moderne Schiffe

Von Hans Georg Prager

TS HAMBURG auf See. Das Turbinenschiff HAMBURG, das im Februar 1968 bei der Howaldtswerke-Deutsche Werft AG in Hamburg-Finkenwerder vom Stapel lief, ist mit 25 000 Bruttoregistertonnen vermessen. Seine Turbinen haben eine Leistung von 23 000 PS, sie verleihen dem Schiff eine Reisegeschwindigkeit von 22 Knoten. Das Schiff wurde speziell für den Kreuzfahrteinsatz, also für die Seetouristik, erbaut. An seinem — aus aerodynamischen Gründen — eigenwillig geformten Schornstein trägt es die Reedereifarben der Deutschen Atlantik Linie, der auch die HANSEATIC (25 300 BRT) gehört. Auf der 195 m langen und 27 m breiten HAMBURG können 600 Fahrgäste in 319 luxuriösen Kabinen einheitlicher Klasse untergebracht werden. Man nennt das Schiff seiner schönen Linienführung wegen „Die schöne Hamburgerin". Jede Kabine hat ein eigenes Badezimmer mit Wanne oder Dusche, hat Telefon, Radio, und fast alle Kabinen haben Fernsehen. Das Fernsehprogramm der HAMBURG wird von einem bordeigenen Studio ausgestrahlt. (Foto: Deutsche Atlantik Linie, Hamburg)

Zum Farbbild der vorhergehenden Doppelseite: Die Container Liner PLUTOS und PLUVIUS der deutschen Reederei F. Laeisz sind „maßgeschneidert" für das Fahrtgebiet Pazifik. Die Schiffe haben eine Tragfähigkeit von 13 440 tdw und können je 816 große Container laden. Eine 17 500 PS starke Maschinenanlage verleiht den 173 m langen Schiffen eine Dienstgeschwindigkeit von 21 Knoten (38,9 km/h). Die Schiffe haben je 36 Mann Besatzung. Dank den Containern verkürzen sich Be- und Entladezeiten der Schiffe und der Transportfahrzeuge auf Schiene und Straße. Zeit ist Geld! Heute mehr Geld als früher. Und in den Häfen zu liegen, das kostet Stunde um Stunde hohe Hafengebühren. Da hilft nur: Löschen – laden – und nichts als raus aus dem Hafen! – Der Container beruht auf einer alten Idee: Viele kleine Sachen, die man transportieren will, steckt man in einen großen Behälter – so geht weniger zu Bruch, und es wird weniger gestohlen. Wenn aber die Waren größer sind, viel größer noch als alle bisherigen Transportkisten? Dann muß man eben die Kiste noch größer machen – riesengroß.
Ein moderner Container ist so groß, daß ein Mann mit einem Gabelstapler in ihn hineinfahren kann. Eine Last von 25 bis 35 Tonnen schluckt diese Blechkiste: Kleinkram in vielen tausend Päckchen, Stückgüter aller Art, Maschinenteile, Fässer, Ballen und selbst große Kisten. (Foto: Skyfoto/UK)

„Wir leben nun mal auf einer Erde, die zu drei Teilen (von vier) aus Wasser besteht und die darum ein passender Ort für Seeleute ist", sagte der aus Polen stammende britische Kapitän und Schriftsteller Joseph Conrad (1857—1924). Diese Aussage ist unverändert zeitnah geblieben.

Tatsächlich bedecken die Weltmeere 71 % der Erdoberfläche. Die Kontinente sind in ihrer Flächenausdehnung kümmerlich im Vergleich zur Ausdehnung der Ozeane. Allein im Pazifik hätten alle sechs Erdteile — einschließlich der Antarktis — Platz!

Diese Welt konnte nur mit Schiffen entdeckt werden. Schiffe bildeten und bilden noch die wesentliche Transportbrücke zur Erschließung überseeischer Länder. Auch der moderne Luftverkehr mit Großflugzeugen hat nichts daran zu ändern vermocht, daß alle flüssigen und festen Massengüter, alle Schwergüter und der weitaus größte Teil des Stückgutes, nicht zuletzt auch der große Container auf die Seeschiffahrt angewiesen bleiben.

Die Transportleistungen der Welthandelsflotte bilden die Grundlage der Weltwirtschaft überhaupt. Immer größer werden der Rohstoffbedarf der Industrie, immer umfangreicher ihre Fertigwarenproduktion und der weltweite Austausch von Halbfertigwaren. Immer häufiger kommen Investitionsgüter — zum Beispiel komplette Fabrikanlagen — in den Seehäfen auf Frachtschiffe zur Verladung, die in Entwicklungsländer reisen.

Riesige Tanker versorgen die Länder der Welt mit Rohöl, dem unentbehrlichen „Lebenssaft" der technischen Zivilisation. Jeder Hochofen benötigt Erze, die vorwiegend über See herangeholt werden. Riesenmengen an verschifftem Getreide sichern das Brot für die Welt. Diese Zahlen zeigen die Bedeutung der Handelsschiffahrt: 1939 hatte die Welthandelsflotte 70 Millionen Bruttoregistertonnen (1 BRT = 2,833 cbm) Schiffsraum. Anfang der siebziger Jahre wurde bereits die 200-Millionen-BRT-Grenze überschritten.

Das Wort des Schriftstellers Gorch Fock (1880—1916) „Seefahrt ist not!" hat also seine Gültigkeit behalten. Immer größere und leistungsfähigere Handelsschiffe durchpflügen die Ozeane und machen „Technik und Wagnis der modernen Seefahrt" zu einem unternehmerischen Abenteuer mit völlig neuen Akzenten. Ungeheure Sachwerte, schwimmende technische Wunder sind den Kapitänen und Leitenden Ingenieuren, den wachhabenden nautischen Schiffsoffizieren und Wachingenieuren, den Pumpleuten, Elektrikern, Assistenten, den Decksmeistern und Schiffsantriebsmeistern anvertraut. Längst ist die

Das Motorschiff UHENFELS (13 634 tdw) von der Hansa-Linie Bremen ist der „stärkste" Schwergutfrachter der Welthandelsflotte. Mit eigenen Schwergutbäumen (Mastkränen) hebt das Schiff Lasten bis zu 550 t Gewicht! Das Foto zeigt die Verladung eines als Decklast für Birma bestimmten Schubschleppers. (Foto: Hansa-Linie)

Maschinendirektsteuerung von der Kommandobrücke aus, sind Fernüberwachung und Automation ebenso selbstverständlich wie die elektronischen Datenverarbeitungsanlagen im Bordbetrieb, neuzeitliche Präzisionsfunkpeiler, Wetterkartenbildfunk, Funkfernschreiber, weltumspannende Kurzwellentelefonie und sogar: — bei Spezialschiffen — Satelliten-Navigation.

Geblieben ist jedoch die große Herausforderung durch Naturkräfte. Es wurde zu einer immer komplizierteren Kunst, die technischen Gebilde neuzeitlicher Schiffe sicher und rationell über See zu führen. Die meteorologische Navigation, das Einfühlen in die Gegebenheiten von Wind und Wetter, das gekonnte Katz- und-Maus-Spiel mit Sturmtiefs, Hurrikanen und Taifunen ist so bedeutsam geblieben wie in den Tagen der Segelschiffe, wenn auch aus anderen — betriebswirtschaftlichen — Gründen.

„Es gibt nur einen Schlüssel zum Besitz der See — nämlich männliche Kraft", sagte Joseph Conrad. Man könnte ergänzen: Kraft, Verantwortungsfreude, Wagemut ohne Leichtsinn, technisches Wissen und seemännisches Fingerspitzengefühl.

Die Seeleute der siebziger Jahre müssen universelle Meister ihres Faches sein. Ihr Feld ist noch immer die Welt. Und die See, die sich immer gleichbleiben wird.

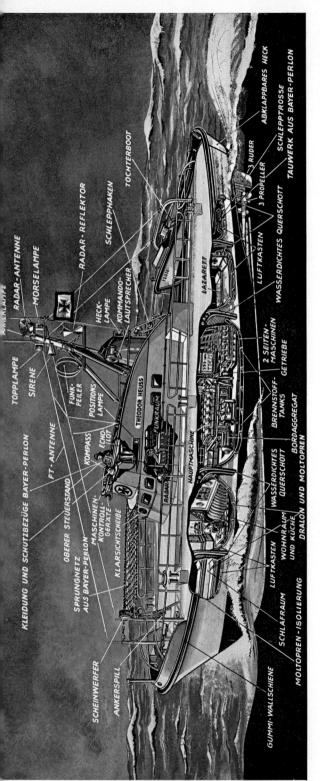

Das aufgeschnittene Modell des Seenotkreuzers „Theodor Heuss" der Deutschen Gesellschaft zur Rettung Schiffbrüchiger. Gesamtlänge: 23,20 m; Breite: 5,30 m; Tiefgang: 1,40 m; 3 Motoren – der 1100 PS starke Mittelmotor, die beiden Seitenmotoren von je 150 PS – geben dem Seenotkreuzer eine Geschwindigkeit von 20 Knoten (= 39 km/h). Durch das Tochterboot ist er in der Lage, auch auf flachem Wasser einzugreifen: 9 Knoten schafft auch dieses kleine, aber außerordentlich seetüchtige Tochterboot mit seinem 34-PS-Daimler-Benz-Diesel-Motor! In Sekundenschnelle kann es über das hydraulisch abklappbare Heck ausgesetzt und mit Hilfe einer Katapultanlage wieder an Bord genommen werden. (Abbildung: Archiv)

Das Seenot-Rettungswesen

Überall an der Küste bemerken wir Seenotbeobachtungsstellen, Funkstationen und sturmfest gebaute Motorrettungsboote, weiß, stämmig und meistens mit hohem „U-Boot-Turm" als Kommandobrücke. Stationen und Boote unterstehen der Deutschen Gesellschaft zur Rettung Schiffbrüchiger, die ihren Hauptsitz in Bremen, Werderstraße 2, hat. Diese Organisation rettete seit ihrem Bestehen bis Jahresende 1972 rund 24 000 Menschenleben; allein im Jahre 1972 wurden 1488 Menschen bei Seenotfällen gerettet oder aus unmittelbarer Gefahr befreit. 635 Fahrzeuge wurden geborgen oder ihre Bergung wurde maßgeblich unterstützt. Insgesamt erfolgten 1023 Einsatzfahrten.

Einige Dutzend Männer der Küste setzen als freiwillige oder hauptamtliche Rettungsmänner immer wieder ihr Leben aufs Spiel. Die weißen Boote mit dem roten Hansekreuz sind Helfer in jeder Not — gleich, ob sie eine Segeljacht bergen, einen Kranken von einer Nordseeinsel aufs Festland bringen oder die Besatzung eines gestrandeten Schiffes aus der Brandung holen. Das mustergültig organisierte deutsche Seenotnetz wurde durch den Bau von sieben neuartigen Seenot-Rettungskreuzern und von Seenot-Rettungsbooten aus Leichtmetall vervollkommnet, die alle ein

„Huckepackboot" mitführen und von Küstenstationen unabhängig sind. Die drei größten und schnellsten Kreuzer heißen ARWED EMMINGHAUS, ADOLPH BERMPOHL und GEORG BREUSING. Sie laufen über 24 Knoten (rd. 41 km/h). Diese Dreischraubenschiffe haben eine Motorenleistung von 2400 PS.

Auch der wachsende Flugverkehr stellt die Rettungsboote und -kreuzer als Flugsicherungsschiffe vor immer weitere Aufgaben.

Die Deutsche Gesellschaft zur Rettung Schiffbrüchiger feierte im Jahre 1965 ihr hundertjähriges Jubiläum. Es war ein stolzer Rückblick auf ein Jahrhundert echter Menschlichkeit und wahrhaftiger Nächstenliebe der Tat.

Zu den Farbbildern der nächsten Seiten:

Retter ohne Ruhm
Junge Menschen revoltieren heute gegen die Langeweile und Ereignislosigkeit, gegen die „Sachzwänge" unserer Industriegesellschaft. Sie sind ahnungslos und kennen die Kehrseite der Medaille nicht. Sie haben noch nie die Decksarbeit auf einem Schwergutfrachter miterlebt, noch nie einen Taifun oder Hurrikan auf See. Sie wissen auch nichts von jener Dramatik, die bei Sturm und Nebel auf den Schiffahrtswegen vor unseren Küsten entstehen kann. Was Kollision, Havarie oder auch nur verrutschte Deckslandung – bei Sturm – bedeuten können, weiß nur der Seemann. Er freilich kennt auch die Bravour, mit der sich die Rettungsmänner der Deutschen Gesellschaft zur Rettung Schiffbrüchiger immer wieder mit ihren Seenotkreuzern und Seenot-Rettungsbooten hinauswagen. Bei zumeist schlimmen Wetterlagen wird dieser „nobelsten Gilde aller Seeleute" im Einsatz das Letzte abverlangt.

Mit Höchstfahrt jagt hier der Seenot-Rettungskreuzer RUHR-STAHL von der Rettungsstation Amrum seewärts. Er kämpft sich gegen Grundbrecher und Sturmsee vorwärts, weil zwischen der Westerhever und dem Vortrapp-Tief südlich Sylt ein vermißtes Küstenmotorschiff gesucht werden muß. Tatsächlich wird das havarierte Fahrzeug gerade noch rechtzeitig gefunden, seine gesamte Besatzung kann aus Seenot gerettet werden. Später, nach Rückkehr in den Hafen von Wittdün auf Amrum, berichtet der Vormann oder Kapitän des Rettungskreuzers lakonisch an die Seenotleitung in Bremen: „Einsatz beendet, fünf Schiffbrüchige an Land gebracht." Es bleibt dem Binnenländer verborgen, welches Abenteuer sich hinter dieser Kurzmeldung verbirgt. Bis Ende 1972 haben die Boote unterm roten Hansekreuz nicht weniger als rund 24 000 Menschen aus der See geholt, wobei 42 Rettungsmänner den Seemannstod fanden. (Foto: Karl Bitterling)

Nachfahren der Kap-Hoorn-Segler
Kapitän Hilgendorf, einer der legendärsten Windjammer-Kapitäne Deutschlands, hinterließ den Satz: „Auf unseren großen Seglern sind viele tausend junge Männer zu kernigen und furchtlosen Menschen mit einer ernsten und stets opferbereiten Lebensauffassung geworden." Tatsächlich war man auf dem Windjammer der Natur, der „Weltseele", näher, auch wenn es vielleicht wochenlang nur Salzfleisch mit Maden und fauliges Wasser gab. Die Segelschiffszeit war in Wirklichkeit ebenso wenig romantisch wie die Seefahrt von heute. Sie erzog aber glänzende Seeleute, die sich in Wind und Wetter, See und Seemannschaft hineinzudenken wußten. Deutschlands letzter Fracht-Großsegler, die Viermastbark PASSAT, hat in Lübeck-Travemünde eine neue Aufgabe als stationäres Ausbildungszentrum des Deutschen Seglerverbandes gefunden. Immer mehr junge Menschen entdecken ihre Liebe zur Hochseesegelei, die zu den härtesten und doch schönsten Sportarten zählt. Jungsegler suchen seemännische Erfahrung, Selbstüberwindung, Bewährung und Naturerlebnis zugleich. Sie stellen einen tüchtigen seemännischen Nachwuchs. Hunderte von „Mahagoni-Patentinhabern" durchlaufen jedes Jahr die deutschen Jachtschulen von Waterkant und Binnenland. Unzählige Hochseesegler gehen jedes Jahr auf „Langfahrt". Das Bild zeigt die Hochseejacht ORTAG vom „Hamburger Verein Seefahrt" (NRV-Tochter) mit junger Besatzung auf Skandinavien-Reise. Soeben hat sie die Genua oder den Kreuzballon – das große, den Mast weit überlappende Vorsegel – gesetzt. Vieles an Bord gleicht Oldtimer-Tagen, abgesehen von den gelben Schaumstoff-Rettungsbojen SECUMAR 17, die heute in Berufs- und Sportschiffahrt mehr und mehr die veralteten Rettungsringe ersetzen. (Foto: Karl Bitterling)

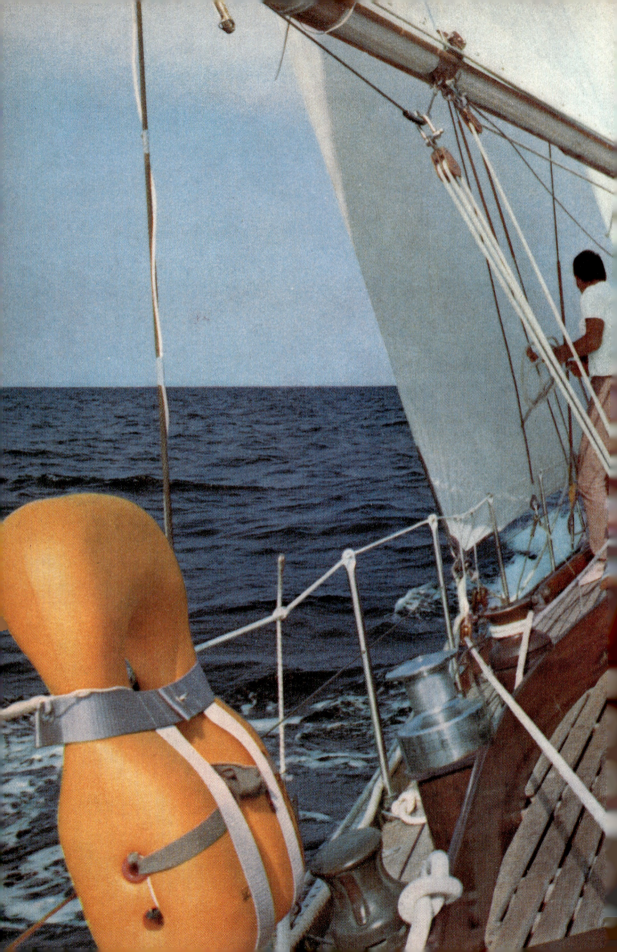

FLAGGEN FREMDER LÄNDER I
Schiffahrttreibende Nationen
N = Nationalflagge   H = Handelsflagge

Afghanistan N	Albanien H	Algerien N	Argentinien H	Äthiopien H
Australien H	Bahrain N	Belgien N	Birma H	Bolivien H
Brasilien N	Brunei N	Bulgarien H	Ceylon H	Chile N
Republik China N	Volksrepublik China H	Costa Rica N	Dahomey N	Dänemark N
Dominikanische Republik H	Ecuador H	Elfenbeinküste N	El Salvador H	Färöer N
Finnland N	Frankreich N	Gabun N	Gambia N	Ghana H
Griechenland N	Großbritannien H	Guatemala H	Guinea N	Haiti N
Honduras N	Indien H	Indonesien N	Irak N	Iran N
Irland N	Island N	Israel H	Italien H	Jamaika N
Japan N	Jemen N	Süd-Jemen N	Jordanien N	Jugoslawien N
Kambodscha N	Kamerun N	Kanada N	Katar N	Kenia N
Kolumbien H	Kongo (Brazzaville) N	Kongo (Demokr. Republik) N	Nord-Korea N	Süd-Korea N

Immer mehr Länder erhalten die Autonomie – Selbständigkeit und Unabhängigkeit. Neue Staaten entstehen. Andererseits schließen sich zahlreiche kleinere Staaten, die für sich nur bedingt lebensfähig sind, zu größeren Föderationen zusammen. Beispiel: Die Föderation Arabischer Emirate am Persischen Golf (hier auf der Farbtafel II noch als

„Union der Arab. Emirate" bezeichnet). Neue Staatswesen und Zusammenschlüsse gründen eigene Handelsflotten und steigen in die Seeschiffahrt ein.
Diese Flaggentafeln sind auf dem neuesten Stand (1972) — aus Hans G. Prager „Was weißt du von der Waterkant?"; 80 Seiten. Franckh'sche Verlagshandlung, Stuttgart. Zu beziehen durch jede Buchhandlung.

Signalflaggen-Alphabet

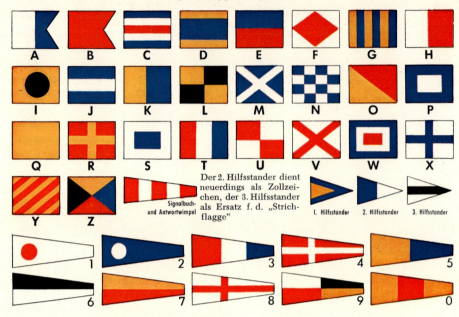

Seenotsignale

Wenn du diese Signale oder sonstige auf einen Seenotfall deutende Vorkommnisse beobachtest, melde dies sofort telefonisch an die Deutsche Gesellschaft zur Rettung Schiffbrüchiger. Tag und Nacht erreichbar Bremen 50 43 93/4, Cuxhaven 4 85 53, Borkum 5 85, oder notfalls an den nächsten Polizeiposten zur Weitermeldung!

Kanonenschläge oder Knallsignale mit Blitzerscheinungen, oft in kurzen Abständen wiederholt

Fallschirm-Leuchtraketen mit hellem rotem Licht

Anhaltendes Ertönen einer Sirene, Dampfpfeife oder dgl.

Eine im Want gesetzte Flagge oder eine Flagge mit einem Knoten

Flammensignale auf dem Fahrzeug, brennende Öl- oder Teertonnen, brennende Matratzen usw.

Leuchtraketen oder Leuchtkugeln mit rotem Stern einzeln oder in Abständen abgeschossen

Das internationale Notflaggen-Signal „N C"

Eine viereckige Flagge über oder unter einem Ball, Korb oder dgl.

Die Beflaggung der Schiffe

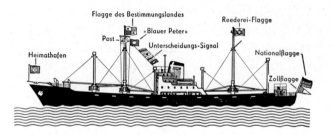

Praktischer Verkehr mit Signalflaggen
(Zur Flaggentafel auf der gegenüberliegenden Seite)

Jedes Schiff bis hinab zum kleinsten Zollkreuzer hat mindestens ein „Stell", also eine Garnitur dieser Flaggen an Bord. Außerdem führt jedes Schiff ein Exemplar des „Internationalen Signalbuches" (I.S.B.) mit. Erstmalig wurde im Jahr 1931 ein solches Buch für die Seeschiffahrt aller Nationen der Welt herausgegeben. Dieses zweibändige Werk (Signalbuch und Funkverkehrsbuch; enthielt rund 70 000 verschiedene Flaggensprüche.

Am 1. April 1969 trat eine wesentlich einfachere, einbändige Neufassung in Kraft. Die Flaggen selbst blieben gleich, ebenso einige der bekanntesten Signale: P („Blauer Peter") = Alle Mann an Bord, Fahrzeug will auslaufen, O = Mann über Bord, Q = An Bord ist alles gesund, ich bitte um freie Verkehrserlaubnis.

Unter den dominierenden Zwei-Buchstaben-Signalen blieb das internationale Notsignal NC = Bin in Seenot, SOS, in alter Form bestehen. Andere Signale wurden geändert. So heißt jetzt OQ = Ich mache Funkbeschickung oder reguliere Kompasse. (Kompaßregulierung wurde früher mit den Flaggen JI signalisiert.)

Das von allem Ballast befreite „Internationale Signalbuch" kann nunmehr auch für den Sprechfunk angewendet werden. Immer mehr Seeschiffe und sogar Sportfahrzeuge werden mit Grenzwellen-, vor allem aber UKW-Telefoniegeräten ausgerüstet. Man verwendet beim Sprechfunk dieselben Codegruppen wie beim Flaggen-Signalisieren und vermeidet damit sprachliche Schwierigkeiten oder Mißverständnisse beim Telefonieren mit fremdländischen Schiffen. Ein ärztlicher Abschnitt (Teil I = Ersuchen um ärztliche Hilfe, Teil II = Ärztlicher Rat) macht „Funkarztberatungen", d. h. Behandlungen erkrankter oder verletzter Seeleute bzw. Schiffspassagiere über große Entfernungen relativ einfach.

Jedes Seefahrzeug hat ein im Flaggensowie im Funkverkehr international gültiges Unterscheidungssignal, das aus vier Buchstaben besteht. Die Unterscheidungssignale aller deutschen Schiffe beginnen mit „D".

Wird ein Flaggensignal vom Signalpartner erkannt, so setzt er den Antwortwimpel in halbe Höhe. Hat er den Spruch verstanden, heißt er den Antwortwimpel vor. Er setzt ihn also ganz hoch. Beendet der Signalgeber seine Übermittlung, zeigt er seinerseits kurz denselben Signalbuch- und Antwortwimpel als Schlußzeichen. Der 1. Hilfsstander wiederholt den ersten, Hilfsstander Nr. 2 den zweiten, Hilfsstander Nr. 3 den dritten Buchstaben bzw. die dritte Zahl einer Codegruppe. (Wichtig bei nur einem „Stell" Flaggen!.) Das Zollzeichen (2. Hilfsstander) bedeutet: Schiff hat auf Zolltreue vereidigten Lotsen an Bord, keine Abfertigung nötig. Der 3. Hilfsstander als „Strichflagge" bedeutet, daß das Schiff noch von einem Zollboot abgefertigt werden muß. (Führung von Zollflagge und Hilfsstander Nr. 3.)

Sturmwarnungssignale

Überall an der Küste sind Sturmwarnungsmasten aufgestellt. Hängt ein schwarzer Ball — nachts ein weißes und darunter ein grünes Licht — dort, so heißt das: Achtung, Windwarnung für Windstärken 6—7. Hängt neben dem Ball auf der anderen Mastseite ein schwarzer Kegel, Spitze nach oben, so bedeutet das *Sturmflutgefahr* innerhalb 24 Stunden.

Sturm mit Windstärken über 8 wird durch Einzel- oder Doppelkegel genau angegeben — und zwar nach dem jeweiligen Kompaßquadranten seiner Herkunftsrichtung.

Nachts zeigen die Warnungsmasten entsprechende Lichtsignale (durch weiße bzw. rote Laternen, siehe Abbildungen auf Seite 111 unten).

Alle Sturmwarnungen gelten bis zum Abend des auf die Bekanntgabe folgenden Tages: Dann werden die Signale niedergeholt, wenn nicht das Seewetteramt Hamburg durch Fernschreiben anordnet: „Gefahr noch vorhanden, Signale hängen lassen". Die Sturmwarnung gilt für ein Gebiet im Umkreis von 50 Seemeilen.

Die bekanntesten Warnungsmasten sind der Cuxhavener und der Hoheweg-Semaphor (griech. Zeichenträger). Das sind

Windstärken (nach Beaufort)

Windstärke	Windgeschwindigkeit in m/sec	Wirkungen	Bezeichnung	Seegang Stärke		Wellenhöhe Ozean
0	0 bis 0,5	Rauch steigt senkrecht hoch	still	Völlig glatte See	0	0 m
1	0,6 bis 1,7	Rauch schwach bewegt	leiser Zug	Sehr ruhige See	1	0–1 m
2	1,8 bis 3,3	für das Gefühl bemerkbar	leichte Brise	Ruhige See	2	1–2 m
3	3,4 bis 5,2	Blätter leicht bewegt	schwache Brise	Leicht bewegte See	3	2–3 m
4	5,3 bis 7,4	hebt Staub und loses Papier	kräftige Brise	Mäßig bewegte See	4	3–4 m
5	7,5 bis 9,8	kleinere Bäume schwanken	frische Brise	Ziemlich grobe See	5	4–5 m
6	9,9 bis 12,4	heult an Häusern	starker Wind	Grobe See	6	6–7 m
7	12,5 bis 15,2	wirft auf Wellen Schaumköpfe	steifer Wind	Hohe See	7	8–9 m
8	15,3 bis 18,2	hindert am Gehen	stürmischer Wind			
9	18,3 bis 21,5	deckt Ziegel ab	Sturm	Sehr hohe See	8	10–12 m
10	21,6 bis 25,1	wirft Bäume um	schwerer Sturm			
11	25,2 bis 20,0	schwere Zerstörungen	orkanartiger Sturm	Schwere oder gewaltige See (Höchstziffer)	9	über 12 m
12	über 29,0	schwerste Verwüstungen	Orkan			

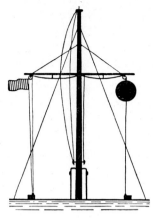

Sturmwarnungsmast: Ein schwarzer Ball — nachts ein rotes Licht — bedeuten: Achtung, Windwarnung für Windstärken 6—7! Die anderen Signale s. unten.

Semaphor (Hoheweg und Cuxhaven):
B = Borkum, Windstärke 6, Windrichtung Ostnordost.
H = Helgoland, Windstärke 7. Windrichtung Nordwest.
(1 Arm waagrecht = 2 Windstärken, 1 Arm schräg = 1 Windstärke)

große Eisengittermasten mit zwei Zifferblattkreisen, links mit B = Borkum, rechts mit H = Helgoland bezeichnet. Die Zeiger auf den Scheiben geben kompaßgerecht die Richtung des Windes an. Jeder der Klapparme darunter bedeutet zwei Windstärken für die jeweilige Station, halb herausgeklappt eine Stärke (s. Abb. oben).

Auf der Weser befinden sich bei Bremen-Vegesack, Brake, Bremerhaven und am Leuchtturm „Hoher Weg" Signalstellen, die vorbeifahrenden Schiffen die Wasserstände der Weser über mittleres Springniedrigwasser — Kartennull — anzeigen.

Für die Stationen an der Unterweser bedeuten:

1 Kugel = 1 m;
1 Kegel (Spitze nach oben) = 20 cm;
1 Kegel (Spitze nach unten) = 10 cm (nur in Vegesack).

Auf der Außenweser-Station Hoheweg:

1 Halbkugel = 1 m;
1 Kegel = 25 cm.

Am Mast befindet sich ein Weiser in Form eines Eisenbahnhauptsignals. Die Zeigerstellungen bedeuten:

schräg nach oben = Flut
waagerechte Stellung = Hochwasser
schräg nach unten = Ebbe

Sturm aus Süd-West

Sturm aus Nord-West
dazu eine rote Flagge: rechtsdrehend N-O-S-W
dazu zwei rote Flaggen: zurückdrehend N-W-S-O

Sturm aus Süd-Ost

Sturm aus Nord-Ost

Die „christliche Seefahrt"

Unter den Seeschiffen der Handelsmarine unterscheiden wir folgende Hauptgattungen:

1. Frachter, vorwiegend für die Stückgutfahrt. Größe zwischen 1000 und 9000 Bruttoregistertonnen (BRT). Die Tragfähigkeit liegt wesentlich höher. Frachter haben viele einzelne Ladebäume.
2. Schwergutfrachter. Größe durchschnittlich 7000 — 10 000 BRT. Auffällige, turmartig dicke auseinandergabelnde „Pfosten" mit dazwischenstehenden Schwergutbäumen. Hubkraft der einzelnen Mastkräne bis 275 t.
3. Bulk Carrier oder Massengutfrachter für Schüttgüter wie Erze, Kohle, Getreide. Riesig anmutender Rumpf, langes glattes Deck. Keinerlei Ladegeschirre, keinen Laufsteg. Alle Aufbauten *achtern*. (Unter deutscher Flagge Schiffsgrößen bis 146 000 tdw Tragfähigkeit.)
4. Tanker für den Transport „nasser Fracht", d. h. von Flüssigladungen, vorwiegend für Rohöl. Keine Ladeluken, nur runde Tankluks mit Deckeln. Die Tankzellen bestehen lediglich aus den Bordwänden, dem Schiffsboden und eingesetzten Querschotten. Maschinenanlage grundsätzlich achtern. Kommandobrücke früher stets mittschiffs, bei Schiffen neuen Typs achtern. Alle Aufbauten zumeist über einen Laufsteg erreichbar. Außer Schlauchbäume kein Ladegeschirr. (Unter deutscher Flagge Schiffsgrößen bis 113 758 BRT oder 250 000 tdw Tragfähigkeit.)
5. Kühlschiffe, 3000—9000 BRT für den Überseetransport leicht verderblicher Güter. Weiß, sehr schnittig, Geschwindigkeit bis zu 22 Knoten. Fruchtkühlschiffe zahlreiche seitliche „Bananenpforten".
6. Container-Liner für den Vollcontainerdienst nach Nordamerika und Australien. Deutschlands größte Schiffe dieser Gattung (58 100 BRT/42 800 tdw) tragen bis zu 3000 Container (Versandbehälter).
7. Fährschiffe, die ganze Eisenbahnzüge, außerdem Kraftfahrzeuge über die offene See transportieren. Die Bundesbahnfährschiffe THEODOR HEUSS und DEUTSCHLAND versehen deutscherseits den Trajektverkehr auf der „Vogelfluglinie" zwischen Puttgarden/Fehmarn und Rødby Færge/Dänemark. Sie haben sozusagen einen dreigleisigen Bahnhof an Bord. Die Schiffe sind zugleich komfortable Fahrgastschiffe, ebenso die von Privatreedereien im Fährdienst nach Dänemark, England, Finnland, Norwegen, Schweden eingesetzten Schiffe, die auch Autos übersetzen.
8. Große Fahrgastschiffe, sogenannte Big Liner. Schiffe mit langen Promenadendecks, langen, hohen Decksaufbauten und einer großen Anzahl von Rettungsbooten. Unter deutscher Flagge: Das Fahrgastschiff EUROPA (21 514 BRT) der Hapag-Lloyd AG, die Turbinenschiffe HAMBURG (25 200 BRT) und HANSEATIC (25 320 BRT) der Deutschen Atlantik-Linie, das Kreuzfahrtmotorschiff BOHEME (9866 BRT) der Reederei Wallenius & Co., Bremen, sowie des Kreuzfahrtmotorschiff REGINA MARIS der Lübeck Linie AG — Das Turbinenschiff BREMEN (32 335 BRT) wurde Anfang 1971 nach Griechenland verkauft.
9. Und schließlich der „neueste Schrei" im Seeverkehr: Lash-Schiffe (Lighter aboard ship = lash) — große Motorfracht-

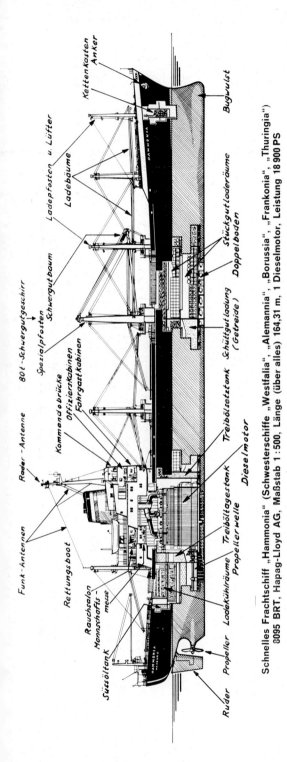

Schnelles Frachtschiff „Hammonia" (Schwesterschiffe „Westfalia", „Alemannia", „Borussia", „Frankonia", „Thuringia") 8095 BRT, Hapag-Lloyd AG, Maßstab 1:500, Länge (über alles) 164,31 m, 1 Dieselmotor, Leistung 18 900 PS

schiffe als Mutterschiffe von Schubleichtern der Binnenschiffahrt. Das 44 600 tdw tragende Hapag-Lloyd-Lash-Schiff MÜNCHEN und die dazugehörigen 410 Leichter wurden im Herbst 1972 als erste Kombinationseinheit dieser Art unter deutscher Flagge in Dienst gestellt. Größter Ozeandampfer der Erde ist jetzt die mit 55 000 BRT vermessene FRANCE der Compagnie Générale Transatlantique, Paris; das schnellste Großschiff der Welt und Inhaber des Blauen Bandes, die wegen Unrentabilität aufgelegte, d. h. stillgelegte UNITED STATES. Sie hat 53 300 BRT und läuft maximal 41 Knoten, also über 70 km/h.

Die Größe eines Passagierdampfers wird stets als Raummaß in Bruttoregistertonnen ausgedrückt; 1 BRT = 2,833 m³. Reine Frachtschiffe einschließlich der Tanker berechnet man außerdem nach ihrer Tragfähigkeit, ausgedrückt in tdw oder „tons deadweight" (1 tdw = 1016 kg). Sie liegt wesentlich höher als die Bruttoregister-Tonnage. — Kriegsschiffe werden in Verdrängungstonnen vermessen — die dem Eigengewicht des Fahrzeuges entsprechen — weil die Größe der Schiffe wegen der Panzerung und Armierung untereinander so sehr differiert, daß allein die Verdrängungstonnen eine Klassifizierung ermöglichen.

Die Geschwindigkeit der Schiffe wird in K n o t e n ausgedrückt, also in S e e m e i l e n pro Stunde (1 sm = 1852 m).

Nachdem 1945 nur wenige, veraltete Fahrzeuge übriggeblieben waren, bestand am 1. Januar 1971 die deutsche Handelsflotte (ohne Küstenschiffahrt und Fischer) aus 1100 Überseeschiffen mit einem Raumgehalt von 7,76 Millionen BRT und einer Tragfähigkeit von 11,5 Millionen tdw. Sie war damit fast doppelt so leistungsfähig
(Schluß auf Seite 117)

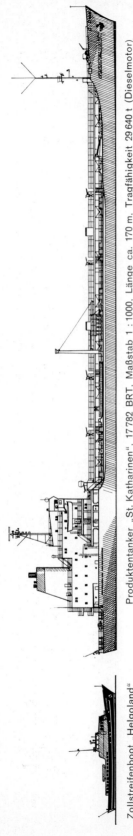

Produktentanker „St. Katharinen", 17 782 BRT, Maßstab 1 : 1000, Länge ca. 170 m, Tragfähigkeit 29 640 t (Dieselmotor)

Zollstreifenboot „Helgoland", Maßstab 1 : 1000, Länge 32 m (2 Dieselmotoren)

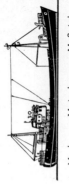

Moderner Motorlogger, Maßstab 1 : 500, Länge ca. 42 m (Dieselmotor)

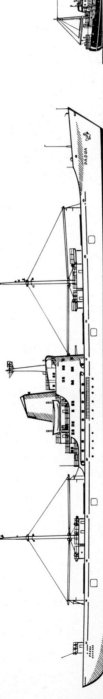

Kühlschiff „Padua", 5590 BRT, Maßstab 1 : 1000, Länge ca. 152 m, Tragfähigkeit 6600 t (Dieselmotor), stets weißer Anstrich!

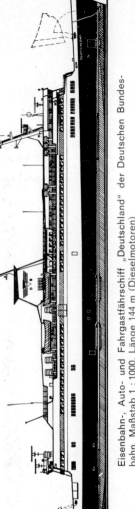

Eisenbahn-, Auto- und Fahrgastfährschiff „Deutschland" der Deutschen Bundesbahn, Maßstab 1 : 1000, Länge 144 m (Dieselmotoren)

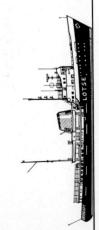

Lotsenschiff „Kommodore Rolin", Maßstab 1 : 1000, Länge 55 m (3 Dieselmotoren)

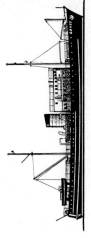

Vermessungs- und Forschungsschiff „Gauß", Maßstab 1 : 1000, Länge 53 m (Dieselmotor)

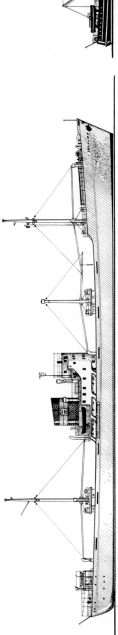

Frachtmotorschiff „Hornkliff", 3996 BRT, Maßstab 1 : 1000, Länge ca. 132 m, Tragfähigkeit 7200 t (Dieselmotor)

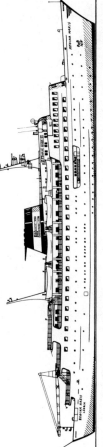

Fahrgastschiff „Regina Maris", 5813 BRT, Maßstab 1 : 1000, Länge (über alles) 118 m, 2 Dieselmotoren, Leistung 8100 PS, 276 Fahrgäste mit Kabinenplätzen, Lübeck Linie AG, Lübeck

Küstenmotorschiff (Kümo), Maßstab 1 : 1000, Länge ca. 40 m (Dieselmotor)

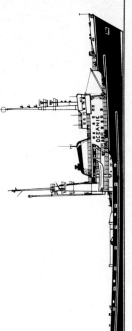

Bergungsschiff „Oceanic", 2046 BRT, Maßstab 1 : 1000, Länge ca. 88 m (Dieselmotoren)

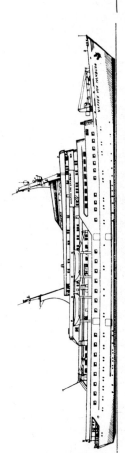

Seebäderschiff „Wappen von Hamburg", 4438 BRT, Maßstab 1 : 1000, Länge (über alles) 191 m, Antrieb dieselelektrisch, Leistung 10160 PS, 1800 Fahrgäste, HADAG Seetouristik und Fährdienst AG

Einige Schiffstypen der Bundesmarine

Schnellboot „Jaguar" (sogenannte Raubtierklasse), Länge 42 m (Dieselmotoren), 190 ts, 4 Torpedorohre, 2 Flak 4 cm (30 Fahrzeuge dieser Klasse, 10 ähnlichen Typs)

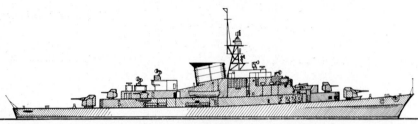

Geleitboot „Köln" (fünf Schwesterschiffe), Länge 110 m (Dieselmotoren und Gasturbinen), 2100 ts, Hauptbewaffnung 2 Geschütze 10 cm und 6 Flak 4 cm (sechs Schiffe dieses Typs)

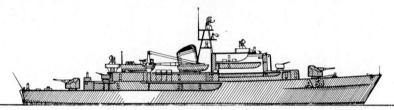

Schnellboot-Tender (Flüssenamen-Klasse), Länge 98,6 m, 2050 ts (Dieselmotoren). Hauptbewaffnung 2 Flak, Kaliber 10 cm (dreizehn Schiffe dieses bzw. ähnlichen Typs)

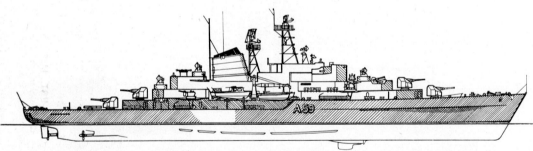

Schulschiff „Deutschland" (Mehrzweck-Schiff), Länge (über alles) 138 m, 4880 ts, 4 Dieselmotoren je 1670 PS, 1 Hochdruck-Dampfturbine, 8000 PS, Höchstgeschwindigkeit 21 Kn. Hauptbewaffnung 4 Flak, Kaliber 10 cm

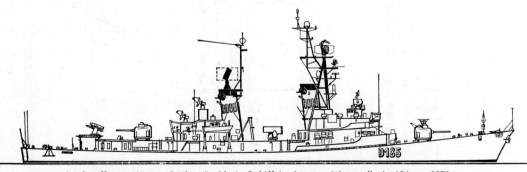

Lenkwaffenzerstörer „Lütjens" (drei Schiffe), Länge (über alles) 134 m, 3370 ts, 2 Dampfturbinen (Leistung max. 70 000 WPS), Höchstgeschwindigkeit 35 Kn. Bewaffnung: 1 TARTAR-Raketenstarter, 1 ASROC-Starter (8fach), 2 127-mm-Geschütze, 2 × 3 U-Jagd-Torpedorohre, automatisiertes Führungs- und Feuerleitsystem SATIR

Die „Windjammer" sind keineswegs ausgestorben! In nahezu allen seefahrttreibenden Ländern der Welt sind noch etwa 60 Segelschulschiffe (Rahsegler, Schoner und Schonerjachten) in Fahrt. Unter deutscher Flagge segelt eines der modernsten: die 1958 vom Stapel gelaufene Bark „Gorch Fock" (Bild). Sie hat nahezu 2000 Quadratmeter Segelfläche. (Foto: dpa)

wie am 1. September 1939. Hinzu kommen 1250 Kümos (Küstenmotorschiffe) mit einer Gesamttonnage von 400 000 BRT sowie Hunderte von Fischdampfern, Loggern und Fischkuttern. Dieser Tonnagehöchststand der Nachkriegszeit ging durch „Umflaggen" (Flaggenwechsel) zahlreicher Schiffe zurück. Der Stand vom Januar 1973: 789 Überseeschiffe mit 7,210 Millionen BRT und 10,9 Millionen tdw. Der zahlenmäßig starke, tonnagemäßig jedoch nur geringe Rückgang beweist den Trend zu größeren Schiffseinheiten. Die vollzogene Verjüngung des Schiffsparks ist beträchtlich. Durchschnittsalter der Trampschiffe: Fünf Jahre! (Solche Schiffe waren früher betagte „Seelenverkäufer".)

In Hoheitsgewässern ist jedes Schiff verpflichtet, die Nationalflagge am Heckflaggstock oder an der Gaffel zu führen. Im Vortopp flattert stets die Flagge des Bestimmungslandes, im achteren Topp die Reedereiflagge. Vorn am Bug führen die Schiffe eine Gösch, meist die Stadt- oder Provinzflagge des Herkunftshafens. Die Schiffe grüßen einander durch Dippen, also durch Herunternehmen und erneutes Heißen der Nationalflagge. An besonderen Feiertagen führen Kriegs- und Staatsfahrzeuge in jedem Topp und am Heckflaggstock eine Nationalflagge; man nennt diese Art der Beflaggung den Kleinen Flaggenschmuck. Bei sehr feierlichen Anlässen, bei Probefahrten, Staatsbesuchen oder Stapellauf, wird — auch bei Handelsschiffen — „über die Toppen geflaggt". Bei diesem Großen Flaggenschmuck knüpft man sämtliche *Signalflaggen* aneinander (Nationalflaggen s. S. 106/107).

Symbol der Eisenbahn in der „guten, alten Zeit": die Dampflok. (Foto: Archiv)

Die Eisenbahn
Die alte Zeit – die neue Zeit

Von Ralf Roman Rossberg

Wer die Geschichte der Eisenbahn nicht gerade bei den alten Römern und ihre „alte Zeit" in den englischen Bergwerken des Mittelalters beginnen läßt, kann selbst heute noch auf den Strecken und Bahnhöfen hierzulande verschiedenen Epochen begegnen. Freilich erinnert den Reisenden im Zug nichts mehr an die Zeit der Holzklasse, der Gasbeleuchtung und der Ofenheizung, obwohl auch sie noch gar nicht allzu lange vorbei ist.

Eine ganze Weile nach dem letzten Krieg gehörten zum Inventar zahlreicher großer Bahnhöfe noch besondere Gaskesselwagen, um den Brennstoff zur Beleuchtung der Personenzugwagen heranzuschaffen. Auch die letzten mit eisernen Kanonenöfen beheizten Nebenbahnwagen aus der Zeit der preußisch-hessischen, württembergischen oder bayrischen Staatseisenbahnen erbosten noch vor zwanzig Jahren manchen schon vom

Rechte Seite: Mit dem Trans-Europ-Express-Triebzug begann in den fünfziger Jahren der Start in eine neue Epoche des Reiseverkehrs auf der Schiene. (Foto: Rossberg)

„Paradepferd" der Bundesbahn heute: Intercity-Zug mit der für Tempo 200 konstruierten elektrischen Lokomotive 103. Rechte Seite: Im Führerstand dieser Lokomotive: der Tachometer zeigt 200 km/h.
(Fotos: Rossberg)

Wirtschaftswunder verwöhnten Fahrgast. Und als im Juni 1956 die 3. Klasse abgeschafft wurde, blieb gerade noch ein Jahr bis zum Start der ersten „Trans-Europ-Express-Züge", die heute als Inbegriff komfortablen Reisens, als Symbol einer neuen Zeit der Eisenbahn gelten.

Einige Jahre wird es noch dauern, bis die letzte Dampflokomotive ausrangiert ist. Die schwarzen Ungetüme symbolisieren jene alte Zeit, in der — wie im Jahre 1932 — nicht weniger als 20 750 Dampflokomotiven auf den Strecken des Reiches unterwegs waren. Immerhin hat die Bundesbahn allein in den letzten zehn Jahren über fünftausend Dampfloks durch rund 1 100 elektrische und 1 400 Diesellokomotiven ersetzt. So ist kurioserweise die älteste Bundesbahn-Lokomotive schon längst keine Dampflok mehr, sondern die 1909 gebaute elektrische Lokalbahnlok E 169 002-3, die auf ihrer Heimatstrecke Murnau—Oberammergau noch nach wie vor im Einsatz steht.

Am deutlichsten hat sich jedoch die „alte Zeit" in der Signaltechnik gehalten. Von allen Stellwerken der Bundesbahn waren Anfang 1973 nur knapp 15 Prozent moderne Gleisbildstellwerke aus der Zeit nach dem Zweiten Weltkrieg; die mechanischen und elektromechanischen Stellwerke älterer Bauformen stehen immer noch mit weitem Abstand an der Spitze, wobei manche Anlage bereits siebzig Betriebsjahre hinter sich hat.

Das Streckennetz der Bundesbahn umfaßt gegenwärtig knapp dreißigtausend Kilometer, dazu gehören mehr als siebentausend Bahnhöfe und Haltepunkte, rund 7 500 Stellwerke, über 29 000 Brücken und etwa ebenso viele Bahnübergänge. Diese und all die vielen anderen Anlagen und Einrichtungen gehen zu einem erheblichen Teil noch auf das vorige Jahrhundert zurück. Doch die enormen Geldmittel, die zu jeder Erneuerung der weitläufigen, von Basel bis Braunschweig und von Berchtesgaden bis Bremerhaven rei-

chenden Anlagen erforderlich sind, lassen die Eisenbahn auf dem Weg vom Gestern ins Heute und vom Heute zum Morgen keine großen Sprünge machen. Kein Wunder also, daß vielerorts Altes und Modernstes in enger Nachbarschaft zu finden sind.

Deutlich zeigt sich dabei auch, daß Anlagen und Einrichtungen der Eisenbahn eine Lebensdauer erreichen wie bei keinem anderen Verkehrssystem. Autos und Flugzeuge etwa sind meist schon nach wenigen Jahren aus der Mode oder vom technischen Fortschritt überholt. Die Schattenseiten einer solchen „Genügsamkeit" treten heute an der Struktur des Streckennetzes besonders gravierend zutage. Während niemand auf der Autobahn wegen scharfer Kurven sein Tempo aus voller Fahrt von vielleicht 140 oder 160 Stundenkilometern vermindern muß auf sechzig oder siebzig, sind solche Geschwindigkeitswechsel bei der Eisenbahn selbst auf internationalen Magistralen in großem Umfang an der Tagesordnung: modernste Züge mit Lokomotiven, die mit den jüngsten Errungenschaften der Elektronik bestückt sind, plagen sich über Strecken aus dem 19. Jahrhundert.

Bis 1985 sollen nun nach einem Neubau- und Ausbauprogramm der Bundesbahn 950 Kilometer Fernstrecken nach modernsten Trassierungsgrundsätzen neu gebaut und weitere 1 250 Kilometer des vorhandenen Netzes entsprechend ausgebaut werden. Rund 31 Milliarden DM sind dafür veranschlagt; der Bau neuer Autobahnen und sonstiger Straßen beansprucht — nebenbei bemerkt — in der gleichen Zeit 300 Milliarden! Um den Anforderungen der Zukunft entsprechend ihre Leistungen weiter steigern zu können, braucht die Bahn die neuen Strecken. Außerdem muß sie endlich die Möglichkeiten ins Spiel bringen, die ihr die neue Zeit eröffnet.

Für „Tempo 200" — in Frankreich längst Alltag — sind alle technischen Voraussetzungen geschaffen. Die elektrische Schnellzuglokomotive E 103, die bis zu 14 000 PS entwickelt, erreicht mühelos 200 km/h und mehr. Weit über hundert davon stehen bereits zur Verfügung. Für Sicherheit sorgt die „Linienzugbeeinflussung", ein Signalsystem, das die Fahrweise des Zuges über Computer ununterbrochen überwacht und gegebenenfalls automatisch beeinflußt.

Auch im Güterverkehr muß und kann das Tempo weiter steigen. Die neu entwickelte sechsachsige Güterzuglok E 151 schafft 120 km/h und verfügt über genügend Leistungsreserven, um auch im oberen Geschwindigkeitsbereich schwere Züge noch angemessen beschleunigen zu können. Vor allem Züge mit eiligen Gütern in Spezialwagen, mit Containern oder mit im „Huckepack"-Verkehr verladenen Lastkraftwagen sollen noch schneller und marktgerechter ans Ziel gebracht werden.

Wirtschaft und Industrie profitieren davon, daß die Bahn ihren Wagenpark immer stärker von den offenen und gedeckten Universalwagen auf moderne Spezialfahrzeuge umstellt, die unter anderem rationelle, vielfach sogar vollautomatische Be- und Entladung gestatten.

Der Reisende erlebt die Bundesbahn ohnehin von der modernen Seite. Zwischen 33 Großstädten der Bundesrepublik fahren achtmal täglich in festen Abständen „Intercity-Züge" (IC); ihre Firstclass-Wagen bieten in Abteilen und Großräumen nach Trans-Europ-Express-Vorbild voll klimatisierte Fahrgasträume, außerdem reichlich Bewegungsfreiheit, gediegene Ausstattung und eine Vielzahl kleiner Finessen. Neuerdings verbinden auch schnelle D-Züge mit Wagen 1. und 2. Klasse dreimal täglich weitere 42 Städte nach dem D-Zug-City-System (DC)!

In den Ballungszentren der Großstädte und Industriegebiete engagiert sich die Bundesbahn besonders auch im Nahverkehr. S-Bahn-Netze werden auf- und ausgebaut, moderne Triebwagen dafür eingesetzt. Und für die Nebenbahnen auf dem „flachen Land", das seit den fünfziger Jahren vielfach vom Schienenomnibus bedient wird, sollen schon bald ebenfalls neuzeitliche und komfortable Fahrzeuge angeschafft werden.

Schließlich verheißt die neue Zeit der Eisenbahn auch eine neue Zukunft. Obwohl die Züge noch Jahrzehnte hindurch auf den „klassischen" Gleisen rollen werden, reifen schon jetzt Lösungen für völlig neue Bahnsysteme, deren Züge mit 500 km/h — ohne Räder — von magnetischen Kräften geführt und getragen, berührungslos an ihrer Leitschiene entlang „fliegen". Zwei Versuchsanlagen bei renommierten Münchner Industrieunternehmen bestehen bereits, weitere werden gebaut, eine große nationale Versuchsanlage entsteht bis 1975 im Ried zwischen Dillingen und Donauwörth.

Freilich werden auch die „Hochleistungsschnellbahnen" einer ferneren Zukunft nicht das Ende der bewährten Eisenbahn bedeuten, die nach wie vor den wichtigsten und größten Verkehrsträger darstellt. Wohl aber können sie auf Mittelstrecken eine „Marktlücke" im Grenzbereich zwischen Eisenbahn und Flugzeug schließen, vielleicht aber auch Reisen quer durch Europa zu einer Angelegenheit von nur wenigen Stunden werden lassen.

Eine Seefahrt, die ist lustig

Kapitän Wellenschlag hat in seinem Leben gar viele Gewässer befahren. Auf den 6 Flächen der hier schwimmenden Würfel ist jeweils der Name des befahrenen Meeres, Flusses oder Sees aufgemalt. Da leider nur 3 Buchstaben sichtbar sind, sollen die restlichen 3, welche zur Komplettierung des sechsbuchstabigen Wortes gehören, durch kluges Kombinieren erraten werden. Kapitän Wellenschlag befuhr: 1. Ein Meer auf der nördlichen Halbkugel. 2. Einen See in Deutschland. 3. Einen Fluß in Südamerika. 4. Einen Grenzfluß in Asien. 5. Einen europäischen Fluß. Wie lauten nun die Namen dieser Gewässer? Gar nicht so leicht zu erraten, wie? Oder löst ihr die Aufgabe in weniger als 15 Minuten? Ja?

(Lösung auf Seite 399)

Der Herrscher

Von I. G. Kornbusch

Kann man sich nicht geradezu verlieben in den stolzen Hahn hier auf unserem Bild! Da steht er, hoch aufgerichtet auf dem Rand der Mistgrube, prächtig anzusehen in seinem bunten Federkleid, mit seinem roten Kamm, dem gelben Schnabel und dem scharfen Sporn am starken Fuß. Den durchdringenden Blick hält er auf uns gerichtet, als wollte er sagen: Merkt es euch, hier bin ich der Herrscher! Gleich werde ich krähen!

Früher stand ein solcher Gockel auf jedem Bauernhof, heute muß man bereits danach suchen. Er wird immer seltener, und viele Kinder und Erwachsene, die sich einst an seinem bunten Federkleid und stolzen Getue erfreuten, haben nun kaum noch Gelegenheit dazu. „Fabrikeier" und vereiste Körper in Cellophan vermitteln heute dem Stadtkind einen ersten traurigen Eindruck von unseren Hühnern. Noch trauriger stimmt der Anblick einer „Hühnerfabrik". Sie hocken in winzigen Drahtkäfigen und bekommen das Tageslicht oft gar nicht mehr zu Gesicht, diese bedauernswerten Hähnchen und Legehühner. Hier zählt nur die Schnelligkeit der Gewichtszunahme oder die Anzahl der gelegten Eier. Ihr meist kurzes Leben verbringen sie bei Kunstlicht, ohne Sonne, ohne Auslauf und frische Luft, ohne natürliche Nahrung, ohne Scharren, ohne Staubbäder und ohne echtes Gemeinschaftsleben.

Das Huhn, das bereits vor rund 4000 Jahren vom Menschen zum Haustier gemacht wurde, hat ihm nicht nur als Eier- und Fleischlieferant gedient. Der Mensch machte es auch zum Kult- und Opfertier, benutzte es als Zuchtobjekt und als Kampftier (Hahnenkämpfe). Die Gestalt des Hahnes wurde zum Wappentier, zum Wirtshausschild, er krönt noch heute den Kirchturm. Er wurde Sinnbild und Namensgeber für vielerlei — der Abzugshahn am Gewehr, der Hahn an der Wasserleitung und am Bierfaß, der „Hahn im Korb", der „rote Hahn" erinnern an ihn. Er galt als Orakeltier und Wetterprophet, als Symbol der Wachsamkeit und der Liebe. In dem Wort „Hahnrei" findet er sich als Sinnbild für den Mann einer ungetreuen Ehefrau, der „gallische Hahn" ist das nationale Emblem Frankreichs, der Familienname „Hahn" ist weitverbreitet.

In neuerer Zeit ist das Huhn ein berühmtes Objekt der Wissenschaft geworden. An ihm hat man grundlegende Erkenntnisse der Tierpsychologie, der Verhaltensforschung, gewonnen. Aus ihnen kann man bedeutsame Rückschlüsse auf das Verhalten anderer Tiere und auch des Menschen ziehen. Angeborene Triebe, individuelles und sozialbedingtes Verhalten werden heute klar voneinander getrennt. Wir kennen die „Hühnersprache" und die strenge soziale Ordnung, die Rangordnung, in der Hühnergesellschaft, die man auch „Hackordnung" nennt, da sie mit Hilfe des Schnabelhackens durchgesetzt wird. In ihr hat jedes Tier seinen Platz; Übergriffe werden nicht erlaubt.

Vor etwa 4000 Jahren wurde in Indien das Bankivahuhn domestiziert. Von hier aus breitete sich dann das „Haushuhn" in zahlreichen Rassen über die Erde aus. Der Hahn verteidigt sein Revier und seine Hennen gegen jeden Gegner, warnt sie vor Gefahren, lockt sie zum Futter und hilft mit bei der Suche nach einem Eiablageplatz. (Foto: H. Schrempp)

Auch der Tiger ist des Menschen Bruder – Habt ein Herz für Tiere – Tierschutz tut not!

Von Adolf Zänkert

Die größte aller Katzen ist der Tiger, und zwar die in Sibirien lebende Unterart, die unser Bild zeigt. Wir nennen das schöne gelblichrötliche Tier mit seinem dichten, langen Pelz, dessen Unterseite weiß ist, den Amur- oder Ussuri-Tiger oder einfach den Sibirischen Tiger. Es gibt nicht mehr viele Sibirische Tiger; der Bestand ist klein, er war trotz des Schutzes durch die russischen Behörden bereits auf 140 Stück gesunken. Im Januar 1972 meldete Moskau, daß er sich auf 150 Tiere vergrößert hätte. Weitere 50 bis 60 derselben Unterart sollen noch in der Mandschurei und in Korea leben. Alles in allem kann man also noch mit einem Bestand von rund 200 Tieren rechnen. Das ist wenig, und niemand weiß, ob es gelingt, die prachtvollen Großkatzen der Nachwelt zu erhalten.

Auch die übrigen etwa zehn Unterarten der Tiger sind von der Ausrottung bedroht; manche kommen nur noch in wenigen Stücken vor, so z. B. Bali- und Java-Tiger. Wie viele Exemplare des Südchinesischen Tigers noch am Leben sind, ist unbekannt. Man hat ihn schon weitgehend ausgerottet; vielleicht haben ein paar südlich des Jangtsekiang überlebt.

Einst bewohnten die Tiger riesige Gebiete Asiens vom Kaukasus über Nordpersien, Turkestan, Afghanistan, Nordchina, die Mandschurei und Korea bis zum Amur-Ussuri und im Süden Vorder- und Hinterindien, Südchina, Sumatra, Java und Bali. Heute schätzt man ihre Zahl in der ganzen Welt auf zwei- bis dreitausend Stück, davon etwa 2000 Königs- oder Bengaltiger in Vorderindien. Vermutlich gibt es z. Z. kaum mehr Tiger in freier Wildbahn als gefangene in Zoologischen Gärten und Zirkusunternehmen — ist das nicht erschreckend?!

Wie konnte es nur dazu kommen? Warum wird die Ausrottung der herrlichen großen Tiere nicht verhindert? Liest man nicht immer wieder, die Tiere seien Mitgeschöpfe, Brüder des Menschen? Haben sie nicht geradesogut eine Daseinsberechtigung wie wir? Gibt es denn keinen Naturschutz? Jeder Mensch, der nachdenkt, wird sich solche Fragen stellen, und mit Recht.

Versuchen wir, eine Antwort zu finden. Warum ist der Bestand der Tiger so bedrohlich verringert worden?

Diese Raubkatze stellt an ihre Umwelt vor allem dreierlei Ansprüche: Genügend Großwild zur Nahrung, reichlich Trinkwasser und ein dichtes Pflanzenkleid, das Schutz und Deckung bietet, in möglichst unberührten Revieren. Die Unterschiede des Klimas schaden dem Tiger nicht, Hitze oder Kälte verträgt er gleich gut. Die einzelnen Rassen der Art Panthera tigris haben sich ihren jeweiligen Wohnräumen in dem einst riesigen Verbrei-

Mit einer Länge bis zu 3 Metern und einem Gewicht von fast 300 kg ist der Sibirische Tiger die größte Wildkatze. Leider ist sein Bestand auf knapp 200 Tiere zusammengeschmolzen, seine völlige Ausrottung, trotz strenger Schutzmaßnahmen, also in nächster Zeit zu befürchten. Das Amur-Ussuri-Gebiet sowie einige Reviere in der Mandschurei und Korea, sind seine letzten Zufluchtsstätten. Dabei sind diese Großkatzen recht widerstandsfähig und ertragen vor allem Kälte und Hitze gleichermaßen gut. (Foto: T. Angermayer)

Fischotter sind die am besten an das Wasserleben angepaßten Marder und über die ganze Erde verbreitet. Ihr Fell ist wasserundurchlässig und mit einer seidenweichen Unterwolle ausgestattet. Die Ohren sind verschließbar, die Zehen mit Schwimmhäuten verbunden. Fischotter jagen nachts, wobei sie oft kilometerlange Wanderungen unternehmen. Entgegen ihrem Namen leben sie aber nicht nur von Fischen, sondern ebenso von anderen am Wasser lebenden Tieren, darunter auch Mäuse und Bisamratten. Trotzdem werden sie überall verfolgt und sind in vielen Gebieten bereits stark dezimiert. (Foto: H. Schrempp)

Der Braunbär (Ursus arctos) war einst über die gemäßigten Zonen der gesamten nördlichen Halbkugel verbreitet. Heute jedoch sind, als Folge der Ausrottung durch den Menschen, in West- und Mitteleuropa in freier Wildbahn nur noch kleine Restbestände in den Pyrenäen, Südalpen und Abruzzen übriggeblieben. Neuerdings versucht man Braunbären in den einzelnen Naturparken einzubürgern. Bekanntgeworden ist der Hochwild-Schutzpark Eifel, wo in der „Bärenschlucht" im Gondorfer Wald einige der braunen Gesellen hausen.
(Foto: W. Bechtle)

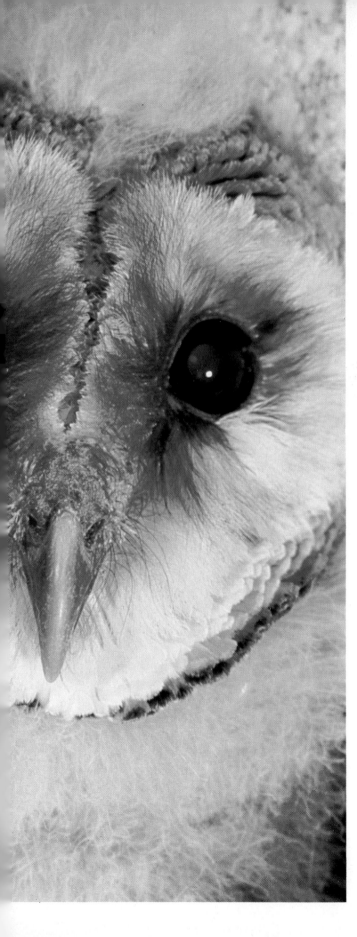

Die durch ihren herzförmigen Gesichtsschleier unverwechselbare heimische Schleiereule legt ihre meist 4—6 weißen Eier einfach auf den Boden ihrer Niststätte ab, ohne vorher ein Nest zu bauen. Nach 30—34 Tagen Brutdauer schlüpfen die Jungen, die in den ersten 10 Tagen noch nicht sehen können, da ihre Augenlider verklebt sind. Junge Schleiereulen haben zwei echte Dunenkleider, im Gegensatz zu den anderen Eulenarten, bei denen ein zweites Dunenkleid in Wirklichkeit schon der Übergang zum eigentlichen Federkleid ist. Hier jedoch wird das zweite Kleid nicht vermausert, sondern sitzt auf den Spitzen der nachfolgenden Federn, von denen es dann nach und nach abfällt. Selbst bei bereits flugfähigen Jungeulen kann man diese Reste des Dunenkleides noch erkennen
(Foto: CMS-Naturdokumente
J. Czimmeck)

tungsgebiet glänzend angepaßt. Tiger leben noch 3000 bis 4000 m hoch an wenigen Stellen in den Bergketten des Himalaya, Tiger bewohnen die wasserreichen, feuchtschwülen Niederungen im Ganges- und Brahmaputra-Delta, sie sind daheim in allen Waldtypen von der sibirischen Taiga bis zum tropischen Regen-Urwald, sie durchstreifen baumlose Steppen und selbst Halbwüsten. Die Größe des Reviers, das ein einzelner Tiger für sich und seine Familie beansprucht, ist natürlich unterschiedlich, sie richtet sich nach der Dichte der Wildbestände. In den wildreichen Gebieten Indiens genügen etwa 50 Quadratkilometer, im wildärmeren Sibirien sind etwa 3000 bis 4000 Quadratkilometer ein angemessenes Jagdgebiet. Innerhalb dieser Räume machen die Tiere oft weite Wanderungen. Bei einem Ussuri-Tiger konnte man feststellen, daß er in 22 Tagen rund tausend Kilometer zurückgelegt hatte — schon daraus geht hervor, daß diese Tiere große Lebensräume nötig haben. Aber: wo auf der Erde gibt es heute noch so weite, unbewohnte, von Menschen ungestörte Gebiete, die ein Tiger unbeschränkt durchschweifen kann?

In Sibirien schlägt der Tiger häufig Hirsche (Isuba- und Dybowski-Hirsche), Moschustiere, Elche und vor allem Wildschweine, daneben noch zahlreiche Vertreter kleinerer Tierarten bis hinunter zu Hasen, Waldhühnern und Lachsen. In den südasiatischen Revieren bilden Wildrinder (Arni, Gaur), Axishirsche, Sambarhirsche, Antilopen und kleineres Wild seine Nahrung.

Natürlich nimmt er auch Haustiere, wie Büffel, Rinder, Schafe und Ziegen, zumal die Wildbestände in Indien heute zugunsten der Haustiere schon sehr zurückgegangen sind. Alte Tiger überfallen auch gelegentlich Menschen. Diese alten Einzelgänger, deren Gebiß oft schon schadhaft ist, stellen dann schnell fest, daß unbewaffnete Eingeborene leichter zu erbeuten sind als Wildtiere, und spezialisieren sich mitunter auf Menschen. Solche „Menschenfresser" sind natürlich in der ganzen Gegend sehr gefürchtet und bringen die Leute leicht dahin, alle Tiger tödlich zu hassen und mit allen Mitteln zu verfolgen. Das heißt: Tiger in Revieren ohne ausreichenden Wildbestand greifen aus Nahrungsnot die Nutztiere des Menschen, zuweilen gar diesen selbst an. Das bedeutet die Vernichtung des „Übeltäters" oder die Abwanderung der Tiger in wildreichere Gebiete, also eine weitere Einschränkung des Lebensraumes.

Frisches Wasser liebt der Tiger sehr, und außerdem legt er Wert auf deckungsreiches Gelände. Er braucht möglichst viele Versteckplätze im dichten Unterholz, zwischen gestürzten Bäumen, in Felshöhlen, Erdlöchern, in Bambusdschungeln, Schilfgürteln oder Grasdickichten. Oft polstern die Katzen den Boden solcher Schlupfwinkel und Höhlen mit Gras und Laub aus. Hier ruhen sie, hier bringt die Tigerin ihre drolligen Kinder zur Welt. Jedes einzelne Tier verfügt

---

Der als Terrarientier beliebte Laubfrosch ist der einzige heimische Vertreter aus der großen Gruppe der Baumfrösche und mit 3—4 cm Größe auch der kleinste Frosch unserer Heimat. Seine durch Drüsensekret feucht gehaltenen Haftballen — mit Lymphe gefüllte Blasen — ermöglichen es ihm, selbst an glatten senkrechten Flächen emporzuklettern. Man findet ihn häufig hoch im Gebüsch und auf Bäumen. Zur Paarungs- und Laichzeit von Ende März bis Juni lebt er dagegen am Wasser, worin die Eier in kleinen Klumpen von Walnußgröße zur Ablage kommen. Während dieser Zeit ist auch die Stimme des Laubfrosches zu hören, wobei sich sein Kehlsack zu einer haselnußgroßen Schallblase aufbläht. Bei Erregung wechselt das Tier seine grüne Farbe auf Grau oder Braun.
(Foto: T. Angermayer)

über eine gewisse Anzahl solcher Verstecke, die es stets aufsucht, wenn es in diesem Teil des Reviers jagt. Tiger brauchen also nicht nur weiträumige, wildreiche, sondern auch möglichst urtümliche, vom Menschen unberührte Räume mit natürlichen Unterschlupfen. Forstlich oder landwirtschaftlich genutzte Gegenden sind ihnen ein Greuel. Sie wandern fort, falls der Mensch ihnen dazu Zeit läßt und sie nicht vorher ausrottet.

Wir fragten, warum die Tiger immer mehr vermindert werden. Ein Grund ist natürlich auch die Jagd! Noch heute kann man für viel Geld bequem vom Ansitz aus den durch eine angebundene Ziege oder einen anderen Köder angelockten „Räuber" oder „Meneater" schießen und sich als Held feiern lassen. Noch heute preisen Jagdzeitschriften in ihrem Anzeigenteil solche „Jagdsafaris" auf die letzten Großtiere an. Noch heute werden Tigerfelle zu hohen Preisen gehandelt, noch immer ist ihre Einfuhr gestattet. Außer den USA hat auch Großbritannien 1972 ein Einfuhrverbot für Felle vom Tiger, Schneeleopard und Nebelparder erlassen und dafür gesorgt, daß die Einfuhr von Leoparden- und Gepardenfellen staatlich überwacht wird. Der World Wildlife Fund kennzeichnet diese Maßnahme der Britischen Regierung als einen wichtigen Beitrag zu den Bemühungen, vom Aussterben bedrohte Arten zu erhalten, besonders deshalb, weil Großbritannien zu den wichtigsten Zentren des Fell-Welthandels gehört. Er schließt mit folgendem Hinweis: „Es ist notwendig, daß andere Regierungen, besonders in Europa, diesem Beispiel folgen und die Einfuhr von Pelzen oder Produkten bedrohter Arten verbieten. Nur so kann der Schlächterei, die das Überleben vieler Arten bedroht, ein Ende gesetzt werden."

Dies gilt auch für die Bundesrepublik Deutschland. Auch sie sollte dem guten Beispiel der USA und Großbritanniens folgen und die Einfuhr von Pelzen bedrohter Tierarten verbieten.

Welches Ausmaß die Jagd auf Großkatzen mit dem Ziel der Pelzgewinnung angenommen hat, geht besonders gut aus einigen Angaben für Brasilien hervor. In diesem Lande, das zur Zeit den Weltmarkt für gefleckte Felle mit 70 bis 80 % beliefert, gehen rund zwanzigtausend Menschen (einschließlich der Indianer) auf die Jagd nach Fellen, vor allem nach denen der größten südamerikanischen Raubkatze, des Jaguars. Zwei Gerbereien in Manaus und Belem, Brasilien, teilten mit, daß sie allein 1971 rund 160 000 gefleckte Felle (also große Katzenfelle) gegerbt hätten. Der tatsächliche Fellanfall liegt jedoch noch um ein Drittel höher, da viele Felle „schwarz", also privat, gegerbt werden. Dazu kommt, daß viele Tiere bei der Jagd verletzt werden und später unbemerkt umkommen. Und das alles, obwohl Jaguar, Ozelot und verwandte Arten gesetzlich geschützt sind, sie also nicht gejagt werden dürfen. Doch niemand kümmert sich um das Verbot, denn wo kein Kläger ist, ist auch kein Richter.

Der Mensch tötet also nicht nur, weil er den Lebensraum des Wildes braucht, sondern auch aus reiner Gewinnsucht, die ihrerseits wieder gefördert wird durch die modische Eitelkeit der europäischen und nordamerikanischen Frauen, deren höchstes Ziel es ist, einen Pelz aus gefleckten Wildkatzenfellen zu tragen, obwohl es auch jeder andere täte. Sie machen sich dabei nicht klar oder wollen es nicht hören, daß sie damit wesentlich zur raschen Verminderung bzw. zur Ausrottung der Großkatzen und anderer seltener Wildtierarten beitragen. Leider gibt es keine Instanz auf der Welt, die die Macht und das Interesse hätte, dies zu verhindern.

Ob es sich nun um den Jaguar in Südamerika, den Leoparden in Afrika oder den Tiger in Asien handelt oder um Braunbär und Fischotter in Europa, spielt dabei keine Rolle. Selbst unsere heimischen Eulen oder der früher überall vorhandene Laubfrosch (siehe Abbildungen) verschwinden, obwohl auch sie unter Naturschutz stehen. Sie werden das Opfer von Giften in ihren Beutetieren, die der Mensch zum Schutze seiner Kulturpflanzen oder als Bekämpfungsmittel gegen Schadinsekten verwendet. Der Mensch rottet also direkt oder indirekt — hier wurden nur ein paar Beispiele gebracht — die Geschöpfe, seine „Brüder", aus, mitunter aus Unkenntnis der Zusammenhänge, nicht selten aus Gewinnsucht oder Herzensträgheit. Darum sei hier vor allem die Jugend aufgerufen, sich der Geschöpfe anzunehmen, einer weiteren Verarmung unserer Umwelt vorzubeugen, denn „Naturschutz tut not", damit kommende Geschlechter nicht auf einem öden Planeten leben müssen.

*

Nach Unterzeichnung des internationalen Abkommens von Washington über den Handel mit bedrohten Tierarten im März 1973 durch die Bundesrepublik ist zu hoffen, daß die gesetzlichen Grundlagen, die der Beitritt zu diesem Abkommen fordert, recht bald geschaffen werden. Das von der Regierung abgeschlossene Abkommen muß, bevor es rechtskräftig wird, noch von den gesetzgebenden Körperschaften (Bundestag und Bundesrat) bestätigt und vom Bundespräsidenten unterzeichnet werden.

Diesem Abkommen zufolge ist der Handel mit bedrohten Tieren, unter anderem mit gefleckten Raubkatzen und dem Tiger sowie mit deren Fellen nicht gestattet. Auch in der Bundesrepublik wäre danach also die Einfuhr solcher Tiere oder ihrer Pelze gesetzlich verboten.

Seltsame Christmette – Eine Geschichte aus der Zeit der Tiroler Freiheitskämpfe

Von Karl Springenschmid

Es war in jenem furchtbaren Winter, als auch die Leute in Tirol als die letzten begriffen, daß ihre Sache verloren war. Kaiser Franz, dem sie vertraut hatten bis über das harte, bittere Ende hinaus, hatte das Land preisgegeben. Napoleon ließ das Land besetzen. Seuchen wüteten in den Dörfern, der Hunger schritt durch die Täler.

Hungern und darben konnten die Männer, die aus der dritten Berg-Isel-Schlacht heimgezogen waren. Aber ohne Freiheit gingen sie zugrunde wie der Baum, dem man die Wurzeln abschlägt. Darum stiegen sie lieber über die Berge, verschloffen sich in den Almhütten und Heulöchern, lebten dort auf ihre Weise und warteten die Zeit ab.

Auch in dem Dorfe Inzing, das etliche Wegstunden von Innsbruck flußaufwärts liegt, taten sich die Mannsleut zusammen und zogen in das hinterste Tal hinein, wo zwischen Wildwasser und Lawinen keine Schergen zu fürchten waren.

Der Bauer Veit Sturm war der letzte, der ging, und er ging am schwersten. Nicht bloß, weil er sein Weib zurücklassen mußte und seine sieben Kinder. Er ging am schwersten, weil er nur ein einziges gesundes Bein zum Gehen hatte; denn das andere war noch mit Tüchern verbunden. Die Wunde stammte vom Berg Isel, von dem letzten heißen Oktobertag damals.

Aber der Veit Sturm entschloß sich trotzdem, in die Berge zu gehen, weil es ihm besser schien, mit einem krummen Bein zu leben, als mit zwei gesunden zu sterben.

Wenn er den wunden Fuß behutsam aufsetzte und auf den Boden stellte, konnte er schon ein wenig niedertreten und einige Schritte gehen. Am Adventstag war er schon das erstemal auf zwei Stecken hinübergehumpelt zur Kirche.

Aber so viel er seinem verletzten Bein zutraute, so wenig traute er dem Napoleon. Es war wohl zu verstehen, daß es dem Napoleon um den Veit Sturm aus Inzing zu tun war; denn er hatte mit seinen Oberinntaler Schützen den Ausgang des schweren Gefechtes bei Zirl entschieden und bis zu seiner Verwundung gewaltig in die Iselschlacht eingegriffen.

Drum packte er jetzt, als es hieß, daß die Franzosen ins Dorf kämen, das Notwendigste zusammen, lud es des Nachts auf einen Schlitten, hockte sich dazu und ließ sich von Ander, dem ältesten Sohn, ins Enterbachtal ziehen, denn der Weg war weit und beschwerlich und schlecht genug selbst für zwei gesunde Beine.

Als der Schlittweg zu Ende war und der Steig jäh durch den Wald aufwärtsbog, lud sich der Ander den Vater auf seinen Rücken und trug ihn über den harten Schnee weiter.

Vor der Galtalm stellte er den Vater nieder, schaffte noch Brennholz herbei und richtete ihm das Heulager zurecht.

„Wasch dir das Maul gut aus, Ander!" sagte der Vater, als sich der Bursch zum Gehen schickte.

„Und wenn mich der Napoleon auf den

136

Kopf stellt, Vater, von mir fallt kein Wort nit heraus!" Damit sprang er wieder über den Schneehang hinunter. Vor dem Waldschlag blieb er nochmals stehen und rief: „Lebt's gut, Vater! Über die Wochen komm i wieder mit Eßzeug und Salben." —

Der Winter wurde grimmig kalt. Die Franzosen durchsuchten das Haus des Veit Sturm, sie kehrten das Unterste zu oberst, aber sie fanden den nicht, den sie suchten. Nur hinten im finsteren Ofenwinkel lag der zerschossene Schützenhut des Bauern. Den nahmen sie mit. Auf den Kopf aber, der zu diesem Hut gehörte, setzten sie dreihundert Gulden aus.

Als der Ander in der Woche darauf dem Vater diese Summe nannte, lachte der Veit Sturm lang. „Das freut mich, daß der Napoleon so viel auf mich haltet. Dreihundert Gulden, ein schönes Geld!"

Es war das letztemal, daß der Ander auf die Galtalm gehen konnte, denn die Franzosen verschärften ihren Wachdienst. Tag für Tag schnüffelten sie um das Haus. So oft der Morgen über die Kalkkögel heraufstieg, schnitt droben auf der Alm der Bauer eine neue Kerbe in den Türstock und zählte die Zeit, die er gewartet hatte. Dann horchte er eine Weile in die Gegend hinaus, spähte das weite, tiefverschneite Winterland nach Tritten und Spuren ab und hockte sich wieder zu seiner Arbeit.

Er schnitzte eine Weihnachtskrippe, Hirten und Engel, Ochs und Esel, die heilige Jungfrau mit ihrem Kindlein. Nur der Vater Josef fehlte ihm noch. Er nahm das Zirbenholz auf und riß die Figur an: einen großen, freundlichen Mann, mit einem breiten Hut, der weit über das Gesicht schattete. Den Mantel ließ er kräftig um seine Schulter wehen. Einen festen Stecken gab er ihm in die Hand. Ins Gesicht aber schnitt er ihm einen schönen, wallenden Bart, der bis auf die Brust niederfloß.

Bart? dachte der Bauer, während er kräftig das Schnitzmesser führte, einen schönen, langen Bart! Da setzte er plötzlich ab und griff prüfend an das eigene Kinn. Er spürte in allen zehn Fingern den jungen Bart, der ihm in diesen langen Wochen gewachsen war.

Jetzt stand er eilig auf und nahm den Kupferkessel vom Haken, in dem er sonst Mus und Nocken kochte. Mit dem Rockärmel wischte er so lange darüber, bis das helle Metall blitzblank spiegelte.

Das war ein völlig fremdes Gesicht, das ihm da breitgezogen aus dem bauchigen Spiegel entgegenschaute; denn rund um das Kinn stand ein wilder, struppiger Bart, kohlschwarz und finster wie die Nacht.

„Jetzt kennt mich der Napoleon nimmer!" dachte er und strich wohlgefällig um den Bart.

Dann stellte der den Kessel nieder. „Jetzt könnt i gehn!" dachte er, „wenn i ... wenn i halt richtig gehn könnt!" Mit vorsichtig behutsamen Schritten versuchte er, in der Sennhütte auf und ab zu gehen. Vor Schmerz biß er die Zähne zusammen, zählte die Schritte. Aber als er das zwölfte Mal den verletzten Fuß niedersetzte, war der Schmerz so arg, daß er sich an der Wand anhalten mußte. Erschöpft tappte er zum Tisch. Dort brütete er dumpf vor sich hin.

Nach einer Weile nahm er das Messer zur Hand und schnitzte in wilder Wut, was ihm just aus dem Holz kam. Es wurde der König Herodes. Grausam und gewaltig, mit einem teuflisch-finsteren Gesicht und einem breiten Soldatenhut. Mit dem Säbel, den er in der Hand trug, schlug er auf das arme Jesukindlein nieder, das zitternd zu seinen Füßen kauerte.

„Malefiznapoleon du!" fluchte er mitten in das Schnitzen hinein. „Du bist an allem schuld! Du hast uns um den Frieden gebracht. Du willst das arme Tirolerkindl erschlagen..."

Es verging ein Tag um den anderen. Und immer wieder trat der Veit Sturm zum Türstock hin, schnitt dem neuen Tag eine Kerbe und zählte die Zeit. —

Ja, heute war der Heilige Abend. Lange schaute er hinaus in das winterliche Land. Es war der tiefste Friede weit und breit. Im Walde rührte sich kein Wipfel. Weit draußen, wo das Dorf lag, zog der Nebel durch das Tal.

Da wandte er sich um und legte die Krippe zusammen, Hirten, Engel, Schafe, Wolf, Ochs und Esel, warf alles in den leeren Futtersack. Den Herodes hielt er aber eine Weile in der Hand und betrachtete ihn nachdenklich. Dann warf er ihn zu den anderen Figuren in den Sack.

Als es zu dämmern begann, drang heimlich der fremde Klang der Glocken in seine Einsamkeit herauf. Draußen über dem Hof stand hell der Abendstern. Unschuldig und still war alles um ihn und voll Frieden.

Jetzt war die Stunde, da sie daheim die geweihte Kerze anzündeten und in der Stube zusammenkamen und beteten. Jetzt hätte er, der Bauer, zu Weib und Kindern treten müssen, um nach altem Brauch den Weihnachtssegen zu sprechen. Weit breitete er die Arme aus und sprach laut und feierlich, den Blick dem heimatlichen Dorfe zugewandt, den Weihnachtssegen in den Abend hinaus.

Dabei erfaßte ihn das Heimweh so stark, daß er der Verlockung heimzukehren nicht mehr widerstehen konnte. Er suchte aus dem Astwerk, das vor dem Herde lag, die harzigen Stücke heraus. Dann wischte er sich diese Pechklumpen in das Gesicht, daß er aussah wie ein Holzknecht, der nach einer Woche harter Arbeit aus dem Walde kommt. Ruß und Kohlen schmierte er noch dazu, besah sich prüfend in dem kupfernen Kessel und strich den struppigen Bart noch breiter auseinander.

Er nahm den Rucksack mit den Krippenfiguren, richtete sich zwei Stecken zusammen und zog den Schlitten hervor, der hinter dem Scheiterstoß lag.

Die Hütte verschloß er und trat hinaus in die Winternacht. Dann hockte er sich fest auf den Schlitten hin und, mit beiden Händen stoßend und lenkend, fuhr er über den gefrorenen Schnee hinunter.

Aber bis zur Straße war es weit.

Mühsam von Baum zu Baum schob er sich in dem steilen Bergwalde vorwärts. Beim tiefen Mühlgraben aber schlug ihm plötzlich im Stürzen der Schlitten über und sprang davon, hinunter in die wilde Schlucht. Da kroch er auf den Händen bis zum Rand des Grabens vor, sah den Schlitten tief unten liegen und wußte, auch wenn er in die Schlucht hinabkäme, wäre es ihm ganz unmöglich gewesen, aus diesem überwächteten Schneeloch wieder herauszukriechen. So war denn der Schlitten verloren.

Mit den Händen schob er sich auf dem Schnee weiter, kollerte zwischen die Stämme, raffte sich wieder auf, schloff an den Ästen sich vorwärtsgreifend, durch Jungwald und Stauden, steil hinunter gegen das Tal. Einmal schlug er im Stürzen mit dem verwundeten Bein gegen einen Baum, daß er meinte, vor Schmerz die Besinnung zu verlieren. Doch er wußte, wenn er liegenblieb, verendete er hier, einsam und verlassen, wie ein weidwundes Tier. Er mußte den Weg erreichen.

Wieder, immer wieder riß er sich auf. In der breiten Fährte eines Hirsches, der talwärts gewechselt war, rutschte er weiter, fiel, stürzte, bis er endlich, zu Tode erschöpft, zum Fahrweg kam.

Es waren Spuren von Menschen und Pferden zu sehen und die breiten Rinnen der Zugschlitten. Wenn er hier wartete, sich hinter der hohen Schneewehe verbarg, konnte er sicher Leute treffen, die zur Christmette ins Dorf hinausfuhren.

Eine Stunde verging und wieder eine. Da hörte er endlich Schellenklang, und um die Biegung kam ein Schlitten. Es waren die Leute vom Völserhof.

Da trat er vor, so gut er konnte und bat, sie sollten ihn in Gottes Namen mitnehmen.

Seine Stimme klang fremd und heiser, wie einer spricht, der lang mit sich allein gewesen und nicht mehr gewohnt ist, mit Menschen zu reden. Die Leute erkannten ihn nicht. Das war ihm recht; denn es saßen auch fremde Männer auf dem Schlitten, von denen er nicht wußte, wer sie waren.

Die Weiber, die hinten hockten, halfen ihm herauf, rückten zusammen und machten ihm Platz.

So kam er ins Dorf.

Auf dem Kirchplatz vor dem Adlerwirtshaus blieb der Schlitten stehen. Hier war allerlei Volk versammelt, viele fremde, feindliche Gesichter, französische

(Zeichnung: Karl Stephan)

Posten und Patrouillen. Jetzt konnte er nicht in die Gasse abbiegen, hinauf zu seinem Haus. Hinter den Weibern hinkte er die Stufen hinauf, zur Kirche.

Er biß sich die Lippen blutig, um nicht zu stöhnen, so brannte der Schmerz in der Wunde. Die Tränen kollerten ihm in den Bart. Doch er humpelte weiter. Nach der Mauer tappte er vorwärts, wo der rote Schein der Christfackeln einen breiten, dunklen Schattenstreifen warf. So kam er unerkannt in die Kirche. Erschöpft sank er in eine Bank hinein. Da saß er nun und betete.

Dann brauste die Orgel durch die Kirche. Die Geigen huben an zu spielen. Die Christmette begann ...

Doch dreihundert Gulden sind viel Geld. Selbst in der Heiligen Nacht schlichen die Späher durch das Dorf. Dreihundert Gulden ... und es gab nicht viel Leute in der Gegend, die mit einem krummen Bein über die Kirchenstufen stiegen.

Oh, der französische Korporal hatte scharfe Augen! Augen, die im Dunkel mehr sahen als am hellen Tag. Und er wußte, von denen, die er suchte, gab es einen, der ein zerschossenes Bein hatte, einen, der dreihundert Gulden wert war!

In der Kirche sollten die Leute ihren Frieden haben. Das war Vorschrift. Aber — sechs Soldaten vor der Eingangstür, zwei hinten in der Sakristei, zwei am Ausgang bei der Glockenkammer — so waren die Löcher alle verstellt und der Fuchs hockte gefangen in seinem Bau. „Immer auf die Beine schauen!" erklärte der Korporal seinen Soldaten. „Wer auf einem Bein hinkt, der ist es!"

Nichts war leichter zu verstehen als das. Der Fang war so gut wie sicher, und der Korporal rechnete sich schon die Prämie in Wein um, Wein genug!

Drinnen in der Kirche beteten die Bauern das letzte Vaterunser. Die Ministranten in ihren hellen, roten Kitteln schüttelten die Glocken, daß es fröhlich durch den Raum klang, und der Pfarrer sang mit kräftiger Stimme die Botschaft der Engel:

„Und Friede den Menschen auf Erden, die eines guten Willens sind!"

Die Christmette war zu Ende. Da traten die Soldaten hart an die Tür. Der Korporal faßte den Gewehrriemen fester. Die Bajonette blitzten.

Erst traten die Weiber heraus und blieben erschrocken stehen. Was das zu bedeuten habe, fragten sie, französische Posten vor der Kirchentür, heute in der Heiligen Nacht?

„Weiter, weiter!" schrie der Korporal, „die Männer!"

Langsam drängten die Mannsleute zum Ausgang. Die Soldaten hielten die Gewehre vor und bildeten eine schmale Gasse.

„Einer nach dem andern passieren!" rief der Korporal.

„Ischt gut!" sagten die Männer und traten durch die Gasse.

Die Posten schauten auf die Beine nieder. „Wer auf einem Bein hinkt, der ist es!" Nichts war leichter zu verstehen als das.

Oh, verdammt, sie rissen die Bajonette vor! Die Männer, wie sie da durch das Spalier gingen, zogen alle das rechte Bein nach. Alle hinkten sie, hinkten durch die Tür, hinkten aus der Sakristei, aus der Glockenkammer ...

Da schrie der Korporal zornrot: „Was ist das? Nicht hinken!"

„Leicht g'sagt!" lachten die Männer, „nit hinken, wenn wir heute alle krumm sind!"

Und hinkten über die Stufen hinab,

hinkten über den Platz und die Gasse hinauf.

Da sprang der Korporal zum Pfarrer und herrschte ihn an: „Was ist das?"

Der alte Pfarrer schaute bedächtig eine Weile, wie heute seine Inzinger Mannsleute mühselig dahinhumpelten, als wäre ihnen in der Christmette ein Bein zerschossen worden, und schüttelte lange den weißhaarigen Kopf. Dann aber kam es plötzlich wie eine Erleuchtung über ihn, und er sagte lächelnd zu dem französischen Korporal:

„Das ganze Jahr gehen sie grad, aber am Heiligen Abend, so ist es Brauch, da gehen sie krumm!"

Von wem sind die Spuren im Schnee?

Wer ist hier vorübergekommen? Vergleiche mit den Spuren von Igel und Dachs, die um diese Zeit normalerweise Winterschlaf halten, sind nicht ganz von der Hand zu weisen. Zuweilen nämlich ist „Vetter Grimbart", der Dachs, trotzdem unterwegs. Also Igel, Dachs oder ein anderes Tier — wer war es?

(Lösung auf Seite 399)

Überleben auf See – Übung für den Ernstfall

Von Manfred Leihse

An den Wänden des weißgetünchten Korridors hängen die Wappentafeln der verschiedensten Luftwaffenverbände der USA und anderer europäischer und überseeischer Staaten. Der Fußbodenbelag ist auf Hochglanz poliert, und hinter den Türen klappern eifrig Schreibmaschinen.

Ein kleines Schild weist mir den richtigen Weg: Diensthabender Offizier, Water Survival School. Da bin ich nun endlich doch noch da gelandet, wo ich hinwollte. Anfangs sah es gar nicht danach aus.

Am Morgen war ich von Miami aus mit dem Greyhound-Bus nach Homestead gefahren und hatte nach meiner Ankunft am Busbahnhof vergeblich nach dem versprochenen Fahrer Ausschau gehalten.

Nach einigen Telefongesprächen kam dann der Wagen und setzte mich in der Air Base Homestead ab. Durch diese Tür, dann links und ... Wer die Verwaltungsgebäude des amerikanischen Militärs kennt, weiß, daß die weitere Suche nach dem richtigen Büro nur noch eine „Kleinigkeit" war.

Gleich neben der Tür, an einem überdimensionalen Schreibtisch, sitzt ein Sergeant und mustert etwas neugierig den Zivilisten, der da zur Tür hereinspaziert. Ich sage höflich meinen Namen und füge

Titelbild: Auch aus einer solchen Zwangslage muß sich ein Pilot befreien können. Das Landungsboot zieht den Schüler durchs Wasser und übernimmt dabei die Rolle des geöffneten, vom Wind erfaßten Fallschirms.

hinzu, daß ich mich hier in der Water Survival School melden sollte.

Nach einem kurzen Schweigen legt der Sergeant völlig überraschend los: „Was denkt ihr Brüder euch eigentlich! Wenn ihr Florida hört, scheint ihr nur noch an Urlaub zu denken. Der Unterricht beginnt um sieben Uhr, jetzt ist es neun Uhr. Ihr scheint das alle wohl nur für einen großen Spaß zu halten!"

Ich muß da wohl etwas Verkehrtes gesagt haben, denke ich mir, oder sollte mein Englisch hier in Amerika nicht verstanden werden? „Verzeihung, Sir, ich ...", versuche ich den Irrtum aufzuklären.

„Okay, okay, ist schon gut, die Ausreden von euch Brüdern kenne ich langsam alle, sie laufen mir schon zu den Ohren heraus. Bringen Sie Ihr Gepäck in den Flur und warten Sie, bis der Unterricht unterbrochen wird." Mit einer gönnerhaften Handbewegung bin ich entlassen.

Er hält mich doch tatsächlich für einen Schüler. Ich hole tief Luft und nehme einen neuen Anlauf: „Es tut mir leid, aber ich bin kein Schüler!"

„Sie sind kein was?" fragt er verblüfft. Schnell erkläre ich ihm den Zweck meiner Reise. Etwas betreten meldet er mich beim Leiter der Schule an. Noch bevor Colonel Giroux da ist, haben wir uns bereits wieder versöhnt.

„Tut mir leid, daß man Sie hier so ungnädig empfangen hat", entschuldigt sich Colonel Giroux, „aber wir haben hier an der Schule nur sehr selten Besuch von Journalisten, und wenn jemand sagt, er solle sich hier melden, dann wird er automatisch als Schüler eingestuft."

In seinem Büro machen wir es uns bequem. An der Wand hängt ein weiß-roter Rettungsring neben einer Fotografie. Der Colonel bemerkt meinen neugierigen

Ein umgebautes Landungsboot dient als „Sprungbrett" für die Schüler beim Ozeantraining.

Blick und meint: „Das war unsere Station in Iwo Jima. Ich habe dort für einige Jahre die Schule für das Überleben auf See kommandiert. Der Rettungsring stammt von einem unserer Boote."

Damit sind wir bereits mitten im Thema, und ich bitte den Colonel, mir doch mehr über diese Schule des Überlebens auf See zu erzählen.

„Flugzeuge, die über Wasser fliegen, müssen immer damit rechnen, daß sich eines Tages einmal ein Schaden einstellt, der zu einer Notlandung auf See zwingt. Noch größer ist diese Gefahr natürlich für die Piloten, die auf Kriegsschauplätzen eingesetzt sind, wo weite Wege über Wasser führen. Auch die Besatzungen unserer Transporter, die ja auf weltumspannenden Routen fliegen, sind besonders gefährdet.

Da einer notgewasserten Besatzung manchmal nicht innerhalb von wenigen Stunden geholfen werden kann, müssen wir die Besatzungen für diesen speziellen Notfall besonders ausbilden. Diese Ausbildung erhalten sie hier an der Water Survival School.

Wie wichtig eine solche Ausbildung ist, hat sich erst vor wenigen Wochen erwiesen, als eine B-52 auf dem Wege von Okinawa nach Thailand in einem Sturmgebiet notwassern mußte. Die Besatzung konnte erst nach zwei Tagen aus dem ‚Bach' gefischt werden, da der Sturm eine Rettungsaktion verhinderte. Die Besatzung war nach diesen zwei Tagen auf See in einem sehr guten Zustand; und wir hier denken, daß wir dazu unseren Teil beigetragen haben.

Auf Grund unserer Erfahrungen während des Zweiten Weltkrieges in Europa und vor allen Dingen im Pazifik gründete man die Schulen für das Überleben auf See. Daneben existierten noch die Schulen für das Überleben in den Tropen und für das Überleben in der Arctic. Offiziell trägt unsere Schule den Namen 3813th Combat Crew Training Squadron — Schulstaffel für Einsatzbesatzungen."

Während wir auf den Kaffee warten, frage ich: „Welches Personal wird hier an der Schule ausgebildet?"

„In erster Linie natürlich das gesamte fliegende Personal der amerikanischen Luftwaffe, nicht nur die Piloten, sondern auch die Bordmechaniker, die Ingenieure, die Navigatoren und sogar die Krankenschwestern unserer ‚fliegenden Ambulanzen'. Daneben bilden wir hier auch Piloten von europäischen und asiatischen Ländern aus. So kommen zum Beispiel die deutschen Piloten nach ihrer Starfighter-Ausbildung in Luke AFB, Arizona, hier nach Homestead, um das Training zu absolvieren, ehe sie wieder zurück nach Deutschland gehen."

Wir werden durch einen Soldaten unterbrochen, der mit dem Kaffee kommt. „Sagen sie bitte in Turkey Point Bescheid, daß ich mit einem Gast komme", instruiert der Colonel den Soldaten.

Wir kommen wieder zur Sache. „An dieser Schule werden wöchentlich zwei Lehrgänge durchgeführt, jeder dauert drei Tage und ist mit 100 bis 120 Schülern besetzt. Feiertage fallen für uns flach, der Schulbetrieb kann darauf keine Rücksicht nehmen. Nur an Weihnachten machen wir eine Pause. Inzwischen haben wir Routine in der Abwicklung der Lehrgänge bekommen, und es fällt uns manches leichter."

„Wo findet denn die Schulung statt? Ich kann mir vorstellen, daß Sie hier keineswegs nur einen Trockenkursus abhalten."

Colonel Giroux lacht: „Das mit dem Trockenkursus sollten Sie einmal unseren Schülern erzählen, wenn sie wütend unter der Brause stehen und das Salzwasser abspülen. Natürlich ist eine Ausbildung, die nicht im Wasser stattfindet, keine gute Ausbildung. Wir haben für das Wassertraining Turkey Point, zu dem wir nachher hinausfahren werden. Dort befindet sich neben dem Übungsbassin auch unser Bootsmaterial. Aber das werden Sie ja nachher noch alles sehen. Ich glaube, ich zeige Ihnen erst mal unsere Schule hier und unser Archiv."

Das Archiv entpuppt sich als die wohl umfangreichste Sammlung von Material über alle Fragen, die mit dem Meer zu tun haben. Neben streng wissenschaftlichen Berichten lagern hier auch die Erfahrungsberichte von notgewasserten Besatzungen, die für die Schulungsarbeit von großem Wert sind. Daneben verfügt die Schule über eine Sammlung von konservierten Meerestieren, die dem Menschen in irgendeiner Form gefährlich werden könnten. „Für den Anschauungsunterricht", erklärt Colonel Giroux, „damit keiner auf die Idee kommt, sich mit diesen ‚lieben Tierchen' näher zu beschäftigen, falls er es an der Angel haben sollte."

„Wieso Angel?" frage ich etwas begriffsstutzig.

„In der Ausrüstung befindet sich unter anderem auch eine komplette Angelausrüstung. Nichts für Sonntagsangler, dafür wäre sie zu einfach. Aber sie reicht zum Fischfang völlig aus. Es kann ja vorkommen, daß eine Besatzung erst nach langer Zeit geborgen wird. Gründe dafür kann es eine ganze Menge geben. Dann ist der Lebensmittelvorrat nicht ausreichend, und die Besatzung muß sich aus dem Meer ernähren."

Colonel Giroux führt mich zu einem großen Schaukasten. „Hier haben Sie alles, was sich in der Notausrüstung befindet. Bei der Abpackung der Nahrungsmittel haben wir in den letzten Jahren von den Erfahrungen der NASA profitieren können, die für ihre Astronauten Nahrungsmittel in möglichst kleiner, aber haltbarer Verpackung herstellen mußte. Der einzige Nachteil dieser Nahrungsmittel ist, daß sie mit Wasser behandelt werden müssen, ehe man sie verzehren kann. Dafür haben sie jedoch einen großen Vorteil: sie sind lange haltbar, klein und haben nur wenig Gewicht. Dadurch können wir heute mehr Nahrungsmittel in den Ausrüstungen unterbringen als früher."

Alle Sachen sind in einer silbernen Folie luftdicht verpackt, und ein komplettes Menü ist kaum größer als zwei Zigarettenschachteln. Natürlich legt man bei dieser Ausrüstung weniger Wert auf ein reichhaltiges und besonders raffiniertes Angebot, sondern versucht die Auswahl so zweckgebunden wie möglich zu treffen.

Auf unserer Fahrt nach Turkey Point erzählt mir Colonel Giroux: „Die meisten Männer an dieser Schule waren schon mit mir in Japan, und wir sind ein gut eingespieltes Team. Dadurch ist der Dienst etwas leichter."

Vor uns taucht ein riesiges Kraftwerk auf. Colonel Giroux lenkt den Wagen um einige Schlaglöcher herum auf ein kleines Pförtnerhäuschen zu. Automatisch geht der Schlagbaum hoch. Der Pförtner des Kraftwerkes hebt die Hand zum Gruß.

„Was Sie hier sehen, ist ein Atomkraftwerk. Es ist erst vor kurzem gebaut worden. Turkey Point liegt hinter dem Kraftwerk, und der einzige Weg führt übers Werksgelände, aber das stört niemanden."

Turkey Point entpuppt sich als eine Ansammlung von Baracken an einer kleinen Bucht direkt hinter dem Kraftwerk. Auf großen Gestellen sind Helme und Ausrüstungsgegenstände zum Trocknen aufgehängt. Als ich den Wagen verlasse, umfängt mich die feuchtwarme Hitze, und auch die ersten Moskitos starten zur Begrüßung. Schnell flüchten wir uns in die Baracken. „Früher war es noch viel schlimmer", tröstet mich der Colonel, „aber seit einigen Jahren haben wir die Moskitoplage langsam unter Kontrolle, aber ganz lassen sie sich nicht ausrotten, die nahen Everglades sind ein ideales Brutgebiet."

Durch das Fenster sehe ich, wie die ersten Schüler eintreffen. Einige Lehrer treten ebenfalls ans Fenster und beobachten, wie ein baumlanger Sergeant die Ausrüstung an die Schüler verteilt.

„Da haben wir ja mal wieder Glück gehabt, nur ein Rothelm", höre ich neben mir die Stimme eines Lehrers. Ich sehe den Sprecher fragend an und bekomme auch gleich die Erklärung: „Leute, die rote Helme verpaßt bekommen, sind Nichtschwimmer. Weiße Helme für die Schwimmer. Da wir ein besonderes Augenmerk auf die Rothelme haben müssen, sind wir immer froh, wenn möglichst wenige dabei sind. Nur tun sie uns nicht immer den Gefallen. Wir hatten schon Lehrgänge, da hat es vor Rothelmen nur so gewimmelt."

Colonel Giroux, der unsere Unterhaltung verfolgt hat, fügt hinzu: „Leider sind 17% unserer Schüler Nichtschwimmer."

„Wer ist heute dran?" erkundigt sich der neben mir stehende Lehrer und blickt in die Runde. Ein kleiner drahtiger Master-Sergeant verzieht das Gesicht zu einer Grimasse und seufzt. Alles lacht. Er ist heute derjenige, der den Schülern die Übungen vormachen muß. Daß er dabei naß wird, läßt sich nun mal nicht vermeiden.

Es wird Zeit. Wir verlassen die Baracke und begeben uns zu der Schülergruppe, die bereits den Erklärungen eines Lehrers über den Gebrauch und die Besonderheiten der Ausrüstung zuhört.

Ein Lehrer meldet dem Colonel: „Wir beginnen mit dem Wassertraining, Sir."

Bevor die Schüler zum erstenmal ihre Übungen auf See absolvieren, müssen alle notwendigen Handgriffe in einem Übungsbassin erlernt werden. Dieses Bassin wurde direkt hinter dem Kraftwerk errichtet und hat an seinen Ufern zwei hohe Stahlgerüste, von denen sich ein Drahtseil von Ufer zu Ufer spannt. Unter einer am Seil eingehängten Führungsrolle hängen an einem großen Stahlring die Fallschirmgurte, die dem Schüler angeschnallt werden. Er gleitet nun — am Drahtseil hängend — nach unten und hat dabei alle Handgriffe an seiner Ausrüstung vorzunehmen, die bei einer Notwasserung notwendig werden. Klatscht er ins Wasser, bevor er die Übung erledigt hat, darf er das Ganze noch einmal wiederholen. Klappt es dann immer noch nicht, wird erstens der Lehrer wütend und zweitens „darf" er dann noch einmal auf den Turm. Mehr als drei solcher Fahrten soll bisher noch keiner gemacht haben.

Der kleine Master-Sergeant steht bereits startklar auf dem Turm. „Sehen Sie sich genau an, wie es geht, Sie haben nur zwölf bis fünfzehn Sekunden Zeit, dann liegen Sie im Wasser", ermahnt der Lehrer die Schüler, die gespannt beobachten, wie der Master-Sergeant auf dem Drahtseil nach unten gleitet.

Im Wasser befinden sich einige Rettungsschlauchboote, wie sie jede Flugzeugbesatzung mitführt. Der Lehrer demonstriert nun, wie diese Boote bestiegen werden und wie man sie im Bedarfsfall wieder aufrichten kann. Den Abschluß bildet das Schwimmen unter einem in vollem Umfang ausgespannten Fallschirm. Auch das muß man können.

Während die Schüler mit ihren Übungen beginnen, verhandele ich mit dem Colonel über die Erlaubnis zu einer „Luftfahrt". Er gibt seinen Segen. Schnell ist eine Kombination und ein Helm besorgt, und ich ziehe mich um.

Dann stehe ich auf dem Turm, blicke in die Tiefe und frage mich, warum ich immer alles selbst ausprobieren muß. Der Colonel hält den Ring über mir fest, ein Schritt, und schon baumeln meine Beine in der Luft. Noch eine besorgte Frage: „Alles okay?" Ich nicke, und er läßt los.

Ich versuche mich zu konzentrieren. Acht Handgriffe habe ich zu absolvieren. Schwimmweste vorn zusammenhaken ... Sicherungsklappen öffnen ... Über mir singt die Rolle in den höchsten Tönen. Was war eigentlich Punkt fünf? überlege ich ... und klatsche ins Wasser. Prustend tauche ich wieder auf. Der Lehrer, den man über die komische Fracht informiert hat, sieht mich streng an und meint: „Sie brechen heute alle Rekorde. Bei vier lagen Sie mir schon zu Füßen. Das Ganze noch mal, aber bitte etwas schneller, wenn ich bitten darf. Oder", er grinst, „Sie zahlen freiwillig eine Runde." Ich nehme dankend an, aber eine zweite Tour lasse ich mir nicht entgehen. Diesmal liege ich schon nach Handgriff Numero drei im Wasser.

Am nächsten Morgen sind wir bereits um sieben Uhr dreißig in Turkey Point, die Seeübungen stehen auf dem Programm. Am Bootssteg vertäut liegt die „Flotte der USAF". Neben einigen eleganten weißen Flitzern entdecke ich einen unförmigen olivgrünen Kasten mit eigenartigen Aufbauten: „Unsere Startplattform für das Parasailing. Wie das vor sich geht, sehen Sie nachher", kommentiert Colonel Giroux meine Frage nach dem Zweck des Bootes.

Mit einem der weißen Flitzer laufen wir aus, während die Schüler an Bord des grünen Ungeheuers gehen. Wir haben ausgezeichnetes Wetter — wie meist in Florida —, eine Luft wie Seide und eine nur leicht bewegte See. Am Horizont kommt Land in Sicht. „St. Clemente", meint einer der Besatzung, „Sommersitz des Präsidenten. Wird wohl noch im Bett liegen um diese Zeit."

Der Bootsführer drosselt die Fahrt. Nach einiger Zeit kommt auch das grüne Ungeheuer in Sicht. Wie ich von Colonel Giroux erfahre, handelt es sich dabei um ein umgebautes Landungsboot, dessen Spezialausrüstung nun der Schule in Homestead dient.

Ein paar Minuten fahren wir kreuz und quer. Von Land her nähert sich ein Hubschrauber. Mit ihm sind zwei Lehrer unterwegs, die bei dieser realistischen Übung all das zeigen, was die Schüler bei einem Absprung im Notfall zu tun haben. Ein Farbmarkierungsbeutel wird aufgerissen und an einer Stange ins Meer gehalten. Eine breite grüne Farbspur bleibt in unserem Kielwasser zurück: die Markierung für den Absprungplatz.

Vom Hubschrauber lösen sich nacheinander zwei kleine schwarze Punkte und fallen dem Meer zu. Kurz darauf öffnen sich die Fallschirme. In weitem Bogen nähern wir uns wieder unserer Farbspur und nehmen die beiden gelandeten Lehrer an Bord. Beim Landungsboot steigen sie um, und wir fahren nun „Geleitschutz" bei den Schleppübungen.

Jedem Piloten kann es nach seinem Absprung passieren, daß der Schirm vom Wind erfaßt und der Mann mit dem Schirm durchs Wasser gezogen wird. Hier lernt er nun, wie er sich von den Gurten befreien kann. Der Schüler wird in ein ähnliches Gestell wie am Übungsbassin gegürtet und hängt dann frei an einem Stahlträger über dem Wasser. Das Landungsboot läuft mit langsamer Fahrt. Mit einem Seilzug löst der Lehrer den Mechanismus aus und der Schüler fällt ins Wasser. An einer langen Leine wird er nun in Rückenlage durchs Wasser gezogen. Dabei fährt ein Boot — in Sicherheitsabstand — schräg hinter ihm. Von dort bekommt er auch das Signal zum Lösen der Gurte. Das gleiche Manöver wiederholt sich später noch einmal, allerdings befindet sich der Schüler dann in der Bauchlage.

Der nächste Programmpunkt macht den Schülern im allgemeinen mehr Spaß, Parasailing. Dabei wird der Schüler, an einem speziellen Fallschirm hängend, von einem Boot mit hoher Geschwindigkeit gezogen. In einer bestimmten Höhe erhält er durch ein Flaggensignal vom Boot den Befehl zum Ausklinken der Zugleine. Nun hat er alle Handgriffe vorzunehmen, die er am Vortag in Turkey Point gelernt hat.

Wieder muß ich den Colonel erst „weichkneten", ehe ich seine Genehmigung für das Parasailing bekomme. „Aber ohne Ausrüstung, ich will kein unnötiges Risiko. Wir hatten schon zwei Fälle, in denen Schüler statt der Zugleine die Fallschirmgurte gelöst haben. Bis auf Knochenbrüche ging es zum Glück glimpflich ab, also seien Sie vorsichtig!"

Diesmal dauert die Unterweisung wesentlich länger: „Lassen Sie die Sicherungsklappen für das Gurtzeug so lange zu, bis Sie die Zugleine gelöst haben. Dann... Wenn das Boot anzieht, laufen Sie ein paar Schritte. Halten Sie dabei die Hände an der Gabel der Zugleine... Wir schleppen Sie nicht auf volle Höhe, weil..." Ich protestiere, aber vergeblich.

Man hilft mir beim Anlegen des Gurtzeugs. Zwei Mann heben den nassen Schirm etwas in die Höhe und der Wind bläht ihn voll auf und drückt ihn gegen ein halbrundes großmaschiges Geflecht.

Die Gabel des Zugseils wird eingehakt. „Auslösen!" Mir scheint man aber auch gar nichts zuzutrauen. Ich löse vorschriftsmäßig aus... zufrieden. Es kann losgehen.

Etwas mulmig ist mir nun doch, aber die Neugier siegt. Das Schleppboot fährt an, das Seil strafft sich, und der Ruck bringt mich fast von den Beinen. Krampfhaft versuche ich ein paar Schritte zu laufen, da bin ich schon in der Luft, sacke etwas durch, und dann geht es stetig aufwärts. Meine Hosenbeine flattern im Fahrtwind, über mir rauscht die Seide des Fallschirms. Ich schaukele leicht hin und her. Das Boot, weit vor mir, wird immer kleiner. Krampfhaft halte ich meine Hände in der Nähe der Auslösung.

Die Aussicht ist von dieser Höhe phantastisch, denke ich gerade, als mir vom Boot die rote Flagge gezeigt wird... auslösen.

Sanft schaukelnd gleite ich dem Meer entgegen — ein herrliches Gefühl der Schwerelosigkeit. Aber schnell bin ich wieder in der Wirklichkeit. Das Meer ist schon recht nahe, und ich habe immer noch die Sicherungsklappen der Gurtauslösung geschlossen. Rechts unter mir dümpeln ein paar rote Schlauchboote im leichten Seegang, umgeben von einem giftgrünen Markierungsfleck.

Ich konzentriere mich auf die Landung. Die Beine etwas anziehen... zu spät... ich bin bereits im Wasser. Schnell löse ich mich vom Fallschirm. Mein „Rettungsboot" ist auch schon da. Hilfreiche Arme helfen mir an Bord.

An Bord des Landungsbootes hebt sich gerade der letzte Schüler in die Lüfte. Die Begleitboote beginnen mit dem Einsammeln der Schüler aus den Schlauchbooten. Frisch gebraust und umgezogen, gehe ich wieder an Bord unseres weißen Flitzers, Kurs Turkey Point. Viel Zeit bleibt nicht mehr, wenn ich mein Flugzeug in Miami noch erreichen will. Jedoch noch Zeit genug, um mich von den Männern zu verabschieden, die hier an der Water Survival School in Homestead den fliegenden Besatzungen aus aller Welt zeigen, wie man im Ernstfall auf See doch noch überleben kann.

Rechte Seite: Einst bevorzugter Sport der Millionäre — heute Teil der Ausbildung an der Schule für das Überleben auf See: Parasailing.
(Fotos: M. Leihse)

Eddy Merckx: Mit dem Superrad zum Weltrekord

Von Holger Tamm

Zu einem Superradfahrer gehört ein Superrad, dachte der italienische Zweiradkonstrukteur Calnago und bastelte für den Belgier Eddy Merckx ein Superrad zusammen: das leichteste Fahrrad der Welt mit dem Gesamtgewicht von 5,5 kg. Damit griff „Super-Eddy", wie dieser begnadete Radrennfahrer Eddy Merckx genannt wird, den Stundenweltrekord des Dänen Olle Ritter mit Erfolg an. Stundenweltrekord im Radsport heißt: eine Stunde lang im Alleingang auf dem Oval einer Radrennbahn sein Pensum herunterzustrampeln, und wer die meisten Kilometer in dieser Stunde herunterspult, besitzt den Weltrekord.

Eddy Merckx suchte sich für seinen Angriff auf den Stundenweltrekord die Olympiabahn von Mexico City aus. Auf ihr hatte 1968 Olle Ritter mit 48,654 km Rekord gefahren. Den galt es zu unterbieten.

„Super-Eddy" kam, sah und siegte. Als er nach genau sechzig Minuten gestoppt wurde, errechnete man für ihn 49,408 km, die er zurückgelegt hatte. Aber später stellte es sich heraus, daß Eddy Merckx sogar 23,27 Meter mehr gefahren war. Der Rekord stand damit auf 49,431 km.

Ernesto Calnago aus Cambiago, ein ehemaliger Radrennfahrer, bastelt seit Jahren in seiner oberitalienischen Werkstatt die Rennräder per Hand für den belgischen Weltmeister und mehrfachen Tour-de-France-Sieger. Pro Jahr verschleißt Eddy Merckx von Meister Calnago etwa ein Dutzend Rennräder zum Stückpreis von etwa 8000 bis 9000 DM. Die Räder sind maßgeschneidert und genau auf die Körpermaße von Eddy Merckx abgestimmt.

Als Eddy Merckx seinem Konstrukteur eröffnete, er wolle dem Stundenweltrekord zu Leibe rücken, sagte Meister Calnago trocken: „Dann brauchst du ein Rad, wie es bisher noch keines gegeben hat. Ein Superfahrer muß ein Superrad haben." Dann machte er sich ans Werk.

Das Material bestand aus Kunststoff und Duraluminium. Reifen ließ er bei Pirelli in Mailand aus Seide anfertigen. Er ließ sie auf 10 atü nicht mit Luft, sondern mit dem leichteren Helium aufpumpen. So wurde an Gewicht gespart, wo nur etwas einzusparen war. Als Preis zahlte ihm Eddy Merckx 11 000 DM.

Der erste Mensch, der einen Stundenweltrekord auf dem Fahrrad aufstellte, war 1893 der Franzose Henri Desgrange, der spätere Organisator der „Tour de France". Sein Ausspruch, als er nach sechzig Minuten monotoner Strampelei um die Bahn mehr vom Rad fiel als abstieg, gilt auch heute noch für Eddy Merckx. Desgrange, der in einer Stunde 35,325 km herunterstrampelte, stammelte zu Tode erschöpft: „Das war mehr als die Hölle. So etwas gönne ich selbst meinem Todfeind nicht." So ist es bis heute geblieben.

*Linke Seite: Ablösung bei einem Mannschaftsrennen. Der Fahrer in zweiter Position stößt nach vorn, überholt von außen, und übernimmt die Spitze. Mit einer Handbewegung schickt ihn der bisher führende Fahrer auf die Reise. Bei Mannschaftsrennen auf der Bahn wird immer innerhalb der Mannschaft in der Führung abgewechselt. Denn an der Spitze zu fahren erfordert viel Kraft.
(Foto: R. Kunitsch)*

Kampf um den Stunden-Weltrekord. Eddy Merckx quält sich über die Runden, von einem unbändigen Willen getrieben und ...

... hat es geschafft (Abbildung rechts). Sein Gesicht drückt die Strapazen aus, die hinter ihm liegen. (Fotos: dpa)

Was macht diesen Weltrekord, der meistens ohne große Zuschauerkulisse vor sich geht, für die Fahrer so interessant, so begehrenswert? Es ist der absolute Charakter der Leistung, den er besitzt. Der absolute Geschwindigkeitsweltrekord für Radfahrer ohne Schrittmacher für eine Stunde!

Auch bei Straßenrennen kennt man ein Zeitfahren über längere Distanzen; aber hier starten die Fahrer in Abständen von einer Minute bis zu fünf Minuten immer im gleichen Abstand, sehen oder spüren den Gegner, können überholen, werden überholt. Beim Stundenweltrekord im monotonen Karussell der Bahn ist der Fahrer der einsamste Mensch der Welt und ist nur auf die Zurufe seiner Betreuer angewiesen, die ihm den Marschplan signalisieren: schneller zu werden, wenn er den Zeitplan nicht eingehalten hat, der vorher errechnet wurde.

Das Jahreseinkommen von Eddy Merckx beträgt rund 1,2 Millionen DM. So konnte er es sich leisten, vor dem Weltrekordversuch auf einige Verträge zu verzichten, die ihm etwa 300 000 DM eingebracht hätten.

Die Bahn von Mexico City ist 333,333 Meter lang und aus Holz. Sie liegt in 2300 Meter Meereshöhe, und das bedeutete für Eddy Merckx ein Problem. In 2300 Meter Höhe ist ein geringerer Luftdruck als in seiner Heimat oder in den Ländern, in denen er sonst seine Rennen fährt. Der Sauerstoffgehalt der Luft ist zwar der gleiche, aber der geringere

Luftdruck bedingt, daß die Bindung des Sauerstoffs der Atmung im Blut ebenfalls geringer wird. Das aber bedeutet Leistungsabfall. Eddy Merckx hatte keine Zeit, sich zu akklimatisieren. Er hätte zu Hause in einer Unterdruckkammer diese Akklimatisation vornehmen müssen oder entsprechend lange vorher nach Mexiko reisen. Das aber erlaubten ihm sein Zeitplan und seine Verpflichtungen nicht. So fuhr er erst wenige Tage vor dem Rekordversuch los. Er fuhr mit einer Übersetzung von 52 × 14 Zähnen. Damit schaffte er per Pedaltritt 7,94 Meter. Auch das kann sich nur ein Superfahrer wie Eddy Merckx leisten, denn eine solche Übersetzung verschleißt die Kräfte gewaltig.

Als der Weltrekord von Eddy Merckx bekannt wurde, äußerte der Italiener Gimondi, ein Weltklassefahrer wie Merckx: „Ich glaube, daß Eddy jetzt eine Marke aufgestellt hat, die außer ihm von keinem Fahrer unserer Rennfahrergeneration übertroffen werden kann."

Das glaubte man schon einmal, als der Italiener Fausto Coppi, ein Superradfahrer wie Eddy Merckx, mit 45,871 km den Stundenweltrekord hielt. Dieser Weltrekord hatte vierzehn Jahre lang Bestand, weil sich niemand zutraute, Coppi zu übertreffen.

Stradivari – Paganini
Kostbare Geigen, berühmte Virtuosen, Geheimnisse des Geigenbaus

Von Erich Stripling

Es gibt schätzungsweise 800 000 Geigenspieler (Hausmusikanten und Berufsmusiker) in der Bundesrepublik und über eine Million Geigen im Lande. Viele der Instrumente kommen aus der Geigenbauerstadt Bubenreuth bei Erlangen und aus den Meisterbetrieben von Mittenwald in Oberbayern. Unter der gewaltigen Anzahl befinden sich auch einige sehr kostbare alte Stücke mit den berühmten Namen: Amati, Stradivari, Guarneri. Sie gehören der Glanzzeit der italienischen Geigenbaukunst (1650—1750) an. Deutscherseits sind solche von den Altmeistern Jakob Stainer (1620—1683, Tirol) und Mathias Klotz (1653—1743, Mittenwald), darunter. Wohlgemerkt, diese Männer waren nicht die ersten und einzigen, die zu der Zeit Geigen bauten, bestimmt aber die besten. — Ja, und nun wollt ihr gern wissen, woher sie eigentlich stammt, die Geige, wer sie erfunden hat, und wie und wann sie erfunden wurde?

Nun, von einem Erfinder kann keine Rede sein. Die Geige, die ja auch Violine genannt wird, hat sich aus dem uralten Violen- oder Gambenverband herausentwickelt. „Geige" ist ein altdeutsches Wort aus der Wurzel gag (gig) = hin- und herfahren. Es bezeichnet also ein Instrument, bei dem der Bogen hin- und herstreicht. In dem italienischen Wort „Viola" steckt ebenfalls ein deutsches, nämlich das althochdeutsche Wort „fidula" oder „Fiedel". Die italienischen Wörter „Gamba" und „Braccio" heißen zu deutsch „Knie" und „Arm". Und „Violine" ist die Verkleinerungsform von Viola, was soviel wie „Fiedelchen", kleine Geige, heißt. — Als *Viola da gamba*, als Kniegeige, hat unser Instrument bereits die Nibelungen begleitet auf ihrer Fahrt zu König Etzel, und als *Viola da braccio*, als Armgeige, die Minnesänger von Burg zu Burg. In der graziösen Gestalt, in der wir die Geige kennen, ist sie noch nicht sehr alt. Es war um 1600 herum, als sie ihren mehr oder weniger plumpen Korpus abtat und jene schwungvollen Kurven annahm, die sie bis heute so unvergleichlich schön macht. Wer der Mann war, der als erster das zierliche Instrument „Violine" baute, ist unbekannt. Es wird ein Lautenmacher aus Brescia gewesen sein. Denn alle alten Geigenbauer waren Lautenmacher, und für Brescia als Geburtsstadt spricht, daß die ältesten Geigen, die der Fachwelt bekannt sind, aus dieser Stadt stammen. — Schauen wir uns einmal in groben Zügen an, wie eine Geige von Hand geschaffen wird.

Links: Denkmal des berühmten Mittenwalder Geigenbauers Mathias Klotz (1653–1743) in Mittenwald (Oberbayern). Mathias Klotz arbeitete nach Beendigung seiner Lehrzeit (1672) bei dem bedeutendsten deutschen Geigenbauer Jakob Stainer. Das war zu Zeiten, als die Meisterwerkstätten der Amati, Stradivari und Guarneri in Cremona (Italien) höchsten Ruhm genossen. Vor rund 300 Jahren hat Mathias Klotz nach Rückkehr in seine Heimat in Mittenwald den Geigenbau verbreitet. Durch ihn wurde seine Vaterstadt zum Ort der Geigenbauer und zur Geburtsstätte der berühmten Mittenwalder Geigenbaukunst. (Foto: L. Demmler)

Da gibt es in Mittenwald, in der Vaterstadt des berühmten Mathias Klotz, eine staatliche Fachschule für Geigenbau. Die jungen Menschen, die dort ausgebildet werden, sind Angehörige aller Rassen und Nationen. Was müssen sie wohl als erstes lernen, Hobeln? Schnitzen? Mit Zirkel und Säge umgehen? Keineswegs. Als erstes werden sie mit dem Holz vertraut gemacht. Das lagert draußen in keilförmige Segmente geschnitten, wo es jahrelang in Wind und Sonne trocknen muß. Ganz hochwertige Fichtenstücke werden dagegen nicht geschnitten, sondern gespalten und auch in diesem Zustand gelagert. Alle Hölzer für den Musikinstrumentenbau werden aus möglichst astfreien Baumstämmen gewonnen, die vor dem Fällen im Walde genauestens abgeklopft und auf ihren Klang abgehorcht wurden. Und tatsächlich, die gestapelten Segmente geben einen feinen singenden Ton von sich, wenn man mit dem Fingerknöchel gegen sie klopft. Das erste Geheimnis einer gutklingenden Geige liegt also im Holz verborgen, richtiger gesagt, in zwei verschiedenen Hölzern, nämlich in dem des Ahornbaumes (für den Boden der Geige) und in dem der Fichte (für die Decke des Instruments). Erst, wenn der Schüler in der Wahl der Hölzer sicher ist (es soll weder zu breite, noch zu enge Jahresringe haben), und wenn er zu prüfen versteht, ob „Musik" drin steckt, erst dann lernt er mit dem Schnitzmesser umgehen, wie das blondbezopfte Mädchen auf unserem Bild. Tadellos hat es die Schnecke aus dem Geigenhals herausgearbeitet und ist nun dabei, mit Stechbeitel und Stemmeisen den Wirbelkasten auszuheben. — Das zweite Geheimnis liegt in der Ausarbeitung von Decke und Boden des Klangkörpers. Dazu ist schon fast die Geschicklichkeit eines Holzbildhauers nötig. Decke und Boden, die sich im Fertigzustand als dünne, gewölbte Brettchen erweisen, sind im Anfangsstadium dicke Bohlenstücke. Diese müssen so lange mit winzigen Hobeln, Meißeln und Ziehklingen bearbeitet werden, bis die rechten Maße von Stärke und Wölbung erreicht sind. Bei dieser Arbeit verläßt sich heute kein Geigenbauer mehr auf sein Gefühl allein, wie das früher der Fall war. Er benutzt neben seinem Fingerspitzengefühl ein Präzisionsinstrument, einen Bügel mit einer Meßuhr im Verbund. Immer und immer wieder setzt er es beobachtend an, um die Sache bis auf den hundertstel Millimeter genau hinzukriegen. Anders beim Zargenkranz, der kurvenreichen Verbindung von Decke und Boden. Für ihn werden die kunstvollen Windungen nicht aus einem Klotz herausgeschnitten, sondern Ahornleisten über erhitzte Eisenformen vorsichtig gebogen. Decke und Boden mit dem Zargenkranz verleimt, ergeben den Klangkörper. Damit er gut klingt, wird ihm eine „Seele" eingesetzt: Stimmstock und Baßbalken. Sie verstärken beim Spiel die Resonanz und verteilen die Schwingungen der Saiten. Eine wichtige Funktion. Denn immerhin haben die schwachen Brettchen des Instruments, das ja kaum 400 g wiegt, eine Spannung von 40 kg und einen Saitendruck von 12,5 kg aufzufangen und zu überwinden. — Denken wir uns zu dem Klangkörper noch den Hals mit der Schnecke hinzu, auch die Wirbel, das Griffbrett und den Saitenhalter, letztere Teile aus schwarzem Ebenholz gearbeitet, und wir haben die Geige im Rohbau vor uns.

Die Schlußphase im Herstellungsprozeß ist das Lackieren. Ihr meint vielleicht, das sei ein Schönheitspflästerchen,

Mittenwald – Heimat guter Geigen (Foto: A. Modl)

das der Geige aufgedrückt wird. Nun ja, das natürlich auch. Hauptsächlich aber dient der Lack als Konservierungsmittel, denn das Instrument ist empfindlich gegen Witterungseinflüsse und den Atemhauch des Geigers. Zudem verbessert er den Klang. Ja, der Lack, auch er ein Geheimnis. Für seine Zubereitung benutzen die Meister auch heute noch eigene Rezepte. Der Lack ist richtig, wenn er bei genügender Härte eine gleichbleibende Elastizität behält. Aus gutem Grund: Eine Lackierung, die ihre Schmiegsamkeit verliert, umgibt den Klangkörper wie ein Panzer, der das Holz am Vibrieren hindert. Darunter leiden natürlich Klangfarbe und Ausdrucksmöglichkeit des Instruments.

Unsere Bilder zeigen Ansichten vom Geigenbau in Mittenwald. Wir schauen in die Lehrwerkstätten hinein und werfen einen Blick auf die Häuser der selbständigen Meisterbetriebe mit den im Winde schaukelnden frisch lackierten Geigen. Nicht viel anders hat es im Städtchen ausgesehen, als Mathias Klotz hier vor rund dreihundert Jahren den Geigenbau verbreitete. Mathias Klotz hatte seine Lehrzeit 1672 bei dem Lautenmacher Johann Railich in Padua beendet und danach bei Jakob Stainer, dem bedeutendsten deutschen Geigenbauer, als Geselle gearbeitet. Das war zu Zeiten, als die Meisterwerkstätten der Amati, Stradivari und Guarneri in Cremona (Oberitalien) höchsten Ruhm genossen. Stradivari und Guar-

Links: Schnecke und Hals müssen aus einem vierkantigen Stück Ahornholz herausgeschnitzt werden.

neri waren Schüler des Nicola Amati (1596 bis 1684). Als der begabtere von beiden gilt Antonio Stradivarius (1644 bis 1737). Die Amati-Geigen besaßen zwar einen ungemein weichen Klang, waren aber im Ton nicht sehr groß. Stradivari verbesserte das Modell seines Lehrherrn und gelangte dabei zu einer eigenen Kunst im Geigenbau, die dann zu den berühmten „Stradivaris" führte. Ihr weicher, satter Ton ist an Klangfülle und Ausstrahlung bis heute nicht übertroffen worden. Dabei ist jede seiner Geigen, von den einigen hundert, die er gebaut hat, verschieden. Keine gleicht der anderen, eine jede ist — in Form und Ton — eine Schöpfung für sich.

Was machte nun Stradivari anders als all die anderen großen Meister, daß gerade seine Instrumente im Klang so hervorstechen? Schwer zu sagen. Bei den noch vorhandenen Violinen aus seiner Werkstatt fällt auf, daß er die Wölbungen von Decke und Boden nicht so hoch herausarbeitete wie z. B. Amati oder Stainer. Auch den Zargenkranz nahm er meistens um einiges flacher. Aber sonst? Man hat Stradivari-Geigen bis aufs i-Tüp-

Die Decke wird aus Fichtenholz gearbeitet, der Boden aus hartem Ahornholz. (Fotos: E. Fischer)

felchen genau nachgebaut aus gleichem altem Holz; auch die Teile nach damaliger Art verleimt. Vergebens. Man hat seinen Instrumenten Lackproben entnommen, diese analysiert, neu zusammengestellt

Trocknen der frisch lackierten Geigen. Monatelang müssen die zehn- bis zwölfmal lackierten Geigen in Sonne und Wind trocknen. (Foto: L. Demmler)

und das Instrument nach Art der Cremoneser Schule lackiert. Vergeblich; was herauskam war zwar eine Geige, aber keine „Stradivari".

Es muß da noch ein anderes Geheimnis geben, und zwar eins, das ganz unabhängig ist von dem Bau und den Materialien der alten Meister. Jener mystische Klang, den wir bis heute nicht hervorbringen können, muß in den Weisen liegen, mit denen die Instrumente Jahrhunderte hindurch bespielt wurden, also das Holz sich ganz und gar auf den Rhythmus der auf ihnen gespielten Musik eingestellt hat. Diese Theorie ist nicht abwegig. Man weiß ja, daß Holz seine Resonanzfähigkeit verändern kann. Orgeln, auf denen nur Kirchenmusik gespielt wurde, lassen sich auf Jazz-Harmonien schlecht ein, das Holz tut da nicht mit, kann die wirren Schwingungen der Töne einfach nicht verarbeiten und klingt daher zu solchen Musiken nicht gut. Wenn man die Orgel aber n u r zu Jazzrhythmen benutzt, stellt sich das Holz allmählich auf die ungewohnten Schwingungen ein und wird klanglich besser. Umgekehrt benötigt sie wieder eine gewisse Zeit zur Umstellung, um eine gutklingende Kirchenorgel zu werden. Ähnliches (so meinen einige Forscher) trifft auch auf das Klanggeheimnis der alten Geigen zu.

Mathias Klotz gilt als der Ahnherr all der Mittenwalder Meisterbetriebe. Mit Recht. Wer im Städtchen etwas Geschick besaß und musikalisches Gehör, lernte bei ihm, wie man Geigen, Lauten und Violoncelli baut. Bereits einige Jahrzehnte nach des Meisters Tod hatte Mittenwald einen beachtlichen Namen unter den Geigenbauerstädten. Die Aufkäufer kamen, prüften und zogen schwerbepackt wieder los. Bei Hofkapellmeistern sprachen sie mit ihren Instrumenten vor, bei musikliebenden Äbten, in Fürstenschlössern, an Dom-Musikschulen, bei Zigeunerprimassen und Virtuosen. Unter den letzteren gab es damals einen ganz besonderen, den kaiserlichen Kammervirtuosen Niccolò Paganini. (* 1782 in Genua, † 1840 in Nizza). Ein toller Bursche, dieser Paganini. Obwohl er das Geigenspiel nicht schulgemäß erlernt hatte, war er ein Phänomen der Violintechnik. Sein Spiel auf nur einer Saite, der G-Saite, sein Doppelflageolett (durch druckloses Aufsetzen der Fingerkuppen erzeugte zarte Obertöne) und sein Pizzicato (Zupfen der Saiten) mit der linken Hand, hat ihm bis heute niemand nachgemacht. Deshalb hieß und heißt er: „Der Teufelsgeiger". Franz Liszt und Robert Schumann, die ihn auf seinen Konzertreisen gehört hatten, waren von seinen Darbietungen so hingerissen, daß sie selbst die Paganinis des Klaviers werden wollten. Paganinis Geige, eine „Guarneri", liegt in einer Glasvitrine im Rathaus zu Genua. Jedes Jahr wird sie einmal herausgenommen und von einem der besten Künstler gespielt. — Wen haben wir wohl als berühmte Virtuosen herauszustellen? Es sollen nur zwei genannt werden: Yehudi Menuhin und David Oistrach. Ihre kunstvollen Soli sind oft über den Rundfunk und im Fernsehen zu hören. Beide spielen auf einer echten „Stradivari". Ein solch seltenes Instrument zu besitzen ist für einen Virtuosen nicht nur ein Glücksfall, sondern auch eine Angelegenheit seines Geldbeutels. Eine Stradivari-Geige hat (je nach ihrem Erhaltungsgrad) einen Taxwert, der zwischen 70 000 und 300 000 DM liegt. Amati-Geigen pendeln zwischen 50 000 und 75 000 DM. In diese Preisgruppe fallen in etwa auch die Guarneri-Geigen, das Fabrikat, das Paganini spielte. Allerdings werden die Taxwerte auf den Auktionen (die meisten finden in den Londoner Kunstauktionshäusern statt) weit überboten. So sollen einmal für eine Stradivari-Geige 200 000 US-Dollar gezahlt worden sein.

Wenn wir von der Industrie-Geige und einigen verbesserten Werkzeugen absehen, hat sich im Violinbau zwischen damals und heute kaum etwas geändert. Auch zeitlich gesehen nicht. Im Schnitt können wir folgende Daten annehmen: Herstellung der Holzteile vom Segment bis zur Lackierung etwa drei Wochen.

Das Trocknen der Instrumente im Freien dauert vier bis fünf Monate, im ganzen also ein halbes Jahr. Ja, und dann ist der Tag da, der von jedem Geigenbauer, ganz gleich ob Schüler oder Meister, mit banger Erwartung erfüllt ist. Denn einer Geige sagt man nach, daß sie singen und weinen, schluchzen und jubilieren kann. Freilich muß man ein bißchen Helmut Zacharias sein oder Wolfgang Schneiderhan, um solche Töne hervorzuzaubern. Trotzdem, ein geübtes Ohr hört beim ersten Bogenstrich, ob das Instrument so viel taugt, daß es einmal von einem Könner gekauft wird, oder ob es als „billiges Ding" im Geigenkasten verstauben wird. Mit beklommenem Gefühl setzt also der Geigenbauer seine Neuschöpfung an, streicht lauschend über die Saiten, spielt die Tonleitern in Dur und Moll, übt einige Doppelgriffe und, da sie tonlich seinen Erwartungen entspricht, versteigt er sich zur Improvisation. — Es ist doch erstaunlich, welch eine Kraft einem so zierlichen Instrument innewohnt. Stünde der Geiger jetzt auf dem Podium eines Konzertsaals oder in der Vierung einer hochgewölbten gotischen Kathedrale, die Stimme seiner Violine würde ungeschmälert noch in den entferntesten Winkeln dieser weiten Räume hörbar sein.

Niccolò Paganini, der „Teufelsgeiger". Sein Spiel auf nur einer Saite hat ihm bis heute niemand nachgemacht. In strenger Arbeit bildete er sich zum glänzenden Geigenvirtuosen aus und errang beispiellosen Weltruhm.
(Gemälde von A. Kersting, Foto: Archiv für Kunst und Geschichte)

Hund im Löwenzwinger – ungewöhnliche Tierfreundschaft

In der Tierschau beim Zirkus Willy Hagenbeck staunten die Besucher über eine einzigartige Freundschaft: Der abessinische Löwe Negus – ein Geschenk des Kaisers von Äthiopien, Haile Selassie – lebt in Gemeinschaft mit einer fünfköpfigen Boxer-Hundefamilie. Ein Zirkusbesucher meinte verwundert: „Daß der die nicht auffrißt!" Keine Sorge. Reißt Negus wirklich gelegentlich einmal protestierend sein Maul auf, weil die frechen Boxer in allem den Löwenanteil beanspruchen, dann bleibt es trotzdem nur beim Zähnezeigen. Angst und Schrecken bleiben aus dem Löwen-Hunde-Zwinger verbannt. Ganz schnell schmeichelt man sich wieder ein, besänftigt sich und praktiziert zu aller Freude und Überraschung friedliches Zusammenleben.

Oben: Wenn geschimpft wird, dann aber mit voller Lautstärke. Keine Bange, zu Tätlichkeiten kommt es trotzdem nicht.

Rechts: „He, Negus, tu nicht so stolz!" Der gute Arno mag es gar nicht, von seinem großen Freund übersehen zu werden. (Fotos: Kurt Lorz)

Sie stellen sich auf schmale Balken und reiten aufrecht durch die furchterregenden Wellen

Von Torsten Andersson

An einer geschützten Stelle der Karakakua-Bucht vor Hawaii schaukelten im Februar 1779 die Fregatten „Resolution" und „Discovery" des englischen Weltumseglers Kapitän James Cook. Sie waren dem arktischen Winter ausgewichen und wollten auf Hawaii überwintern.

An Deck seines Flaggschiffes „Resolution" stand Kapitän Cook, sah auf die Palmen am Strande hinüber und beobachtete interessiert die riesigen Brandungswellen, die kurz vor dem flachen Ufer brachen und zusammenstürzten. Sie donnerten mit einer Wucht gegen das Land an, daß sie hätten die „Resolution" ohne weiteres ans Ufer setzen können, wäre Kapitän Cook mit seinen beiden Schiffen nicht an einem ruhigeren Platz vor Anker gegangen.

Plötzlich traute der Kapitän seinen Augen nicht mehr: Auf den hohen Wellenkämmen standen Menschen aufrecht und ließen sich tragen. War es ein Spuk? Dann lösten sich diese braunen Menschen vom Wellenkamm, sprangen über seinen höchsten Punkt hinweg und waren verschwunden. Kurz danach brach auch die riesige Woge in sich zusammen, und Cook sah lediglich einige Balken in der tosenden See schwimmen.

James Cook, 1728 in Marton in der englischen Grafschaft Yorkshire geboren, war alles andere als ein Phantast, der vielleicht einem Hirngespinst Glauben schenken würde. Er war der berühmteste Seemann seiner Zeit und Weltumsegler und Forscher. Als erster hatte er Neuseeland umsegelt, das berüchtigte Barriereriff (Korallenriff) vor der Ostküste Australiens erforscht, hatte in der Antarktis den südlichen Polarkreis überfahren, die Vulkane Feuerlands registriert, die Küste Alaskas erkundet und festgestellt, daß Alaska keine Insel war, wie damals angenommen wurde, sondern zum nordamerikanischen Festland gehörte. Sein Tagebuch war voller Merkwürdigkeiten.

Als er in jenem Februar 1779 in der Karakakua-Bucht ankerte, hatte er des Polarwinters wegen seine Suche nach der Nordwestpassage abbrechen müssen. Diese Nordwestpassage in der Arktis war ein Wunschtraum aller Handelsnationen und großen Handelsgesellschaften. Man glaubte an sie, aber man wußte nicht, ob sie auch wirklich existierte. Durch die Nordwestpassage erhoffte man eine bedeutende Verkürzung der Handelswege von Europa nach Indien und Ostasien. Sie sollte den Atlantischen Ozean mit dem Pazifik verbinden. Für ihre Entdeckung hatte die englische Regierung einen Preis von 20 000 Pfund ausgesetzt, ein damals unermeßliches Vermögen.

Kapitän Cook war auf der Suche nach dieser Nordwestpassage bis zum Polarmeer, über den 71. nördlichen Breitengrad vorgestoßen, hatte die Beringstraße, jenen Seeweg zwischen Alaska und Sibirien, befahren und war vor dem tödlichen Polarwinter nach Hawaii zurückgewichen.

Jetzt beschäftigte ihn in der Karakakua-Bucht das Problem der Wellenreiter

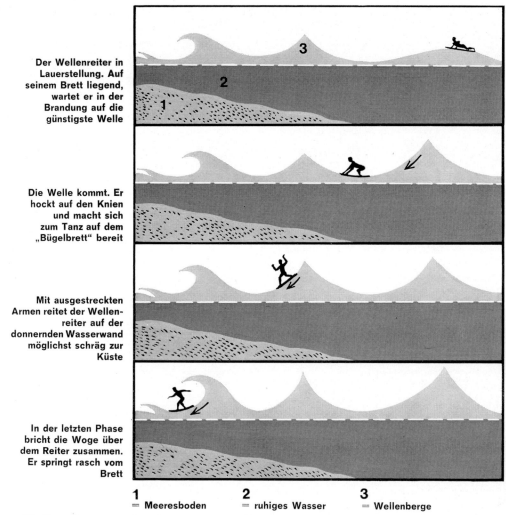

1 = Meeresboden   2 = ruhiges Wasser   3 = Wellenberge

Die Darstellung zeigt die Hohe Schule des Wellenreitens. Könner versuchen, möglichst nahe an die Krone der Welle heranzukommen, dort, wo das Wasser am schnellsten und stärksten ist. Dabei werden oft Geschwindigkeiten von über 70 km/st erzielt. (Zeichnung: C. Bock)

von Hawaii, wie er diese Insulaner nannte, die er auf einer Woge aufrecht stehen gesehen hatte.

Mit ein paar Matrosen ruderte er an Land und beobachtete das Schauspiel des Wellenreitens aus nächster Nähe. Von seinen früheren Reisen in die Südsee wußte er, daß diese Menschen nicht nur hervorragende und mutige Seeleute waren, die mit ihren kleinen Auslegerbooten Hunderte von Kilometern von Insel zu Insel ruderten, er kannte sie auch als hervorragende Schwimmer, „als Fischmenschen", wie er sie schon einmal bezeichnet hatte.

Aber das, was er hier sah, übertraf alle Erwartungen. Die Insulaner stellten sich mit einem etwa zwei Meter langen und einem halben Meter breiten Balken, dessen vordere Ecken abgerundet waren, auf den flachen Teil der See, hockten sich auf das Brett und warteten, bis eine der riesigen Brandungswellen donnernd heranrollte. Dann stellten sie sich freihändig auf und ließen sich auf den höchsten Punkt der Woge, den Wellenkamm tragen. Kurz bevor die Woge durch den Widerstand des flachen Ufers in sich zusammenbrach, stießen sie sich mit einem wilden Schrei von ihrem Balken ab und sprangen weit voraus kopfüber ins Wasser, darauf bedacht, möglichst weit vom Balken wegzukommen, um nicht verletzt oder gar erschlagen zu werden.

Beherzte Matrosen aus der Mannschaft von Kapitän Cook versuchten, dieses Reiten auf den Wellen nachzumachen, scheiterten aber kläglich beim Versuch, im flachen Wasser den Balken zu besteigen.

Auf der „Resolution" trug Kapitän Cook in sein Tagebuch über die Insulaner ein: „Sie stellen sich auf schmale Balken und reiten aufrecht durch die furchterregenden Wellen." Am 14. Februar 1779 wurde James Cook von Eingeborenen erschlagen. Der Begriff des Wellenreitens, einer Sportart, die auch heute noch ausgeübt wird — wenn auch in unterschiedlicher Form —, geht auf Kapitän Cook zurück.

Für die jungen Polynesier, Mikronesier und Melanesier, für die das Wasser heute noch ein lebenswichtiges Element ist, wurde damals das Wellen- oder Brandungsreiten, wie man es besser bezeichnen sollte, zur Mutprobe.

Mit einem Brett bis zu 70 kg Gewicht vertrauen sich die Brandungs- oder Wellenreiter Hawaiis der Wucht haushoher Wellen von vielen hundert Tonnen Gewicht, bei einer Geschwindigkeit bis zu 70 km/st, an. Und wenn sie den Absprung verpassen und vom Balken erfaßt werden, kann es der Tod sein. Es ist immer noch die alte Mutprobe ..., doch zweihundert Jahre nach James Cook für den Fremdenverkehr, für den Nervenkitzel der Touristen. Und man nennt sie heute Surfrider; den Sport, den sie betreiben, Surfing.

Auch in der Brandung an Australiens Küste stehen die Wellenreiter auf ihren Brettern und setzen sich dem Toben hoher Wogenberge aus. Virtuosen dieses Faches sind hier die Lebensretter, die im Laufe der Jahre schon Tausende aus der Brandung geholt und vor dem Tod bewahrt haben. Das Brandungsreiten gehört als eine Art von Meisterprüfung zu ihrer Zunft. Sie sind es gewohnt, mit dem Leben zu spielen, gegen die tobende See, gegen die Haie anzukämpfen. Wenn sie ihre Meisterschaften haben, strömen die Bewohner der Städte zu Hunderttausenden herbei, um dieses Schauspiel an Mannesmut, Kraft und Gewandtheit aus nächster Nähe zu bewundern.

Surfing ist auch in den USA und in Europa Mode geworden. Überall dort, wo eine starke Brandung gegen die Küste anstürmt, stehen die Surfriders auf ihren Brettern und lassen sich auf die Wellenkämme hinauftragen. Die Biscaya an der Küste des Baskenlandes und Frankreichs, die Insel Sylt in der Nordsee sind günstige Plätze mit hohem Wellengang. Aber die Bretter sind heute keine Balken mehr. Es sind 12 bis 13 kg schwere und 2,80 bis 3,50 Meter lange Bretter aus dem leichten Balsaholz oder aus Kunststoff.

Dennoch fühlen diese Brandungsreiter das gleiche Prickeln, den Reiz der Gefahr, wie jene Insulaner auf den Pazifik-Inseln. Viel Geld kostet dieser Sport nicht, und es gibt schon Surfing-Schulen wie in Biarritz an der Biscaya. Nur Geduld und Mut muß einer haben, der sich diesem Sport verschreibt. Wasser hat auch für einen Surfrider keine Balken, ausgenommen jenes Brett, mit dem er versucht, aufrecht auf dem Wellenkamm zu stehen.

Surfrider an der Küste von Hawaii. Ob sich die Brandungsreiter eine sanfte Woge oder einen heulenden Brecher für ihre Brettfahrt aussuchen, ist eine Sache des Könnens. Die Farbaufnahmen zeigen zwei Meister dieses Sportes. Auf dem unteren Bild sehen wir den Wellenreiter in der letzten Phase seines gefährlichen Rittes.
(Foto oben: Gene Daniels/Black Star; Foto unten: USIS)

Haie – Schrecken der Meere

Von Flip Schulke

Folgender Bericht wurde von den Zeitungen über die ganze Welt verbreitet.

An Bord von USS „Okinawa", 27. Juli 1971. Heute demonstrierten Offiziere an Bord des 1. Apollo-15-Bergungsschiffes eine neue Erfindung zur Unschädlichmachung von Haien durch Aufblasen dieser Tiere wie Ballons, so daß sie weder die Astronauten noch die Froschmänner, die den Astronauten beim Verlassen ihrer im Ozean gelandeten Raumkapsel helfen, bedrohen können. Wie eine übergroße Spritze wird die Waffe in den Haibauch gestochen. Eine Kapsel explodiert, bläst den Hai mit Kohlendioxid auf, und der Hai schwimmt hilflos auf dem Wasser.

Haie haben eine hohe Schmerzempfindungsschwelle und ein kleines Gehirn. Das macht es schwierig, eine tödliche Stelle direkt zu treffen. Ein Sprenggeschoß muß genau in die Gehirnzone eindringen, um eine sofortige Wirkung zu haben. Der Explosionslärm kann andere Haie anziehen und die Erschütterung den Taucher gefährden. Auch verursacht eine Explosion heftige Blutungen des Haies und läßt die dadurch angezogenen anderen Haie möglicherweise in Raserei verfallen. Eines der größten Probleme der Sprengwaffen ist die Sorgfalt, mit der sie im Boot und im Wasser behandelt werden müssen wegen der leichten Entzündungsmöglichkeit dieses Waffentyps.

Der „Shark Dart" oder „Haispieß" ist das neueste und offenbar wirkungsvollste Haiabwehrmittel. Diese Waffe wurde von Arthur F. Langguth vom US-Marine-Unterwasserforschungs- und -Entwicklungszentrum in San Diego (Kalifornien) entwickelt.

Drei Tauchergruppen, ausgerüstet mit dem CO_2-Haispieß, standen bereit zum Schutz der Apollo-15-Astronauten, als diese aus mit Haien verseuchtem Gewässer geborgen werden mußten.

Hinter der Spitze des Spießes sitzt eine Kohlendioxidpatrone. Wenn die Stahlhohlnadel des Spießes in die Körperhöhle eines Haies gestoßen worden ist, wird dort innerhalb einer halben Sekunde das CO_2-Gas frei.

Die Waffe wird auf verschiedene Weise eingesetzt, mit einem Harpunengewehr abgeschossen, an einer Lanze befestigt oder als Dolch. Als Lanze und als Dolch kann der Spieß nach Gebrauch erneut verwendet werden. Schnell und leicht läßt sich eine neue Gaspatrone, die der Taucher an einem Beingürtel mit sich trägt, einsetzen.

Die Stärke der Gaspatrone richtet sich nach der Größe des Haies und der Wassertiefe. Größere Haie in größerer Tiefe verlangen kräftigere Gasinjektionen. Die kleinste Patrone tötet einen 2,50 m langen Blauhai.

Das in die Körperhöhle des Haies geströmte CO_2-Gas läßt diesen wie eine Boje aus einer Tiefe von 12 m und mehr an die Wasseroberfläche steigen und dort verbleiben. Das Gas kann eine gewaltige Wirkung haben; fast immer wird dabei der Haimagen so aufgebläht, daß er wie ein Ballon aus seinem Maul heraustritt.

Der CO_2-Haispieß ist absolut lautlos, erzeugt keine Blutung und — was besonders wichtig ist — gibt dem Anwender eine größere Zielscheibe, weil er jeden Körperteil des Haies durchdringen kann.

Dem Haispieß gebührt ein Platz auf dem zivilen Markt, er wird dem gewöhnlichen Taucher nützlich sein. Die sichere Lagerungsmöglichkeit macht ihn zur natürlichen Verteidigungswaffe für Bootsbesitzer und Insassen von Rettungsflößen zur Abwehr von Haiangriffen. Die Waffe kann auch von der Wasseroberfläche aus eingesetzt werden, direkt in den Rücken eines Haies, der einem Schiffbrüchigen oder einem Piloten, der in die See gestürzt ist und nun um ein sich aufblasendes Rettungsfloß treibt, zu nahe kommt.

Abbildungen auf der linken Seite.
Oben: Der tote Hai. Die Aufnahme zeigt den aufgeblähten Magen, der wie ein Ballon aus dem Maul herausgetreten ist.

Unten: Der angreifende Hai wurde mit dem Gasspieß getötet. (Fotos: Flip Schulke)

Die Blue-jeans-Story – Eine Hose geht um die Welt

Von Helmut Ludwig

Längst sind die Blue jeans, die blauen, robusten amerikanischen Röhrenhosen weltberühmt. Im Osten und im Westen, im Norden und im Süden der USA und natürlich auch bei uns trägt die junge Generation Blue jeans. Aber kaum jemand weiß, daß diese Hose ursprünglich eine deutsche Erfindung war.

Längst ist der Anfang der Geschichte der Blue jeans in Vergessenheit geraten. Die Blue-jeans-Story beginnt beim großen Goldrausch im damals Wilden Westen. 1850 wurden die Blue jeans in Kaliforniens Goldrauschmetropole San Francisco erfunden. Aus praktischer Notwendigkeit heraus. Die Goldgräber und Schürfer brauchten derbe, robuste, sehr widerstandsfähige Hosen, die körpernah sein sollten und viele Taschen für die Gesteinsproben enthalten mußten. Damit die Hosen reißfest verarbeitet wurden, kam ihr Erfinder auf die Idee, zusätzlich zum Hosenzwirn Nieten anzubringen.

Der Erfinder der Nietenhose kam aus Bayern. Dort hatte ihn das Gerücht vom großen Goldrausch des Wilden Westens erreicht. Und so war Levi Strauß per Schiff nach Kalifornien geeilt. Er kam dort schneller und nachhaltiger zu Gold als die schürfenden „Männer der ersten Stunde". Levi Strauß konnte Hosen schneidern. Und weil sie wirklich robust sein mußten, verwendete er indigoblaues Zeltleinen und nietete fleißig drauflos. Die praktischen Blue jeans wurden dem Hosenschneider aus Bayern aus den Händen gerissen. Sie bewährten sich auf den Goldfeldern von Kalifornien. Der Beamtensohn aus Bayern konnte der großen Nachfrage kaum nachkommen. So holte er sich Helfer und Gesellen und gründete eine Blauhosenfabrik. Heute werden Blue jeans in vielen Farben und aus bequemlässigem Baumwoll-Cord getragen. Die typische Jeans-Form aber hat sich erhalten und alle Hosenmoden überstanden.

Wir bauen eine Drechselbank

Von Rudolf Wollmann

Die rein zweckmäßigen Formen unserer heutigen Möbel und Gebrauchsgegenstände haben ein altes schönes Handwerk fast zum Aussterben gebracht: das Drechseln. In den letzten Jahren aber wurde es ein beliebtes Hobby, seit die Heimwerkerindustrie Zusatzgeräte auf den Markt gebracht hat, die eine elektrische Handbohrmaschine zu einer kleinen Drechselbank ausbauen lassen.

Eine solche Drechseleinrichtung ist mit einigen Handgriffen zusammengesetzt, benötigt wenig Platz und bietet schon dem Anfänger viele Möglichkeiten. Schach- und Spielzeugfiguren, Holzteller, Schmuckdosen, Untersetzer und Möbelfüße sind nur einige Beispiele, was sich damit drechseln läßt. Der Bastler kann ferner Riemenscheiben, Schnurräder, Lampen- und Stativfüße herstellen, also Bauteile, deren Beschaffung schon mal Schwierigkeiten bereitet.

Wie schon erwähnt, dient als Antrieb eine elektrische Handbohrmaschine, wie die meisten Heimwerker sie besitzen. Die zusätzliche Drechseleinrichtung ist allerdings nicht gerade billig. Mit geringen Mitteln läßt sie sich aber auch selbst anfertigen, wie die folgenden Ausführungen zeigen sollen. An käuflichen Bauteilen benötigen wir nur einen zur Bohrmaschine passenden Aufspannbock. Dessen Selbstbau lohnt sich nicht, da er nur sieben bis zwölf Mark kostet. Viele Bastler besitzen ihn überdies schon, um die Bohrmaschine als stationäre Schleif- und Poliermaschine benutzen zu können.

Wie die Zeichnungen zeigen, wird die Bohrmaschine mit dem Aufspannbock auf einem Bett festgeschraubt, das aus zwei Winkeleisen besteht. Diese Bettwangen

Titelbild: Die fertige Bank mit der Auflage zum Längsdrechseln

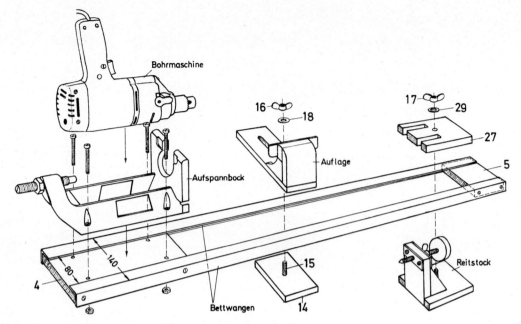

Die Hauptteile der Drechselbank und ihre Befestigung

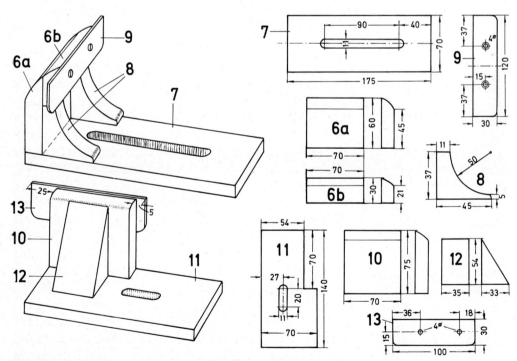

Die beiden Auflagen für Längs- und Querdrechseln. Rechts ihre Bauteile

sind an beiden Enden mit zwei Brettchen (4 und 5) verschraubt und in gleichem Abstand gehalten. Von der Höhe der Bohrspindelachse („Spitzenhöhe") über dem Bett hängt der maximale Drehdurchmesser ab. Bei der beschriebenen Bank ergibt sich mit dem verwendeten Ständer von Black & Decker eine Spitzenhöhe von 85 mm. Es können daher Werkstücke bis zu 180 mm Durchmesser bearbeitet werden. Bei Verwendung eines niedrigeren Aufspannbocks kann die Differenz durch eine Beilage ausgeglichen werden, bei höherem Ständer sind die Höhenmaße von Auflage und Reitstock entsprechend zu vergrößern.

Die Auflage für die Drechselstähle bilden zwei mit den Stützen 8 im rechten Winkel verleimte Brettchen 6 und 7. Damit sich die Auflage bei Werkstücken kleinen Durchmessers möglichst nahe heranrücken läßt, ist Teil 6 aus den zwei Teilen 6 a und 6 b verleimt. Am oberen Ende von Teil 6 b wird ein Flacheisenstück 9 festgeschraubt, welches die eigentliche Auflagekante bildet und an beiden Seiten übersteht.

Der Auflagefuß 7 hat einen 90 mm langen Schlitz für den Schraubenbolzen 15 ausgesägt, der in einem Brettchen 14 unterhalb der Wangen befestigt wird. Mit einer Flügelmutter 16 läßt sich auf diese Weise die Auflage an jeder Stelle des Betts festklammern, und zwar je nach Bedarf bis auf 90 mm Abstand von der Spindelachse. Eine Höhenverstellbarkeit ist nicht notwendig, weil sich der Schneidwinkel auch durch entsprechende Haltung des Drechselstahls beliebig einstellen läßt. Zu diesem Zweck ist die obere Kante der Teile 6 a und 6 b abgeschrägt.

Da die Auflage in der einfachen Holz-

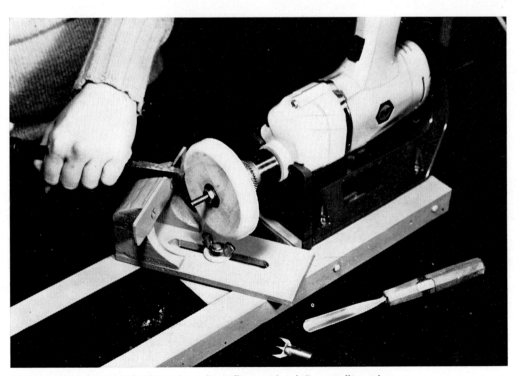

Zum Abrunden einer Scheibenkante kann die Auflage auch schräg gestellt werden.

bauweise nicht um 90° drehbar gemacht werden kann, brauchen wir zum Querdrechseln eine zweite Auflage. Sie wird aus den Teilen 10 bis 12 zusammengeleimt. Der Fußteil 11 erhält nur einen kurzen Schlitz und eine Aussparung, in welche das Brettchen 10 eingeleimt wird. Die aufgeleimte Stütze 12 stellen wir aus einem Stück einer Vierkantleiste her, das diagonal durchgesägt wird. Auch hier schrauben wir ein Flacheisenstück 13 mit zwei Senkkopfschrauben an. Der Führungsteil 14 mit dem Schraubenbolzen wird für beide Auflagen benutzt.

Der Reitstock besteht aus zwei mit den Stützen 21 verleimten Brettchen 20 und 21 und wird mit dem Schraubenbolzen 28 und der Klemmplatte 27 am Bett festgeschraubt. Am oberen Ende des Brettchens 19 sind auf beiden Seiten Flacheisenstücke 22 aufgeschraubt, die in der Mitte ein M 10-Gewindeloch haben. An dieser Stelle erhält das Brettchen ein Durchgangsloch für die Spitzenschraube 24, eine Stahlschraube, deren Ende spitz zugeschliffen wurde. Eine am kopfseitigen Ende festgeschraubte Holz- oder Kunststoffscheibe 26 dient als Griff, eine Flügelmutter 25 sichert die jeweils eingestellte Schraubenstellung vor dem Verdrehen. In der Mitte des Brettchens 20 sitzt die Befestigungsschraube 28. Der Reitstock wird von unten zwischen die Wangen gesetzt und mit der aufgesetzten Klemmplatte 27 und einer Flügelmutter 29 festgeschraubt. Zum Verschieben des Reitstocks genügt dann ein Lockern der Flügelmutter.

Die Spitzenweite, das ist der größtmögliche Abstand zwischen Bohrfutter und Reitstockspitze, beträgt etwa 350 mm. Das genügt zum Beispiel noch zum Drechseln kürzerer Möbelfüße oder eines Tischlampenschaftes. Wenn der

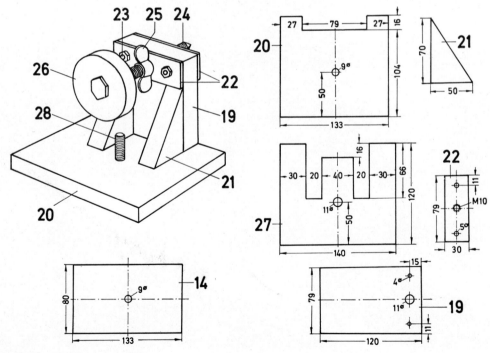

Der Reitstock und seine Bauteile

Aufspannbock eine kurze Form hat (zum Beispiel für AEG-Bohrmaschinen), kann das Grundbrettchen Teil 4 um etwa 50 mm verkürzt werden, wodurch sich die maximale Drehlänge auf 400 mm erhöht.

Der Aufspannbock muß so montiert werden, daß die Bohrspindelachse genau parallel und über der Mitte des Betts verläuft. Zur Kontrolle spannen wir einen wenigstens 25 cm langen Metallstab von 6 bis 8 mm Durchmesser in das Bohrfutter und können dann schon nach Augenmaß den Aufspannbock in der richtigen Lage festschrauben. Die Gewindelöcher in den Schraubenlagern 22 des Reitstocks lassen wir von einem Schlosser oder Mechaniker bohren, um den Kauf der M 10-Gewindebohrer zu ersparen. Nach Festschrauben mit den Mutterschrauben 23 soll sich die Spitzenschraube 24 leichtgängig durch beide Gewindelöcher schrauben lassen. In der Regel wird das nicht der Fall sein, wenn die Gewindelöcher nicht an den bereits aufgeschraubten Lagern gebohrt wurden. Wir müssen dann den Abstand der Lager durch einen unterlegten Pappestreifen etwas vergrößern. Beim Zuschleifen der Spitzenschraube ist darauf zu achten, daß die Spitze genau in der Mitte liegt und die Kegelfläche keine Unebenheiten aufweist.

Zur Kontrolle, ob die Reitstockspitze genau in der Bohrspindelachse liegt, spannen wir in das Bohrfutter einen Bohrer und rücken den Reitstock heran. Steht nun — nach Festklemmen des Reitstocks — dessen Spitze nicht genau vor der Bohrerspitze, lösen wir die Muttern der Schrauben 23 und verschieben die Lager 22 entsprechend. Falls das geringe Spiel, das die 5-mm-Schraubenlöcher zulassen, nicht ausreichen sollte, bohren oder feilen wir die Löcher etwas auf.

Die fertige Bank wird einschließlich der Wangen in einer oder zwei passenden Farben lackiert. Wegen des breiten und verhältnismäßig schweren Bettes — die Bank wiegt mit der aufgespannten Bohrmaschine je nach deren Gewicht 5 bis 6 kg — ist eine Befestigung am Werktisch mit Schraubzwingen nicht nötig.

Zum Einspannen der Arbeitsstücke sind je nach deren Form verschiedene „Futter" erforderlich, die sich gleichfalls selbst anfertigen lassen. Flache Arbeitsstücke wie Scheiben und Räder, die ein Loch in der Mitte haben dürfen oder sowieso erhalten müssen, lassen sich auf einer Gewindeschraube als Dorn befestigen. Dabei ist darauf zu achten, daß sie nicht „flattern" (große Unterlegscheiben verwenden), besonders wenn sie quergedrechselt werden sollen.

Darf das Arbeitsstück im Mittelpunkt kein Loch erhalten, zum Beispiel beim Drechseln von Tellern oder Dosen, benötigen wir ein „Scheibenfutter". Es besteht aus einer 19 mm starken Holzscheibe b von etwa 60 mm $\emptyset$, die aus einer Tischlerplatte ausgesägt und abgedreht wird. Für die als Dorn dienende Senkkopfschraube c (M 10 × 50) erhält sie eine zentrische Bohrung, die auf der Vorderseite dem Schraubenkopf entsprechend ausgesenkt wird. Von der Rückseite her schlagen wir drei um 120° versetzte Nägel von etwa 2 mm Stärke und 27 mm Länge durch die Scheibe und treiben auch die Köpfe so weit ins Holz, daß sie nicht vorstehen. Aus 6-mm-Sperrholz sägen wir ferner eine gleich große Scheibe a aus, bohren auch hier das Mittelloch und leimen die Scheibe zentrisch auf die Scheibe b. Schließlich wird die Schraube c durchgesteckt und mit einer Mutter verläßlich befestigt.

Das Arbeitsstück schlägt man auf die

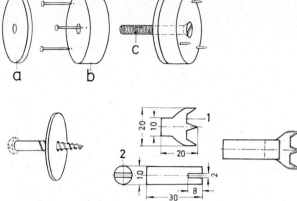

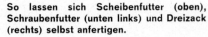

So lassen sich Scheibenfutter (oben), Schraubenfutter (unten links) und Dreizack (rechts) selbst anfertigen.

drei Nagelspitzen und spannt dann das Futter im Bohrfutter ein. Die kleinen Löcher, welche die Nagelspitzen im Arbeitsstück hinterlassen, können später leicht verkittet werden. Beim Querdrechseln am Rand größerer Arbeitsstücke ist der Halt durch die drei Nagelspitzen nicht groß. Zur Sicherheit rückt man dann den Reitstock an und fügt zwischen seiner Spitze und dem Arbeitsstück ein Holzplättchen ein, damit die Spitze keine Grube hinterläßt.

Werkstücke größerer Dicke lassen sich mit einem „Schraubenfutter" befestigen. Dazu genügt eine etwa 50 mm lange Holzschraube von 6 mm ϕ, auf die nach Absägen des Kopfes genau winkelrecht eine größere Blechscheibe aufgelötet wird. Der Schaft wird im Bohrfutter eingespannt und das mit einer entsprechenden Vorbohrung versehene Arbeitsstück einfach aufgeschraubt. Die Schraube hält allerdings nur in Langholz fest. In Hirnholz wird das Gewinde leicht überdreht.

Lange Werkstücke — in der Regel Rundholzstäbe und Vierkantleisten, die man ja auf der Drechselbank leicht rund drechseln kann — werden zwischen dem „Dreizack" und der Reitstockspitze eingespannt. Die mittlere Spitze des Dreizacks dient der Zentrierung, die äußeren Zacken wirken als Mitnehmer. Der Dreizack läßt sich aus einem 2×20 mm starken Bandeisenstück von 20 mm Länge zusägen, die Zacken werden auf der Schleifscheibe angeschärft. Als Schaft zum Einspannen im Bohrfutter dient ein 30 mm langes Stück Rundstahl 2. An einem Ende sägen wir in die Stirnseite einen 2 mm breiten und 8 mm tiefen Schlitz ein, schlagen den Hals des Dreizacks ein und verlöten beide Teile. Die mittlere Spitze muß genau symmetrisch liegen.

Um das zentrische Ansetzen des einzuspannenden Holzstabes zu erleichtern, sägen wir in dessen Stirnseite diagonal einen 2 bis 3 mm tiefen Schlitz. In die andere Stirnseite schlägt man mit dem Körner genau im Mittel eine wenigstens 3 mm tiefe Grube für die Reitstockspitze. Da diese nicht mitläuft, reibt sie die Grube allmählich aus, so daß das Werkstück die sichere Führung verliert. Daher muß man die Reitstockspitze von Zeit zu Zeit nachstellen, was auch während des Laufs geschehen kann. Vor allem zu Beginn der Bearbeitung, wenn das Werkstück noch schlägt, bewirkt die Unwucht ein Lockern der Einspannung und erfordert öfteres Nachspannen.

Bei dem hier abgebildeten Schraubenfutter wurde anstelle der Blechscheibe eine Holzscheibe verwendet.

Der Fachmann verwendet noch verschiedene andere Futter: ein Klemm- und Spundfutter, eine Planscheibe und eine Kittscheibe, auf der das Arbeitsstück mit Drechslerpech aufgeklebt wird. Für den Anfang genügen aber die beschriebenen Einspannmöglichkeiten.

Wie man sich aus alten Feilen einen Spitz-, Flach- und Rundstahl zuschleifen kann, zeigt die Zeichnung. Besser läßt sich natürlich mit käuflichen Drechselstählen arbeiten, vor allem mit einer „Drehröhre", die einem Hohleisen ähnelt. Als Material zum Drechseln eignen sich vor allem feinjährige, wenig poröse Holzarten wie Ahorn, Nuß, Birke, Erle und auch Buche.

Durch Andrücken von Glaspapier an die rotierenden Arbeitsstücke werden die fertiggedrechselten Flächen glattgeschliffen. Anschließend können die Gegenstände gebeizt und poliert oder lackiert werden. Riemenscheiben, Stativ- und Lampenfüße lassen sich auch aus Sperrholz und Spanplattenscheiben drehen, wenn die rauhe Oberfläche nicht stört oder durch entsprechende Nachbehandlung mit Porenfüller oder Spachtel geglättet wird.

Auf der Drechselbank kann übrigens nicht nur Holz, sondern auch Kunststoff wie Fiber, Pertinax, Hartgummi, Trolit, Polystyrol, Trolitul, Bakelit, Plexiglas und sogar Aluminium abgedreht werden. Rundes Stangenmaterial läßt sich bis zum Durchmesser der Bohrfutter-Spannweite unmittelbar im Bohrfutter einspannen. Hier sei erwähnt, daß es für Bohrmaschinen mit Bohrfutter kleinerer Spannweite ein Erweiterungsbohrfutter zu kaufen gibt. Es wird in das vorhandene Bohrfutter eingespannt und faßt bis zu 13 mm ϕ.

Bei Stäben über etwa 60 mm Länge muß das freie Ende angekörnt und auch mit der Reitstockspitze gelagert werden. Soll eine Scheibe aus den genannten Werkstoffen abgedreht werden, gibt es zwei Möglichkeiten der Befestigung: das Aufkleben auf eine Planscheibe (Holzscheibe mit Senkkopfschraube als Dorn) oder das Befestigen auf einer Schraube als Dorn, was allerdings ein Schraubenloch im Mittel erfordert.

Und zum Abschluß noch ein Ratschlag, der auch für das Drechseln von Gegenständen aus Holz gilt: Größere und schwerere Arbeitsstücke sollten zwecks Schonung der Bohrmaschinenlager mög-

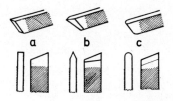

Für den Anfang genügen Drechselstähle, die wir uns aus alten Feilen zuschleifen (a = Flachstahl, b = Spitzstahl, c = Rundstahl).

Querdrechseln mit der Drechselröhre. Das Arbeitsstück ist hier auf einem Scheibenfutter befestigt.

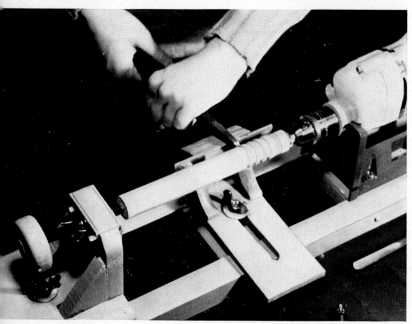

Längsdrechseln eines Stabes, der zwischen Dreizack und Reitstock eingespannt ist.

lichst mit einer Drehzahl unter 1000 U/min angetrieben und zweiseitig, also auch mit der Reitstockspitze gelagert werden. Bei Werkstücken, die auf einem Dorn befestigt werden können, geschieht dies am besten nach der nebenstehenden Zeichnung. Als Dorn verwenden wir eine möglichst lange Maschinenschraube, sägen den Kopf ab und körnen diese Stirnseite genau im Mittel mit einem Spiral- oder besser noch Zentrierbohrer an. Ein Tropfen Öl an der Reitstockspitze setzt die Reibung herab.

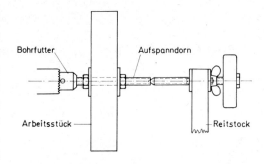

Zur Schonung der Bohrmaschinenlager sollen größere und schwerere Arbeitsstücke möglichst auch mit der Reitstockspitze gelagert werden. (Zeichnungen und Fotos: R. Wollmann)

Stückliste

Pos.-Nr.		Gegenstand	Werkstoff	Dimension in mm
1	1	elektrische Handbohrmaschine		
2	1	Aufspannbock hierzu		
3	2	Bettwangen	Winkeleisen	3 × 30 × 30, 750 lang
4	1	Wangenverbindung	19-mm-Tischlerplatte	134 × 190
5	1	Wangenverbindung	19-mm-Tischlerplatte	134 × 50
6 a	1	Auflagehalterung	16-mm-Tischlerplatte	70 × 60
6 b	1	Auflagehalterung	16-mm-Tischlerplatte	70 × 30
7	1	Auflagefuß	10-mm-Spanplatte	175 × 70
8	2	Stützen	16-mm-Tischlerplatte	siehe Zeichnung
9	1	Auflagebeschlag	Flacheisen	3 × 30, 120 lang
10	1	Auflage für Querdrechseln	16-mm-Tischlerplatte	70 × 75
11	1	Auflagefuß	10-mm-Spanplatte	70 × 140
12	1	Stütze	Vierkantleiste	35 × 35, 54 lang
13	1	Beschlag	Flacheisen	3 × 30, 100 lang
14	1	Klemmplatte	16-mm-Tischlerplatte	133 × 80
15	1	Befestigungsschraube	Stahl	M 10 × 40
16/17/25	3	Flügelmuttern	Stahl	M 10
18/29	2	Unterlegscheiben	Stahl	für M 10
19	1	Reitstock	16-mm-Tischlerplatte	79 × 120
20	1	Reitstockfuß	16-mm-Tischlerplatte	133,5 × 120
21	2	Stützen	19-mm-Tischlerplatte	siehe Zeichnung
22	2	Lager für Spitzenschraube	Flacheisen	3 × 30, 79 lang
23	2	Gewindeschrauben mit Mutter	Stahl	M 4 × 30
24	1	Sechskantschraube	Stahlschraube	M 10 × 100
26	1	Griff	Holz	ca. 60 ⌀
27	1	Klemmplatte	16-mm-Tischlerplatte	140 × 120
28	1	Befestigungsschraube	Stahl	M 10 × 50

Außerdem: Gewindeschrauben mit Muttern zur Befestigung des Aufspannbocks, 4 Senkkopf-Holzschrauben 4 × 20 für Auflagenbeschläge, 8 Holzschrauben 5 × 35 für Wangenbefestigung, Material für Futter nach Text

Niederländischer Hochseeschlepper mit 9000 PS Antriebsleistung in schwerer Kreuzsee

Hochseeschlepper – Berger in aller Welt

Von Wilhelm Nootbaar

Die Schiffahrt mit Schleppern, besonders die mit Hochseeschleppern, ist noch gar nicht so alt! Sie begann vor etwa hundert Jahren, zur Blütezeit der großen Segelschiffe, als noch manches Segelschiff verlorenging oder widrige Winde und Flauten verhinderten, daß ein „Windjammer" in den Hafen einlaufen oder auf die offene See hinaus konnte.

Vornehmlich waren es die Niederländer, die aufgrund ihrer günstigen Lage zur Einfahrt in die Nordsee und im Bereich des „englischen Kanals", des Ärmelkanals, zuerst die Idee hatten, mit zunächst kleinen Schleppschiffen hinaus auf die See zu fahren, um in widrigen Winden festliegenden oder in Seenot geratenen Segelschiffen in den Hafen zu helfen.

Der Dienst auf den Schleppern ist besonders hart; er erfordert einen ganzen Mann, einen tüchtigen, erfahrenen Seemann, der auch oder besonders bei schlechtem Wetter, bei Sturm oder Nebel, hinausfährt, um anderen Seeleuten, gleich welcher Nation, zu helfen.

Die Schlepper waren auf zu den Gefahrengebieten günstig liegenden Positionen stationiert und liefen aus, wenn ein Schiff in Seenot geraten war oder wenn der Schlepperkapitän annehmen konnte, daß der Kapitän eines behinderten Schiffes es eilig hatte, in den Hafen zu kommen. Der Schlepperkapitän schickte dann ein Boot hinüber zu dem Havaristen oder zu dem heimkehrenden Segler, und der Schlepplohn wurde ausgehandelt. In Bergungsfällen galt die Devise: „Kein Erfolg, keine Bezahlung!" Das ist auch heute noch so.

Erst später wurde der Hochseeschlepper entwickelt, Schiffe von der Größe eines Frachtdampfers mit einem großen Aktionsradius. Sie bezogen Positionen in allen Weltmeeren, und die Flaggen der bedeutenden Schleppernationen, wie Großbritannien, Norwegen, Dänemark, die Niederlande und Deutschland, waren genauso anzutreffen in Brest (Frankreich), La Coruña (Spanien), Gibraltar oder Kapstadt wie in Singapore oder Funchal auf Madeira.

Der Trend zu größeren und größten Schiffen in der gesamten Seeschiffahrt setzte auch in der Schleppschiffahrt neue Akzente. Schiffslängen bis zu etwa 340 Meter in Verbindung mit relativ engen Hafenbecken oder Flußläufen machten es notwendig, daß diese Superschiffe beim Ein- und Auslaufen eine Unterstützung durch Schlepper bekommen mußten, deren Kapitäne mit wahren Meisterleistungen diese „dicken Brocken" an Ort und Stelle brachten.

Zu den Bergungsschleppern, die mit allem nötigen „Geschirr", allen Geräten, ausgerüstet sind, um in Not geratenen Schiffen, seien es Strandungen oder Havarien an Deck oder an der Maschine, zu helfen, treten die Hochseeschlepper, die „Verschleppungen" nach Übersee durchführen: Schiffsrümpfe werden zur weiteren Ausrüstung zum Beispiel von Hamburg nach Norwegen „getaut", „Abwracker" von den USA nach Griechenland, Havaristen mit Maschinen- oder Schraubenschaden vom Nordatlantik nach Rotterdam zur Werft. So schleppte

Hochseebergungsschlepper in rauher See bei einem havarierten Tanker. Rechts zwei schleppende Schlepper

Mit einer Länge von 62,56 Meter und einer Antriebsleistung von 4125 PS zählt der Hochseeschlepper „Albatros" mit zu den stärksten „Pferden" im Stall der Hamburger „Bugsier".
(Fotos: Archiv Nootbaar)

der niederländische Hochseeschlepper „Elbe" den Tanker „Aquarius" vom Pazifik zu den Philippinen, einen Abwracker von Helsinki (Finnland) nach Hong Kong und einen ausgedienten Passagierdampfer von Südkorea nach Singapore.

Neue Perspektiven ergeben sich wiederum, wenn Erdölbohrinseln von der Werft zum Einsatzort, zum Beispiel in der Nordsee oder im Persischen Golf, geschleppt werden müssen, weil diese Bohrinseln keinen eigenen Antrieb haben. Es gehören schon ein besonderes seemännisches Geschick und viel Erfahrung dazu, eine derartige Insel — die größten haben eine Breite von 120 m und eine Höhe von rund 50 m — sicher über See an den Bestimmungsort zu bringen. Wie Saurier aus der Urzeit wirken diese Bohrinseln, wenn man ihnen auf See begegnet.

An dem Beispiel des deutschen Hochseeschleppers „Albatros" der bedeutenden Hamburger Bugsier-, Reederei- u. Bergungs AG., der sich auch bei sehr stürmischem Wetter hervorragend bewährt hat, soll gezeigt werden, wie ein derartiges Schiff gebaut ist und was alles dazu gehört, um einen Hochseeschlepper auf die Reise zu schicken.

Die „Albatros" wurde unter der Baunummer 1734 von der von Elbing und Danzig nach Bremerhaven übergesiedelten Werft F. Schichau GmbH erbaut. Bei einer „Länge über alles" von 62,56 m beträgt die „Breite auf Spanten" 11,13 m, die Seitenhöhe 5,40 m und der Tiefgang ca. 3,96 m. Das Schiff wurde erbaut nach den Bestimmungen der höchsten Klasse des „Germanischen Lloyd", einer deutschen Schiffsklassifikationsgesellschaft, Klassenzeichen: + 100 A 4 (E 3), „A 4" bedeutet, daß das Schiff sich alle vier Jahre einer Untersuchung zu stellen hat, und „E 3" entspricht der hohen finnischen Eisklasse „IA". Die Eisverstärkungen sind für einen Hochsee- und Bergungsschlepper besonders wichtig.

Die Bruttovermessung ergab 871,27 BRT (eine Bruttoregistertonne = 2,83 cbm, eine Raumtonne gibt den gesamten Schiffsrauminhalt, einschließlich Maschinen- und Mannschaftsräume an). Der Aktionsradius beträgt etwa 18 000 Seemeilen (1 Seemeile = 1852 m). Als Antriebsmaschine dient ein Deutz-Dieselmotor des Typs RVB 12 M 350 mit einer Leistung von 4125 PSi bei 350 Umdrehungen/Minute. Die relativ hohe Drehzahl wird durch ein Untersetzungsgetriebe auf 180 U/min reduziert. Für den Licht- und Arbeitsstrom sorgen drei Hilfsdiesel mit je einer Leistung von 195 PS/100 kW/ 231/400 V/50 Hz. Außerdem ist ein transportables Notstromaggregat für havarierte Schiffe vorhanden.

Zu den zahlreichen Geräten für die Bergung und das Schleppen der havarierten Schiffe zählen u. a. eine Feuerlöscheinrichtung, eine Schleppwinde mit einem Schleppdrahtseil von 1500 m Länge, zwei Motorrettungsboote, eine Taucherausrüstung für zwei Taucher sowie eine Druckkammer für einen Mann, Einrichtungen zum Unterwasserschweißen, eine leistungsfähige Pumpenanlage, Bergungsanker sowie eine Reserveschlepptrosse.

Selbstverständlich hat BMS „Albatros" eine moderne Ruderanlage, Ankerwinde, Kühlanlage, Klimaanlage, Kompaß, Lote, Radar, Scheinwerfer, Funkanlage, Peiler, Frischwassererzeuger, Heizungsanlage, Werkstatteinrichtung, Radio für die Besatzung u. a. an Bord.

Während der Hochseeschlepper „Seefalke" der „Bugsier" mit seinen 3000 PS Antriebsleistung zur Zeit das Bremerhavener Schiffahrtsmuseum ziert, schickt sich diese Reederei an, die Hochseeschlepperflotte bedeutend zu erweitern.

Hätte die neue „Wotan" von der Schichau-Werft mit ihren 13 000 PSi noch vor wenigen Jahren einen Weltrekord aufstellen können, so gehört der Neubau heute zum zweitgrößten Typ der „Bugsier", wie diese Reederei an der Küste genannt wird, denn sie besitzt heute in ihrer Flotte Mammutschlepper mit einer Antriebsleistung von 17 000 PSi: die „Oceanic" (s. Abb. S. 115) und „Arctic", zur Zeit die größten und stärksten Hochseeschlepper der Welt.

Zur neuen „Wotan" wird sich in absehbarer Zeit der Neubau „Simson", ein traditioneller Name bei der „Bugsier", gesellen. Außerdem bekommt diese Reederei noch zwei 2650-PS-Schlepper von F. Schichau. Mit diesen leistungsfähigen Hochsee- und Bergungsschleppern zählt die Bundesrepublik zu den bedeutendsten „Schleppernationen" in der Welt!

Das rätselhafte Glas

Seht euch einmal den Schliff des Glases an: es sind sechs runde Flächen darauf und einige Verbindungslinien. Das ist ein Zauberglas! Man kann nämlich die Ziffern 1, 2, 3, 4, 5, 6 so in die runden Flächen einsetzen, daß die Summe jeder senkrechten Reihe *sieben* beträgt! Wer versucht es mal? (Lösung auf Seite 399)

Afrika – Paradies der wilden Tiere

Von Adolf Zänkert

Die Menschen haben den Mond betreten. Was haben sie gefunden? Eine unvorstellbar öde Wüste, ein schweigendes Totenreich, ohne Luft, ohne Wasser, ohne Pflanzen, ohne Tiere.

Wie anders unsere Erde! Als der Mensch sie entdeckte, war sie voll überquellenden Lebens, ein unberührtes Paradies, ein wahrer Garten Eden mit tausend verschiedenen Lebensstätten, mit einem unermeßlichen Reichtum an Pflanzen und Tieren. Vom tiefsten Meeresgrund bis hinauf in die Felsregionen der Gebirge war sie erfüllt mit Leben, mit den verschiedensten Arten, Farben und Formen. Doch der Mensch, der diese bunte Erde als letzter betrat, ist heute eifrig dabei, das Paradies zu zerstören. Mit Giften und Gasen, Maschinen und Atomwaffen vernichtet er alles um sich herum und vielleicht eines Tages sich selbst. Zwar hat die Vertreibung aus dem Paradies noch nicht überall stattgefunden, doch sie bahnt sich mehr und mehr an. Das biblische Wort „Macht euch die Erde untertan!" hat längst seinen Sinn verloren. Die Erde ist erobert und hat bald nicht mehr „Platz für alle". Sie könnte vielleicht noch in ein harmonisches Gleichgewicht gebracht werden, wenn der Mensch die nötige Einsicht aufbrächte, sich nicht uferlos vermehrte und die Schätze der Natur weise zu verwalten verstünde.

Noch gibt es eine Handvoll Paradiese, wenngleich nicht mehr in unserem übervölkerten Kontinent. Die berühmtesten liegen in Afrika, vor allem in Ostafrika. Dort, wo vermutlich auch die Wiege des Menschen stand, leben in einem gesegneten Klima in großen Schutzgebieten die letzten, die größten und schönsten Geschöpfe dieser Welt. Unsere Bilder zeigen einige von ihnen.

Da steht eine Elefantenherde im Savannenbuschland des Tsavo-Nationalparks, der mit 20 600 Quadratkilometern Kenias größtes Wildschutzgebiet ist. Unser Farbfoto zeigt einen typischen Landschaftsausschnitt zu Beginn der Trockenzeit. Noch leuchtet überall das Grün der Kräuter und Büsche hindurch, bald werden nur noch manche diese Farbe haben, dann werden gelbe und ockerfarbene Töne vorherrschen. Gräser und Kräuter haben dann abgeblüht und Samen gebildet. Die oberirdischen Teile sind abgestorben, unter den heißen Strahlen der Sonne vertrocknet, die Wurzeln warten auf das belebende Wasser der Regenzeit, um erneut grüne Sprosse zu treiben, zu blühen und zu fruchten.

Wasser ist in der langen Trockenzeit auch im Tsavo-Park knapp, obwohl recht verschiedene Lebensräume miteinander abwechseln. Hier gibt es offene Steppe, gewaltige Grasflächen, trockenen Dornbusch, mehr oder minder buschreiche Baumsteppe, dichte Akazienwälder, karges Hügelland, Felsschluchten und an den Flüssen mitunter üppige Uferwaldungen. Doch die sind selten. Nur zwei Flüsse bewässern das weite Land, der Tsavo-Fluß im Westen (nach ihm führt der Park seinen Namen) und der Athi in einem kleineren Bereich im Osten. Beide Flüsse vereinigen sich zum Galana-River. Der Voi-Fluß im Süden führt nur zeitweise Wasser.

Ein großartiges Schauspiel bieten

Elefanten im Tsavo-Nationalpark (Kenia), deren Körper durch anhaftende Erde rötlich gefärbt erscheint. — Der in Herden lebende afrikanische Steppenelefant ist mit 5 Tonnen Körpergewicht das größte Landsäugetier der Gegenwart. Jedes Tier benötigt täglich mindestens 60–70 kg Grünfutter (Blätter, Gras, Wurzeln, Zweige) sowie bis zu 200 Liter Wasser. Da der jeweilige Aufenthaltsort in kurzer Zeit abgeweidet ist, sind die Herden ständig auf der Wanderung. Elefanten brauchen deshalb einen großen Lebensraum. Schränkt man diesen ein, so kommt es zu einer Übernutzung und Zerstörung des Landes. Dies ist bereits im Tsavo-Nationalpark geschehen, der trotz seiner Größe von 20 000 qkm die vielen dort lebenden Elefanten nicht mehr ernähren kann. (Foto: T. Angermayer)

Flußpferde waren vor der Eiszeit über Europa, Asien und Afrika verbreitet. Infolge Klimaverschlechterung und Austrocknung, sowie Verfolgung durch den Menschen in geschichtlicher Zeit wurde ihr Lebensgebiet auf den afrikanischen Kontinent südlich der Sahara eingeengt. Flußpferde sind gesellig lebende Tiere, die einen großen Teil ihres Lebens in den seichten Gewässern verbringen. Dort kommen auch die Jungen zur Welt. Trotz ihres plumpen Körpers und ihres erheblichen Gewichts (bis 3 Tonnen), sind die Dickhäuter recht beweglich und schnell. Zur Nahrungssuche gehen die Pflanzenfresser regelmäßig und meist in der Dämmerung oder nachts auf das Land, wobei sie einmal festgelegte Wechsel immer wieder benützen. Das Bild zeigt eine Herde im Murchison-Falls-Nationalpark (Uganda). (Foto: T. Angermayer)

Rechts: Sichernde Massai-Giraffe — wegen ihrer Zeichnung auch Weinlaub-Giraffe genannt — im Amboseli-Nationalpark (Kenia). — Giraffen leben in kleineren Gruppen in lockerer Gesellschaft mit den anderen Steppentieren, wie Zebras und Antilopen. Als höchste Säugetiere unserer Erde, mit einer Scheitelhöhe bis zu 5,80 Meter und mit gutem Sehvermögen ausgestattet, haben sie dabei zweifellos eine wichtige Wächterfunktion für die Herden zu erfüllen. Die Giraffe selbst hat allerdings kaum einen Feind zu fürchten, denn mit ihren Hufschlägen ist sie in der Lage, sogar den Löwen abzuwehren. Untereinander bekämpfen sich die Bullen jedoch nur mit weitausholenden Halsschlägen gegen Kopf und Brust. (Foto: T. Angermayer)

Durch seine auffallende Färbung und seine goldgelbe, prächtige Federkrone ist der Kronenkranich von seinen nächsten Verwandten leicht zu unterscheiden. Er lebt meist paarweise in den offenen Landschaften Ost-Afrikas bis zum äußersten Süden des Kontinents. Im Gegensatz zu allen anderen Kranichen errichtet er sein Nest auch auf niederen Bäumen. Sein Gelege besteht aus ein bis zwei fleckenlosen, bläulichweißen Eiern. Kronenkraniche ernähren sich von Sämereien, Knospen, Früchten, vor allem aber von Heuschrecken und anderen Insekten. Dabei haben sie ein eigenartiges Jagdverfahren entwickelt: durch Stampfen mit den Füßen auf den Boden werden die Insekten aufgescheucht und können dann leicht erbeutet werden.
(Foto: T. Angermayer)

jedem, der den Park bereist, die badenden Elefanten. An einer Stelle (Mudanda Rock) wird durch eine 1,5 km lange Felsbarriere ein Damm gebildet, der das Wasser aufstaut und den Tieren ein natürliches Badebecken schafft. Hier tummeln sich in der Trockenzeit Hunderte der grauen Riesen, die von weit her kommen. Ihnen kann man beim vergnüglichen Baden und Trinken stundenlang zusehen. Der Beobachter ist in Gedanken mitten unter den prustenden und trompetenden Tieren, nimmt teil an ihren Badefreuden und vergißt alles um sich herum — paradiesischer Friede, die Zeit steht still!

Ganz anders der Murchison-Falls-Nationalpark, das größte Tierreservat in Uganda. Hier gibt es reichlich Wasser. Im Westen vom Albert-See und Albert-Nil begrenzt, reicht er im Nordosten bis zu den malerischen Karuma-Fällen (Straße nach Chobe). Der Park, in dem unser zweites Bild aufgenommen wurde, besteht seit 1952 und umfaßt 1050 Quadratkilometer. Er ist geprägt vom Viktoria-Nil, der das Gebiet fast in der Mitte von Ost nach West durchquert. Sein Wasser stürzt zwischen hohen Felsen in die Murchison Falls donnernd und schäumend zu Tal.

Fährt man im Boot zu den Fällen, ist man verzaubert von all der Schönheit ringsum. Hier scheint das Leben in jeglicher Farbe und Gestalt vertreten. Die Luft ist erfüllt vom Zirpen der Insekten, den Rufen der Vögel, dem Trompeten der Elefanten, dem Prusten und Schnauben der Flußpferde, dahinter das ferne Donnern und Brausen der Wasserfälle. Tausende herrlicher Sumpf- und Wasservögel säumen die Ufer oder schwirren sausenden Fluges durch die Luft (man hat Vertreter von gut 60 Arten gezählt), an den Ufern stehen zwischen Papyrus, Seerosen und Wasserhyazinthen direkt am Fluß oder weiter oben zwischen üppigen Gräsern und Büschen Elefanten, Kaffernbüffel, Nashörner und Antilopen, auf den Sandbänken ruhen Krokodile mit weit aufgerissenem, orangefarbenem Rachen, umgeben von kleinen Vögeln, den Krokodilwächtern, die den hechelnden Echsen furchtlos in den zähnestarrenden Rachen trippeln, um sie von Speiseresten und Schmarotzern zu befreien. Hier befindet sich der größte geschlossene Bestand des Afrikanischen Krokodils, das wegen der ständigen Nachstellung (Krokodilleder!) in vielen Teilen seines ehemaligen Verbreitungsgebietes ausgerottet worden ist. In den seichten Ufergewässern tummeln sich die gewaltigen Flußpferde in kleineren oder größeren Verbänden. Unser Bild zeigt eine solche Gruppe in den starken Farben der afrikanischen Flußlandschaft. Tiefblau bis türkisfarben hebt sich das Wasser von den violetten Leibern der mächtigen Tiere und dem heftigen Grün des Uferrandes ab. Am Horizont tauchen die ersten Schirmakazien, die Charakterbäume Afrikas, aus grünem Buschwerk hervor und leiten über zu dem hellblauen Himmelszelt mit seinen fernen zarten Wolken. Wer möchte mit diesen Himmelsschiffen nicht mitreisen über das weite afrikanische Land?

Das schöne Bild der zu uns herüberäugenden Giraffe wurde im Amboseli-Massai-Wildschutzgebiet, also in Kenia, aufgenommen. Das 3223 Quadratkilometer umfassende Gebiet ist ebenfalls von großartiger landschaftlicher Schönheit und wegen seines Reichtums an Großwild berühmt. Es führt seinen Namen nach dem in der Trockenzeit wasserlosen Becken des Amboseli-Sees. Die weite Steppenlandschaft wird vom Süden her überall von dem schneebedeckten Kilimandscharo überragt, der einst in der Kolonialzeit der „höchste Berg Deutschlands" war. Der sanft ansteigende Sockel des mächtigen „Götterberges" erscheint dem Reisenden bei klarem Wetter gewöhnlich in zartem Kobaltblau, das sich wirkungsvoll von dem schneeweißen strahlenden Gipfel und den warmen Tönen in Gelb, Ocker und Braun der Steppe des Vordergrundes abhebt. Schirmakazien mit schlanken Schäften und flachen dunklen Kronen beleben an vielen Stellen das Bild. In diesen Zonen der Savanne leben die Giraffen, die bekanntlich ihre Nahrung vorwiegend von Büschen und Bäumen nehmen. Sie sind mit einer Höhe von beinahe sechs Metern lebende Aussichtstürme und können das weite Land gut überschauen. Manchmal allerdings stehen sie so dicht an Stämmen und im Zweiggewirr des lichtdurchfluteten Buschs, daß man sie selbst für einen Teil der Landschaft hält und leicht übersieht.

Am Fuße des Kilimandscharo lebt in der unmittelbaren Nachbarschaft von

Löwen, Leoparden, Geparden, Nashörnern, Giraffen, Zebras, Gnus und Antilopen das anspruchslose Hirtenvolk der Massai. Wie in alter Zeit weidet es auch heute noch seine Rinderherden, von denen es lebt. Die Menschen tragen Perlenhalsbänder, Metallringe an den Armen und riesige Ohrringe in den durchlöcherten Ohren und ein rostrotes Tuch, das über der einen Schulter zusammengeknotet ist. Noch immer führen die Krieger den Speer mit der langen breiten Klinge und das Schwert in der saffranroten Scheide aus Leder. Und noch immer werben die jungen schlanken Krieger um die Mädchen mit einem Tanz, den sie den farbenprächtigen Kronenkranichen (siehe Abb.) abgeguckt haben. Dieser zauberhafte Vogel ist der Charaktervogel des afrikanischen Kontinents. Er könnte mit seiner goldenen Federkrone als König der Vögel betrachtet werden, es sei denn, man spräche die Krone dem übermannshohen Vogel Strauß zu, dem größten und schwersten Vogel überhaupt. Er hat das Fliegen aufgegeben und durcheilt auf langen starken Läufen die Steppen und Savannen des Schwarzen Kontinents. Auch er hat die Menschen Afrikas mit seinen Balztänzen begeistert.

Noch viele Tiere wären zu erwähnen, doch das gäbe dann ein dickes Buch. — Fragte mich jedenfalls irgend jemand: „Gibt es denn in Afrika wirklich noch Tierparadiese?" Ich würde antworten: „Ja, gewiß! Aber es sind die letzten!" Und man müßte hinzufügen: „Mögen die Menschen sich wenigstens die erhalten!"

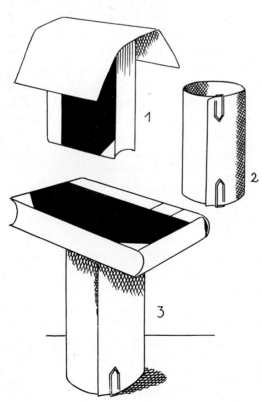

Der standhafte Papierbogen

Daß ein Buch einen Papierbogen zu tragen vermag ist klar. Abbildung 1! Nun fragt einmal im geselligen Kreis, ob etwa ein aufrechtstehender Papierbogen ein Buch tragen kann. Da wird ein großes Rätselraten beginnen; mancher wird falten und vergeblich probieren. Ihr könnt behaupten, daß es geht! Abbildung 2 zeigt was zu tun ist: Der Bogen wird zur Röhre geformt; die Rollkante wird durch Büroklammern festgehalten. Auf diese Röhre könnt ihr euer Buch legen (Abbildung 3). Übrigens ein hübscher Beweis für statische Gesetze.

Wolkenwanderer – Wie ein Motorflugzeug entsteht

Von Ernst Leverkus

Ihr Kennzeichen beginnt mit den Buchstaben D—E... Delta — Echo (gesprochen „Ecko")... und besteht insgesamt aus fünf Buchstaben. Sie gehören zur Kategorie der kleinen einmotorigen Flugzeuge bis 2000 kg. Sportflugzeuge, Kunstflugzeuge, Schleppmaschinen für Segelflugzeuge, kleine Reiseflugzeuge (die zum Teil bis zu sechs Personen befördern). Ihre Motoren haben meist vier oder sechs Zylinder und leisten in der Regel zwischen 80 und 200 PS. Sie fliegen bis zu 6000 m hoch und erreichen Geschwindigkeiten im Horizontalflug zwischen 150 und 250 km/h. Funkgerät mit einer Kapazität ab 12 Kanäle bis 360 Kanäle (Frequenzen zwischen 118,0 und 135,95 MHz)

Titelbild: Testflug nach Fertigstellung der Maschine. Hier Jodel HR 100/200 von Avions Pierre Robin.

Tiefdecker beim Start.
Jodel DR 1050 mit
Continental-Motor

Hochdecker Piper Colt

Schulterdecker Bölkow
Junior

Doppeldecker Tiger Moth
(Baujahr etwa 1942 –
also ein Veteran)

Instrumente:

1. Fahrtmesser
2. Variometer
3. Höhenmesser
4. Drehzahlmesser
5. Öltemperatur
6. Zündschalter
7. Benzinstandanzeiger (2)
8. Wendezeiger mit Libelle
9. Öldruck
10. Ladespannung
11. Batteriestrom
12. Funkgerät
13. Navigationsgerät VOR
14. Benzinhahn
15. Gemischregelung
16. Gashebel
17. Hauptschalter
18. Anlasserschalter
19. VOR-Skala (Navigation)
20. Steuerknüppel
21. Fußhebel für Seitenruder
22. Fußhebel für Seitenruder
23. Handbremse
25. Kompaß

Instrumente während des Fluges:

1. Fahrt 180 km/h
2. Steigt mit 1,2 m/s
3. Höhe 850 m ü. NN
4. 2200 U/min
5. 70 Grad Öltemperatur
7. im hinteren Tank noch 52 l
   im vorderen Tank noch 52 l
8. Fluglage normal
9. Öldruck 2,5 kg/cm²
10. 2 Amp. Ladestrom
14. auf hinteren Tank geschaltet
16. Gashebel reingeschoben
19. VOR ausgeschaltet

Instrumentierung eines Kunstflugzeuges (Acrostar):
1 Fahrtmesser
2 Beschleunigungsanzeiger
3 Höhenmesser
4 Drehzahlmesser
5 Benzindruck
  Öldruck
  Öltemperatur
6 Zündschalter
7 Unterdruckmesser für Kugelhorizont
8 Kugelhorizont mit Libelle und Wendezeiger
9 Zeituhr m. Sekunden
10 Variometer
20 Steuerknüppel

ist neben der üblichen Instrumentierung notwendig. Wer etwas mehr für die Sicherheit tun will, fliegt zusätzlich mit einem Radiokompaß oder einem elektronischen VOR-Navigationsgerät. Fliegen darf mit diesen Maschinen, wer den Schein des Privat-Flugzeugführers durch Schulung und Prüfung erworben hat (PPL nennt man dies = *p*rivat *p*ilot *l*icence).

In dieser Geschichte haben wir es mit Landflugzeugen zu tun, die als Triebwerk einen Kolbenmotor besitzen. Wasserflugzeuge in dieser Größe findet man in Europa höchst selten.

Vielleicht wissen wir, wo in der Nähe unseres Wohnortes ein Landeplatz oder sogar ein vollwertiger kleiner Flugplatz ist. Dort können wir fast alle Arten und Typen dieser kleinen Maschinen beobachten. Es gibt Tiefdecker (für den fachlich mehr interessierten Leser: Piper Cherokee, Jodel-Typen, Zlín-Kunstflugzeug u. a.), Mitteldecker (z. B. Bölkow Junior), Hochdecker (z. B. Cessna-Typen, Piper PA 18, Do 27), Doppeldecker (z. B. die Veteranen Tiger Moth, Bücker Jungmeister, Focke-Wulf Stieglitz). Die Form der Tragflächen ist auch noch sehr unterschiedlich, denn es gibt gerade Flügel, V-Form, Knickflügel, positiv oder negativ gepfeilte Flächen und anderes. Es gibt freitragende Flächen und verstrebte Flächen, bei den alten Doppeldeckern gibt es noch verspannte Flächen. Außerdem ha-

Flugmotor Continental 0-200-A:
1 Zylinderdeckel
2 Batterie
3 Ölwanne
4 Vergaser
5 Benzinpumpe
6 Propellerspinner
7 Zündkerzen oben

ben diese Flugzeuge entweder ein festes oder ein einziehbares Fahrwerk, und es gibt das Spornrad- oder das Bugrad-Fahrwerk, für den Einsatz im Gebirge oder in schneereichen Gebieten kann man auch Landekufen montieren. Wasserflugzeuge haben Schwimmer.

Eine ungeheure Vielfalt der Konstruktionen ist in der sportlichen Fliegerei zu Hause, aber es gibt nur vier verschiedene Bauformen: die Holzbauweise, die Kunststoffbauweise, die Metallbauweise und die Gemischtbauweise.

Die Grundform des Flugzeugs hat sich seit den Anfängen des Motorfluges nie verändert, aber Profilformen der Flügel, die Entwicklung der Rumpfformen, die Entwicklung der Motoren, der Instrumente und Navigationsgeräte prägten das Sportflugzeug von heute.

Heute sind die Amerikaner im Bau von kleinen Flugzeugen führend, aber auch die Engländer, Franzosen und Italiener haben beachtliche Marken und Modelle auf dem Markt. Und nicht zuletzt Deutschland gehört zu den fliegenden Nationen, wenn auch eine besonders große Industrie nach dem Krieg noch nicht wieder zur Geltung kam. Aber es gibt mehr als 1200 regionale Luftsportverbände, und der Deutsche Aeroclub zählt rund 46 000 Mitglieder, von denen 9800 Motorflieger sind. 3700 Flugzeuge stehen in den Hangars von Deutschland startbereit. Bei den Firmen Bölkow, Dornier, Hirth, Pützer besteht eine kleine Flugzeugfertigung, aber die meisten in Deutschland geflogenen Maschinen werden aus Amerika, Frankreich, Italien und England eingeführt.

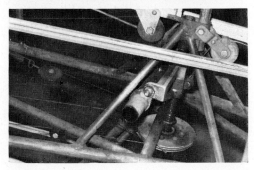

Die Abbildungen zeigen von oben nach unten:
1. Runder Holzrumpf beplankt (Acrostar)
2. Tragfläche. An der Stirn beplankt. Innen mit Kunststoffrippen.
3. Motortragegerüst am Kunstflugzeug Acrostar
4. Umlenkrollen für die Steuerseile im Gitterrumpf

Von den 3700 Flugzeugen (einmotorige bis 2000 kg — Kennzeichenbeginn „E") gehören rund 1200 Flugzeuge zum Deutschen Aeroclub. Dort gibt es insgesamt 652 Werkstätten aller Arten für Triebwerke, Zellen (= Rumpf- und Flugwerk), Funk- und Navigationsgeräte. Das technische Personal einschließlich Werkstattleiter, Flugzeugschweißer, Flugzeugwarte, Fallschirmpacker (!), Motorseglerwarte, Funkgerätewarte und Prüfer beläuft sich auf eine Zahl von ungefähr 2700 Personen. Etwa 25 % der Mitglieder des Aeroclubs sind Schüler, Studenten und in Berufsausbildung Befindliche. 1,3 % sind Hausfrauen. In der Bundesrepublik Deutschland einschließlich Westberlin gibt es derzeit 228 Flugplätze (Verkehrsflughäfen, Verkehrslandeplätze, Sonderflughäfen und Sonderlandeplätze für Motor- und zum Teil Segelflugzeuge, außer reinem Segelfluggelände). Ohne besonders schwierige Formalitäten kann man in alle westlichen und skandinavischen Länder fliegen. Große Reisen mit Sportflugzeugen sind nicht mehr selten, und es gibt sogar eine Anzahl Piloten, die auch Flüge nach Übersee und rund um unseren Globus nicht scheuen. Das allerdings sind noch große Abenteuer mit diesen kleinen Maschinen.

Der Bau eines kleinen Flugzeuges ist in Europa zur Zeit kein Problem der Großserienfertigung (wie z. B. in Kriegszeiten) — vieles, und bei manchen Firmen fast alles, wird in richtiger Handarbeit hergestellt und zusammengebaut.

Gitterrumpf einer Piper PA 18

Zwar werden sehr viele Teile serienmäßig vorgefertigt, aber beim Zusammenbau kommt die Kunst des alten Handwerkes wieder voll zur Geltung — besonders z. B. bei der Herstellung von Kunstflugzeugen. Sorgfalt und Genauigkeit haben hier den Vorrang vor der benötigten Zeit. Und deswegen kann ein gut gebautes Flugzeug auch nicht billig sein. Die Preise bewegen sich etwa im Raum zwischen DM 50 000,— und DM 150 000,— je nach Bauweise, Größe, Leistung und Ausrüstung.

Es gibt drei Baugruppen: das Flugwerk, das Triebwerk und die Ausrüstung. Wir schauen uns zuerst die Tragflächen an. Hier werden die Luftkräfte besonders groß, und so muß man nicht nur die richtige Profilform für den besten Auftrieb, sondern auch eine große Stabilität im Auge haben. Das Rückgrat sind die Holme, die die auftretenden Kräfte aufnehmen und auf den Rumpf übertragen. Eine Tragfläche bekommt meistens einen vorderen und einen hinteren Holm, die durch Rippen verbunden sind. Diese Rippen können bei einer Fachwerkkonstruktion aus Stäben bestehen, bei Metallflugzeugen sind sie aus durchlöchertem Aluminiumblech, man verwendet aber auch Platten aus Kunststoffen. Die Holme sind entweder aus Holz oder aus profiliertem Aluminium.

Das Gerüst der Tragflächen wird entweder mit Stoff bespannt, mit Holz oder mit Metall beplankt. Manche Flugzeuge haben in der Tragflächenwurzel am Rumpf ihre Treibstofftanks, bei anderen Konstruktionen sind die Tanks im Rumpf hinter dem Motor und unter den Sitzen angeordnet. Der Inhalt der Tanks reicht im allgemeinen für eine Betriebszeit von vier bis sechs Stunden (Inhalt zusammen ca. 100 bis 400 Liter — Kraftstoffverbrauch etwa zwischen 20 und 60 Liter je Stunde).

An den hinteren Kanten der Flügel sind die Querruder angebracht, mit denen der Pilot der Maschine beim Kurvenflug die notwendige Schräglage gibt. Das erfolgt vom Steuerknüppel (seitliche Bewegung) oder vom Halb-Lenkrad (Drehung) aus über Seilzüge, die über Rollen gelenkt werden und in den Tragflächen angeordnet sind. An den Flügeln befinden sich auch die ausfahrbaren Stör- oder Landeklappen, die z. B. beim Landevorgang die Luftströmung nützlich beeinflussen müssen.

Leitwerk an einem Kunstflugzeug (Zlín): 1 Querruder 2 Seitenruder 3 Höhenruder 4 Trimmklappe
(Fotos: E. Leverkus)

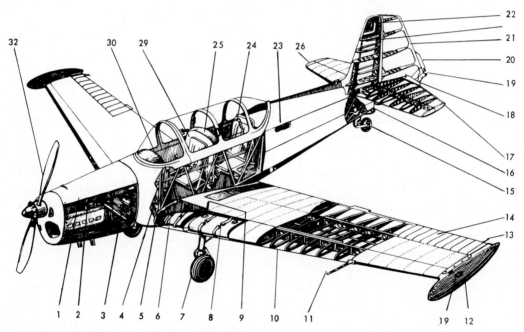

Tschechoslowakisches Kunstflugzeug „Zlín" Trener

1 Motorträger
2 Motor M 137 A
3 Kraftstoffilter mit Handpumpe
4 Seitenrudersteuerung
5 Vorderer Steuerknüppel
6 Ölbehälter
7 Fahrwerkrad
8 Hauptkraftstoffbehälter
9 Mechanischer Fahrgestellzeiger
10 Hauptrohr
11 Staurohr

12 Zusatzbehälter
13 Ableiter der statischen Elektrizität
14 Querruder
15 Sporn
16 Schleppeinrichtung
17 Höhenruder
18 Flettner des Höhenruders
19 Schlußlicht
20 Flettner des Seitenruders
21 Seitenruder
22 Antenne

23 Steckdose des äußeren Stromkreises
24 Rückwärtiger Pilotensitz
25 Rückwärtiges Instrumentenbrett
26 Höhenflosse
27 Seitenflosse
29 Vorderer Pilotensitz
30 Instrumentenbrett mit Geräten im vorderen Pilotenraum
32 Automatisch stellbare Luftschraube

Die Steuerseile laufen auch durch den Rumpf, wo notwendig über Steuerrollen, zum hinteren Leitwerk. Der Rumpf selbst besteht meistens aus einer Gitterkonstruktion in Holz-, Kunststoff- oder Metallbauart. Hierbei werden — ähnlich wie bei den Tragflächen — Querspanten, Holme und diagonale Abstützungen angewendet. Das Ganze wird wieder mit Stoff oder Holz bespannt bzw. beplankt und bei Metallflugzeugen mit Metallplatten benietet. Damit entsteht die äußere Form des Rumpfes — eckig, rund, oval —, die der Konstrukteur vorgesehen hat. Bei dem Schalenrumpf ist der tragende Teil die meist metallische Rumpfwand.

Beim einmotorigen Flugzeug kommt dem Rumpf noch eine sehr wichtige Aufgabe zu: er muß nicht nur die auftretenden Kräfte aushalten, sondern auch den Motor tragen. Diese dafür notwendigen Träger aus stabilen Rohren sind mit dem Rumpf verbunden. Zwischen Motor und Rumpf wird eine feuersichere Brandwand eingebaut, die verhindern soll, daß bei auftretenden Bränden am Motor die Flammen sofort auf den Rumpf übergreifen.

Die Viertakt-Flugmotoren für diese Maschinen sind nicht in erster Linie auf besonders hohe Leistung hin ausgelegt, sondern für ruhige Dauerläufe konstruiert. Man quetscht die benötigten PS nicht aus kleinen Zylinderinhalten heraus, sondern holt sie mit geringer Drehzahl aus großem Hubraum. So hat z. B. der sehr viel verwendete Continental-Motor mit vier Zylindern 0-200-A einen Hubraum von 3227 ccm (= 3,23 Liter) und leistet bei einer Höchstdrehzahl von 2750 U/min 105 PS. Das ist eine Hubraumleistung von 32,5 PS/Liter. Zum Vergleich: der VW-Motor 1200 ccm hat 34 PS und damit eine Hubraumleistung von 28,3 PS/Liter.

Dieser Motor ist auch ein „Dauerläufer" von großer Zuverlässigkeit. Hingegen leistet z. B. ein Motorradmotor von 500 ccm schon 60 PS, hat damit eine Hubraumleistung von 120 PS/Liter und ist ein ausgesprochener Hochleistungsmotor mit ganz anderer Leistungs- und Laufcharakteristik. Während der Continental-Flugmotor nur eine Drehzahl von 2750 U/min erreicht, und somit eine geringe Kolbengeschwindigkeit von 9,0 m/s hat und — auch ohne viele und hohe Lastwechsel — damit der zuverlässigste Kolbenmotor ist, den man sich denken kann, kommt der VW-Motor 1200 ccm auf eine Drehzahl von 3600 U/min. Damit hat er eine Kolbengeschwindigkeit von nur 7,7 m/s. Motorradmotoren erreichen Kolbengeschwindigkeiten von 13 bis 20 m/s — die Grenze der Dauerbelastung dürfte bei ca. 18 m/s liegen. Je höher die Kolbengeschwindigkeit, desto höher der Verschleiß. Dies muß man bei der Betrachtung von Flugmotoren beachten. Sie sind — wie gesagt — für eine Dauerbelastung, ruhigen Lauf und sehr große Zuverlässigkeit ausgelegt. Entsprechend sorgfältig muß ihre Wartung sein, entsprechend streng sind die notwendigen Kontrollen und Überprüfungen. Safety first — zuerst Sicherheit!

Der Continental-Motor hat vier luftgekühlte Zylinder, die quer zur Flugrichtung hintereinander und gegenüberliegend („Boxermotor") angeordnet sind. Ähnlich sind die Lycoming-Motoren gebaut, und ähnlich ist auch der Franklin-Motor konstruiert. Es gibt Motoren meist mit vier oder sechs Zylindern. In älteren Modellen und in dem tschechoslowakischen Kunstflugzeug „Zlin" findet man Reihenmotoren mit nach unten hängenden, hintereinander angeordneten Zylindern.

Das Leitwerk des Flugzeuges besteht aus Querrudern, Höhenruder und Seitenruder. Kurven werden durch gleichzeitiges Betätigen von Quer- und Seitenruder geflogen. Das Seitenruder wird durch Fußhebel, Quer- und Höhenruder durch den Steuerknüppel oder durch das Halb-Lenkrad bewegt. Auch diese Ruderklappen bestehen aus bespanntem, beplanktem oder benietetem Gitterwerk.

Zur Ausrüstung der Maschine gehört u. a. das System der Instrumente, die elektrische Anlage, Funkanlage und die Einrichtung der Kabine. Zu den Instrumenten gehören Kompaß, Wendezeiger, Höhenmesser (zeigt die Höhe über dem Meeresspiegel an, über NN, die wirkliche „Höhe über Grund" ergibt sich aus der Subtraktion der Grundhöhe von der Höhe über NN), Variometer (zeigt an, ob die Maschine steigt oder sinkt), Fahrtmesser (zeigt die Geschwindigkeit in der Luft, nicht „über Grund", an), Drehzahlmesser, Öldruckmesser, Ölthermometer, Benzinstandanzeige, Spannungsanzeige, Stromanzeige. Die Instrumentierung kann man durch kompliziertere und genauere Instrumente ergänzen oder verbessern. Dies ist vor allem für Kunstflugzeuge und für Maschinen wichtig, mit denen auch bei schlechter Witterung oder gar „blind" geflogen werden soll.

Beim Flugzeug ist die einwandfreie Funktion des Fahrwerkes, dessen Federung und der Bremsen wichtig. Vor allem bei Spornradfahrwerken muß die gleichmäßige Wirkung beider Bremsen gewährleistet sein. Moderne Maschinen haben hydraulisch betätigte Scheibenbremsen.

Beim Rollen auf dem Boden, beim Starten vor dem Abheben und beim Landen nach der Bodenberührung werden die Flugzeuge durch Betätigen der Seitenruder-Fußpedale gelenkt.

Nach Fertigstellung eines neuen Flugzeuges übernimmt der Testpilot als erster die Maschine und versucht alle Fluglagen bis zu Kunstflugfiguren. Selbst wenn das Flugzeug nicht für den Kunstflug gebaut wurde, werden einige Figuren probiert, um in Grenzbereiche der Belastungen zu kommen. Erst wenn sich bei diesem Flug herausstellt, daß die Maschine in allen Details einwandfrei funktioniert, wird sie dem Käufer überlassen. Ähnliche Probeflüge gehören an das Ende vieler regelmäßiger Kontrollen, vor allem zur notwendigen jährlichen Zulassungsprüfung. Jedes Flugzeug muß in jedem Jahr neu abgenommen und streng überprüft werden, erst dann kann man wieder damit fliegen.

Die „Wolkenwanderer" erfüllen Träume, die der Mensch seit Urzeiten geträumt hat. Fliegen wie die Vögel. Frei sein in einer unendlichen Weite. Über der Erde dahinziehen und die Welt von oben sehen. Entfernungen zusammenschrumpfen lassen, Höhen überwinden, Meere überqueren — alles sehen können, alles erleben. Wenn wir Flieger die Motoren starten, über die Startbahn mit unserem Flugzeug hinwegfegen, bis die Räder den Boden verlassen, wenn die Erde klein wird und die Wolken nahe sind, erleben wir mehr Glück, als viele Menschen überhaupt fassen können.

Aus der fernen Zeit der Minnesänger

Von Kurt Pahlen

In vielen Ländern Europas stehen heute noch mittelalterliche Burgen. Manche sind verfallen, und nur noch Mauerreste oder Türme zeugen von alter Pracht, die Zugbrücke läßt sich nicht mehr heraufziehen, und das Leben ist längst aus den Ruinen geflohen. Andere sind erhalten geblieben, und wir können uns ein wenig das Treiben vorstellen, das sich in ihnen abspielte. Zumeist liegen die Burgen der mittelalterlichen Ritter auf erhöhtem Felsenplatz, oft sehr kühn an dessen Ränder gebaut und nur auf steilem Pfad zu erklimmen, den zu bewachen von den Zinnen der Burg leicht war. Oft auch über den Ufern von Flüssen: Wer den Rhein befährt, der kommt an mancher dieser festungsartigen Burgen aus alten Tagen vorbei; nicht anders ist es an der Saale, und berühmt sind die Burgen im Donaudurchbruch durch die liebliche Landschaft der Wachau. Dort liegt, neben manchem anderen, das einstige Schloß Dürnstein, heute eine Ruine, hoch

Titelbild: König Richard Löwenherz wurde nach der Rückkehr vom Kreuzzug im Jahre 1191 von Leopold V., Herzog von Habsburg, auf der Burg Dürnstein gefangengehalten. Der Stahlstich, um 1870, zeigt Stadt und Burgruine Dürnstein.
(Foto: Archiv für Kunst und Geschichte, Berlin)

auf einem Felsen, zu dessen Füßen der schöne Fluß rauschend dahinzieht.

Dürnstein hat eine lange Geschichte, die mit dem Sänger- und Musikerwesen des Mittelalters verknüpft ist. Mag sein, daß manches an der folgenden Legende historischer Untersuchung nicht standhalten kann; aber Legenden und Sagen haben stets einen wahren Kern. Und zudem führt uns die Geschichte Dürnsteins zu unserer Betrachtung der Dichter und Musiker im fernen 11., 12. und 13. Jahrhundert.

Ein englischer König, genannt Richard Löwenherz, war auf der Rückkehr von einem Kreuzzug von Leopold, Herzog von Österreich — auf Geheiß des deutschen Kaisers Heinrich VI. —, gefangengenommen und in dem tiefen Kerker der Festung Dürnstein eingeschlossen worden. Und nun erzählt die Legende, wie Richards Freund Blondel sich daranmachte, den unbekannten Aufenthalt seines Königs zu erkunden. Er durchzog des Herzogs Lande und sang in jeder Nacht ein Lied vor einer Burg. Bis einmal des Königs Stimme ihm antwortete — mit einer anderen Strophe des gleichen Liedes. Richard Löwenherz konnte so befreit werden. Aber was hatte es mit diesem Lied für eine Bewandtnis?

Richard Löwenherz war nicht nur König, er war auch ein Minnesänger, oder — wie man in anderen Teilen Europas es nannte — ein Troubadour. Uns wundert vielleicht, daß Könige zugleich Dichter und Sänger sein konnten in jenen fernen Jahrhunderten (Richard Löwenherz war 1189 zum König gekrönt worden). Aber er war nicht der einzige hohe politische Führer des damaligen Europas, der das war; im Gegenteil, eine größere Zahl hoher Adeliger liebte es damals, Verse zu schreiben und sie mit eigenen Melodien zu Gehör zu bringen.

Es ging damals wie ein neuer Frühling durch Europa: Viele Jahrhunderte lang hatten seine Bewohner — es waren noch nicht sehr viele damals — dahingelebt in Unkenntnis der Welt und nur von den kirchlichen Lehren geführt, die das Leben als „Jammertal" darstellten und als des Menschen einzige Aufgabe, sich jeder Freude, jedes Genusses zu enthalten, um nach dem Tode des ewigen Lebens im Paradiese teilhaftig zu werden. Es gab keine Bildung, niemand außer den Mönchen in den Klöstern konnte lesen und schreiben, wußte etwas von Geschichte und Geographie, ahnte auch nur, daß es vor dieser Zeit eine „antike" Welt gegeben hatte, mit einem glanzvollen Römischen Reich und, vorher noch, eine helle Kulturwelt der Griechen, lange bevor Christus auf der Erde gewandelt war.

Doch Europas Lage änderte sich, als gegen das Ende des 1. Jahrtausends unserer Zeitrechnung fremde Völker in Nord, Ost und Südost einfielen und die junge Zivilisation und den neuen Glauben bedrohten. Europa mußte zur Verteidigung rüsten. Nicht der Priester, der Mönch, konnte die rasch waffenfähig gemachten Bauern in diesem Kampfe anführen, denn er war kein Krieger. Ein anderer Heerführer mußte erstehen: der „Ritter". Er war ursprünglich nichts anderes als ein „Reiter", ein Mann, der durch Stärke, Tapferkeit und Klugheit sich aufzuschwingen gewußt hatte über die anderen, der Land erworben und einen festen Sitz, eine Burg gebaut hatte. Er wird zum „dux", was (lateinisch) „Anführer" heißt, bald aber die neue Bedeutung eines Adelstitels bekommt. Das Leben dieser Ritter unterscheidet sich grundlegend von dem der

Mönche. In geistlichen Fragen bleibt zwar dieser immer noch die höchste Autorität, aber mit dem Ritter entsteht eine weltliche Macht und damit eine neue Art, das Leben zu sehen und zu leben.

An den langen Winterabenden, an denen der Schnee das Kriegführen unmöglich macht, sitzt der Ritter auf seiner Burg. Und er freut sich, geradeso wie seine Familie es tut, wenn ein Besucher an die Pforte schlägt und über die Zugbrücke einreitet in den Hof. Denn zumeist ist dieser Besucher ein „fahrender Ritter" und damit sehr oft ein „Troubadour", ein Sänger und Musiker, der viele Tage oder auch Wochen zu Gast bleibt und manches von seinen Reisen zu erzählen weiß. Er tut es in Form von Liedern, die er singt, indem er sich selbst auf einer kleinen Handharfe oder einer „Fidel" (einer Vorform unserer Geige, zumeist quer vor der Brust gehalten) begleitet oder von seinem Schildträger, einem „Spielmann", begleiten läßt.

Bis dahin gab es in Europa nur zweierlei Musik: die geistlichen Lieder und Hymnen, die in den Kirchen angestimmt wurden, und deren lateinischen Text außer Priestern und Mönchen kaum jemand verstand, und wahrscheinlich eine Reihe von Volksliedern und Volkstänzen, über die wir nach so langer Zeit nur noch wenig wissen, die aber sicher sehr primitiv waren.

Nun, in der Ritterzeit, entsteht eine neue Kunst. Die Ritter setzen ihren Ehrgeiz darein, nicht nur in Schlachten und Zweikämpfen — bei Turnieren etwa, die in Mode kamen — ihren Mann zu stellen, sondern auch schöne Gedichte zu verfassen, sie mit Melodien auszustatten und vorzutragen. Sie sangen nicht mehr lateinisch, denn das war für sie schon eine „tote" Sprache; sie schufen ihre Lieder in

Ein Bild aus stolzer Ritterzeit: Die Marxburg am Rhein, Stahlstich, um 1850.
(Foto: Archiv für Kunst und Geschichte, Berlin)

den neuen, eben überall entstehenden Sprachen, aus denen bald Deutsch, Französisch, Italienisch, Spanisch werden sollte.

Der Themenkreis der Troubadoure stellt etwas Neues in Europas Kunst dar. „Gottesdienst, Frauendienst und Herrendienst", so hat man ihn umschrieben. Es gibt unter den Liedern jener Zeit noch manches, das religiöse Stimmungen schildert; das ist in einer Epoche, in der das junge Christentum stark die Gemüter erfüllt, selbstverständlich. Zum wichtigsten Thema allerdings wird ein anderes: die Liebe. So sehr, daß der deutsche Zweig der Troubadoure sich „Sänger der Liebe" nennt: Minnesinger oder Minnesänger. Und schließlich spielt die männliche Treue und Kampfgenossenschaft eine besondere Rolle.

Noch ein wichtiger Themenkreis wird im Lied der Troubadoure und Minnesänger angesprochen: die Natur. Im geistlichen Lied hat sie keinen Platz gefunden, denn die Kirche stellte die Erde nur als „Jammertal" vor, in dem der Mensch keine anderen Freuden als die der treuen Religionsausübung finden sollte. Aber die Ritter zogen mit offenen Augen durch die Welt, sie freuten sich am Frühling, der nach langem Winter endlich mit warmen Sonnenstrahlen das junge Grün hervorzauberte; an den Sommernächten, die voll Tanz und Spiel waren. Und wer gar auf einen der Kreuzzüge in den Orient gezogen war, der hatte besonders viel zu schildern, was den Zuhörern Spannung und Genuß vermittelte. Von fremden Ländern und Menschen konnte er berichten, von schönen dunkelhäutigen Frauen, von einer verfeinerten Lebensart, die man in Europa noch nicht kannte.

Bertran de Born, um 1140 im heutigen Frankreich geboren, dichtete:

Mich freut die frohe Frühlingszeit,
die Blüt und Blätter wiederbringt,
mich freut's, wenn voller Fröhlichkeit
der Sang der Vögel neu erklingt,
daß laut die Wälder schallen ...

Walther von der Vogelweide, der berühmteste Minnesänger deutscher Zunge, hinterließ viele Lieder, die heut noch bekannt sind, darunter auch ein „Palästina"- Lied, also von den Kreuzzügen ins Heilige Land, wo die Christenheere um das Grab Jesu kämpften:

Im Heiligen Lande
Nun erst hat mein Leben Wert,
Seit mein sündig Auge sieht
Das Heil'ge Land und seine Erd',
Dem so viel Ehr und Preis geschieht.
Ich hab' erhalten, was ich erbat:
Ich bin gekommen an die Statt,
Da Gott als Mensch ins Leben trat.

Walther soll übrigens im Juli 1207 an einem Sängertreffen der Minnesänger teilgenommen, ja den Wettkampf gewonnen haben, von dem angenommen wird, er habe auf der Wartburg bei Eisenach in Thüringen stattgefunden.

Mehr als sechshundert Jahre später ließ sich der große Dichter-Komponist Richard Wagner von dem legendären Ereignis inspirieren bei der Schöpfung seiner Oper „Tannhäuser", die als Untertitel „Der Sängerkrieg auf der Wartburg" führt. Übrigens sind in jenen Minnesängertagen viele Stoffe aufgetaucht oder zum erstenmal bearbeitet worden, die später allgemein bekannt wurden: das Nibelungenlied, die spanische Cid-Sage, die Legenden von Tristan und Isolde, vom König Artus und seiner Tafelrunde, von Parsifal.

Der Troubadour zog durch die Länder Europas, zumeist von seinem „Schildträger" begleitet, der vor allem ein „Spielmann" war, also ein instrumentenkundiger Musikant. Und nun wissen wir auch, wie Richard Löwenherz, von dem wir zu Beginn erzählten, befreit werden konnte: Sein Spielmann, Blondel hieß er, sang vor allen Burgen ein Lied, das er gemeinsam mit dem König geschaffen hatte. Als der König diese Weise aus seinem Kerker her-

Ich saß auf einem Steine...
Von Walther von der Vogelweide

Ich saß auf einem Steine:
Da deckt ich Bein mit Beine,
darauf der Ellenbogen stand;
es schmiegte sich in meine Hand
das Kinn und eine Wange.
Da dacht ich sorglich lange
dem Weltlauf nach und irdschem Heil;
doch wurde mir kein Rat zuteil,
wie man drei Dinge erwürbe,
daß keins davon verdürbe.
Die zwei sind Ehr und zeitlich Gut,
das oft einander Schaden tut,
das dritte Gottes Segen,
an dem ist mir gelegen:
Die hätt ich gern in einem Schrein.
Ja leider mag es nimmer sein,
daß Gottes Gnade kehre
mit Reichtum und mit Ehre
je wieder in dasselbe Herz.
Sie finden Hemmung allerwärts:
Untreu hält Hof und Leute,
Gewalt fährt aus auf Beute,
so Fried als Recht sind todeswund:
Die dreie haben kein Geleit,
die zwei denn werden erst gesund.

(Übersetzung aus dem Mittelhochdeutschen von Simrock)

Dieses schöne Bild von Walther von der Vogelweide aus der Manessischen Liederhandschrift zeigt außer dem Sänger und Ritter auch dessen Wappenschild, Helm und Helmzier. Das war im Mittelalter wichtig. Ein Wappen galt als Zeichen des Adels, und auf das Wappen wurde großer Wert gelegt.

aus weitersang, wußte Blondel, daß er seinen Herrn entdeckt hatte ...

Troubadoure, Minnesänger gab es in ganz Europa; in Irland und Wales, in England und Skandinavien, in den slawischen Ländern so gut wie in Nordfrankreich (unter dem Namen „Trovères"), in Südfrankreich, der hellen Provence vor allem (wo wahrscheinlich der Name „Troubadour" entstand), in Italien, Spanien und Portugal, und natürlich in Deutschland. Mancher König war unter ihnen, die Mehrzahl waren Ritter, einige wenige kamen aus unteren Ständen, erlangten aber als Sänger eigener Lieder bald Ruhm. Sie waren auf Schlössern und Burgen zu Gast, nahmen an Liederspielen und -turnieren teil, bei denen der Preis oft nur aus einer einzigen, besonders schönen Blume aus der Hand des Burgfräuleins bestand — es waren eben romantische Zeiten.

Chui, der wahre König der Tiere

Von Jean-Pierre Hallet

Jean-Pierre Hallet ist ein großartiger Kenner der afrikanischen Tierwelt. Mitreißend und sachkundig schildert er in seinem neuen Buch „Animal Kitabu", das beim Bechtle-Verlag, München, erschienen ist, den Leoparden, den Löwen, den Büffel, den Elefanten, das Nilpferd, das Krokodil, die Affen und anderes Wild. — Mit freundlicher Genehmigung des Bechtle-Verlages, München, bringen wir aus „Animal Kitabu" seinen darin geschilderten Zweikampf mit einem Leoparden.

Wer ist der wahre „König der Tiere"?

Sein Suaheli-Name ist *Chui*, und der Klang dieses Wortes hat etwas Heimliches, Seidiges, Orientalisches. Der heimliche Herrscher durchstreift Afrika, Persien, Syrien und Indien, China, Malaya und sogar Java. Er ist seiner Intelligenz und großen Anpassungsfähigkeit wegen die „tüchtigste" und am weitesten ver-

Titelbild: „Chui" möchte bei seinem Mahl nicht gestört sein! Diese seltene, für den Fotografen gefährliche Aufnahme zeigt den „König der Tiere" mit seiner Beute — einem Affen.
(Foto: Eduard Zingg)

breitete aller Großkatzen und herrscht in Regionen, die den Löwen immer verschlossen blieben, und hat sich dort erhalten, wo sie längst ausgestorben sind.

Der wahre König der Tiere ist der Leopard.

Dieser unbesungene Herrscher ist nach meiner Ansicht Afrikas zähestes Tier, am schwersten zu fassen und am gefährlichsten zu jagen; ihm gebührt die erste Stelle unter den sogenannten „großen Fünf" des gefährlichsten afrikanischen Wilds. Ich bin mir bewußt, daß mir viele Jäger und Jagdfans widersprechen werden, vor allem aufgrund seiner Größe; ein ausgewachsener männlicher Leopard wiegt häufig nicht mehr als hundert Pfund und mißt gewöhnlich nur gute zwei Meter von der Nasen- bis zur Schwanzspitze. Wie kann man, so werden sie fragen, eine so kleine Raubkatze über einen vierhundert Pfund schweren Löwen, den eine Tonne schweren Büffel, das Nashorn mit seinen eineinhalb oder den Elefanten mit sechs Tonnen Gewicht stellen? Nach ihrer Ansicht kommt der Leopard schon wegen seiner geringen Körpergröße nicht als Nummer eins in Betracht, und oft genug stufen sie ihn als letzten der „großen Fünf" ein.

Wenn man jedoch kurz die Probleme betrachtet, vor die Jäger gestellt sind, wenn sie die verschiedenen Mitglieder der „großen Fünf" — für die häufig die Reihenfolge Kaffernbüffel — Elefant — Nashorn — Löwe — Leopard aufgestellt wird — stellen und töten wollen, dann sieht sich die Sache anders an.

Ein schwarzes Nashorn, einen Kaffernbüffel oder einen Elefanten aufzuspüren ist nicht weiter schwierig, ausgenommen in Regionen, wo sie fast ausgerottet worden sind. Alle drei leben auf den Savannen, nicht in den Waldgebieten des Äquators — dem wirklichen „Dschungel" —, und sie sind große, sogar schwerfällige Tiere, die sich nur im dichtesten Busch verstecken können und gerade durch ihre Größe, die ihre Stärke scheint, behindert sind. Der Büffel hält sich mehr in Deckung als Nashorn und Elefant, aber die Jäger entdecken seine Gegenwart durch weißflügelige Silber- oder Kuhreiher, die über ihm kreisen.

Der Jäger oder, was häufiger ist, die Gruppe von Jägern kann diese riesigen Ziele schon aus der Ferne ausmachen und einen mehr oder weniger sorgfältigen Schuß anbringen. Wenn die erste Kugel kein lebenswichtiges Organ trifft und das verwundete Opfer angreift, bleibt immer noch Zeit für einen zweiten Schuß oder gar eine ganze Salve. Wenn das wundgeschossene Tier sich entfernt, um Deckung zu suchen, fällt es dem Jäger, der es in den Busch verfolgt (was zumeist den Professionals überlassen wird), leicht, sich an das schwerfällige Tier heranzupirschen, das sich nur schwer verbergen und nicht so leise bewegen kann wie ein Löwe oder ein Leopard mit ihren weichen Tatzen.

Angesichts dieses ihnen gemeinsamen Handikaps muß ich die drei Riesen an das Ende meiner Liste der „großen Fünf" versetzen. Das stumpfsinnige und äußerst kurzsichtige schwarze Nashorn nimmt die letzte Stelle ein; der Kaffernbüffel, vorsichtig und mit hervorragenden Sinnen ausgerüstet, ist eine viel gefährlichere Nummer vier. Der Elefant sieht zwar schlecht und bietet durch seine Größe ein bequemes Ziel, aber er zeigt, wenn er gejagt wird, eine Schlauheit und Intelligenz, die ihn, zusammen mit seinen tödlichen Waffen — dem massiven Kopf, Rüssel, Stoßzähnen und Füßen —, einen sehr starken dritten Platz gibt. Aber jeder Jäger, der es nicht fertigbringt, den Angriff eines Elefanten mit seiner 0,45er bis

0,60er Elefantenbüchse zu stoppen, verdient sein Schicksal vollauf; ebensogut hätte er sich auf ein Gleis stellen können, um einer Lokomotive Widerpart zu bieten.

Den Löwen, der sich ebenfalls auf die Savannen beschränkt, setze ich an die zweite Stelle. Intelligent wie der Elefant und mit vorzüglichen Sinnen ausgerüstet wie der Büffel, hat er noch den zusätzlichen Vorteil, für ein Leben der Jagd, nicht fürs Äsen und Grasen geschaffen zu sein. Schneller und ungleich beweglicher, bietet er ein kleineres Ziel, wenn er zum Angriff gereizt wird, und wenn ihm nicht die erste Kugel den Garaus macht, bleibt dem Schützen oft keine Zeit zu einem zweiten Schuß; es kann passieren, daß er bewußtlos zu Boden stürzt, wenn der Löwe auf ihm landet, oder daß er übel zugerichtet oder getötet wird, noch ehe seine Jagdgefährten einen zweiten Schuß anbringen können. Aber der Löwe hat eine fatale Schwäche: faul und übermäßig selbstsicher, lungert er auf den Savannen herum, beobachtet er selbstbewußt Jäger aus der Ferne und macht es ihnen leicht, sich an ihn heranzupirschen. Dies bringt ihn nicht nur um den ersten Platz unter den „großen Fünf", sondern hat auch dazu geführt, daß er in weiten Gebieten seiner früheren Jagdreviere ausgerottet wurde.

Die Nummer eins begeht keine taktischen Fehler, hat keinerlei körperliches Handikap und läßt niemals zu, daß ein Mensch oder ein Tier sich ihr nähert — dies behält sie ausschließlich sich selbst vor. Von der baumbewachsenen Savanne bis zum äquatorialen Urwald verbreitet, führt Chui überall die gleiche Lebensweise: von geradezu fanatischer Vorsicht, geht er nachts auf Raubzug, er tötet seine Beute, hält seine Mahlzeit, hängt den verstümmelten Kadaver hoch auf einen Baum und zieht sich für die Tagesstunden in Deckung zurück — in Felsen, Höhlen oder in das dichteste Dornbuschdickicht, das er finden kann. Mit seinem geschmeidigen Körper und dem gefleckten Fell kann er sich selbst an Stellen, wo sich scheinbar nicht einmal eine Hauskatze verstecken könnte, fast unsichtbar machen. Er erklettert Bäume behender als Tarzan und scheut sich nicht vor dem Wasser; zuweilen wählt er bewaldete Inseln in den größeren Flüssen oder Seen zum Versteck.

Wenn ein Jäger die Beute eines Leoparden auf einem Baum erspäht oder auf seine frische Fährte stößt und versucht, ihr zu folgen, findet er zumeist nichts. Da er glaubt, daß Chui nicht mehr in der Nähe sei, gibt er bald auf und zieht ab. Chui aber hat den Jäger vermutlich mit lässiger Verachtung beobachtet. Er macht sich selten die Mühe, ihn anzugreifen — warum sollte er auch? Wenn er schon einmal ein Gewehr gesehen oder gehört hat, weiß er, daß er sich vorsehen muß. Wenn nicht, so traut er doch der Situation nicht; weiße Männer mit einem Gewehr sind weder ein gewohnter Anblick für ihn noch eine gewohnte Beute. Ihr Äußeres, ihr Geruch, ihre Kleidung und Ausrüstung, ja selbst, wie sie sich bewegen, all dies ist für die äußerst schlaue Raubkatze neuartig, verdächtig und möglicherweise gefährlich. Chui hält nichts davon, ein unnötiges Risiko einzugehen, und darum beobachtet er entweder aus sicherem Versteck oder er macht sich rasch und unauffällig davon.

Manchmal, sehr selten, kommt es vor, daß er den Jäger jagt. Aber dazu läßt sich nur ein Leopard verleiten, der durch eine alte Schußverletzung behindert oder alt und krank, in jedem Fall nicht mehr

Chui, der wahre „König der Tiere" wandert, jagt oder frißt niemals in einem Rudel, Trupp oder in einer Herde. Er lebt und stirbt für sich allein. Er hat keine echten Freunde, nicht einmal unter seinesgleichen. Er verheiratet sich nur kurz und läßt sich bald scheiden. Er tötet entweder seine Beute selbst — und zwar großartig — oder eignet sich die eines kleineren Raubtieres an. Er ist, gemessen an Körpergröße und Gewicht, das stärkste Säugetier auf der Erde, besteht nur aus stählernen Muskeln und Sehnen. Er ist auch eines der intelligentesten: kühl, berechnend, geduldig und ungemein argwöhnisch.
(Foto: Archiv)

in der Lage ist, sich flinkere, wachsamere Opfer zu suchen. Doch wird ein Leopard selbst dann nur einen Angriff unternehmen, wenn der Mann allein ist und wenn er ihn von hinten anfallen kann. Wenn er aber angreift, ist der Jäger bald erledigt, denn kein Mann kann sich richtig wehren, keiner überlebt es länger als ein paar Minuten, wenn ein Leopard ihm die Zähne ins Genick schlägt, ihm die Schulter mit rasiermesserscharfen Klauen aufreißt und ihn mit den noch kräftigeren Hinterläufen Gesäß und Schenkel zerfetzt.

Nur dann, wenn der Jäger das Glück (oder Pech!) hat, Chui zu überraschen und ihn in die Enge zu treiben, oder wenn er ihn verwundet, unternimmt die Raubkatze einen Frontalangriff. Sie springt dem Gegner an die Kehle, zerfetzt ihm mit den Vorderpranken die Schultern und benützt die Hintertatzen dazu, ihm die Eingeweide aus dem Leib zu reißen. Nur wenige überleben einen solchen Angriff, von vorne wie von hinten, es sei denn, es kommt ihnen jemand zu Hilfe. Anders als der Löwe, der manchmal seinem Opfer nur einen Prankenhieb versetzt und dann abzieht, besonders wenn er nicht sehr hungrig ist, läßt Chui von seinem Opfer nicht eher ab, bis es tot ist und er ihm die Eingeweide herausgerissen hat.

Wenn ein Bantu unerwartet auf einen Leoparden trifft, fängt er gewöhnlich zu schreien an, macht dann kehrt und rennt davon, zuweilen in Richtung auf den nächsten Baum. Ein solches Verhalten, gegenüber jedem Tier gefährlich, ist absolut widersinnig, wenn man es mit einer hochintelligenten Raubkatze zu tun hat, die jedes Anzeichen von Schwäche registriert, den instinktiven Hang hat, alles zu packen, was läuft, und rascher und gewandter als jeder Mensch Bäume erklettert.

Angesichts eines solchen Verhaltens, das der mutigen Taktik der Pygmäen diametral entgegengesetzt ist, kann es kaum verwundern, daß erwachsene Männer manchmal angefallen werden; Chui dagegen greift nur selten an.

Eine solche Leopardenpanik, die eine ganze Reihe von Banande-Trägern ergriff, führte zu der gefährlichsten Begegnung, die ich jemals mit einem freilebenden afrikanischen Tier hatte. Dies spielte sich im Januar 1957 im Watalinga-Buschland zwischen dem Semliki und dem Nordwestrand des Ruwenzori-Massivs ab — den berühmten „Mondbergen". Meine sechzehn Mann starke Karawane zog im Gänsemarsch einen schmalen, gewundenen Pfad dahin, der durch dichten Busch auf das Dorf Muregeta zuführte. Unser „kapita" oder Spitzenmann marschierte voraus und hieb mit seiner Machete einen Weg durch das dichte Laub, während ich das Schlußlicht bildete. Es war eine stille, geradezu banale Safari-Szene, die sich plötzlich in ein hysterisches Chaos verwandelte.

Der zweite Träger hatte einen großen Leoparden entdeckt, der auf einem Ast saß. Die Raubkatze war zwar gut getarnt, ließ aber, wie es Leoparden manchmal tun, den Schwanz herunterbaumeln. Wie vorauszusehen, stieß der Träger einen Schrei aus, ließ seine Last fallen und versuchte wegzulaufen. Die übrigen Träger und der „kapita" stürzten entweder in den Busch oder kraxelten die Bäume hoch. Inzwischen hatte der Leopard den zweiten Träger von hinten angesprungen und bäuchlings auf die Erde geworfen. Als ich das Raubtier und sein Opfer erreichte, hatte der Leopard dem schreienden Mann Schultern, Waden und Schen-

Die große Katze bäumte sich in meinen Armen auf, und nur mit einer herkulischen Anstrengung gelang es mir, sie festzuhalten.
(Zeichnung: Julius Szönyi)

kel aufgerissen, war aber noch nicht auf das Genick losgegangen.

Obwohl ich keine Waffe und nur eine Hand hatte, konnte ich es nicht ertragen, einfach dazustehen und zuzusehen, wie ein Mensch starb. So stürzte ich mich auf den Leoparden, nach Leopardenart von hinten. Als ich auf ihn sprang, versuchte er sich umzudrehen, und wir rollten zur Seite, wodurch der Träger befreit wurde. Er wankte blutend in den Busch.

Ich machte mir den Überraschungseffekt zunutze, umklammerte den Leoparden so, daß ich ihm die Schulter teilweise ausrenkte und ihm die Oberarme gegen den Hals preßte. Der Stumpf meines rechten Oberarms war lang genug, daß ich damit das rechte Vorderbein des Tieres umklammern konnte, und ich schloß die Umklammerung, indem ich mit der linken Hand meinen rechten Ellbogen packte. Zugleich umklammerte ich seine Hinterbeine im Scherengriff mit meinen eigenen, so daß sie außer Gefecht gesetzt und weit auseinandergepreßt waren.

Der Leopard krümmte und bäumte sich, und mir, an ihm festgeklammert wie ein Mann, der auf einem Tiger reitet, blieb nichts anderes übrig, als meinen Griff nicht zu lockern, während wir uns auf dem Pfad und im Unterholz umherwälzten. Obwohl ich zwei- bis dreimal so schwer war wie er, warf er meine 230 Pfund herum, als wäre ich ein Spielzeug.

„Kisu! Kisu!" rief ich. „Ein Messer! Ein Messer!"

Aber keiner der verängstigten Träger wagte seinen Zufluchtsort in den Baumwipfeln oder im Busch zu verlassen, um mir zu Hilfe zu kommen oder wenigstens ein Messer zuzuwerfen. Zwanzig höllische, alptraumhafte Minuten vergingen so. Dann, als ich schon dem Ende meiner Kräfte nahe war, faßte sich der „kapita" ein Herz: er kam bis auf dreißig Meter Entfernung heran und warf mir ein riesiges, unhandliches Messer mit einer langen Klinge zu.

Es landete sieben Meter weit weg!

Während sich der Leopard mit mir hin und her wälzte, gelang es mir, ihn langsam zu dem Messer hinzudrängen. Als wir endlich nahe genug waren, ließ ich sein linkes Vorderbein los und klemmte es durch eine plötzliche Gewichtsverlagerung unter seinem Körper fest. Auf diese Weise war es mir möglich, nach dem Messer zu greifen, während ich den Oberkörper des Tieres nur mit dem Stumpf festhielt. Ich erwischte gerade die Spitze der Schneide, packte es am Griff, und während der Leopard sich noch immer mit mir wälzte, versuchte ich, ihm die Schneide ins Herz zu stoßen.

Doch das Messer rutschte ab, und ich hätte es um ein Haar verloren. Die große Katze bäumte sich in meinen Armen auf, und nur mit einer herkulischen Anstrengung gelang es mir, sie festzuhalten. Ich machte einen neuen Versuch, aber der Leopard krümmte sich seitwärts. Beinahe hätte ich mich selbst in die Brust gestochen — ich spürte, wie die große Klinge mir kalt über den Brustkorb glitt. Beim nächsten Versuch gelang es mir endlich, dem Raubtier das Messer in die Brust zu rammen. Die dreißig Zentimeter lange Klinge ging fast bis zum Heft hinein, aber der Leopard kämpfte noch drei, vier Minuten, bis er tot war.

Als der Kampf vorüber war, lag ich erschöpft auf der Erde. Der Leopard hatte mich nicht einmal mit seinen Zähnen oder Klauen erwischt, aber meine Arme und Beine waren mit roten Schrammen bedeckt, die von den Dornbüschen stammten, in denen wir uns gewälzt hatten.

Der Leopard war ein Männchen, etwa einen Zentner schwer, in der Blüte seines Lebens und offensichtlich gesund. Ich entdeckte keine alten Narben an seinem Körper, also muß ihn großer Hunger dazu getrieben haben, sich die Panik der Träger zunutze zu machen.

Hätte er sich im Verlauf unseres Kampfes befreien können, hätte die Geschichte wohl ein malerisches Ende genommen. Er hätte mich binnen weniger Minuten verstümmelt und getötet, dann den über zwei Zentner schweren Kadaver in ein Dickicht geschleppt, ausgeweidet und die Eingeweide vergraben. Er hätte beim Kopf angefangen, aber mit sehr wählerischem Geschmack — im Gegensatz zum Löwen, der sich von unten nach oben arbeitet. Wenn er Nase, Zunge, Ohren, Herz, Leber und Lunge verspeist hätte und dazu noch eine Menge Haut und Fleisch, hätte er den Rest auf einen Baum geschleppt und in eine Astgabel gezwängt. Angesichts meiner Größe wäre das nicht so einfach gewesen, aber es ist bekannt, daß Leoparden das Dreifache ihres Eigengewichts auf Bäume schleppen können, sogar junge, drei Zentner schwere Giraffen. Nacht für Nacht kommt er zurück und stattet seiner luftigen Speisekammer einen Besuch ab. Je mehr das Fleisch in Verwesung übergeht und dabei zarter wird, um so besser, denn der Leopard betrachtet, wie der Löwe, Aas als eine Leibspeise und frißt es ebenso gern wie die dafür berüchtigten Hyänen, Geier und Krokodile. Leoparden nehmen sogar Hyänen ihre Mahlzeit weg, wenn sich die Gelegenheit dazu ergibt. Von allen großen afrikanischen Raubkatzen verschmäht nur der Gepard verwesendes Fleisch und kehrt selten zu einer Beute zurück.

Die Erdkröte — ein Polizist auf dem Streifengang

Wie ein diensteifriger Revierposten, der nachts seinen Bezirk genau überwacht, so wachsam ist die Erdkröte, die mit Beginn der Abenddämmerung ihr Gartenrevier scharf kontrolliert: selten entkommt ihr eine Beute, da sie eine ungewöhnlich bewegliche Zunge hat, die sie buchstäblich auf ihr Opfer wirft. Sie verzehrt eine große Menge von Ungeziefer der verschiedensten Art und ist daher — trotz ihres Äußeren, das von vielen Menschen als „häßlich" oder „ekelhaft" bezeichnet wird — ein sehr nützliches Tier. Vernichtet deshalb nie eine Kröte!

Freund Pferd – Von Pferden und Pferdesport

Von Helmut Sohre

Lombard, ein Vollblut-Fuchshengst aus dem Gestüt Schlenderhan, hatte seinem Besitzer im Jahr 1972 über eine Million Mark zusammengaloppiert und sechs der bedeutendsten Rennen gewonnen. Als erfolgreichstes deutsches Rennpferd wird Lombard bald vom Turf Abschied nehmen, in die Zucht gehen und viele Nachkommen haben.

Das Stockmaß*) des stattlichen Fuchshengstes des Gestüts Schlenderhan beträgt 1,63 m. Seine Vorfahren vor rund 60 Millionen Jahren waren kleiner und hatten auch eine andere Lebensweise. Sie waren Waldbewohner und nicht größer als ein Fuchs. Aber etwas ist dem Pferd geblieben, über die 60 Millionen Jahre hinweg: es ist immer noch ein Fluchttier.

Als Urheimat des Pferdes gilt der nordamerikanische Kontinent. Das Urpferd nennt man Eohippus, es hatte noch keine Hufe. An seinem Fuß befanden sich fünf Zehen, die sich erst später zu Hufen bildeten, als das pflanzenfressende Pferd durch die Auswirkungen der Eiszeit aus den schützenden Wäldern vertrieben und zum Steppentier wurde. Unter den neuen Umweltbedingungen entwickelten sich im Laufe der Millionen Jahre viele Pferderassen. Als der ganze nordamerikanische Kontinent von riesigen Gletschern bedeckt wurde, flüchtete das Pferd in zwei Richtungen: einmal über eine damals noch bestehende Landbrücke zwischen dem heutigen Alaska und Sibirien, ein andermal nach Süden zum südamerikanischen Kontinent. Die Pferde, die sich nach Südamerika zurückzogen, starben aus, und vor etwa einer Million Jahren gab es auf dem nord- und südamerikanischen Kontinent kein Pferd mehr.

Diejenigen, die sich nach Asien zurückgezogen hatten, paßten sich den neuen Umweltbedingungen an, wurden größer, bevölkerten auch Europa und wurden somit die Ahnen unserer heutigen Pferderassen. Amerika erhielt erst wieder Pferde durch die spanischen und portugiesischen Eroberer des 16. Jahrhunderts, die Pferde arabischer und spanischer Abstammung in die „Neue Welt", wie man Amerika damals nannte, als Reittiere mitbrachten.

Der Mensch bevölkert die Erde etwa seit zwei Millionen Jahren. Er jagte das Wildpferd zu seiner Ernährung und begann es erst sehr spät als Haustier zu zähmen und zu züchten. Wann es geschah, weiß man nicht genau. Man nimmt an, daß Mongolen, Inder oder Chinesen die ersten waren, die Wildpferde zähmten und zu Reit- und Zugtieren machten. Es dürfte vor 6000 Jahren gewesen sein.

Aus dem Wildpferd wurde das Hauspferd, der Freund des Menschen. Es diente ihm treu als Zugpferd, als Reitpferd, half ihm auf der Jagd, bei der Feldarbeit und diente ihm als Kriegskamerad. Bevor das Pferd im Krieg als Reittier verwendet wurde, spannten es die Eroberer Asiens und Kleinasiens vor die Kampfwagen als Zugpferd. Der Kampfwagen hatte in der damaligen Kriegsgeschichte solche Bedeutung, daß er als epochemachend galt und den Eroberern

---

*) Mit Meßstock gewonnenes Höhenmaß vom Boden bis zur Schulter.

Das Pferd ist neben dem Hunde des Menschen treuester Gefährte. (Foto: L. Windstosser)

Wildpferde, die letzten auf Argentiniens Steppen, die ihre Freiheit bewahrten und auch verteidigen. Es gibt nicht mehr viel Wildlinge dieser Art auf der Welt, und in vielen Ländern werden sie geschützt. Es ist ein beglückendes Erlebnis, diese herrlichen Tiere in voller Freiheit beobachten zu können. (Foto: Comet)

Galopper. Es geht in die Zielgerade, und auch der Vollblüter weiß hier, worum es geht. Die Peitsche des Jockeis hat nur symbolischen, aufmunternden Effekt. Ein guter Reiter schlägt sein Pferd nicht.
(Foto: Sven Simon)

zu Weltreichen verhalf. Der Kampfwagen verlor seine beherrschende Rolle, als die großen beweglicheren Reiterheere auftauchten. Die berühmtesten Reitervölker waren die Mongolen unter ihrem Herrscher Dschingis Khan und die Hunnen unter Attila. Das Pferd als Kriegskamerad diente treu bis in den Tod noch im Zweiten Weltkrieg. Allein in den Jahren 1941 bis 1945, vom Beginn des Rußland-Feldzuges bis zum bitteren Ende, blieben auf deutscher Seite über 1,7 Millionen Pferde auf dem Schlachtfeld. Beim Gegner dürften es nicht weniger gewesen sein.

Das Pferd zog den Wagen, den Pflug, die Egge, den Mähdrescher, war des Landmanns Arbeitskamerad . . . und wurde von der Maschine, dem Traktor, verdrängt. Das Postwesen wäre jahrhundertelang ohne das Pferd undenkbar gewesen; Postreiter, Postillione mit ihren vierspännigen Postkutschen hielten den Nachrichtendienst und Reiseverkehr am Leben — ehe auch hier die Dampfkraft und der Motor als Konkurrenten das Pferd verdrängten.

Es zog die schweren Planwagen der Kaufleute über Europas holprige Straßen die Jahrhunderte hindurch, bis die Eisenbahn den Güterverkehr übernahm, und wieder war das Pferd überflüssig geworden.

Pferde zogen auf Treidelpfaden die Schiffe flußaufwärts, arbeiteten als Grubenpferde Hunderte von Metern unter Tage in den Kohlenbergwerken, zogen die Pferdebahnen durch die Straßen; und ohne die Kraft und Hilfe des Pferdes wäre der Fortschritt der Menschheit um Jahrtausende zurückgeblieben.

Sechzig Millionen Jahre alt, als Fluchttier geboren, mußte es sich immer den Gegebenheiten anpassen, sei es der Natur, sei es den Forderungen der Menschen. Es wurden immer neue Pferderassen gezüchtet, für bestimmte Aufgaben, Betätigungen, Zwecke und Lebensbedingungen. Die Anzahl der Pferdeschläge ist heute verwirrend, und doch wäre in unserem Jahrhundert das Pferd zum Aussterben verdammt gewesen, in einem materiellen Zeitalter, das nur den Profit anerkennt, hätte sich der Mensch nicht darauf besonnen, daß dieses herrliche Geschöpf Pferd auch ein guter Sportkamerad ist: als braves Reitpferd für den Hausgebrauch, als Rennpferd, als Traber und Galopper, als Dressur- und Springpferd bei Turnieren. Es gibt kein Tier, das so vielseitig, dessen Verwendungszweck so umfangreich ist wie das Pferd.

Der Pferdebestand in der Bundesrepublik ist wieder im Steigen begriffen. So ergab eine Zählung des Landwirtschaftsministeriums in Bonn für das Jahr 1972 einen Pferdebestand von 282 000 Tieren. Das sind 16 700 oder 6,3 % mehr, als ein Jahr zuvor. Noch 1950 hatte es in der Bundesrepublik insgesamt 1,57 Millionen Pferde gegeben.

Wir züchten heute Vollblüter, eine ursprünglich aus Araberhengsten und edlen Landstuten hervorgegangene Rasse; des weiteren Warmblüter, die auch als Halbblüter bezeichnet werden. Es ist ein Allzweckpferd, zum Reiten und zum Arbeiten geeignet. Warmblüter, die Zufuhr vom Vollblut haben, stellen Turnierpferde für Springreiten, Dressur und Vielseitigkeitsprüfung (Military). Eine eigene Rasse der Sportpferde bilden die Traber, die aus Landschlag und Vollblut gezüchtet werden. Kaltblüter sind Arbeitspferde. Die Bezeichnung Kaltblut hat nichts mit der Körpertemperatur des Tieres zu tun, eher mit dem ruhigen Temperament des Pferdes. Ferner kennt man Kleinpferde, Ponys sowie Maultiere und Maulesel als Pferdearten.

Im Schutze der Mutter. Ihr Fohlen ist müde geworden und sonnt sich auf der Wiese. (Foto: Almasy-Bavaria)

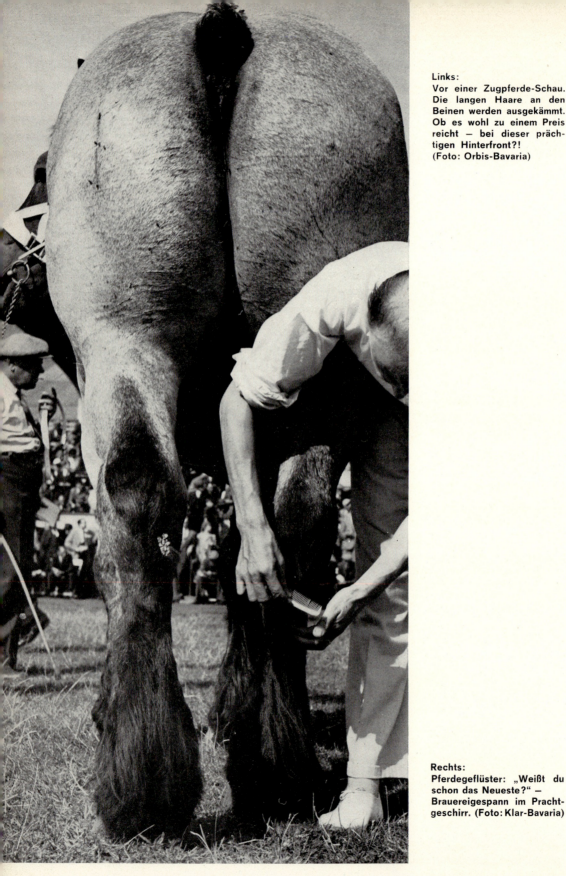

Links:
Vor einer Zugpferde-Schau. Die langen Haare an den Beinen werden ausgekämmt. Ob es wohl zu einem Preis reicht — bei dieser prächtigen Hinterfront?!
(Foto: Orbis-Bavaria)

Rechts:
Pferdegeflüster: „Weißt du schon das Neueste?" — Brauereigespann im Prachtgeschirr. (Foto: Klar-Bavaria)

Technik macht's möglich: Klima auf Wunsch

Von Wolfgang Messerschmidt

Der Begriff Klima ist meist dann in aller Munde, wenn es sich um die Planung einer Urlaubsreise handelt oder wenn der Arzt eine Klimaveränderung empfiehlt. Es ist von „klimatischen Kurorten" und vom „Klima als Heilmittel" die Rede. Eine Klimaforschung gibt es bereits, und man weiß, daß schattenreiche oder gut belüftete Gebiete, natürlich auch Bergrücken in über 1500 Meter Höhe ein ausgesprochenes Reizklima bieten. Windschwache und bewölkungsarme Zonen, beispielsweise bei Garmisch-Partenkirchen am Fuße von nach Süden bis Südosten orientierten Berglehnen, vermitteln das sogenannte Schonklima.

Was ist eigentlich Klima?

Die Meteorologen bezeichnen damit die Gesamtheit aller Witterungserscheinungen. Die „Wetterfachleute" wissen längst, daß ein ganzes Mosaik von Elementen das Klima ausmacht. Trockenheit oder Feuchtigkeit von Boden und Luft, atmosphärischer Druck, Luftströmungen (Wind oder Windstille), Lufttemperaturen, tageszeitliche Temperaturschwankungen, Staubfreiheit, Sonnenscheindauer und -stärke, Kohlensäuregehalt der Luft sowie verschiedenartige Strahlungen gehören zu den wichtigsten klimabestimmenden Faktoren.

Der Mensch ist also den klimatischen Einflüssen ausgesetzt. Hierbei war das offene Feuer vor Jahrtausenden der erste Versuch, sich wenigstens gegen die störenden Beeinträchtigungen der Kälte zu schützen. Daß sich im Laufe der Jahrhunderte der Lebensstandard des Menschen änderte, ist uns allen bekannt. Von der primitiven Höhle über das wärmende Fellzelt und die Laubhütte, den Pfahlbau und das Holzhaus bis zum Stein- und Betongebäude steigerte sich die Wohnkultur in einem ähnlichen Trend, wie er sich bei der Fortentwicklung der Bekleidungsmode vom ungegerbten Tierfell über das Leder und Bastgeflecht bis zum Web- und Spinnstoff vollzog.

Von den ersten Bemühungen um eine Veränderung der den Menschen unmittelbar umgebenden Lufttemperatur und um eine Abschirmung gegen Wind und Regen führte ein dornenreicher Weg bis zur heutigen vollautomatischen Klimaanlage. Das Kühlen der Luft schaffte man vor Jahrtausenden nicht. Man mußte sich mit der Erwärmung der Winterluft am Feuer zufriedengeben. In der ersten Hälfte unseres Jahrhunderts gelang es erst mit Hilfe der fortgeschrittenen Technik, zu jeder Jahreszeit in geschlossenen Räumen den gewünschten Luftzustand herzustellen. Es entstand der Begriff „Klimaanlage", weil eine solche Einrichtung ja nicht nur die Raumtemperatur, sondern auch die Luftfeuchtigkeit beeinflussen kann. Sie sorgt auch für einen ausreichenden Luftaustausch und für die Reinigung der zugeführten Luft.

Freilich ist das Wort „Klimaanlage" in der Umgangssprache oft ungerechtfertigt angewendet worden. Mitunter wurden nämlich einfache Lüftungs- und Luftheizanlagen einfach mit Klimaanlage bezeichnet. Auch ein Gerät zur Zuführung gekühlter Luft ist noch kein hundertprozentiges Klimagerät. Eine wirkliche Klimaan-

In der klimatisierten Aussichtskuppel eines Trans-Europ-Expreß-Zuges (Foto: DB)

lage soll die Luft heizen, kühlen, befeuchten, entfeuchten, reinigen und erneuern können.

Wie problematisch die funktionelle und anordnungsgerechte Auslegung von Klimaanlagen sein kann, geht schon aus der Eigenart des Individuums Mensch hervor. Allein das Temperaturempfinden der Menschen ist recht unterschiedlich. Im Winter gelten Raumtemperaturen zwischen 20 und 22 Grad Celsius als angenehm. Während der Sommermonate bezeichnet man in unseren Breitengraden eine Innentemperatur von 22 bis 26 Grad als optimal. Dabei bleibt die Temperatur des menschlichen Körpers über einen weiten Bereich der Umgebungsbedingungen verhältnismäßig konstant. Aber eine bestimmte Wärme ist nicht alles. Der Mensch braucht frische Luft, um gut atmen zu können. Innerhalb großer Räume scheidet eine Fensterlüftung schon deshalb aus, weil eine solche „direkte" Lüftung sowohl Lufttemperatur als auch relative Luftfeuchte[1] unkontrolliert mitbeeinflußt. Der Betrieb einer Klimaanlage setzt geschlossene Fenster voraus. Dabei ist noch zu berücksichtigen, daß es eine Voraussetzung für behagliche und damit auch hygienisch befriedigende Wohn- und Arbeitsraumverhältnisse ist, die „Fußwärme" zu beachten, denn kalte Füße sind ein Unbehaglichkeitsfaktor ersten Ranges.

Wegen der Verschiedenartigkeit physiologischer Empfindlichkeiten kann allerdings kein mathematisch genauer Wert für die *Behaglichkeit* festgelegt werden, bei welchem sich ausnahmslos alle Menschen wohl fühlen. Aber allgemein gilt, daß der menschliche Wärme-

---

[1] Relative Luftfeuchtigkeit ist das Verhältnis der Wasserdampfmenge in der Luft zu der maximal möglichen Aufnahmefähigkeit.

Klimageräte gibt es in den verschiedensten Ausführungen und Leistungen. Die Modellwahl erfolgt im allgemeinen — wie hier in einem modernen Büroraum — unter Berücksichtigung der baulichen Gegebenheiten.

Auch zu Hause kann man sich das Leben mit einem entsprechenden Klimageräte-Modell behaglicher machen.

Ein Raumklimagerät wird in Atelier-Räumen besonders dann gern eingebaut, wenn es darin zu warm, zu feucht oder die Ventilation nicht ausreichend ist.

Das Aggregat einer Kraftfahrzeug-Klimaanlage wird unter dem Armaturenbrett eingebaut wie hier auf unserem Bild zwischen Autoradio und Blaupunkt-Verkehrsfunk-Dekoder. (Foto: Bosch)

Rauhe Herbstfahrt bei angenehmem Innenklima im Mercedes-Benz 280 S mit Klima-Anlage. (Foto: Bosch)

haushalt — und somit auch die Behaglichkeit — von der Lufttemperatur, von den Temperaturen der umgebenden Wände und Gegenstände, also von der Strahlungswärme, von der relativen Luftfeuchtigkeit und vom Ausmaß der Luftbewegung abhängt. Luftbewegungen entziehen dem Körper Wärme durch Konvektion. Während beim Gehen oder bei körperlicher Arbeit die Luftbewegungen im allgemeinen nicht belästigend wirken, werden sie von ruhenden Menschen und vor allem auch bei sitzender Arbeitsweise als ausgesprochen unbehaglich empfunden.

Es ist verständlich, daß die Oberflächentemperaturen der Wände einen entscheidenden Einfluß auf den Wärme-

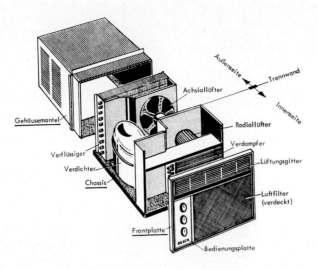

Aufbau-Schema eines Klima-Kompaktgerätes (Zeichnung: Bosch)

haushalt der Zimmerbenutzer ausüben, und unter normalen Bedingungen gibt der menschliche Körper in einem Raum die Hälfte bis zu etwa zwei Dritteln seiner überschüssigen Wärme durch Strahlung an die Umgebung ab. Andererseits ist bei Raumtemperaturen um 20 Grad die Wärmeabgabe des Körpers durch Verdunstung kaum wahrnehmbar, und der Mensch kann bei dieser Temperatur relative Feuchtegrade zwischen 35 und 70 % kaum unterscheiden. Bei Raumtemperaturen über 25 Grad fördern jedoch schon 60 % relative Luftfeuchte die Schweißbildung, und bei 70 % schlägt sich die Luftfeuchtigkeit an kalten Stellen des Raumes bereits nieder. Feuchtigkeiten unter 30 %, wie sie im Winter in geheizten Räumen auftreten können, führen bei längerer Dauer zum Austrocknen von Möbeln und Textilien (Teppiche), und sie unterstützen die Staubbildung. Keines der üblichen Heizsysteme kann der aufgewärmten Luft die notwendige Feuchtigkeit zuführen.

Es handelt sich also um eine Fülle von zu lösenden Problemen, die auf Klima-Ingenieure zukommen. Diese Spezialisten müssen auch wissen, daß ein erwachsener Mensch unter normalen Bedingungen etwa 500 Liter Luft pro Stunde „veratmet", womit er zu der für die Aufrechterhaltung seines Stoffwechselhaushaltes notwendigen Sauerstoffmenge von etwa 25 Liter stündlich kommt.

Die Luft eines Arbeitsraumes, eines größeren Wohn- oder Aufenthaltsraumes verändert sich durch Ausdünstungen, Wasserdampfbildung, Wärmeabstrahlung, Kohlensäureproduktion und Luftverunreinigungen, wobei die zuerst genannten vier Faktoren vom Menschen selbst herrühren. Die von ihm abgegebenen Riechstoffe sind deshalb von entscheidender Bedeutung, weil sie bereits in kleinsten Konzentrationen Gefühle von Unlust, Unbehagen, Abneigung und sogar Ekel auslösen können. Solche Riechstoffe sind ein Gemisch von organischen Gasen und Dämpfen, die zwar in den üblichen Konzentrationen nicht toxisch, aber wegen der subjektiven Belästigungen sehr unerwünscht sind. Frischluftzufuhr ist demnach eine wesentliche Forderung an Klimageräte, die auch etwaigen Tabakrauch auf ein erträgliches Maß herabsetzen müssen.

Wir erkennen jetzt recht gut, daß das

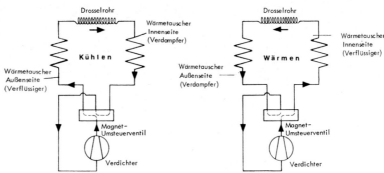

Funktions-Schema eines Raumklimagerätes mit Wärmepumpe. Das Magnetventil dient zur Umsteuerung der Kältemittel-Kreislaufrichtung. (Zeichnung: Bosch)

Gefühl der Unbehaglichkeit ein sinnvolles biologisches Regulativ ist: Der Mensch trachtet durch Anpassung seiner Kleidung und Tätigkeit sowie durch den Einsatz der gegebenen technischen Möglichkeiten, seinen gestörten Wärmehaushalt wieder ins Gleichgewicht zu bringen. Physiologen wissen, daß ein Abweichen vom behaglichen Raumklima nicht nur ein unangenehmes Gefühl der Lästigkeit, sondern auch eine Herabsetzung der geistigen Aufnahme- und Leistungsfähigkeit bewirkt. Die Sicherung eines behaglichen Raumklimas stellt demzufolge eine nicht zu unterschätzende wohn- und arbeitsphysiologische Forderung dar.

Und noch etwas ist zum Thema der Behaglichkeit recht interessant: Erkältungskrankheiten werden durchaus nicht in erster Linie durch Einatmen kalter Luft und Körperabkühlung verursacht. Man betrachtet vielmehr die Abkühlung als Ursache einer Herabsetzung des Körperwiderstandes und als Voraussetzung für das Wachstum und die Ausbreitung von Viren und Bakterien. In neuerer Zeit hat sich diese Auffassung insofern geändert, als man weniger die Abkühlung als vielmehr die Trockenheit der Luft in geheizten Zimmern als Ursache von Verlust des Widerstands gegenüber Erregern von Erkältungskrankheiten betrachtet.

Von Natur aus ist bereits im Menschen eine Klimaanlage eingebaut: Nase, Rachen und Luftröhre bilden ein System, mit dem eingeatmete Luft gereinigt, erwärmt und befeuchtet wird. Durch die Wirbelbildungen und die Zentrifugalkräfte innerhalb der Atemluft wird ein großer Teil des Staubes gegen die Schleimhäute geschleudert, von wo er dann durch die Bewegungen des Flimmer-Epithels, mit Schleimmasse vermengt, weggeschafft wird. Nase und Luftröhre bilden also eine Filteranlage, die sich fortlaufend selbst reinigt. Die starke Durchblutung und die dauernde Benetzung der Schleimhäute bringen die eingeatmete Luft auf Körpertemperatur und erhöhen ihre Feuchtigkeit.

Freilich ist das Leistungsvermögen der körpereigenen Klimaanlage begrenzt. Wer während längerer Zeit Luft mit sehr niedriger Feuchte einatmet, kann Austrocknungserscheinungen in den Schleimhäuten seiner Atmungswege feststellen. Vielfach wird dann das Sprechen und Schlucken zur Qual. Die Trockenheit beeinträchtigt die kleinen Flimmerhaare in ihrer Funktion, der Schleim wird eingedickt und bleibt haften. Das Selbstreinigungssystem gerät ins Stocken, und die Bakterien finden ein günstiges Milieu für ihre Entwicklung.

Auch eine von Ingenieuren geschaffene Klimaanlage ist durchaus keine Alleskönnerin, die für alle klimatischen Bedingungen jeder Erdenregion gleichzeitig passend wäre. Schon in unseren Breitengraden sind die Anforderungen unterschiedlich. So kommt es beispielsweise in klimatisierten Werkstätten von Industriebetrieben manchmal aus Fertigungsgründen speziell auf die Einhaltung einer gleichbleibenden Temperatur an. Oft ist vorwiegend die Luftfeuchte ein Maßstab für die Qualität der Erzeugnisse. In anderen Fällen werden vor allem Forderungen an die Reinheit der Luft gestellt. Häufig sind aber gleichzeitig mehrere Bedingungen mit hohem Genauigkeitsgrad zu erfüllen.

Bei sogenannten Komfortklimaanlagen steht allein der Mensch im Blickpunkt. Doch aus dem vermeintlichen Luxus der Komfortanlage ist inzwischen eine Notwendigkeit geworden. Dazu hat auch die moderne Architektur ganz zwangsläufig beigetragen. Hochhäuser mit vorgehängten Glasfassaden, Großraumbüros und fensterlose Bauten können ja gar nicht mehr in befriedigender Weise natürlich belüftet werden. Die vollautomatische Klimaanlage muß her. Sie kann vieles, aber nicht alles: Auf die chemische Zusammensetzung der Luft (in Laboratorien oder galvanischen Werkstätten) und auf die Luftelektrizität (elektrisches Feld mit positiven und negativen Ionen) hat sie keinen Einfluß. Doch mit der Regelung von Temperatur, Luftzufuhr, Luftreinheit und Luftfeuchte können schon Behaglichkeit, gesunde Atmosphäre und Arbeitsfreude gefördert werden.

Raumklimageräte arbeiten sowohl mit einem Heizmedium (Warmwasser, Heißwasser, Dampf, elektrischer Strom) als auch mit einem Kühlmittel (Wasser, Difluordichlormethan). Die aus dem Freien angesaugte Luft strömt in eine Mischkammer, wo sie mit einem Teil der zurückgesaugten Raumluft zunächst vermischt wird. Diese Mischluft wird dann in einem Staubfilter gereinigt. Im Sommerbetrieb erfolgt anschließend eine Entfeuchtung der Luft durch Kühlung und danach eine Erwärmung auf Einblas-(Zuluft-)Temperatur. Im Winterbetrieb wärmt man die Mischluft zuerst vor, dann folgen Befeuchtung mit Abkühlung und schließlich — nach Sättigung zum Erreichen der angestrebten Raumluftfeuchte — eine Erwärmung auf Einblastemperatur. Die verschiedenen Vorgänge der Luftaufbereitung werden durch Raumtemperatur- und Raumfeuchteregler gesteuert.

Eine spezielle Konstruktion stellt die sogenannte Wärmepumpe dar. Sie ist ein Klimatisierungssystem, das so gebaut und regelbar ist, daß es sowohl Wärme aus einem zu klimatisierenden Raum herausals auch hineintransportieren kann. Im Gegensatz zu einem sonstigen Klimagerät, welches die Aufgabe hat, unerwünschte Wärme aus Innenräumen nach draußen zu fördern, kann bei der Wärmepumpe der vom Kühlschrank her bekannte Kältemittelkreislauf — wie in unserem Jahrbuch Band 42, Seiten 331—340 beschrieben — umgekehrt werden, so daß man bei Bedarf eben Wärme von draußen nach drinnen bringen kann.

Das ist gar nicht so kompliziert, wenn man sich vorstellt, daß der Verdampfer aus dem Kühlschrank draußen im Freien wäre. Dann könnte man nämlich die Außenluft abkühlen und damit den Raum heizen, obwohl es draußen kühler ist als drinnen. Ist die Wärmetransportrichtung auch umgekehrt steuerbar, so kann man eben einmal kühlen und das andere Mal heizen. Der Verdichter ist gleichsam eine Pumpe, die mit dem Transport des Kältemitteldampfes die darin enthaltene

Wärme vom kühleren Verdampfer zum wärmenden Verflüssiger pumpt. Dabei wird nur die relativ geringe elektrische Arbeit zum Antrieb des Verdichters gebraucht. Die transportierte Wärme ist sozusagen „kostenlos" dabei. Es wird demnach tatsächlich Wärme „gepumpt", daher der Begriff der Wärmepumpe. In einer solchen, recht verblüffenden Anordnung kann also ein Wärmeaustauscher entweder zum Verflüssigen oder zum Verdampfen des Kältemittels benutzt werden. Die Kombination der Heiz- und Kühlfunktionen innerhalb eines einzigen Gerätes verringert natürlich auch die Klimaanlagen-Installationskosten.

In der Bundesrepublik Deutschland befindet sich die Klimatechnik in einer Expansionsphase. Auch gasbetriebene Klimageräte werden angeboten. Leichtere Wohnungsbauweisen, größere Glasflächen im Raum, aber auch größere Abwärme durch Farbfernseher und Hi-Fi-Geräte, Bügler und umfangreichere Beleuchtungskörper sowie die Abschirmung zunehmend störender Umweltfaktoren (Abgase, Staub, Lärm) tragen dazu bei, sich vom Außenklima unabhängig zu machen.

Die auf dem Markt befindlichen Raumklimageräte ermöglichen die Einstellung und Konstanthaltung gewünschter Raumtemperaturen durch leichte Regelbarkeit. Mit Hilfe verstellbarer Ausblasgitter wird die Luft in gewollter Richtung verteilt, wobei die verbrauchte Luft abgesaugt und wahlweise auch Frischluft zugeführt wird. Klimageräte entziehen dem Raum unnötige Luftfeuchte und filtern den Staub aus der Ansaugluft. Man kann sich ein angenehmes Klima tatsächlich kaufen! Die Klimageräte haben ein optimales gefälliges Design und fügen sich harmonisch in Wohnungen, Büros, Studios, Werkstätten, Arztpraxen, Verkaufsräume oder Hotelzimmer ein. Die Bestimmung der einzelnen Gerätearten und -leistungen ist selbstverständlich von den verschiedenen Gegebenheiten abhängig.

Zunehmende Bedeutung gewinnt auch die *Klimatisierung von Fahrzeugen*. Sie erhöht ja nicht nur den Fahrkomfort, sondern sie ist auch — bei Straßenfahrzeugen — unter dem Aspekt der gesteigerten Verkehrssicherheit zu betrachten. Für die Einstellung einer akzeptablen Winterbehaglichkeit genügte meist die in allen Autos serienmäßig eingebaute Heizung. Doch in jüngerer Zeit werden die Fahrzeuge immer häufiger mit Belüftungsanlagen ausgerüstet, die den Innenraum zugfrei mit zusätzlicher Frischluft versorgen sollen.

Einen weiteren Schritt auf dem Wege zur Kraftfahrzeugklimatisierung bildete das in den USA recht verbreitete Luftkonditioniergerät. Die im „Air Conditioner" mit Hilfe eines Kälteaggregates abgekühlte Sommerluft wird in den Innenraum geblasen. Sie sorgt für eine angenehme Abkühlung. Bei einer Außentemperatur von 40 Grad erreicht man Innentemperaturen bis herab zu 20 Grad. Im Prinzip handelt es sich also auch hierbei wiederum um das bekannte Kühlschrankverfahren mit Verdichter, Verdampfer und Verflüssiger. Es gibt sogar Anbaugeräte nach dem Baukastenprinzip mit elektrostatischem Luftfilter, Verdunstungs-Luftbefeuchter sowie Kühler mit direkter Verdampfung und einer luftgekühlten Verflüssigereinheit. Das europäische Angebot enthält ebenfalls derartige Anlagen, auch als Nachrüstklimageräte, an deren Entwicklung beispielsweise auch Bosch engagiert ist.

Bei der Eisenbahn sind Klimaanlagen

seit langem bekannt. So sind vor allem die bekannten „Rheingold"-Wagen der TEE-Züge der Deutschen Bundesbahn mit Klimaanlagen ausgerüstet. Die Anlage benutzt jeweils zur Übertragung von Kälte und Wärme ein mit Frostschutzmittel vermischtes Wasser. Die Kältemaschine erzeugt beispielsweise bei 7 kW Leistung etwa 22 000 kcal/h je Großraum- oder Abteilwagen. Beim Aussichtswagen mit Glaskuppel werden 28 000 kcal/h benötigt. Die elektrische Energie liefern zwei Achsgeneratoren, die jeweils am Wagendrehgestell angeflanscht sind. Zur Überbrückung der Standzeiten ist eine Batterie von 200 Ah bei 110 Volt Spannung vorgesehen, die von den Drehstrom-Achsgeneratoren über Silizium-Gleichrichter gespeist wird. Alle Fahrgasträume — außer Seitengang, Vorräume und WC — werden von der nach dem sogenannten Jettair-System arbeitenden Anlage mit klimatisierter, gefilterter Luft regelbar versorgt. Zusammen mit wärmedämmenden Fensterscheiben, hervorragender Schallisolierung und stoßfreiem Fahren auf geschweißten Schienen wird ein willkommener Reisekomfort erzielt, den man auch in vielen Fernreisezügen anderer Bahnverwaltungen nicht vermissen muß.

Meist ist man sich zwar eines behaglichen Raumklimas kaum so recht bewußt. Doch man nimmt dafür ein unbehagliches Klima der Umwelt um so eher wahr, je mehr es von den Behaglichkeitswerten abweicht. Deshalb kommt eben unserem „Klima auf Wunsch" eine so große Bedeutung zu.

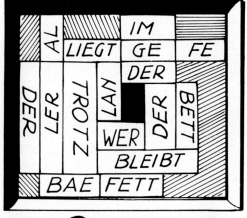

Ein lustiger Knüttelreim

In sächlichem Zusammenhang mit der nebenstehenden Zeichnung, ergeben die Wortfragmente einen lustigen Wahlspruch in Knüttelreimform. Wie mag er nur lauten? (Lösung auf Seite 399)

Was ein Flugkapitän erzählt

Der Dienst an Bord einer Lufthansa-Maschine

Von Manfred Leihse

Drei Mitglieder der Kabinenbesatzung halten vor dem Abflug ihrer Lufthansa-Boeing noch einen kleinen Plausch. Während des Fluges hat man kaum noch Zeit für ein privates Gespräch.

Regen peitscht gegen die Windschutzscheibe und die Scheibenwischer können kaum noch für ungehinderte Sicht sorgen. Windböen erfassen den Wagen und verlangen vom Fahrer seine ganze Aufmerksamkeit. „Mistwetter", denkt Flugkapitän Gerlach, und schickt sich an, einen „dicken Brummer", der vor ihm fährt, zu überholen.

Diese Fahrten gehören zum Alltag eines Flugkapitäns und man sagt darüber nicht ohne eine gewisse Ironie: Das einzige was auf einem Langstreckenflug wirklich gefährlich ist ... ist die Fahrt über die Autobahn zum Flughafen.

Wegweiser signalisieren die Abfahrt zum Flughafen Frankfurt, und Kapitän Gerlach schert erleichtert von der rechten Fahrspur in die Abzweigung aus. Nach wenigen Minuten steht sein Wagen einsam und verlassen auf dem Parkplatz. Bis zum Start der Boeing 707, die er mit seiner Besatzung nach New Delhi fliegen soll, sind es noch etwas mehr als zwei Stunden, aber schon jetzt beginnt die Arbeit der Besatzung.

Nichts ist bei den Vorbereitungen für einen Langstreckenflug zu spüren von der Romantik des Fliegens, wie es noch immer in den Köpfen der meisten Leute herumspukt, wenn die Rede auf den Beruf der fliegenden Besatzungen kommt.

„Romantik des Fliegens", überlegt Kapitän Gerlach und lacht, „da müßte ich erst einmal im Lexikon nachsehen, was darunter verzeichnet ist." Ernster fährt er dann fort: „Die vielgepriesene Romantik des Fliegens gehört schon lange der Vergangenheit an. Man denkt heute dabei vielleicht an die verwegenen Männer in ihren fliegenden Kisten. An eine

231

Zeit, wo die Lederkombination und der Schal zum malerischen Attribut eines Piloten gehörten. Der heutige Pilotenberuf ist wesentlich nüchterner.

Hartnäckig halten sich jedoch immer noch verschiedene Klischeevorstellungen, wie ‚Playboys der Luft' und ähnliches. Man denkt oft an das Leben wie ein Millionär, Piloten schlafen in Luxushotels, gehen mit den schönsten Mädchen spazieren, lassen sich den ‚Duft der großen weiten Welt' um die Nase wehen — und ab und zu fliegen sie sogar noch ... natürlich mit der linken Hand.

Sicher, wir schlafen in Luxushotels, aber sicher nur, weil die so geräuschgedämpft sind, daß man auch noch bei Tag schlafen kann, und was die schönen Mädchen anbelangt, die meisten von uns sind verheiratet. Vom ‚Duft der großen weiten Welt' lernen wir erst im Laufe der Jahre etwas kennen. Meist beschränkt sich die Kenntnis von einer Stadt in der ersten Zeit nur auf das Hotel und das Hotelzimmer. Auf einigen Routen kommt man nie dazu, mehr davon zu sehen. Auf anderen Routen haben wir zwei, manchmal sogar drei Tage Freizeit, dann ist für uns Gelegenheit gegeben, mal etwas von einem fremden Land näher kennenzulernen. Will man jedoch die zweifellos oft sehr günstigen Einkaufsmöglichkeiten nutzen, dann bleibt wieder für alles andere nicht mehr viel Zeit.

Man macht uns oft den Vorwurf, daß wir unsere Hemden in Bangkok, unsere Anzüge in Hongkong und unsere Schuhe in Rom anfertigen lassen. Daß wir unseren Whisky aus New York beziehen und unseren Wodka direkt aus Moskau. Das stimmt sehr oft sogar, aber wer will es uns verargen. Die Möglichkeiten haben wir, und in Deutschland hat man durch die wenige Freizeit kaum Zeit, einzukaufen. Eine Stewardeß, die aus Fernost nach Hause kommt, schläft erst einmal 24 Stunden rund um die Uhr, ehe sie sich wieder wie ein Mensch fühlt, und uns Männern geht es oft kaum besser.

Der Beruf des Flugkapitäns ist wie kein anderer an Vorschriften gebunden, und wer gegen diese Vorschriften verstößt, der muß sich schon eine sehr gute und einleuchtende Ausrede einfallen lassen, wenn er weiter auf einer Verkehrsmaschine fliegen will. Unsere Arbeit ist in erster Linie ingenieurmäßig: klar, nüchtern und präzise. Dafür werden wir während der Ausbildungszeit und auch auf der Linie einem harten Drill unterworfen. Alle sechs Monate werden wir durch unsere Ärzte ‚auf den Kopf gestellt', beim geringsten Anzeichen eines körperlichen Schadens ist es mit der Fliegerei erst einmal vorbei. Wer bei einer späteren Nachuntersuchung immer noch nicht den körperlichen Anforderungen wieder genügt, der verliert seine Lizenz und muß mit dem Fliegen aufhören.

Alle sechs Monate unterziehen wir uns einer gestrengen Prüfung, in der wir unser Können als Pilot unter Beweis stellen müssen. Alle Gefahrensituationen, die während eines Fluges auftreten können, müssen wir in einem Simulator am Boden beherrschen. Fällt die Prüfung nicht zur Zufriedenheit aus, dann sitzen wir am Boden fest. In keinem anderen Beruf sind die Anforderungen so hoch.

Unsere Arbeit ist zu einem großen Teil Routine. Täglich lesen wir die gleichen Checklisten, vor dem Anlassen der Triebwerke, nach dem Anlassen, beim Rollen, vor dem Start, nach dem Start, nachher auf der Strecke und schließlich wieder bei der Landung. Selbst für besondere Gefahrenfälle haben wir eine Checkliste, die zu Rate gezogen werden muß, damit

Auf Prüfungsflügen müssen die Lufthansa-Besatzungen jedes Jahr erneut ihr Können unter Beweis stellen. Aufmerksam verfolgt der Prüf-Flugkapitän – ganz links – jeden Handgriff der Besatzung. (Fotos: Lufthansa)

wir auch sicher sind, daß alle Punkte, die zur Beseitigung des Schadens notwendig sind, auch ausgeführt sind.

Bei allem, was wir tun, hat die Sicherheit der uns anvertrauten Passagiere Vorrang. Dabei darf aber die Wirtschaftlichkeit der Einsätze nicht außer acht gelassen werden. Wenn wir eine Verspätung haben, müssen wir das genauso vor unserer Gesellschaft verantworten wie einen unverhältnismäßig hohen Treibstoffverbrauch.

Alle Verantwortung liegt letztlich beim Kapitän. Wenn wir bei schlechter Wetterlage einen anderen Weg wählen wollen — der meist viel länger ist —, dann wird man von uns Rechenschaft verlangen, wenn eine andere Maschine die günstigere Strecke gewählt hat und auch sicher angekommen ist. Die Verantwortlichkeit des Kapitäns ist ein so großer und verzwickter Komplex, daß man stundenlang darüber sprechen könnte.

Natürlich hat unsere Arbeit auch ihre Vorteile. Wir werden besser bezahlt als andere Berufe, aber auch das ist schon wieder relativ, denn ehe wir die vier Streifen des Kapitäns tragen, haben wir eine Ausbildungszeit von mehr als zehn Jahren hinter uns. Tritt dann der Fall ein, den wir schon angeschnitten haben, nämlich daß wir nicht mehr fliegen dürfen, dann sieht die Sache schon wieder sehr viel schlechter aus. Wie Sie sehen, hat alles zwei Seiten, aber der Außenstehende ahnt meist davon nichts. Er sieht nur unsere Uniform mit den goldenen Armstreifen und hält uns für Halbgötter. Dabei unterscheiden wir uns kaum von jedem anderen Durchschnittsmenschen."

Im Besatzungsraum trifft die Mannschaft für den Lufthansa-Flug Nr. 644 nach Tokio zusammen. Die Besatzung wird die Maschine bis nach New Delhi fliegen, zwei Tage Ruhe haben, und dann die Maschine aus Frankfurt übernehmen, mit der sie dann in Tokio landen wird. Nach weiteren Ruhetagen übernimmt sie eine Maschine von Tokio nach New Delhi, und fliegt dann schließlich wieder von New Delhi nach Frankfurt. Alles in allem ist sie etwa vierzehn Tage von Deutschland fort.

Hier zeigt sich ein weiterer Nachteil. Familienleben ist für die meisten Besatzungsmitglieder ein Luxus, den sie sich nur sehr selten leisten können. Für eine Stewardeß ist es recht schwierig, bei ihrem Dienst einen entsprechenden Lebensgefährten zu finden. Daß eine von ihnen von einem Millionär geheiratet wird, ist noch immer die sehr seltene Ausnahme.

Punkt 14.30 Uhr steht die Boeing 707 der Lufthansa auf der Rollbahn, bereit zum Start. Bis jetzt hat die Besatzung bereits ein gehöriges Arbeitsprogramm absolviert. Während der Kapitän und sein Kopilot die verschiedenen Vorbereitungsstationen wie Flugsicherung und Wetterberatung durchlaufen haben, hat der Flugingenieur die Maschine einer Außenprüfung unterzogen und das Auftanken überwacht. Auch er hat dabei eine Unmenge an Papierkram zu erledigen.

Die Besatzung der Kabine hat sich inzwischen davon überzeugt, daß alles sauber und in bester Ordnung ist. Sie haben die Bordverpflegung übernommen, und alles am dafür vorgesehenen Platz verstaut. Für den Bordverkauf werden zollfreie Waren, wie Zigaretten, Spirituosen und Parfums an Bord gebracht, die in verplombten Behältern untergebracht sind. Schließlich hat eine der Stewardessen sich auch davon überzeugt, daß genügend Formulare an Bord sind. Diese Formulare für die Einreise und die Zollformalitäten werden den Passagieren vor der Landung zum Ausfüllen übergeben.

Alle Anweisungen werden vom Purser — dem Chef der Kabinenbesatzung — gegeben. Er hat zusätzlich noch dafür zu sorgen, daß genügend Devisen an Bord sind, damit beim Bordverkauf jeder die Währung erhält, die er haben will.

Auf genau festgelegten Routen und unter Einhaltung ganz bestimmter Verfahren hat sich der Lufthansa-Flug 644 inzwischen von Frankfurt entfernt. In der Kabine gehen die Leuchtschriften: „No Smoking" und „Fasten Seat Belts" aus. Während sich der Fluggast entspannt in seinen Sitz zurücklehnt, beginnt die Kabinenbesatzung mit den Vorbereitungen für den ersten Service. Die Fluggäste werden mit Kaffee, Tee, Fruchtsäften oder anderen Getränken versorgt. Kaum ist dies geschehen, beginnt bereits der Service eines kleinen Imbisses, und wenn das Geschirr eingesammelt ist, befindet sich die Maschine bereits im Landeanflug auf den Flughafen von Rom.

Nach einer Stunde Aufenthalt startet die Lufthansa-Boeing zu ihrem langen Flug nach Karachi. Wieder werden Getränke serviert und gleich darauf beginnt man mit den Vorbereitungen für das warme Abendessen.

Draußen ist die Nacht hereingebrochen. Im Cockpit hat die Besatzung alle Lichter gelöscht. Nur die Instrumentenbeleuchtung gibt ein spärliches Licht. Immer wieder müssen neue Frequenzen für die verschiedenen Funkfeuer eingerastet werden, der Funksprechverkehr muß überwacht werden, Positionsmeldungen müssen abgesetzt werden, und gleichzeitig müssen der Luftraum und die Instrumente überwacht werden. Während des ganzen Fluges darf die Besatzung ihren Platz im Cockpit nicht verlassen. Wer einmal für mehrere Stunden auf einem Stuhl sitzen mußte, ohne genügend Bewegung zu haben, der kann ein Lied von dieser Anstrengung singen.

Dabei ist die Arbeit des weiblichen Personals in der Kabine keineswegs leichter. Die Stewardessen versehen ihren Dienst in einer Höhe von 2500 m, das ist der Luftdruck, der in der Kabine herrscht, auch wenn die Maschine in 10 000 m Höhe fliegt. Schwerbeladen mit Tablets muß die Stewardeß auf einem Flug von Frankfurt nach New Delhi eine Strecke von etwa 20 Kilometer zurücklegen. Arbeiten für einen Schwerarbeiter. Dabei darf die Stewardeß aber nie ihr berühmtes beruhigendes Lächeln verlieren, auch wenn ihr durch die Anstrengungen nicht danach zumute ist. Von allen Besatzungsmitgliedern ist die Frau aufgrund ihrer physischen Voraussetzungen am stärksten belastet.

Eine zusätzliche Belastung entsteht für die Besatzungen der modernen Maschinen durch den auftretenden Zeitunterschied zwischen Deutschland und dem Zielort. Wenn die Besatzung um 5.30 Uhr — Ortszeit — in New Delhi ankommt, dann steht die innere Uhr auf Mitternacht. Draußen scheint die Sonne und die Stadt erwacht zu geschäftiger Unrast. Die Besatzung aber soll im Hotel ins Bett gehen und schlafen.

Von den meisten Besatzungen wird es begrüßt, wenn man in den neuen Tag hineinfliegt. Erst wenn die Arbeit am Abend oder am späten Nachmittag beginnt und die Nacht zur Arbeitszeit wird, dann machen sich Störungen im Rhythmus zwischen Schlafen und Wachen bemerkbar. Besonders schwierig ist es aber auch für die Besatzungen, die auf der Nordatlantikstrecke fliegen. Sie fliegen zwar in den neuen Tag hinein, haben jedoch mit einer Zeitverschiebung von + 6 Stunden fertig zu werden. Wenn ihre Maschine Frankfurt am Morgen um 10.10 Uhr verläßt, dann landen sie um 12.00 Uhr in New York nach einer Flugzeit von kaum mehr als 6 Stunden. Draußen ist heller Tag und die Besatzung soll um 16.00 Uhr schlafen gehen, wenn draußen noch heller Tag ist.

Hat sich eine Besatzung an den Zeitunterschied gerade gewöhnt, dann geht es meist schon in umgekehrter Richtung zurück nach Deutschland.

Diese ständige Störung im Schlaf-Wach-Rhythmus wird von Medizinern durchweg als sehr negativ beurteilt, aber der internationale Luftverkehr kann darauf keine Rücksicht nehmen.

Fotochemie nach Noten
Zwei junge Musiker erfinden den Farbfilm

Von Horst W. Staubach

Sie waren 15 Jahre alt, als sie sich im Jahre 1916 zum erstenmal in der Riverdale Country School der Stadt New York begegneten. Beide hießen Leopold und beide liebten sie die Musik. Der eine spielte Violine und war der Sohn des weltberühmten Pianisten Leopold Godowsky; der andere spielte Klavier und war der Sohn des nicht minder berühmten Violinvirtuosen David Mannes. Für Fußball, den Pflichtsport der Schule, hatten sie nichts übrig. Um so mehr aber für die Fotografie, die sie seit ihrem zehnten Lebensjahr mit Begeisterung betrieben. Wenn sie in der Freizeit nicht mit ihren Kodak-Brownie-Cameras fotografierten oder aber ihre letzten Aufnahmen entwickelten, spielten sie gemeinsam Sonaten.

Ein an und für sich unwichtiges Ereignis sollte für sie große Bedeutung erlangen. Eines schönen Tages gingen die beiden Leopolds ins Kino, um sich den Dokumentarfilm „Unsere Marine" anzusehen, der ganz groß als Farbfilm angekündigt worden war. Aber mit den Farben war es nicht weit her — ein Gemisch aus Rotorange und Blaugrün, das mit der Wirklichkeit nicht im entferntesten etwas zu tun hatte. Sollte man das nicht verbessern können? fragten sich die beiden, als sie — tief enttäuscht — das Kino verließen. Beide hatten eine Idee, und beide hatten — wie sich schnell herausstellte — den gleichen Gedanken. Der Entschluß, ihn zu verwirklichen, war schnell gefaßt.

„Wir waren sagenhaft ahnungslos"

sagte viele Jahre später einmal der heute noch lebende Leopold Godowsky, als er sich an dieses Ereignis erinnerte. Denn weder er noch Leopold Mannes ahnten, auf was sie sich damals einließen, hatten sich doch vor ihnen an dem gleichen Problem schon ungezählte Forscher vergeblich die Zähne ausgebissen. Aber das wußten sie gottlob nicht, und so machten sie sich mit jugendlicher Unbekümmertheit ans Werk.

Ein verständnisvoller Lehrer gab ihnen den Schlüssel zum Physiklabor. Hier begannen sie zu experimentieren. Genauer gesagt, bauten sie eine Kamera mit drei Objektiven, vor denen sie jeweils ein Filter in den drei Grundfarben Rot, Grün und Blau anbrachten. Damit machten sie Aufnahmen auf Schwarzweißplatten, die sie dann mit einem ebenfalls von ihnen konstruierten Projektor so an die Wand warfen, daß sie sich deckten. Daß sie damit ein Verfahren wiederholt hatten, das mehr als ein halbes Jahrhundert vor ihnen der schottische Physiker Clerk Maxwell bereits entdeckt hatte, erfuhren die jungen Forscher erst viel später. „Die Farben der Bilder waren weit davon entfernt, perfekt zu sein", sagte Godowsky später einmal. Immerhin hatte der Projektor einige so neuartige Einrichtungen zur Überlagerung der drei Einzelbilder in den drei Grundfarben, daß ihnen darauf ein Patent erteilt wurde.

Das war der Beginn einer mehr als

Die beiden Freunde Leopold Godowsky (links) und Leopold Mannes (rechts) — Forscher aus Leidenschaft und Erfinder des Kodachrome-Farbfilms — waren auch Künstler und Musiker von Format. (Foto: Kodak)

zwanzigjährigen Zusammenarbeit, in deren Verlauf sie einige 40 Patente erhielten.

Entscheidung von weittragender Bedeutung

Die Eltern Godowsky und Mannes waren von dem ersten Erfolg ihrer Söhne so beeindruckt, daß sie ihnen ein Darlehnen in Höhe von 800 Dollar zum Ankauf weiterer Ausrüstungsgegenstände zur Verfügung stellten. Hätten die Eltern damals gewußt, welche Formen der Forschungseifer ihrer Söhne noch annehmen und welche Folgen sich für sie daraus ergeben würden — sie wären vermutlich weniger großzügig gewesen. Aber damit greifen wir den Ereignissen vor. Im Juni 1917 verließen die beiden Leopolds die Riverdale Country School. Godowsky begann an der University of California Physik und Mathematik zu studieren. Gleichzeitig nahm er Stellungen in den Sinfonie-Orchestern von Los Angeles und San Francisco an. Mannes hingegen ließ sich an der Harvard University eintragen, wo er neben dem Physikstudium seine musikalische Ausbildung fortsetzte. Godowsky und Mannes trennte jetzt zwar die ganze Breite des amerikanischen Kontinents — aber das bedeutete nicht den Abbruch ihrer gemeinsamen Forschungsarbeit. Einzeln setzten sie ihre Experimente fort und tauschten ihre Ergebnisse und Erfahrungen brieflich aus.

Ein Experiment mit einem additiven Zweifarben-Lauffilm-Verfahren, das sie 1921 gemeinsam in New Yorks Rialto-

Kino durchführten, wurde eine fürchterliche Enttäuschung. „Die Bilder waren dunkel und trübe, die Farben so schlecht wie immer", erinnerte sich Godowsky später. „Als wir das Rialto nach dieser Vorführung verließen, waren wir fast soweit, aufzugeben, und ich glaube, heute *würden* wir nach einer Enttäuschung wie dieser aufgeben. Aber wir waren jung und kamen bald darüber hinweg. Zumindest wußten wir, daß das Herumexperimentieren mit optischen Hilfsmitteln nicht die Antwort auf unser Problem war. Wir entschlossen uns daher, von einem Mehrfachlinsensystem zu einem Mehrschichtenfilm hinüberzuwechseln, mit anderen Worten also, von einer optischen zu einer chemischen Lösung des Problems." Wenn es auch noch ein weiter Weg war, den sie zu gehen hatten, so brachte sie diese Entscheidung ihrem Ziel doch einen großen Schritt näher.

Bald hing der Haussegen schief

In der Folgezeit war kein Badezimmer, keine Küche, keine Speisekammer in den elterlichen Wohnungen davor sicher, von den jugendlichen Forschern als behelfsmäßige Dunkelkammer beschlagnahmt zu werden. Kaum hatte man sie aus dem einen Raum verscheucht, hatten sie sich unverdrossen mitsamt ihrer Ausrüstung in einem anderen breitgemacht. Daß angesichts solcher Hartnäckigkeit der Haussegen bald schief hing, störte sie nicht im mindesten. Unermüdlich experimentierten sie weiter. Und innerhalb weniger Monate hatten Godowsky und Mannes gemeinsam eine fotografische Zweischichtenplatte hergestellt, bei der jede Emulsionsschicht für einen bestimmten Teil des Lichtspektrums empfindlich war und in den entsprechenden Farben eingefärbt werden konnte. Als sie ihre Erfindung zum Patent anmeldeten, erfuhren sie, daß sich Wissenschaftler seit einem Vierteljahrhundert vergeblich um dieses Verfahren bemüht hatten.

Auf die Eltern, die sich in ihrem häuslichen Frieden gestört sahen, machte dieser neuerliche Erfolg allerdings wenig Eindruck. Zu Beginn des Jahres 1922 waren es die Eltern Godowsky und Mannes endgültig überdrüssig, daß ihre Söhne die Wohnungen abwechselnd in einen chaotischen Zustand brachten. Bei Vater Godowsky floß der Geduldsbecher vollends über, als er sich eines Tages im Badezimmer die Hände waschen wollte und dabei unversehens in eine volle Schale mit einer chemischen Lösung trat. Wenn die jungen Leute ihre Versuche fortsetzen wollten, so wurde ihnen von den ungehaltenen Eltern beschieden, dann sollten sie sich gefälligst nach anderen Räumen umsehen. Was aber noch schlimmer war: Die Bitte der Söhne um ein weiteres Darlehen, das es ihnen ermöglichen sollte, ein Labor zu mieten, lehnten sie rundweg ab. Zum erstenmal in ihrem Leben begegneten sie dem Schreckgespenst aller Erfinder: dem chronischen Geldmangel.

Wenn die Not am größten

ist die Hilfe meist am nächsten. Das jedenfalls sagt ein Sprichwort, und im Falle der beiden jungen Erfinder traf es auch zu. Mannes hatte während eines Aufenthaltes am Meer Robert Williams Wood, den Leiter der Abteilung für experimentelle Physik an der John-Hopkins-Universität, kennengelernt. Wood arrangierte ein Treffen der beiden jungen Männer mit Doktor C. E. Kenneth Mees, dem Direktor der Forschungslaboratorien der Eastman Kodak Company in Rochester. Dr. Mees hörte sich ihr Anliegen

Nicht in den Schoß gefallen ist Godowsky und Mannes die Erfindung des Farbfilms. Durch jahrzehntelange unermüdliche Arbeit und Forschertätigkeit erreichten sie ihr Ziel. Hier die Forscher und Freunde im Laboratorium. (Foto: Kodak)

wohlwollend an und versprach schließlich, ihnen wissenschaftliche Ausrüstungsgegenstände und fotografische Platten, die nach ihren Angaben angefertigt würden, zur Verfügung zu stellen. Als Gegenleistung sollten sie ihn von Zeit zu Zeit über den Fortgang ihrer Arbeiten unterrichten. Freudig gingen Godowsky und Mannes auf diesen Vorschlag ein, bedeutete er doch insofern eine große Erleichterung, als sie — statt wie bisher mit behelfsmäßig gegossenen Platten — künftig mit fachmännisch und vor allem nach ihren speziellen Wünschen beschichteten Platten arbeiten konnten.

Freilich nützte ihnen diese hochwillkommene technische Unterstützung solange wenig, solange sie kein Labor mieten konnten, um ihre Experimente fortzusetzen. Geld dafür hatten Godowsky und Mannes nicht. Das Darlehen der Eltern war längst aufgebraucht, ebenso das ersparte Geld, das sie sich mit Musizieren verdient hatten.

Wieder kam Hilfe von unerwarteter Seite. Mannes, der offenbar ein Talent dafür hatte, immer die richtigen Leute zu treffen, kam auf der Rückreise von Europa im Herbst 1922 mit einem Mitreisenden ins Gespräch, dem er ausführlich von den gemeinsam mit Godowsky durchgeführten Farbfotoexperimenten berichtete. Dieser Mitreisende, der sich als Everett Somes vorgestellt hatte, erwähnte am Rande, daß er Sekretär eines der Mitinhaber des New Yorker Bankhauses Kuhn Loeb & Co. war.

Mannes hatte diese Begegnung längst vergessen, als eines Nachmittags im Spätherbst die Türklingel der elterlichen Wohnung schellte. Der Besucher stellte sich als Lewis L. Strauss, Mitinhaber von Kuhn Loeb & Co., vor und sagte, daß er sich die Arbeiten der beiden jungen Männer gerne einmal ansehen möchte.

Godowsky und Mannes, die in der Küche der Mannes-Wohnung noch einmal eine letzte Zuflucht gefunden hatten, waren zufällig gerade mit Experimentieren beschäftigt. „Wir zeigten Strauss, wie wir unsere Platten einfärbten", erinnerte sich Godowsky später, „und nachdem wir mehrere Negative angefertigt hatten, begannen wir, sie zu entwickeln. Gewöhnlich dauerte das Entwickeln der Platten nicht länger als eine halbe Stunde. Aber an diesem Nachmittag war es so kalt, daß der Entwickler nicht richtig in die Schichten eindrang und der Prozeß länger als gewöhnlich dauerte. Wir liefen ständig zwischen Küche und Wohnzimmer hin und her. Die Zeit verging und weil wir schließlich fürchteten, Strauss könnte unverrichteter Dinge gehen, begannen wir, ihm Beethoven-Sonaten vorzuspielen." Schließlich konnten sie ihm aber doch ihre Ergebnisse vorweisen. Strauss zeigte sich sehr interessiert und verließ die beiden schließlich mit dem Versprechen, daß sie noch von ihm hören würden.

Tatsächlich wurden Godowsky und Mannes wenig später gebeten, der Bank einen Besuch abzustatten. Die Bankiers wußten ganz genau, daß es bis jetzt noch niemandem gelungen war, einen kommerziell erfolgreichen Farbfilm herzustellen, und daß zahllose Erfinder, die es versucht hatten, nicht nur ihr eigenes, sondern auch geliehenes Geld verloren hatten. Trotzdem entschlossen sich die Bankiers, das Risiko einzugehen, den beiden ein Darlehnen in Höhe von 20 000 Dollar zur Verfügung zu stellen. Sie sollten diesen Entschluß nicht bereuen: 1930 zahlten ihnen Godowsky und Mannes nicht nur diese Anleihe zurück, sondern darüberhinaus ein Drittel aller Einnahmen des Geldes, das sie bisher für ihre Erfindungen erhalten hatten.

Ein Leben zwischen Forschung und Musik

Aber damit sind wir den Ereignissen wieder vorausgeeilt. Mit dem Geld der Bankiers konnten Godowsky und Mannes endlich daran denken, sich Räume zur Fortführung ihrer Forschungsarbeiten zu suchen. Zunächst mieteten sie eine Zahnarztpraxis am Broadway; 1929 siedelten sie dann ins Alamac Hotel über, wo sie in den Etagenkellnern des Hauses willige Laborassistenten fanden. Und mit den Materialien, die die Kodak ihnen zur Verfügung stellte, waren auch ihre technischen Probleme gelöst.

Die Eltern standen dem Forschungsdrang ihrer Söhne recht skeptisch gegenüber. Vater Godowsky jedenfalls meinte, daß sein Sohn dem Violinspiel viel zu wenig Zeit widme. Und Fotoexperten, die sich ebenfalls bemüht hatten, das Problem der Farbfotografie zu lösen, gaben beiden den wohlgemeinten Ratschlag: Bleibt bei eurer Musik. Und das taten sie auch, freilich ohne dabei ihre Forschungsarbeiten zu vernachlässigen. Selbst als Mannes, der zwei Stipendien gewonnen hatte, vorübergehend in Rom Musik studierte, betrieben sie ihre Experimente unabhängig voneinander weiter

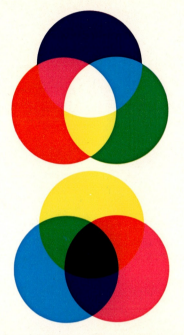

Prinzip der additiven Farbmischung (obere Farbkreise). So erhielten Godowsky und Mannes ihr erstes Farbfoto: Sie projizierten drei Teilbilder in den Grundfarben Blau, Grün und Rot übereinander. Durch Überlagerung von je zwei Grundfarben entstehen die Mischfarben Blaugrün, Purpur und Gelb; alle drei Farben mischen sich zu Weiß. Die jungen Erfinder erfuhren erst später, daß der schottische Physiker Clerk Maxwell dieses Prinzip schon 1861 entdeckt hatte. Sie erkannten bald die Probleme dieses Verfahrens und entschieden sich für die subtraktive Farbmischung, deren Prinzip die unteren Farbkreise verdeutlichen.

Dieses Bild zeigt die Aufnahme eines Schnitts durch einen modernen Dreischichtenfarbfilm in etwa 2000facher Vergrößerung.

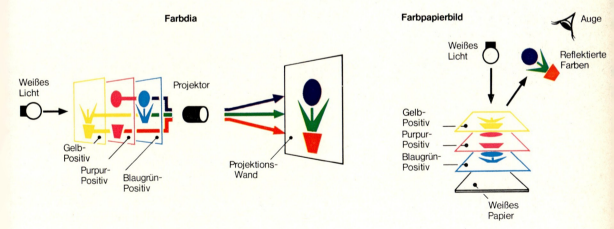

Die beiden wiedergegebenen Darstellungen zeigen das Prinzip des Farbdias (links) bzw. des Farbpapierbildes (rechts).

16 Weite Welt

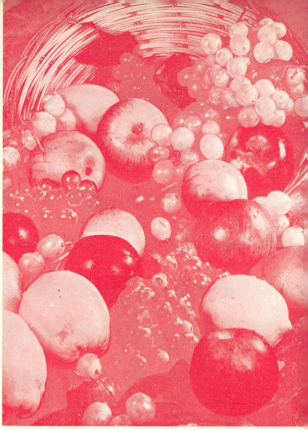

So entstehen die Farben in einem Farbfilm: Bei der Entwicklung des Films bilden sich in den drei Schichten die Grundfarben Gelb (oben links), Purpur (oben rechts) und Blaugrün (unten links), und zwar im gleichen anteiligen Verhältnis, in dem sie im Bildmotiv vorhanden sind. Zusammen ergeben sich durch Mischung der Farbanteile die feinsten Farbnuancierungen, wie das Bild unten rechts zeigt. (Foto: Kodak/Wünschmann)

Leopold Godowsky, der 1973 seinen 73. Geburtstag feiert, ist immer noch auf fotografischem Gebiet tätig. Für seine Verdienste um die Fotografie wurde ihm der Kulturpreis 1973 der „Deutschen Gesellschaft für Photographie" verliehen.
(Foto: Kodak/Staubach)

und tauschten ihre Ergebnisse brieflich aus. Und um etwaige Bedenken der Bankiers zu zerstreuen, ließen sie sich ihre neuesten Ergebnisse laufend patentieren. Genaugenommen führten die beiden jungen Leute in diesen Jahren ein Doppelleben: Mit der Musik verdienten sie das Geld, das sie brauchten, um als Forscher arbeiten zu können.

Endspurt in Rochester

Es war im Frühjahr 1930, als Dr. Mees gelegentlich seiner seltenen Reisen nach New York seine beiden Schützlinge im Alamac Hotel aufsuchte. Nachdem er sich über ihre letzten Ergebnisse unterrichtet hatte, schlug er ihnen vor, ihre Arbeiten künftig in den Forschungslaboratorien von Kodak in Rochester fortzusetzen. Nach einigem Zögern gingen Godowsky und Mannes auf Dr. Mees' Vorschlag ein und am 31. Oktober des gleichen Jahres unterzeichneten sie einen Vertrag mit der Eastman Kodak Company. Dieser Vertrag mit Kodak sicherte ihnen eine einmalige Zahlung von 30 000 Dollar und jedem von ihnen ein Jahresgehalt von 7500 Dollar zu. Im übrigen sollten sie direkt unter Dr. Mees arbeiten.

Am 15. Juli 1931 war es endlich soweit: Godowsky und Mannes begannen mit ihrer Arbeit im Kodak-Forschungslaboratorium. Wann immer auf die neuen Kollegen die Rede kam, sprach man von „diesen Musikern" im gleichen abfälligen Tonfall, in dem man auch „diese Spinner" hätte sagen können. Es wurde schnell bekannt, daß die beiden — statt ihre Abende ernsten wissenschaftlichen Studien zu widmen — musizierten, wann immer es ihre Freizeit erlaubte. Zur Besserung ihres Rufs trug es auch keineswegs bei, daß die beiden in der Dunkelkammer ständig klassische Melodien pfiffen.

Damit hatte es freilich eine besondere Bewandtnis: Anfänglich mußten beim Entwickeln der Platten die verschiedenen Zeiten auf die Sekunde genau eingehalten werden. Da sie in der Dunkelkammer aber keine Uhr ablesen konnten, maßen sie die Zeit einfach musikalisch, den letzten Satz von Brahms C-Moll-Sinfonie mit genau zwei Takten pro Sekunde pfeifend. Aber was verstanden die Wissenschaftler schon von klassischer Musik? Bezeichnend für die Einstellung der akademischen Kollegen war folgender Vorfall: Eines Tages rief einer der beiden Leopolds die Beschichtungsabteilung an und bat um Platten mit einer bestimmten Emulsion. Unfreundlich kam es aus dem Telefonhörer zurück: „Ihr Musiker wollt doch gar keine Emulsion, ihr wollt eine Fuge." Nur Dr. Mees war immer geduldig und verständnisvoll.

Aber abgesehen von solchen persönlichen Sticheleien waren die Arbeitsbedingungen im Kodak-Forschungslaboratorium ideal. Bald jedoch tauchten Probleme anderer Art auf. Die schwarzen Wolken der Weltwirtschaftskrise verdunkelten auch den Himmel von Rochester. Zwar war die Eastman Kodak Company von den Auswirkungen der Krise weniger betroffen worden als andere Unternehmen, doch als sich die Verhältnisse zunehmend verschlechterten, suchte man auch bei Kodak nach Möglichkeiten, dort Geld einzusparen, wo es am wenigsten schmerzen würde. Obwohl Godowsky und Mannes nichts Derartiges gesagt wurde, so hatten sie doch das bestimmte Gefühl, daß ihre Arbeit und ihre Stellung gefährdet waren. Ihre einzige Überlebenschance sahen sie darin, ganz schnell etwas zu erfinden, das Kodak produzieren und verkaufen konnte.

Tauziehen um den Kodachrome Film

Das war die Situation im Sommer 1932. Godowsky und Mannes hielten Kriegsrat und stellten eilig eine Liste aller farbfotografischen Ergebnisse zusammen, derer sie sicher sein konnten. Bei genauer Betrachtung dieser Listen stellte sich heraus, daß sie praktisch das Rezept für einen Farbfilm enthielt. Sie gingen unverzüglich an die Arbeit, und Anfang 1933 hatten sie ihre Entwicklungsarbeiten abgeschlossen. Das Ergebnis war ein Zweischichten-Farbfilm, in dessen einer Schicht sich bei der Entwicklung ein orangeroter und in der anderen Schicht ein blaugrüner Farbstoff bildete. Obwohl die Farbwiedergabe dieses Films nicht perfekt war und schon gar nicht an die der späteren Dreischichten-Farbfilme heranreichen konnte, war Dr. Mees doch so beeindruckt, daß er sofort Anweisung gab, Godowsky und Mannes alle verfügbaren Kräfte des Forschungslabors — Dutzende von erfahrenen Chemikern und Physikern mit Doktortiteln — zur Entwicklung eines Dreischichten-Farbfilms zur Verfügung zu stellen.

Inzwischen wurde Dr. Mees aber von den Kodak-Direktoren gedrängt, ein verkaufsfähiges Produkt zu entwickeln, und solchermaßen unter Druck gesetzt, befürwortete er die Produktion des Zweischichten-Farbfilms. Für Godowsky und Mannes war dieser Film aber nichts anderes als lediglich die Vorstufe zum eigentlichen Ziel, dem Dreischichten-Farbfilm. Und weil sie glaubten, dieses Ziel bald erreichen zu können, baten sie Dr. Mees um Aufschub. Der aber hatte bereits grünes Licht für den Zweischichtenfilm gegeben.

Während nun in der Folgezeit große Labortests durchgeführt wurden, um diesen Film zur Produktionsreife zu entwickeln, arbeiteten Godowsky und Mannes in fieberhafter Eile Tag und Nacht am Dreischichtenfilm. Es wurde ein regelrechtes Tauziehen zwischen dem fast fertigen Produkt und dem Dreischichten-Farbfilm, der bis dahin nur in der Vorstellung der beiden jungen Forscher existierte. So aussichtslos es auch zunächst schien — sie schafften es! Eines Tages hatten sie das Problem des Dreischichten-Farbfilms gelöst: Der Kodachrome Film war geboren. Dr. Mees, der das Tauziehen verloren hatte, war über diesen Ausgang überglücklich. Die Erfinder aber betrachteten das Ergebnis ihrer Forschungsarbeit wesentlich nüchterner: Dieser Dreischichtenfilm war ein guter Anfang, gewiß, aber man könnte ihn noch wesentlich verbessern. Und wieder gab es ein Tauziehen: Während die Erfinder des Kodachrome-Films Dr. Mees eindringlich um nochmaligen Aufschub baten, vertrat Dr. Mees die Ansicht, daß es jetzt an der Zeit sei, der Fabrikation alles weitere zu überlassen. Und diesmal gewann Dr. Mees: Am 15. April 1935 wurde der Kodachrome-Film auf dem Markt eingeführt.

Dieser Tag wurde zu einem Markstein in der Geschichte der Fotografie. Der fast hundertjährige Traum von der Farbfotografie war in seiner perfektesten Form Wirklichkeit geworden. Ungezählte Forscher hatten sich um das gleiche Ziel bemüht — Godowsky und Mannes war in Zusammenarbeit mit dem Kodak-Forschungslaboratorium als ersten der große Wurf gelungen, einen für jedermann verwendbaren Dreischichten-Farbfilm zu entwickeln.

Abschied von Rochester

Für Godowsky und Mannes stand von Anfang an fest, daß sie nicht ewig bei Kodak in Rochester bleiben würden. Ende Dezember 1939 schlug dann die Abschiedsstunde. In den Jahren zwischen 1935 und 1939 aber waren sie noch maßgeblich an der Verbesserung des Kodachrome-Films beteiligt. 1938 bahnten sie ein großes Forschungsprogramm an, dessen Ergebnisse Kodak später in die Lage versetzte, seinen Filmkatalog um drei völlig neue Farbfilmtypen zu erweitern: die Kodacolor und Ektacolor Farbnegativfilme sowie den Ektachrome Farbdiafilm. Alle diese Filme, die inzwischen mehrfach verbessert wurden, gibt es heute noch.

Mannes, der während des letzten Weltkriegs nochmals für Kodak arbeitete, wurde stellvertretender Direktor in der Musikhochschule seines Vaters. Er starb im August 1964. Der heute noch lebende Godowsky hat trotz seiner großen Zuneigung zur Musik nie das Interesse an der Fotografie verloren. Auf seinem Landsitz in Connecticut baute er sich ein eigenes Laborgebäude, in dem er seine Forschungen fortsetzte. Zu den vielen Auszeichnungen, die den beiden Erfindern zuteil wurden, kam in diesem Jahr der Kulturpreis 1973 der Deutschen Gesellschaft für Photographie, den Godowsky — stellvertretend auch für seinen toten Freund Leopold Mannes — in Empfang nahm.

Wenn Staatsmänner reisen...
Im Flugzeug des Präsidenten der Vereinigten Staaten von Nordamerika

Von Gerhard Berendes

Morgens 9.00 Uhr auf der Andrews Air Force Base in der Nähe von Washington.

Ein Schlepper zieht eine Boeing 707 der amerikanischen Luftwaffe aus einem der großen Hangars. Nichts Außergewöhnliches, wenn man einmal davon absieht, daß die Maschine einen blau-weißen Anstrich trägt und von schwerbewaffneten Polizisten der amerikanischen Luftwaffe begleitet wird. Außer dem ungewöhnlichen Anstrich der Maschine kann ein aufmerksamer Beobachter jedoch noch weitere Einzelheiten erkennen. An den Rumpfseiten trägt die Maschine in großen schwarzen Buchstaben die Aufschrift: UNITED STATES OF AMERICA und am Bug kann man das überdimensionale Siegel des amerikanischen Präsidenten erkennen. Spätestens jetzt wird dem Beobachter klar, daß er hier das bestbewachte, bestgewartetste und geschichtsträchtigste Flugzeug der Vereinigten Staaten vor sich hat, die Reisemaschine des amerikanischen Präsidenten oder, wie sie im allgemeinen Sprachgebrauch heißt, die „Air Force One".

Drei amerikanischen Präsidenten hat sie schon als Reisemaschine auf Flügen rund um den Erdball gedient. Einen dieser Präsidenten, John F. Kennedy, mußte sie in einem Sarg von Dallas nach Washington zurückbringen. Auf dem gleichen Flug am 22. November 1963 wurde an Bord dieser Maschine der bisherige Vizepräsident Lyndon B. Johnson als neuer Präsident der Vereinigten Staaten vereidigt. Heute dient sie nun dem dritten Präsidenten, Richard Nixon, auf seinen Reisen. Mit ihm an Bord machte sie 1972 eine vielbeachtete Reise, der man allgemein eine große historische Bedeutung zuschreibt, nach Peking.

In Omnibussen treffen die Begleiter des Präsidenten ein und gehen an Bord. Alles rollt nach einem genauen Zeitplan ab, auch wenn es nach außen hin nicht so aussieht.

Die „Air Force One" unterscheidet sich nur in der Bemalung von den 707, wie sie zum Beispiel bei der Lufthansa täglich auf den Fernstrecken eingesetzt sind. Offiziell trägt sie die Bezeichnung VC-137 B und untersteht der 98th Air Transport Squadron, 89th Military Airlift Wing. Die wesentlichen Unterschiede zu einer Linienmaschine treten erst dann zutage, wenn man die Maschine betritt.

Hinter dem Cockpit befindet sich die Funkzentrale. Über die installierten Telefone steht der Präsident ständig mit der Telefonzentrale des Weißen Hauses in Verbindung. Innerhalb weniger Minuten kann er mit jedem Telefonanschluß der Welt verbunden werden. Zwei Fern-

Rechte Seite. Oben: Im Konferenzraum der Präsidentenmaschine fielen schon viele wichtige Entscheidungen. Hier konferiert Präsident Richard M. Nixon mit Staatssekretär Williams Rogers (links) und seinem wichtigsten Mann, Dr. Henry Kissinger (rechts).

Rechte Seite. Unten: Die Präsidentenmaschine über der Westküste der Vereinigten Staaten. Offiziell trägt sie den Namen „Spirit of '76", eine Anspielung auf die 1500-Jahr-Feier der USA 1976.
(Fotos: USIS)

schreiber versorgen mit einer Geschwindigkeit von 100 Wörtern pro Minute den Präsidenten mit allen vertraulichen und geheimen Informationen — aber auch mit den neuesten Sportergebnissen. Von hier aus können die Anweisungen des Präsidenten — natürlich verschlüsselt — auf schnellstem Wege übermittelt werden.

Hinter der Funkzentrale beginnt das „Allerheiligste", die persönlichen Räume des Präsidenten. Sie beginnen mit der Küche, in der alle Speisen gekocht werden, und dem Abteil für die zehn Leibwächter. Für den Präsidenten stehen ein Aufenthaltsraum mit Sessel und Schlafcouch, ein Konferenzraum mit neun Plätzen und ein Schreibabteil zur Verfügung. In diesem Schreibabteil arbeiten zwei Sekretärinnen — weibliche Soldaten, die zum Dienst im Weißen Haus abgestellt sind.

Die Gattin des Präsidenten verfügt über einen eigenen kleinen Raum mit Wasch- und Ankleidekabine. Ein schmaler Durchgang — ähnlich wie bei einem D-Zug-Wagen, führt am „Allerheiligsten" vorbei in den hinteren Teil der Kabine. Hier, in einem Abteil, das dem der 1. Klasse in Linienflugzeugen ähnlich, halten sich die mitreisenden Abgeordneten und Kongreßmitglieder auf. Dahinter schließt sich der Raum für die Journalisten und die Air-Force-Polizisten an, die nach der Landung die Maschine zu bewachen haben.

Vor einer Reise gibt der persönliche Adjutant des Präsidenten zwei Informationen an den Chefpiloten weiter: Ziel der Reise und gewünschte Startzeit. Alles weitere ist nun Aufgabe des Chefpiloten, Oberst Ralph Albertazzi. Genau wie seine ihm unterstellten 22 Mann Personal, wurde er sehr sorgfältig ausgesucht — er verfügt über eine Erfahrung von mehr als 20 000 Flugstunden — und selbst die Kopiloten haben das Kapitänspatent. Kein Wunder also, wenn man sagt, diese Besatzungen bestehen aus dem besten Personal, über das die amerikanische Luftwaffe verfügt.

Unter diesem Personal wählt Oberst Albertazzi die Besatzungsmitglieder aus, die ihn auf dem vorgesehenen Flug begleiten werden. Hat er den Zielflughafen noch nie angeflogen, dann startet die „Air Force One" zu diesem Ziel, um sich mit den örtlichen Gegebenheiten vertraut zu machen. Nach einem kurzen Aufenthalt kehrt die Maschine dann nach Andrews Air Force Base zurück. Beim Betrieb der Präsidentenmaschine geht man nicht das geringste Risiko ein.

Diese Supergenauigkeit bemerkt man auch bei der Wartung der Maschine. Nach 250 Flugstunden werden die Triebwerke der „Air Force One" komplett ausgetauscht — bei einer Linienmaschine geschieht dies alle 1400 Flugstunden. Für den Fall der Fälle steht dann auch noch eine Reservemaschine zur Verfügung.

Führt ein Teil der Reiseroute über Wasser, dann benachrichtigt Oberst Albertazzi die Befehlsstelle des Seenot-Rettungsdienstes der Luftwaffe. Von dort aus starten schwere viermotorige Rettungsflugzeuge und patrouillieren entlang der Reiseroute. An Bord haben sie alle nur denkbaren Rettungsausrüstungen, Sanitäter, Medikamente, Lebensmittel, Wasser usw.

Wenige Stunden vor dem Start erhält Oberst Albertazzi Satellitenaufnahmen aller Schiffe, die in diesem Seegebiet unterwegs sind. Beim Start weiß er alle Einzelheiten über diese Schiffe, ihre Ladung, ihren Bestimmungsort, ihre Geschwindigkeit und den Namen des jeweiligen Kapitäns. „Eine wertvolle Hilfe, wenn man eines dieser Schiffe zur Hilfe rufen müßte", meint der Oberst.

Tage vor dem Abflug hat er bereits die Flughäfen, die er anfliegen will, von seiner Absicht unterrichtet. Zu jedem dieser Flugplätze wird einer der 40 „Adance Officer" geschickt, deren Aufgabe es ist, die Landung und den Start der Präsidentenmaschine vorzubereiten. Sie vergewissern sich, daß zur Zeit der Landung oder des Starts immer das erfahrenste und beste Personal im Kontrollturm sitzt, daß Ärzte, Sanitäter, Ambulanzen und Feuerlöschfahrzeuge bereitstehen — und daß kein Unrat auf der Landebahn liegt.

Neben diesen Arbeiten muß sich Oberst Albertazzi aber auch noch um andere Dinge kümmern, wie zum Beispiel um die Aufstellung der Speisekarte, die Bestellung der benötigten Lebensmittel und Getränke und nicht zuletzt um die umfangreichen Sicherheitsvorkehrungen.

Alle Behälter, die an Bord der Maschine gebracht werden, alles Gepäck, ja sogar jede einzelne Zigarettenschachtel wird vorher geröntgt. Tischtücher, Servietten, Handtücher und Bettzeug werden nur auf der Andrews Air Force Base gewaschen und gebügelt und dürfen nur von den Stewards der Präsidentenmaschine persönlich gefaltet werden. Alle Personen, die an Bord der Maschine gehen — außer dem Präsidenten, seiner Gattin und seinen engsten Mitarbeitern — werden einer gründlichen Kontrolle unterzogen.

Das Begleitpersonal ist an Bord, und von Westen her nähern sich zwei Hubschrauber dem Flugplatz. Sie befördern den Präsidenten und seine Gattin, die engsten Mitarbeiter und die Leibwächter.

Genau 20 Meter vor der Präsidentenmaschine setzt der Hubschrauber auf. Sobald Präsident Nixon die erste Stufe der Gangway betritt, startet Oberst Albertazzi das Triebwerk Nr. 3 — rechts innen. Gleichzeitig starten zwei Feuerlöschhubschrauber und kreisen über der „Air Force One" bis sie gestartet ist.

Wenn der Präsident an Bord ist, startet Oberst Albertazzi das Triebwerk Nr. 4, rechts außen, und sobald alle Begleiter an Bord sind, werden die beiden Triebwerke der linken Seite gleichzeitig gestartet. Während dieses Vorgangs rollt die Maschine bereits aus ihrer Abstellposition auf die Rollbahn.

Offiziell muß sich die Präsidentenmaschine auf allen Flughäfen in den normalen Luftverkehr einreihen — außer wenn Präsident Nixon über Oberst Albertazzi um eine entsprechende Bevorzugung bittet. In der Realität sieht es jedoch etwas anders aus. In den USA verbieten alle Flughafendirektoren 15 Minuten vor der Landung oder dem Start der „Air Force One" jeglichen anderen Luftverkehr. Auch sonst wird die Maschine des amerikanischen Präsidenten immer bevorzugt behandelt. Wäre das nicht der Fall, dann könnte man wohl nicht von einem Rekord besonderer Art berichten: in drei Jahren, mit mehr als 800 Flugstunden hat die „Air Force One" nur ein einziges Mal eine Verspätung gehabt — 28 Sekunden!, nach einem Flug von 5 Stunden.

Selbst im kleinsten Lebewesen wohnt das Wunder

Von I. G. Kornbusch

Von den weit über eine Million zählenden Tierarten dieser Erde nimmt die Klasse der Insekten im Stamm der Gliederfüßer, zu dem auch Krebse, Spinnen und Tausendfüßer gehören, allein über eine Dreiviertelmillion Arten ein — wohlgemerkt Arten, nicht etwa Einzellebewesen. Deren Zahl ist überhaupt nicht abzusehen. Damit bilden die Insekten mehr Arten als alle anderen Tiere und Pflanzen zusammen. Heute bevölkern Insekten die Erde vom Südpolargebiet bis hin zur Arktis. Ihren Namen führen sie nach der Gliederung ihres Leibes in einzelne Teilstücke oder Segmente, die mehr oder minder ringförmig sind. Insekten oder Kerbtiere sind also „eingeschnitten" oder „eingekerbt" (lateinisch: insecare = einschneiden, insectum = das Eingeschnittene).

Wie kommt es nun, daß gerade die Insekten die Welt erobert haben? Ist es nicht eigenartig, daß ausgerechnet sie alle Lebensräume, von der Polarsteppe der Arktis bis zu den Regenwäldern der Tropen, von den 55 Grad Celsius warmen Quellen in Ostasien bis zu den Petroleumpfützen Kaliforniens, vom Wasser bis zur Luft, besiedeln konnten? Vermutlich besitzen sie einen besonders gut der jeweiligen Umwelt angepaßten Körperbau, der ihnen hervorragende Chancen im Kampf ums Dasein ermöglicht. Schauen wir uns diesen Bauplan einmal etwas näher an. Werfen wir aber zuvor einen kurzen Blick auf die Entstehung der so bekannten und doch so rätselhaften Lebewesen.

Seit wann gibt es überhaupt Insekten? Schon sehr lange! Ihre Entstehung reicht weit in die Erdgeschichte zurück, bis in das ferne Erdaltertum. Sie sind hervorgegangen aus den flugunfähigen Tausendfüßern und gliedern sich schon frühzeitig in Flügellose und Fluginsekten. Die zu den Flügellosen gehörigen Springschwänze sind bereits seit dem mittleren Devon, also seit 350 bis 400 Millionen Jahren, bekannt. Ihnen folgten ebenfalls sehr frühzeitig die flugfähigen Insekten. Sie dürften bald nach der Besiedlung des Festlandes durch die Pflanzen, durch Schachtelhalme, Bärlappgewächse und Farne — Blütenpflanzen gab es damals noch nicht —, entstanden sein. Fest steht, daß im Karbon, also in der Zeit der Entstehung unserer Steinkohle, bereits riesige Libellen mit einer Flügelspannweite von 70 bis 80 Zentimetern vorkamen. Daneben Eintagsfliegenartige und frühe Verwandte unserer heutigen Schaben. Weitere Gruppen folgten im Perm vor 265 bis 220 Millionen Jahren. Bereits damals, als an Vögel, Säugetiere und Menschen noch nicht zu denken war, wurde also das Fliegen erfunden.

Heute kennen wir so riesige Insekten nicht mehr. Die größten Vertreter unserer

Rechte Seite: Die Rinderbremse ist mit einer Länge von 20 mm eine der größten Fliegen unserer Heimat. Wie bei allen Vertretern der etwa 3000 Arten umfassenden Familie der Bremsen ernährt sich das Weibchen vom Blut der Warmblüter, besonders von Rindern und Pferden. Es besitzt hierzu stechende Mundwerkzeuge von erheblicher Größe, welche ansehnliche Wunden erzeugen. Diese bluten außerdem nachhaltig, da der in die Wunde beförderte Speichel der Bremse eine Blutgerinnung unterbindet. Es ist deshalb ein Glück, daß Rinderbremsen den Menschen nur selten befallen. Die Männchen sind dagegen harmlos, sie sind Blütenbesucher und ernähren sich von Pollen und Pflanzensäften. Die Larven leben räuberisch in feuchter Erde und im Schlamm, wo sie Jagd auf die Larven anderer Insekten machen. (Foto: H. Schrempp)

Zeit sind tropische Heuschrecken, Gespensterheuschrecken, deren langer Leib 26 Zentimeter und darüber messen kann. Es soll Tiere geben, die fast einen Drittelmeter erreichen. Welch ein Unterschied zu den kleinsten Vertretern, die unter den Schlupfwespen zu finden sind! Von ihnen bleiben manche Arten noch unter einem Millimeter, die winzigsten sind mit 0,2 Millimetern kleiner als manche einzelligen Lebewesen. Mit bloßem Auge sind sie nicht mehr zu erkennen.

Ob groß oder klein, flugfähig oder nicht, alle Insekten haben ein A u ß e n s k e l e t t aus Chitin. Dies ist eine hornartige Masse, die aus verschiedenen mehr oder minder harten Schichten besteht, dem Tier Halt gibt, den Muskeln Ansatzflächen bietet und die inneren Organe schützt. Bei den Insekten ist es also umgekehrt wie bei den Wirbeltieren und uns Menschen. Bei uns liegt das knöcherne Skelett i n n e n, und die Muskeln setzen von außen her an. Der Leib des Insekts gliedert sich in drei Abschnitte: den Kopf mit den Mundwerkzeugen und Sinnesorganen, das Bruststück mit den Beinen und Flügeln und den Hinterleib mit den inneren Organen. Durch den ganzen Körper vom Kopf bis zum Hinterteil läuft das Nervensystem, das etwa unserem Rücken-

Nach dem grün und blau gefärbten Hinterleib des Männchens erhielt die Blaugrüne Mosaikjungfer ihren Namen. Die bis 60 mm große Libelle ist in ganz Europa verbreitet und fliegt von Juli bis Oktober. Man kann sie an den Ufern stehender Gewässer überall finden. Das prächtige Tier ist sogar recht nützlich, da es Schadinsekten aller Art verzehrt. Auch ihre im Wasser lebenden Larven ernähren sich überwiegend von Mückenlarven. Auffallend am Kopf der Libellen sind die großen Augen, die aus tausenden von kleinen Einzelaugen (Facetten) bestehen. Die hohe Wölbung der beiden Facetten-Augen ermöglicht ein gleichzeitiges Sehen nach allen Richtungen. Wegen dieses großen Gesichtsfeldes, das der Libelle jede Annäherung sofort anzeigt, und wegen der großen Wendigkeit des Fluges lassen sich Libellen nur sehr schwer einfangen. (Foto: H. Schrempp)

mark entspricht, allerdings mit dem Unterschied, daß es sich am Bauche entlangzieht und die Form einer winzigen Strickleiter besitzt. Es enthält somit zwei Nervenstränge, die parallel zueinander laufen und durch „Quersprossen" miteinander verbunden sind. Jeweils dort, wo diese auf die „Holme" der Strickleiter treffen, bilden sie Knoten, die sich von der Seite gesehen als Verdickungen abbilden. Im Kopf über dem Schlund liegt das Gehirn des Insekts, das sogenannte Oberschlundganglion, das mit den Sinnesorganen in Verbindung steht. Über dem Bauchmark, etwa in der Mitte des Körpers, verläuft der Magen-Darm-Kanal und darüber, mehr dem Rücken genähert, das lange schlauchartige Herz. Es ist vorn und hinten offen, saugt die Körperflüssigkeit an den Seiten oder hinten ein und stößt sie vorn wieder aus, so daß sie umläuft und die mitgeführten Nährstoffe überall dorthin bringt, wo sie benötigt werden. Man nennt einen solchen Umlauf des „Blutes" einen offenen Kreislauf (im Gegensatz zu dem geschlossenen des Menschen). Mit dem Transport des lebensnotwendigen Sauerstoffs hat das farblose Blut des Insekts nichts zu tun. Er wird durch die Stigmen, besondere Körperöffnungen im Chitinpanzer, aufgenommen und durch die Tracheen, feine Chitinröhren, die sich im Innern des Leibes verästeln, weitergeleitet. Sie bringen den zum Stoffwechsel lebensnotwendigen Sauerstoff bis in die einzelnen Gewebe, ohne daß das Blut dabei hilft. Aus diesem Grunde braucht das Insekt auch keinen roten Blutfarbstoff wie der Mensch. Stellen wir uns vor, daß alle diese Organe und Einrichtungen auch bei einer winzigen, nur 0,2 mm messenden Schlupfwespe, vorhanden sind, und daß trotzdem alles funktioniert, so können wir, ohne zu übertreiben, von einem schieren Wunder sprechen.

Auch die Entwicklung der Insekten vom Ei über die Larve bis hin zur Puppe und dem fertigen Tier, der Imago, ist für uns kaum faßbar. Die Larven, die wir auch als Maden, Raupen oder Engerlinge bezeichnen, nennt man im Volksmund auch „Wurm". Man sagt z. B., im Apfel oder im Holz sei der Wurm. Die Bezeichnung ist nicht übel gewählt, denn tatsächlich haben die Larven Ähnlichkeit mit einem echten Wurm. Da wir nun wissen, daß jedes Lebewesen in seiner eigenen Entwicklung die Entwicklung seines Stammes, also seiner Vorfahren, in großen Zügen wiederholt (Biogenetisches Grundgesetz), liegt der Schluß nahe, daß die Insekten von den bereits hochentwickelten Ringelwürmern abstammen.

Doch nun zu unseren Bildern. Da sehen wir als erstes das Porträt einer Rinderbremse. Bremsen gehören zu den Stechfliegen, also zu den Zweiflüglern, zu denen neben den Fliegen auch die Mücken zählen. Auf unserem Foto fallen uns besonders die großen grünen, zur Mitte hin in fast allen Regenbogenfarben schillernden Augen auf. Es sind Facettenaugen, deren Hornhaut in zahlreiche einzelne Bezirke aufgeteilt ist, die an die Facetten geschliffener Edelsteine erin-

Die Raupe des an Weiden und Pappeln von Juli bis September lebenden Großen Gabelschwanzes besitzt nicht nur wie viele andere Schmetterlingsraupen eine dem Untergrund weitgehend angepaßte Tarnfärbung, sondern ist auch in der Lage, ihre Feinde durch Schreckfarben abzuwehren. Ihre „Nachschieber" (das letzte Beinpaar) sind außerdem zu zwei langen Fortsätzen umgewandelt. Bei Erregung werden diese über den Rücken nach vorne gerichtet und aus den Enden rote fadenartige, mit scharfem Duft behaftete Schläuche ausgepreßt. Gleichzeitig kann die Raupe aus einer unter dem Kopf befindlichen Drüse ein übelriechendes Sekret dem Angreifer mehrere Zentimeter entgegenspritzen. Der Schmetterling ist unscheinbar weiß mit schwarzer Zeichnung und in Mitteleuropa weit verbreitet. (Foto: H. Pfletschinger)

nern. Jeder Bezirk ist der obere Abschluß eines Einzelauges. Zusammen bilden sie das eigentliche Auge, wie wir es auf dem Bilde sehen. Wir nennen es danach auch zusammengesetztes Auge oder Komplexauge. Ein solches aus vielen Einzelaugen bestehendes Sehorgan unterscheidet sich von dem unsrigen recht wesentlich. Das Facettenauge besteht aus keilförmigen Einzelaugen, die sich nach innen zur Augenmitte hin verjüngen, weswegen man sie auch Augenkeile nennt. Jeder Keil enthält unter der schützenden Hornhaut einen lichtbrechenden Linsenapparat und einen in der Mittelachse befindlichen, also senkrecht stehenden Achsenstab oder Sehstab, der das Licht — entsprechend unserer Netzhaut — aufnimmt und die Reize an das Gehirn weiterleitet. Gegeneinander sind die Einzelaugen durch Pigmente, das sind dunkle Farbstoffkörnchen, isoliert. Jedes Einzelauge bildet demnach nur einen bestimmten Bildpunkt ab, und alle Punkte zusammen erzeugen erst das Gesamtbild. Das dürfte etwa einem gerasterten Zeitungsbild entsprechen, das sich, wie ein Blick durch die Lupe deutlich zeigt, auch aus vielen einzelnen Bildpunkten zusammensetzt, wie ein Mosaikbild. Danach hat das Insektenauge seinen vierten Namen: Mosaikauge.

Nicht das Auge, sondern vermutlich der bunte Hinterleib der männlichen Libelle hat zu der Bezeichnung Mosaikjungfer geführt, deren prächtiger Kopf in einer ganzen Skala von gelb- und blaugrünen Farbtönen erscheint. Ist es nicht ein Genuß, ein solches Bild zu betrachten! Das für ein Insekt gewaltige Auge beherrscht den ganzen Kopf. Es hat seinen guten Grund, daß gerade Libellen mit so riesigen Facettenaugen ausgerüstet sind. Sie sind nämlich überaus schnelle Flieger, und erreichen Stundengeschwindigkeiten von 80 bis 100 Kilometern. Wahrscheinlich sind sie überhaupt die schnellsten Flieger unter den Insekten. Schnelligkeit und gutes Sehvermögen helfen ihnen bei der Jagd auf kleinere, ebenfalls nicht langsam fliegende Insekten. Der Verfasser dieser Zeilen hat früher einmal eine umfangreiche wissenschaftliche Arbeit über das Sehen der räuberisch lebenden Insekten angefertigt und dabei auch die Augen der Blaugrünen Mosaikjungfer näher untersucht. Man schneidet dazu die Facettenaugen der toten Tiere in außerordentlich feine, nur Bruchteile von Millimetern messende Scheiben, was mit Hilfe eines komplizierten Verfahrens und eines Mikrotoms, eines Apparates für die Herstellung mikroskopischer Schnitte, möglich ist. Bei Auszählung der Facetten einer Hornhaut ergab sich für unser Tier ein Wert von 18 000 Einzelaugen, eine erstaunliche Zahl, die vieles erklärt.

Sehr viel ließe sich noch berichten von den rätselhaften Fähigkeiten der Insekten, ihrem Körperbau und ihrer oft faszinierenden Schönheit, von ihrer Anpassung an die Umgebung und ihren eigenartigen Beziehungen untereinander und zu den Pflanzen und Tieren ihrer Lebensstätten, ihrer wichtigen Rolle in der Natur. Schließen wir unsere kleine Betrachtung mit einem Blick auf die phantastische Raupe des Gabelschwanz-Schmetterlings. Sie ist geradezu bizarr in Form und Farbgebung! Kein Künstler käme auf einen solchen Entwurf, und dabei handelt es sich doch nur um eine kleine Raupe. Tatsächlich, auch im kleinsten Lebewesen wohnt das Wunder. Man muß es nur zu erkennen und zu würdigen wissen.

Der Tiger und die Zecken
Kleine Plagegeister – große Auswirkungen

Von Karl Helbig

Da oben auf dem Ruinenhügel von Toniná im Ocosingo-Tal — fern im Süden Mexicos — hatte ich mir diese verdammten Zecken aufgelesen. Ganze Scharen von ihnen, wimmelnde, kribbelnde Heerscharen winzigster Lebewesen, viel kleiner als ein Stecknadelkopf, hatte ich noch rechtzeitig von den Hosenbeinen abklopfen können. Dennoch war eine beachtliche Zahl von ihnen bis auf den Körper vorgedrungen. Wieder auf dem festen Weg, wo es keine mehr gab, hatte ich mir gleich an die dreißig abgesucht — und abends im Quartier mindestens noch einmal soviel. Wer weiß, wie viele trotzdem noch am Körper schmarotzten ... denn überall kann man ja leider nicht hinsehen.

Zecken — in Lateinamerika heißen sie „garrapatas" — sind in tropischen Grasländern und Buschsavannen eine Selbstverständlichkeit, es gibt sie zu Millionen. Geht man durch ein solches Gelände, sammelt man sie sich im Handumdrehen auf. Genauso ist es auf allen Pferden und Mulas (Mauleseln), die man benutzen muß. Denn die weiden ja in diesen Grasländern und Buschsavannen. Sie sitzen voll davon, ebenso die Rinder, Schafe und Ziegen. Und nicht minder die Wildtiere, die dort leben. So viele die hilfsbereiten Reiher und Piuhui-Vögel ihnen auch abpicken mögen und soviel die Bauern in der Trockenzeit auch das Gras abbrennen, um sie zu vernichten — es sind immer wieder neue da. Der Herrgott hat sie geschaffen. Er muß wissen, warum. Ich weiß es nicht.

Für den Menschen jedenfalls sind sie eine Qual. Für die Tiere ganz sicher auch — die können das nur nicht sagen. Erstens ist es unsympathisch, beißendes, stechendes und blutsaugendes Geschmeiß an seinem Körper zu wissen. Und zweitens: wenn man sie, nun schon schön vollgesogen, auch erwischt, herausreißt oder -kratzt und triumphierend zwischen den Fingernägeln zerdrückt — jeder Stich brennt und juckt tagelang wie ein Feuerbrand. Vor allem abends und nachts. Man kann nicht einschlafen, man möchte sich die Haut vom Leibe kratzen. Wenn man klug ist, tut man das nicht, aber alle Klugheit verhilft nicht zum Schlaf, und je weiter die Nacht vorrückt, um so mehr jucken und brennen sie.

Es wird bestenfalls zum Schluß noch ein Halbschlaf daraus. Und mit dem Halbschlaf kommen die wirren Träume. Beides kann man gerade brauchen auf solchen Reisen, wo man in aller Frühe heraus muß und den ganzen Tag munter und aktiv sein soll!

*

Ich war also endlich doch wieder nach Hause gekommen, trotz all der Unbill, die man unterwegs erdulden muß. Warum ich allerdings von Mexico nach Hamburg ausgerechnet über Sibirien fahren mußte, in dem gemäß unseren Vorstellungen aus der Kinderzeit alles nur furchtbar bedrückend und dunkel und traurig war, das weiß ich heute noch nicht. Jedenfalls war ich wieder zu Hause.

War es denn mein Zuhause? Es sah alles ganz anders aus als sonst, auch so traurig und düster und bedrückend. Und doch war ich zu Hause. Da saß ja meine geliebte Mutter in ihrem hohen Lehnstuhl hinter dem Tisch, genau wie ich sie verlassen und in Erinnerung behalten hatte. Meine geliebte Mutter — wie alt sie geworden war! Schneeweiß ihr Haar. Jedoch, das muß ich sagen, es stand ihr gut über dem lieben und für mich noch immer schönen Gesicht. Ich setzte mich auf einen Stuhl neben sie, und nun begann das Erzählen. Versteht sich, daß ich auch von den Zecken erzählte, deren Bisse so gemein stechen und jucken können. Noch immer vermeinte ich sie zu spüren. Meine Mutter war ganz Ohr, sie hörte nicht auf zu fragen. Für die Daheimgebliebenen, die es nicht selbst erlebt haben, ist das alles doch sehr neu und interessant und wissenswert.

Aber warum verstand ich sie denn gar nicht? Sie sprach doch richtig, man sah es an ihrem Mund, ihren Gesten, ihrer Lebhaftigkeit. Seltsam — und auch wieder so bedrückend und schwer und traurig.

Immerhin war es ein schöner Sommerabend und warm, warm wie in den Tropen. Die Sonne war am Untergehen, es wurde dämmerig. Die Tür zum Garten hin stand offen, und ich sah draußen die schön gepflegten Blumenbeete und den grünen Rasen, der tausendmal lieblicher war als jene Gras- und Buschsavannen mit ihren beißenden und juckenden Zecken. Pfui Teufel!

Aber da, auf einmal — ich hatte eine Weile meine Mutter angesehen und nicht zur Tür geschaut — höre ich ein merkwürdiges Geräusch, sehe ich seitlich einen dunklen Schatten auf uns zukommen. Ein Tiger! Bin ich denn verrückt? Träume ich? Nein, wahrhaft: ein richtiger Tiger! Himmel und Hölle! Bösartig, lüstern, furchterregend schleicht er geduckt auf uns zu ... Um Gottes willen — Mutter! Ich will die Decke hochreißen, die Mutter sorglich über meine Knie gelegt hat — denn ich komme doch aus den Tropen und werde hier vielleicht frieren —, und will sie ihm, als einzig greifbare Waffe, entgegenschleudern, nach Möglichkeit über seinen Kopf werfen, damit er geblendet ist.

Aber warum ist die Decke nur so schwer, warum vermag ich sie mit beiden Armen und aller Kraftanstrengung nicht hochzuheben? Ach — helft mir doch ...!

Endlich gelingt es mir. Jedoch im gleichen Augenblick, als ich das Geschoß abfeuern will, springt er schon — an mir vorbei auf den Tisch, genau vor den Sessel, in dem meine Mutter sitzt. Und ehe ich es verhindern kann, setzt er von oben her zum Prankenhieb auf ihren Kopf an, auf diesen geliebten Kopf mit dem schneeweißen Haar. Oh, diese Angst, diese wahnsinnige Angst um sie. Meine Mutter schreit entsetzt auf; nie werde ich diesen Schrei vergessen. Auch ich schreie. „Hilfe!" schreie ich. Nein, ich schreie gar nicht — ich will schreien. Doch mein Hals ist wie zugeschnürt und dürr wie Zunder, und die Zunge filzig wie Watte. Kein Laut kommt über die trockenen, fiebernden Lippen. Ich will aufspringen — wie unter Blei begraben bin ich, keinen Finger vermag ich zu rühren, so viel Kraft und Willen ich auch einsetze. Hilfe! ... Hilfe!! — Doch kein Laut, nur ein tierisches Röcheln ist zu vernehmen.

Da wache ich glücklicherweise auf — nicht aus dem Schlaf, den habe ich nicht gehabt —, aus einem bißchen Halbschlaf, der sich morgens zwischen vier und fünf noch eingestellt hat. Über mir in dem wilden Feigenbaum schreit grell und durch-

(Zeichnung: J. Szönyi)

dringend ein Nachtvogel. Schreit er nicht Hi..i..i..l..fe — Hi..i..i..l..fe!? Ich will mich erheben. Die Decke liegt noch immer zentnerschwer auf mir, meine Glieder sind wie betäubt. Nur mit großer Mühe gelingt es mir, die Füße vom Feldbett herunter auf den Boden zu setzen und meinen Körper aufzurichten.

Diese verdammten Zecken! Hätten sie besser rechtzeitig den Tiger aufgefressen! Und dieser verhaßte Halbschlaf! Und dieser Feuerbrand über den ganzen Körper! Ich bin froh, als ich ihn beim Morgenbad im Fluß kühlen kann.

Heute gehe ich nicht wieder auf den Ruinenhügel von Toniná!

Sojabohnen aus Amerika

Von Gert Bender

Der Automobilkönig Henry Ford schockierte vor einigen Jahrzehnten einmal die Wissenschaftler und auch die gesamte Landwirtschaft mit einer geradezu revolutionären Prophezeiung: „Futter für Pferdestärken brauchen wir heute nicht mehr anzubauen, also pflanzen wir Rohstoffe für Fabriken!"

Das war zu seiner Zeit gar nicht so leicht von jedermann einzusehen, zumal sich Ford in seinen Forschungslaboratorien nicht in die Karten schauen ließ. Dort erprobte hinter verschlossenen Türen bereits ein großer Stab von Forschern alle möglichen Pflanzen für eine industrielle Verwertung; und Ford ließ sich diese Forschungsarbeiten viele Millionen Dollar kosten. Er wußte, daß sich dieses Geld später reichlich auszahlen würde.

Im Labor war unter den vielen untersuchten Pflanzen am interessantesten eine Bohnenart, die bis dahin gar nicht so sehr bekannt war, wie sie es eigentlich längst verdient hätte: die Sojabohne. Verdient hätte, weil sie eine der ältesten und zugleich wichtigsten Kulturpflanzen des Fernen Ostens ist, die schon im Jahre 2838 vor Christi Geburt in einem chinesischen Dokument genannt und gerühmt wird. Eine Pflanze, die vor 5000 Jahren sogar schon einen Ehrennamen hatte: „Ta Teou", das heißt „die große Bohne".

Wie war sie zu dieser Auszeichnung gekommen? Im Fernen Osten ernährten sich Millionen von Menschen Tag für Tag vorwiegend von Sojabohnen in mancherlei Zubereitung. Sie war das tägliche Brot für ganze Völker. Was in Wirklichkeit diese schlichten 6—8 mm großen Bohnen so wertvoll machte, davon wußten damals die Menschen begreiflicherweise noch nichts. Heute weiß man es ganz genau: Die Sojabohne enthält nicht nur einen beträchtlichen Anteil an Öl (17—20 %), sie hat auch einen hohen Eiweißgehalt von rund 40 %. Hinzu kommen noch 20—24 % Kohlenhydrate, ganz abgesehen von wichtigen Mineralbestandteilen und viel Lezithin. Und noch etwas besonders Wertvolles: Vitamine in reichlicher Menge.

Wie hoch und wertvoll man im Fernen Osten den Nährwert der Sojabohne einschätzt, zeigt dieses Beispiel: Japanische Soldaten tragen als „Eiserne Ration" für den Notfall stets einen Beutel Sojamehl im Marschgepäck mit sich. Aus Erfahrung wußte man, daß in der Sojabohne alle wichtigen Nährstoffe stecken müssen, die der Mensch zu seiner Ernährung braucht.

Schauen wir uns diese Wunderpflanze etwas näher an. Sie ist ein einjähriges Kraut mit aufrecht verzweigten Sprossen und gehört zur großen Pflanzenfamilie der Schmetterlingsblütler oder Hülsenfrüchte. Es wird 30—120 cm hoch. Ein kräftiges Wurzelsystem sorgt für feste Verankerung im Erdreich und für gute Ausnützung der Bodenmineralien. In den Wurzelknöllchen der Nebenwurzeln bil-

Sojabohnen: Die Sojapflanze kommt in rund 400 verschiedenen Arten vor. Entsprechend dieser Vielzahl gibt es große und kleine, längliche und runde, eiförmige und plattgedrückte Bohnen. Sie sind gelb, grün, braun, schwarz-violett oder auch gescheckt.

det sich Stickstoff, der für das Wachstum der Pflanze eine große Rolle spielt. Die entstehende Frucht ist eine 3—5 cm lange, stark behaarte Hülse. Die Samen sind rundlich oval und können eine Färbung von Grün über Gelb bis Braun, ja Dunkelviolett und Schwarz annehmen. Es gibt 400 Arten von Sojabohnen.

In den Samen speichert die Pflanze bis zu 40 % Eiweiß und 17—20 % Fett. Dank der riesigen Erntemengen steht die Sojabohne mit ungefähr 4,5 Millionen Tonnen Öl bei der jährlichen Pflanzenfettproduktion vor der Erdnuß und vor Kokos- und Ölpalme an erster Stelle. Für die menschliche Ernährung besonders wertvoll sind die lebensnotwendigen, mehrfach ungesättigten Fettsäuren, vor allem Linolsäure (54 %) und Ölsäure (24 %). Von diesen für eine gesunde Ernährung unschätzbar wertvollen Bestandteilen wird noch die Rede sein. Sojaöl hat einen milden Geschmack, ist hellgelb und nach der Raffination (Reinigung) praktisch farblos.

Sojabohnen sind Feldfrüchte einer modernen Landwirtschaft. Keine andere Wirtschaftspflanze konnte bisher die Landwirtschaft so revolutionieren wie die Sojabohne. Der Blätterteppich eines Sojabohnenfeldes ähnelt dem unserer Buschbohnen. Zur Blütezeit ist er durchwirkt mit lauter kleinen, unscheinbaren Blüten. Sie können schneeweiß, purpurrot, aber ebensogut auch hellviolett sein.

Am Weltmarkt steigt die Nachfrage nach hochwertigem Eiweiß für menschliche Ernährung und auch nach Eiweiß-Futtermitteln zusehends. Die Folge: immer größere Anbauflächen, immer höhere Ernten! Doch die Natur setzt diesem Trend scharfe Grenzen und beschränkt den Anbau auf Regionen zwischen dem 30. und 45. Breitengrad, und dann auch nur auf Landstriche, wo von Juni bis September über 200 mm Niederschläge fallen. Sojabohnen gehören zu den Kurztagspflanzen und lassen sich daher in unseren Breitengraden nicht wirtschaftlich erzeugen. Die größte Anbaufläche liegt heute in den USA, wo etwa 75 % der Welternten erzeugt werden.

Auf dem chinesischen Festland wachsen nur noch 14 % der Welterzeugung. Da der Export chinesischer Bohnen seit Jahren fast zum Erliegen gekommen ist, sind es vor allem die Landwirte Nordamerikas, besonders die Staaten des Mittleren Westens, die Sojabohnen für den Export anbauen. Endlos erscheinende Sojafelder sind zum gewohnten Landschaftsbild geworden, wo früher sich Getreidefelder meilenweit erstreckten.

Im Frühjahr, Mitte Mai, beginnt die Aussaat der Bohnen mit großen Drillmaschinen und endet, je nach Reifezeit der Sorten, etwa Ende Juni. Geerntet wird mit modernsten Mähdreschern. Nach dem maschinellen Schneiden läßt man die Pflanzen 4 bis 5 Tage trocknen. Anschließend kommen sie zum Dreschplatz, sofern nicht moderne Mähdrescher alle Arbeitsgänge in einem Zuge abwickeln.

Im nördlichen Teil des Anbaugebietes werden Sorten mit kurzer Vegetationszeit (115—130 Tage) vorgezogen, während im Süden der Vereinigten Staaten, im Baumwollgebiet, die Sorten mit Reifezeiten bis zu 160 Tagen dominieren. Man hat ertragsreiche Sorten gezüchtet, die pro Hektar 30—40 Doppelzentner Saatgut einbringen. In der Erntezeit sind Mähdrescher mit Schnittbreiten von fast 4 m im Einsatz, um die Bohnenernte von 30 Millionen Tonnen einzubringen. 40 % der gesamten amerikanischen Bohnenernte werden exportiert.

In der Welt werden 47,7 Millionen

Sojabohnen-Ernte mit Mähdreschern in den USA. Das vertrocknete Kraut bleibt auf den riesigen Feldern liegen und wird später untergepflügt. Die Bohnen werden verfrachtet oder im Lande in Ölmühlen verarbeitet.

Tonnen Sojabohnen produziert. Davon entfielen 1971 auf die USA 73,3 %, auf China 14 %, auf Brasilien 4,3 %. Mit mehr als 70 % des Weltanteils sind also die USA die größten Sojabohnenproduzenten (35 Mill. t = 1972) und mit mehr als 90 % des Welthandels auch der größte Sojabohnenexporteur. In den Jahren von 1930 bis 1970 hat man dort die Anbauflächen um das rund Fünfunddreißigfache vergrößert. Für die Bundesrepublik wie für alle anderen europäischen Staaten sind die USA Hauptlieferant von Sojabohnen (ca. 2 Millionen Tonnen pro Jahr).

Keine andere Pflanze kann sich im Hinblick auf vielseitige Verwendung messen mit der Sojabohne. Die gelben Sorten liefern u. a. vortrefflichen Quark, die grünen eignen sich gut als Gemüse, die schwarzen kommen auch als gesalzene und fermentierte Bohnen in den Handel, und alle Sorten werden für die Ölgewinnung herangezogen.

In einem Kilogramm Sojamehl steckt der Eiweißgehalt von 50 Hühnereiern. Neben anderen lebenswichtigen Mineralbestandteilen ist das knochenbildende Phosphorsalz zu nennen, und die erheblichen Mengen des kraftspendenden Lezithins finden vielerlei Verwendung. Der hohe Nährgehalt der Sojamilch kann nicht mit der Kuhmilch verglichen werden. Das aus den Bohnen gewonnene Sojamehl enthält in seinem Eiweißanteil wertvolle Aminosäuren. In gekochtem

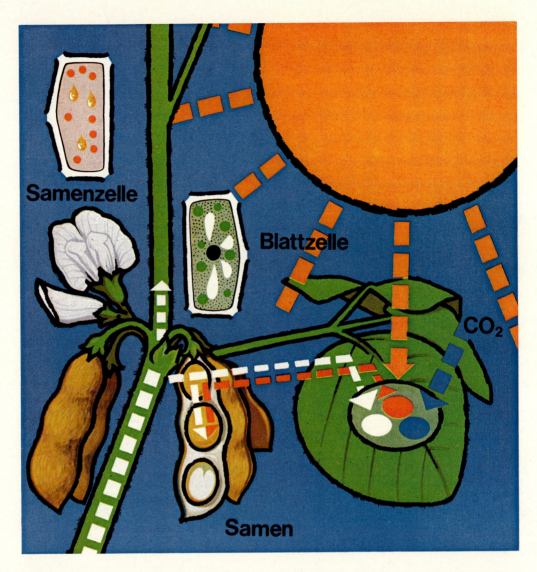

So bildet die Pflanze Fett: Die Blattgrün-Körner (Chloroplasten) in der grünen Zelle der Pflanzen sind auch für uns Menschen eine lebenswichtige chemische Fabrik. Die geheimnisvollen Vorgänge bei der Fettbildung nennt man „Photosynthese".
Weiße, gestrichelte Linien = Pflanze nimmt aus dem Boden Wasser auf, das in den Leitungsbahnen an alle Stellen der Pflanze steigt.
Blaue, gestrichelte Linien = Aus der Luft (blauer Untergrund) tritt Kohlensäure (Kohlendioxyd) an die Blattzellen heran. Die Blattzellen enthalten eine Vielzahl von Blattgrünkörperchen (Chlorophyll) — in unserer Zeichnung durch grüne Punkte dargestellt. Aus Wasser und Kohlensäure entsteht Stärke.
Die Verwandlung geht weiter: Die Stärke wird in Zucker (rote Punkte) umgewandelt und zu den Stellen befördert, wo die Pflanze Frucht und Samen bildet, oder er kommt in andere Reservestoffspeicher (rote gestrichelte Linie). In den Gewebezellen von Frucht oder Samen wird das Fett (gelbe Tropfen) gebildet.

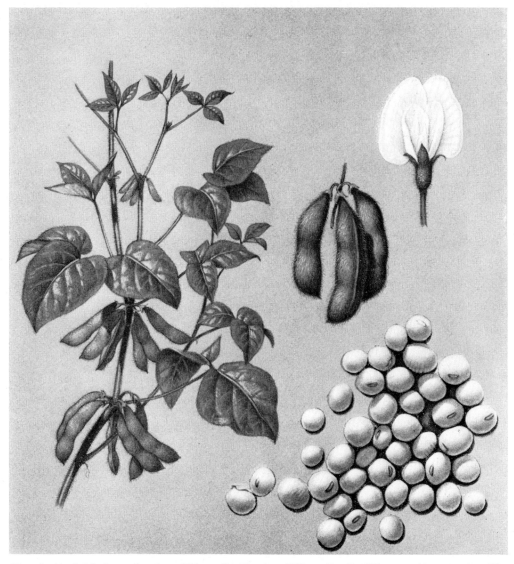

Strauch der Sojabohne mit grünen Hülsen. Rechts oben Blüte und reife Hülsen, rechts unten kugelförmige Sojabohnen, die erst beim Quellen Bohnenform annehmen.

Zustand erreichen die Eiweiße den Nährwert von Fleisch. Reife Bohnen werden gekocht, gebacken und geröstet, werden vergoren und zu wertvoller Sojamilch und Sojakäse verarbeitet.

Das Öl kommt für Nahrungszwecke als Koch- und Salatöl in Frage, vorwiegend wird es aber zur Margarineherstellung und für Mayonnaisen verarbeitet. In der Technik werden daraus Seifen, Lacke, Firnisse und viele andere Produkte gewonnen. Sojabohnen liefern Klebemittel, Anstreichflüssigkeiten und Appreturen für Anzüge und Kleider, liefern Schmiermittel und Lacke, Andickmittel für neuartige Deckenanstriche. Aus Sojabohnen gewinnt man Phenolschmelzpulver, und daraus preßt man Kunststoffgegenstände aller Art, plastische Kunststoffe und sogar Textilfasern, baut Kinderwagen, Spielzeug, Lenkräder und Armaturen. Bei der Ölgewinnung fallen als Nebenprodukte ab: Sojamehl, Sojakuchen und Lezithin. Das eiweißhaltige Sojaschrot ist als Viehfutter begehrt.

Diese Hinweise auf die vielseitige Verwendung der Bohne sind lückenhaft. Eine exakte Aufzählung würde ganze Seiten füllen.

Das Wunder der Fettbildung

Im Zahlenspiegel der Sojabohne lesen wir ganz schlicht: „Ihr Fettgehalt beträgt ca. 17—20 %." Ferner erfahren wir, daß andere Pflanzen weniger Fettgehalt aufweisen. Genaugenommen ist es so: Alle Pflanzen vermögen Fett zu bilden. Jetzt sollte es uns brennend interessieren, wie die Pflanze das macht, wie sich das Wunder der „Fettsynthese" vollzieht. Ein Wunder, das auch die klügsten Biochemiker unter den internationalen Forschern trotz intensivster Forschungsarbeit noch immer nicht geschafft haben.

Bekannt ist, daß die grünen Pflanzen tagsüber Sauerstoff abgeben. Noch nicht ganz geklärt sind aber die geheimnisvollen Vorgänge, wie sie mit Hilfe der Sonnenstrahlung aus Wasser und Kohlensäure Zucker, Stärke und Fette bauen. Photosynthese nennt man diese Zauberkraft im Blattgrün. Das ist ein künstlich gebildetes Wort aus photo (griechisch = Licht) und synthese (griechisch = Vereinigung einer Vielzahl zu einer Einheit). Es ist ein Fremdwort für ein Zauberspiel in der Pflanzenwelt, das uns wenig oder nichts sagt, wenn wir nicht versuchen, das Geheimnis wenigstens etwas zu lüften, die Zauberkraft des Blattgrüns „in den Griff zu bekommen". Eine Zeichnung soll die äußerst verwickelten Vorgänge der Fettbildung in Pflanzen am Beispiel der so ertragreichen Sojabohne veranschaulichen. Die Darstellung der Abläufe bei der Fettbildung muß Satz für Satz auf dem Farbbild verfolgt werden.

Wasser und Nährsalze nimmt die Pflanze mit ihren Wurzeln aus dem Boden auf. Durch die Leitungsbahnen gelangen diese Stoffe im aufsteigenden Saftstrom (weiß punktiert) zu den Zweigen und Blättern. Das Blattgewebe besteht aus Zellen, die eine Unzahl Blattgrünkörperchen (grüne Punkte) enthalten. Aus der umgebenden Atmosphäre (blauer Untergrund) tritt Kohlensäure (Kohlendioxid = CO_2 = blaue Punkte) durch die Spaltöffnungen und Zwischenräume an die Zellen heran.

In der Blattzelle bilden sich nun unter Einfluß der Sonnenstrahlen (orange), der „Sonnenenergie", aus Wasser (weiß) und Kohlensäure (blau) durch eine chemische Umwandlung Traubenzucker und Stärke (rot). Man nennt diesen Vorgang „Assimilation" der Kohlensäure oder auch „Photosynthese".

Aber die Verwandlung geht noch weiter: Zur Weiterleitung zu den Verbrauchsstellen wird diese Stärke in wasserlöslichen Zucker umgewandelt und als solcher im Saftstrom zu den Vegetationspunkten und Reservestoffspeichern der Pflanze, ihrer Frucht und dem Samen, befördert (gestrichelte Linie). In den Gewebezellen der Frucht oder des Samens (vgl. Samenzelle oben) endlich wird das Fett gebildet.

Die Produkte aus der Photosynthese (Stärke, Zucker) sind bereits wieder in sekundäre Stärke (dunkelrote Punkte) umgewandelt. Aus dieser werden durch Aufspaltung Glyzerin und Fettsäuren gebildet, aus denen Öle und Fette hervorgehen (gelbe Tropfen). Die Fette sind Gemische aus Glyzerin-Estern vieler Fettsäuren, besonders Palmitin-, Stearin-, Linol- und Ölsäure. Neun Zehntel aller Samenpflanzen speichern auf diese Weise im Plasma ihrer Samen Öle und Fette als Reservestoffe. Der Fettgehalt der verschiedenen Früchte und Samen schwankt zwischen 11 und 70 % ihrer Trockensubstanz.

Wenn es nun der Forschung gelänge, den geheimnisvollen Vorgang der Photosynthese nachzuvollziehen, wäre das ein Meilenstein auf dem Wege, der immer mehr wachsenden Menschheit das „tägliche Brot" sicherzustellen.

Grobe Schätzungen der Wissenschaftler über den jährlichen Anfall organischer Substanzen auf unserm Planeten bringen es zu schwindelerregenden Zahlen: 40 Milliarden Tonnen Kohlenhydrate produzieren allein die Landpflanzen; die Wasserpflanzen bringen es sogar auf Mengen zwischen 80 und 160 Milliarden Tonnen. Den gebührenden Respekt vor diesen Zahlen und der Leistung des Blattgrüns wird dieser Vergleich bringen: 160 Milliarden Tonnen entsprechen der Ladung von 6,4 Milliarden Güterwagen, das sind rund 320 Millionen Güterzüge zu je 20 Waggons, die aneinandergereiht fast 300mal die Entfernung zwischen Erde und Mond überbrücken könnten (nach Dr. Löbsack).

Wer das Geheimnis der Photosynthese vollständig lüftet, rettet die Menschheit für alle Zeiten vor Hungersnot und Hungertod.

Zurück zu Henry Ford und seinen prophetischen Worten, Pflanzen anzubauen für industrielle Auswertung. Wir Heutigen haben es erlebt, wie sich alle diese Voraussagen erfüllten und haben am Beispiel Sojabohne höchst Erstaunliches vernommen. Wie mag Ford — doch das liegt nun Jahrzehnte zurück — die zahlreich eingeladenen Reporter großer Zeitungen überrascht haben mit seinem „Forschungsergebnis Sojabohne". Er ließ da nicht weniger als sechzehn Gerichte servieren, die alle aus Sojabohnen bereitet waren, ließ Sojabohnenkaffee reichen und als Schluß der Schlemmerei sogar Sojabohneneis.

Große Augen machten die Zeitungsleute, als sie der Gastgeber an einen nagelneuen Fordwagen heranführte, ein Beil ergriff und damit auf das Dach einschlug. Es zeigte kaum eine ernsthafte Beschädigung. „Aus Sojabohnen hergestellt, meine Herren!" Prophetisch sagte er den Pressevertretern noch dies: „Schreiben Sie nur in Ihre Notizblätter: Die Sojabohne wird einmal die nützlichste Pflanze sein, die je in unser Land gebracht wurde. Sie wird den Landwirten zusätzlich Millionen Dollar einbringen, sie wird den Ackerboden verbessern und die Industrie mit Rohstoffen für notwendige Dinge versorgen, von denen sich heute noch niemand etwas träumen läßt. Karosserien der nächsten Jahrzehnte wachsen auf unseren Feldern!"

„Ta Teou" nannten die Chinesen vor Jahrtausenden schon die schlichte Sojapflanze. Sie ist in der Tat eine „große Bohne".

Mit freundlicher Unterstützung des American Soyabean Institute, Hamburg.

Raupen dröhnen durch die Winternacht –
In unerschlossenes Land auf Straßen aus Eis und Schnee

Von Vitalis Pantenburg

Dröhnend und kettenklirrend pflügten sich drei Raupenschlittenzüge durch die schüttere kanadische Buschwildnis nach Norden. Schnee gab es gegen Ende November schon reichlich im Yukonland; das starke Eis der Seen und Flüsse trug die schwersten Lasten. Der Konvoi hatte noch einige hundert Kilometer bis zum Ziel, einer Großbohrstelle in menschenlosem Land.

Das Alkoholthermometer zeigte —30° Celsius, dann knirscht und schreit der

Auf der Fahrt nach fernem Ziel durch subarktische Buschwildnis. Der Fahrer sitzt im Freien, um jederzeit rasch herausjumpen zu können, sollte die schwere Raupe in einer Spalte in einem der zahllosen zugefrorenen Wasserläufe und Seen plötzlich einbrechen. (Fotos: V. Pantenburg)

hartgewehte Schnee unter den Stahlkufen der Schlitten und den Raupenbändern der kraftvollen 200 PS starken Diesel-Zugmaschinen. Doch Motordonner und monotones Kettengeklapper übertönen alle anderen Geräusche. Die Dämmerung des schon arg kurzen Tages senkte sich über das unter seiner weißen Decke erstarrte Land. Aber ob Tag oder Nacht, beißende Kälte oder heulender Blizzard — es mußte gefahren werden; nie durften die Motoren stillstehen. Setzte ein Motor auch nur eine halbe Stunde aus, dann war er kaum wieder in Gang zu bringen.

Der Konvoi — auch „Swing" genannt — bestand aus drei „Cats" (Caterpillar-Raupen) mit den angehängten Lastschlitten. Diese stählernen „Zugpferde" gleiten auf überbreiten Bändern, führen vorn große Stahlschaufeln, am Heck starke Seilwinden. Für den Fahrer gibt es so gut wie keine Deckung gegen die klirrende Kälte und den schneidenden Eiswind. Sein Sitzplatz ist offen, denn wenn das viele Tonnen schwere Ungetüm plötzlich in eine Eisspalte einbricht, muß der Fahrer sich durch einen schnellen Sprung aufs feste Eis retten können. „Cat-Skinners", Raupenfahrer, geben der Sicherheit den Vorzug vor dem Schutz gegen die Unbilden der Witterung.

Jede „Cat" zog mehrere hochbeladene Lastschlitten. Ihre Fracht bestand zum großen Teil aus Fässern mit Dieselöl. Lange starke Bohlen, ein kräftiger Dreibeinkran, Stahltrossen, Ketten (alles für das gefürchtete Einbrechen im Eis), Ersatzgleitketten, Äxte, Schaufeln, Gewehre mit Munition und Leuchtpistolen, Langski und indianische Schneereifen, reichlich Proviant — alles das gehört zur Ausrüstung einer Swing. Über Funk hatte man Verbindung zur Zentrale am vorläufigen Ende der Autostraße, ihrem Startplatz. Flugzeuge und Hubschrauber hatten einige Depots an der Route des Konvois angelegt. Frischproviant, Post und anderer Nachschub wurden über der Kolonne an Fallschirmen abgeworfen, wenn Kufenflugzeuge oder Hubschrauber nicht landen konnten. Die Männer hatten so immer das Bewußtsein, nicht von der Welt abgeschnitten zu sein wie zu den Zeiten, als es Funk und Flugzeuge noch nicht gab.

Im mittleren Cat-Train fuhr die „Cabin", eine gut isolierte, stets durchwärmte Hütte. Hier war das Reich Jeffs, des Kochs und Funkers. Ohne reichliche kräftige Nahrung, ohne starken, heißen Kaffee zu jeder Zeit lassen sich die Strapazen einer Winterfahrt durch arktische Weiten nicht aushalten. Für die Freiwache waren in der Cabin Kojen eingebaut. Swing-Dienst geht „round the clock": zwei Stunden Fahren, zwei Stunden Pause, je nach Wind und Kältegraden in kürzeren Abständen, Tag um Tag und sieben Tage die Woche ...

„Swing-Master", Konvoi-Führer, war Bill Turner, die Aufgabe für ihn und seine sieben Mann: eine Winterstraße im Yukonland so vorzubereiten, daß nachfolgende große Lastzüge und Sattelschlepper für schweres Ölbohrgerät sie gegen Winterende befahren konnten. Bill fuhr nicht zum erstenmal einen Raupenschlittenzug durch die Nordwildnis, doch keine Fahrt ging über eine so große Distanz durch bisher unverkartetes, kaum erforschtes Land. Erst im letzten Sommer hatten Vermessungsflieger die ersten Luftaufnahmen gemacht, die Route durch gut sichtbare Kerben an markanten Bäumen, durch Stangendreiecke und ähnliche Zeichen notdürftig markiert.

Die Züge einer Swing fahren stets in Sichtweite voneinander; man muß einander rasch zu Hilfe kommen können. Bei einem heftigen Blizzard oder im Nachtdunkel läßt sich vom Fahrerstand aus kaum der letzte Schlitten des eigenen Zuges erkennen. Zu dieser Jahreszeit muß man so hoch im Norden mit etwa 18 von 24 Stunden Scheinwerferlicht rechnen,

wenn nicht gerade der volle Mond alles Land mit seinem Silberlicht überflutet.

Pierre, ein junger, quicklebendiger Frankokanadier, der sich mit Bill in der Bedienung der vorauffahrenden Cat ablöste, mußte jeden Augenblick aus der Cabin jumpen; auch Ted und Pitt hatten ihre Kameraden auf den nachfolgenden Raupen abzulösen. Der Swing-Master gönnte seinen Leuten öfter eine Verschnaufpause zum Aufwärmen in der geheizten Cabin mit Teds Kochnische. Ein

Auf ungebahnten Wegen nordwärts: Konvoi aus drei Raupenschlittenzügen benutzt die Naturstraße aus Schnee und Eis, die der klirrend-kalte Polarwinter schuf. (Fotos: V. Pantenburg)

Becher schwarzen heißen Kaffees und dickbelegte Sandwiches wirkten Wunder. Gute Laune, aufmunternde Gespräche waren ebenso notwendig zum Gelingen ihres Unternehmens wie gut bediente Motoren und Mägen.

Bill ließ seinen Blick über den mittleren, eben von Jack gefahrenen Train schweifen. Als Neuling hatte er ihn in die Mitte genommen. Jack war Dieselfachmann; im Entdecken von Fehlerquellen und Auflegen neuer Raupenbänder kam ihm keiner gleich. Auf der letzten Cat saß der dicke gutmütige Sam. Sein dröhnendes Lachen brachte ihre Trommelfelle und die Cabinwände oft zum Mitschwingen. Von seiner Raupe waren nur die tanzenden Lichter der Scheinwerfer zu sehen. Sie zitterten genauso wie die der anderen Cats, griffen einmal hierhin, einmal dort-

hin oder verloren sich am nachtschwarzen Himmel. Bill zog seine Pelzmütze in den Nacken und blickte nach oben. Er entdeckte zu seiner Beruhigung, daß das glitzernde Sterngeschmeide ohne Makel war. Vorerst würde kein Schnee fallen. Schnellziehende Wolken brachten oft Schnee und, noch schlimmer, starke Verwehungen, für Cat-Skinner viel unangenehmer als noch so große, windstille Kälte.

Die Wölfe kommen!
(Bild: Courtesy of the American Museum of Natural History)

Bill ließ sein Fernlicht dreimal kurz aufblinken, für die anderen das Signal, anzuhalten. Zugleich drückte er den Sirenenknopf. Ihr markerschütterndes Heulen empfanden seine Cat-Skinner als die schönste Musik; es bedeutete gemeinsames Mittagessen in der „mess", wie sie ihr winziges Heim auf Kufen scherzhaft nannten. Jeder freute sich auf diese Auftaupause.

Die Freiwache half den Kameraden, ihre schweren Sachen zum Durchwärmen abzustreifen. Dann verließen sie etwas tapsig wegen der dicken Polarkleidung die Cabin. Gleich darauf heulten die im Stand laufenden Motoren wieder auf, der Konvoi rollte an. Jeff gab das ebenso reichliche wie schmackhafte Essen aus, wonach er köstlichen Kaffee einschenkte. Bald mischte sich honigsüßer Duft von Virginias mit dem Ruch feuchter Kleider und Dunst aus Töpfen und Pfannen auf Jeffs wohlige Wärme ausstrahlendem Herd. Es war eine Atmosphäre, wie sie Jägern und anderen Wildmarkleuten wohlvertraut ist.

Bill ließ sich den letzten Funkwetterbericht geben: „Von Whitehorse keine wesentlichen Änderungen. Für das Wochenende müsse aber mit Schneefällen gerechnet werden", meldete Jeff. Alsbald wirkte die Wärme auf die Männer, die ihre Schicht verfahren hatten. Das Gespräch versickerte; einer nach dem anderen kroch in seinen Schlafsack, verrollte sich in der Koje zu nur kurzen Stunden tiefen Schlafes nach dem Dienst im Freien.

„Well — Cat-Trains sind nun mal keine Schnellzüge, die auf Schienen laufen", meinte Jeff gutmütig zu Jack. „Das hast du wohl schon gemerkt in den paar Tagen seit unserem Start?" Der stimmte zu; aber immerhin sei dies ein Job, der

273

ihm Spaß mache. Bill hatte bestimmt, daß Jack (er fuhr erstmals eine Raupe in solch schwierigem Gelände) sich mit Johnny ablöse, der sich wie kein anderer hier auskannte. Seine markanten kupferbraunen Gesichtszüge und das pechschwarze Haar wiesen ihn als Indianer aus. Dazu kam seine Schweigsamkeit; er sagte kein Wort zuviel und verzog nie eine Miene. Der Swing-Führer glaubte daher, er passe gut zu Jack, der zuweilen nervös und ausfallend sein konnte.

Bill zerdrückte seine Zigarette in der Konservendose und drängte zum Aufbruch: „Boys, das wäre eine Sache, brächte uns jeder Tag so weit wie heute. Aber wir werden manchmal noch heilfroh sein, nur eine Meile in acht Stunden zu schaffen. Viele Flüsse sind zu queren, da müssen wir Wege bahnen an den Ufern. Vor uns liegt der Braine-Paß mit 1500 Metern Höhe. Es gibt Berge, Hügel und spiegelglatte Eisflächen auf den Seen und allerlei, was kein Mensch im voraus wissen kann."

Je weiter nach Norden man kam, je später im Jahr es wurde, desto kürzer wurde der Tag. Kaum mehr als vier Stunden ließ sich nun ohne Licht fahren. Die Männer, langsam apathisch werdend vom Einerlei, vom pausenlosen Fahren, schlangen ihr Essen nur noch hinunter, rauchten hastig eine Zigarette und sanken todmüde in die Kojen. Jeff hatte Mühe, sie zu ihrer Wache aufzupurren. Nur Bill, ihrem Swing-Master, merkte man nichts an. Er hatte die volle Verantwortung, die ihm keiner abnehmen konnte. Auch Johnny, der wortkarge Chipewyan, tat stets gleichmäßig seine Arbeit. Nie zeigte sich in seinen undurchsichtigen Zügen eine Spur von Ermüdung.

Zwei volle Tage und Nächte heulte ein Blizzard von Nord her durch das Tal des Wind River. Er brachte die Kälte des Arktischen Ozeans mit, hüllte alles, Fahrer, Cats, Schlitten, in einen wilden Wirbel von Schneekristallen. Sie stachen wie mit tausend Nadeln ins Gesicht, soweit man es nicht durch Brillen, Ohrenklappen und Masken schützen konnte. Bill ließ nun öfter halten, damit die Männer nicht zu Eissäulen erstarrten. Es war die Hölle, aber die Motoren durften nicht abgestellt werden.

Doch auch der tollste Blizzard ebbt einmal ab. Erleichtert stiegen die Fahrer auf ihre Cats, die sich oft mühsam durch festgepackte Schneewehen vorwärtsfraßen. Vor der Swing lag nun ein größerer See. Seine dicke Eis- und Schneedecke schien zwar stark genug, um den Konvoi zu tragen. Doch der Master bestimmte, daß erst einmal er allein mit seiner Raupe über den See fahre, ohne Anhänger; die anderen sollten am Ufer warten.

Die lange Nacht war schwarz, sternlos, als Bill, begleitet von Pierre, losfuhr. Die Zurückbleibenden sahen nichts als die Kegel der Scheinwerfer, die tastend über die glatte Schneefläche glitten. Mehr und mehr entfernte sich das Dröhnen des Motors. Die Zurückgebliebenen wollten sich eben vor Kälte erstarrt in die Cabin zurückziehen, als das Krachen von berstendem Eis an ihre Ohren drang. Bills Scheinwerfer strahlten die niedrige Wolkendecke an, und unheilverkündend heulte seine Sirene auf — dreimal lang: Signal für höchste Gefahr.

Als erster begriff Johnny die Situation, er warf ein starkes Seil über die Schulter, fuhr in die Schneeschuhe und glitt los, der Mitte des Sees zu, wo die Lichter der Cat schimmerten. Die anderen schalteten Fernlichter und Suchscheinwerfer ein, um den Schauplatz des Geschehens abzuleuchten. Sie sahen, wie ihr Indianergefährte behend über die glitzernde Schneefläche eilte. Nun wollten alle hinterher, aber Sam, als Ältester, Erfahrenster, bestimmte, erst müsse man seine Rückkehr abwarten, ehe sie sich alle in Gefahr brächten.

Nach einer Weile kam Johnny zurück. Bills Cat sei mit dem Hinterteil eingebrochen, nicht allzu tief, der Motor laufe noch. Mit eigener Kraft käme die Raupe aber nicht frei. Sams Cat solle zu Hilfe kommen mit einem Lastschlitten, mit Kran, Bohlen, Ketten und Drahtseilen. Dazu alle Mann, ausgenommen Jeff, der für kräftiges Essen und heiße Getränke zu sorgen habe. So ihr Swing-Master.

Vor dem Start stärkten sich alle mit starkem Kaffee. Als letzter stand Johnny in der Cabin, um noch für Bill heißen Kaffee in einer Thermosflasche mitzunehmen. Umsichtig entnahm er eine der beiden Leuchtpistolen dem Kasten und verstaute etliche Patronen, rote und grüne, auch einige weiße, und etliche mit Fallschirmen, in seine geräumigen Ledertaschen. „Wenn du sehen Grün, dann gut mit uns, wenn sehen Rot — dann nicht gut. Du andere Leuchtpistole nehmen." Johnny grinste vieldeutig, warf noch rasch das Remington-Gewehr über die Schulter und jumpte mit einem Satz aus der Cabintür in den Schnee. Der Chipewyan, Pfadfinder und „allround-man" hatte während der Tagesfahrt die Trittsiegel mehrerer Wölfe entdeckt, aber nur Bill mitgeteilt. Es mußte eine ganze Rotte sein, fünf oder sechs. Vermutlich strichen sie schon seit Tagen um die Swing.

Aus dem Waldrand kam jetzt ein Heulruf, nun wieder „Uu — uu — uu — — uuh", jetzt ein neuer aus anderer Richtung. Johnny kannte die Taktik der Timberwölfe. Sie „signalisierten" sich zu, wie sie am besten vorgingen. Der vom Ufer herkommende tiefere Ruf mußte der des Rottenführers sein, stets das stärkste und klügste Tier.

Die Swing-Gefährten, inzwischen an der Cat-Einbruchstelle angelangt, hatten die Wolfsrufe im Dröhnen der ständig laufenden Motoren offenbar nicht gehört. Jeff lauschte den Nachrichten im Radio und hantierte laut auf seinem Herd. Vielleicht war es besser, ihn nicht auf die Gefahr aufmerksam zu machen, dachte der Chipewyan. Auch bei Rothäuten gilt: „Was man nicht weiß, macht einen nicht heiß." Warum die Männer unnötig belasten, ihr Gemüt war ohnehin stark mitgenommen. Vielleicht zogen sich die Wölfe wieder zurück. Viel zu holen war ohnehin nicht für sie. Merkwürdig war nur, fand Johnny, daß die Bestien ihre sonstige Scheu vor den donnernden Maschinenungetümen so weitgehend abgelegt hatten. Waren sie vor nagendem Hunger wie von Sinnen?

Die sechs Mann der Swing gingen wohlüberlegt zu Werke. Sie setzten den Dreibeinkran über Bills Cat auf Balken, die sie miteinander verbanden. Sie konnten nun nicht mehr einsinken. Schwere Bohlen wurden unter die Raupen geschoben, ein starkes Drahtseil an Bills Cat angelascht. Es lief über die Seilwinde an Sams Cat, der in einiger Entfernung von der Einbruchstelle auf ungebrochener Eisdecke stand und die Szene beleuchtete. Nun kam es darauf an, vorsichtig den mehr schwebenden Stahlkoloß zugleich anzuheben und über die Bohlen auf festes Eis zu ziehen. Laut heulte Sams Motor auf. Bill, im Sitz seiner Raupe gab ebenfalls Gas. Gespannt beobachteten alle, wie sich die Cat Zentimeter um Zentimeter über die Bohlen schob.

Plötzlich zischte über dem Standplatz der Schlitten am Seeufer eine rote

Leuchtkugel hoch. Johnny und Bill wußten sofort, was dies bedeutete; die Wölfe waren dreister geworden, und Jeff mußte sie bemerkt haben.

„Johnny, lauf so schnell du kannst zu Jeff, hörst du?" schrie Bill. Der Indianer glitt zügig in seiner Spur zurück. Zum Glück brach der bleiche halbe Mond eben durch die niedrig dahinjagenden Wolkenfetzen. Das gab etwas Licht. Je mehr Johnny sich von den dröhnenden Motoren entfernte, um so lauter vernahm er das Heulen der Bestien. Offenbar setzten die Wölfe zu einem Angriff an. Johnny sah, daß Jeff aus dem kleinen Cabin-Fenster den Lauf seines Gewehrs gegen den Waldsaum gerichtet hatte. Mehrere Schemen huschten zwischen den Kiefern umher. Ein, zwei Heulrufe kamen von der entgegengesetzten Seite, andere von einer dritten. Die Timberwölfe wandten ihre Einkreisungstaktik an.

Ein Feuerstrahl schoß aus Jeffs Gewehr, der peitschenartige Knall ließ die Bestien eine Weile verstummen. Es war wohl mehr ein Schreckschuß, denn viel sehen konnte man nicht, genau zielen noch weniger. Da war der Chipewyan auch schon an der Cabin. „Du gut aufpassen jetzt", rief er Jeff zu, „schießen nur, wenn Johnny Blitz und Donner macht." Der Belagerte war heilfroh, den Indianer neben sich zu haben: nun brauchte er nichts mehr zu befürchten.

Johnny schob eine der dicken Patronen — für Weiß mit Fallschirm — in den Lauf der Leuchtpistole. Er hielt hoch und machte den Zeigefinger krumm, ein dumpfer Knall, kurzes, scharfes Zischen, die Hülse platzte in der Luft. Blitzartig stand grelles Licht über dem Standplatz. Langsam schwebte es am Seidenschirm herunter. Johnny jagte eine zweite Patrone hoch und schlug das Gewehr an.

Taghell war die Lichtung erleuchtet; geblendet und erschrocken suchten die Wölfe Deckung zwischen den dunklen Bäumen. Sie taumelten mehr; der weiche, tiefe Schnee hemmte ihr Flüchten. Anbacken, ins Ziel gehen, schießen, repetieren, zielen, schießen. Jeff kam sich vor, als stünde er auf dem Schießstand. Johnny mußte selbst schmunzeln über seine Methode, künstlich gutes Büchsenlicht zu erzeugen. Es war seine erste Jagd mit Leuchtkugeln auf Timberwölfe, die seit Urzeiten verhaßten Feinde der Waldindianer.

Bei diesem Verfahren blieb den Bestien nicht viel Zeit, ihr Mißgeschick in die weiße Wildnis hinauszuheulen. Vier starke Wölfe waren die Strecke, darunter der ungewöhnlich starke Rüde, der Rottenführer. Zweien mußte die Flucht gelungen sein. Man hörte ihre schauerlichen Klagerufe, weit außerhalb der Schußweite. Am Morgen fand Johnny eine Schweißspur. Sie führte zu einem jungen Rüden, der sich unter einer Tanne niedergetan hatte und verendet war.

Als wenig später nach dem Sieg über die Wölfe die Gefährten mit der glücklich geborgenen Raupe herankamen, war Johnny schon dabei, mit gekonnten Schnitten und Griffen die noch warmen Tiere aus der Decke zu schlagen. Ihre großen weißen Winterfelle waren eine wertvolle Beute. Eigentlich gehörten sie Johnny. Aber der Pfadfinder bestand darauf, den Erlös brüderlich zu teilen.

Froh über den glückhaft verlaufenen Zwischenfall setzten sie ihre Fahrt fort, bis Jeff den in der Zentrale sehnlich erwarteten Funkspruch absetzen konnte: „Bestimmungsort am Zusammenfluß von Wind River und Eagle River erreicht. Turner, Swing-Master."

Geheimnisvolles Watt vor der Sandbank Scharhörn. Eine flutsichere Rettungsbake bietet gestrandeten Seeleuten Unterkunft. Die Sandbänke in der Elbemündung sind seit Jahrhunderten als Schiffsfriedhof gefürchtet. Wattfahrten und Wattwanderungen zählen zu den ganz großen Erlebnissen an der Nordseeküste. Aber: Wer sich ins Watt wagt, sollte Einheimische befragen und ihrem Rat folgen. Das Watt führt ein Doppelleben: es ist sechs Stunden dem Lande und sechs Stunden der See vermählt.

Geheimnisvolles Watt

Von Erich Fischer

Tiefblau ist die Himmelsglocke über mir und „meergrün" die Nordsee unter mir, wie ich da sommers in einem Sportflugzeug von der Insel Wangerooge nach Helgoland fliege. Der Pilot weist mit der Hand nach unten. Aus 500 Meter Höhe kann ich den kilometerbreiten Wattensaum vor der Küste wunderbar überse-

Das Watt ist ein bis 30 Kilometer breiter seichter Saum der niederländisch-deutschen Nordseeküste. Bei Ebbe liegt er ganz oder teilweise trocken, bei Flut wird er vom Wattenmeer überspült. Marsch- und Geestinseln ragen aus dem Watt heraus. Die ungeschützten Eilande nennt man Halligen.

Prielsystem im Watt. Priggen dienen als Wegweiser für Wattenfahrer und -wanderer. Priele ent- und bewässern das Watt. Aus der Vogelschau ähnelt ein solches Prielsystem einem Blatt mit seiner Mittel- und vielen Seitenrippen.

hen, ein Gewirr von Sandbänken, Schlickflächen, Wasserpfützen und Prielen.

Es ist Ebbe — Niedrigwasser —, noch ablaufendes Wasser. Bis vor wenigen Stunden noch war das Watt etwa vier Meter hoch von den Nordseefluten bedeckt und von Schiffen befahren. Nun steigt das Land für etwa sechs Stunden aus der Flut heraus. In Wirklichkeit ist es so: das Wasser zieht sich in die offene See zurück, kehrt dann um, läuft wieder auf und ertränkt das Land aufs neue. Dieses urewige Zauberspiel von Ebbe und Flut bewirkt der Erdtrabant Mond mit seiner Anziehungskraft.

Immer deutlicher zeichnen sich die Priele im Watt ab. Aus der Vogelschau sehen sie aus wie dicke, dünnere und ganz feine Wurzeln einer Pflanze, die sich hundertfach verästeln. Priele lassen sich ebensogut vergleichen mit den Adern und Äderchen im Körper oder auch mit den Rippen eines Laubblattes.

Diese Priele also entwässern das Watt, das heißt: sie führen das Wasser hinaus in die offene See. Ein paar Stunden später wird es durch eben diese Priele auch wieder zurückkehren. Die Sand- und Schlickflächen werden überspült und sind bald meterhoch vom Meer bedeckt. Aus größeren Höhen — etwa aus der Schau von Raumpiloten — nehmen sich so wohl auch große Flußsysteme aus mit Haupt- und Nebenflüssen, mit Bächen und noch feineren Verästelungen winziger Wasseradern.

Wie ich das Watt so überfliege, fallen mir eine ganze Reihe schlimmer Erlebnisse ein, die ich auf diesem doppellebigen Erdstreifen zwischen Cuxhaven und der Marschinsel Neuwerk hatte. Das Watt ist gefährlich für Unkundige — aber auch heimtückisch selbst für Anrainer. Von all dem haben die wenigsten Binnenländer eine Ahnung. Sie sollten gewarnt werden vor dem Watt! Wie leicht wird es zu einer Menschenfalle. Jahr um Jahr sterben allein an der deutschen

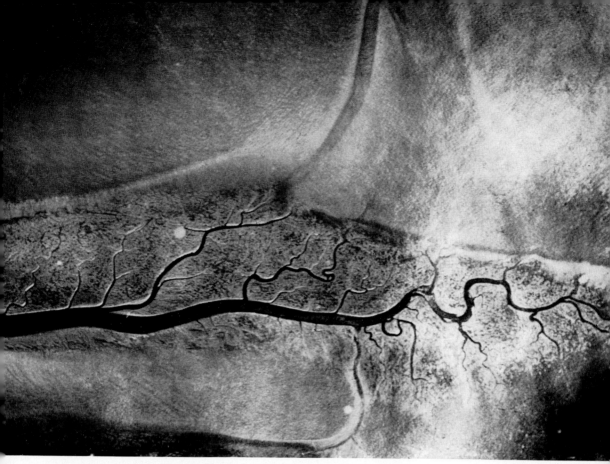

Luftaufnahme eines Prielsystems im Watt. Sie zeigt deutlich die blattähnliche Verästelung des Prieles. Der untere Teil des Bildes liegt noch unter Wasser. Auch seine Prielarme werden später deutlich zu sehen sein.

Nordseeküste im Watt zehn bis zwanzig Menschen — trotz aller Warnungen.

Im Watt lauert der Tod

Als Sommergast des Leuchtturmwärters auf der Insel Neuwerk bewohnte ich vor Jahren eins der Turmzimmer und wurde nicht müde, von dieser hohen Warte aus das wechselnde Spiel von Ebbe und Flut und die dauernd wechselnden, zauberhaften Lichteffekte zu beobachten. Ich sah, wie Wattenläufer vom Festland her über den vom Wasser freigegebenen Meeresboden zur Insel kamen; wie Stunden drauf die Wogen ihn wieder — zweimal im Tageslauf — in Besitz nahmen und kleineren Küstenschiffen die Durchfahrt von Bremen nach Cuxhaven ermöglichen. Zehn Kilometer trennen Neuwerk vom Festland.

Mit dem Fernglas entdeckte ich eines Tages auf dem Watt eine Gruppe von Schülern, die mit ihrem Lehrer auf dem Watten-Wege nach Neuwerk war. Hier wollten sie im Landheim — zu Füßen des Turmes — zwei frohe Wochen verleben. Das sagte mir der Leuchtturmwärter. Aber es wäre beinahe schiefgegangen!

Im Watt lauerte der Tod ihnen auf. Unterwegs blieb nämlich die Gruppe oftmals stehen. Der Lehrer fotografierte dies und das. Möglicherweise hatte er auch den Tidenplan nicht genau beachtet;

279

denn als er mit den Kindern schließlich an den großen, tiefen Priel kam, war ein Durchqueren für sie nicht mehr möglich. Starker Westwind hatte an diesem Tage das Wasser aufgestaut, das sonst eilig meerwärts fließt. Der Lehrer brachte schwimmend nacheinander einzeln vier oder fünf der kleineren Kinder über den Priel. Darüber verging aber viel von der knappen Zeit bis zur Flut.

Ich erkannte die Gefahr, in der sich die Gruppe befand; denn vor wenigen Jahren erst war ich selbst einmal übers Watt hinüber zum Festland und zurück nach Neuwerk gewandert. Beileibe nicht geraden Weges! Die eingegrabenen Reisigbüsche, die die Richtung markieren, schlagen Bogen um gefährlichen Triebsand und tiefe Schlicklöcher.

Sofort alarmierte ich den Leuchtturmwärter und den Strandvogt. Hier schwebten Menschen in höchster Lebensgefahr! Schon nach wenigen Minuten galoppierten zwei starke, wassergewöhnte Pferde vor einem hochbeinigen Wattenwagen von Neuwerk aus übers Watt, das sich bereits hier und da großflächig bewässerte. Der Strandvogt erreichte den Priel, durchquerte ihn und nahm die Kinder und den Lehrer auf den Wagen. Nun ging's zurück durch den Priel. Die wenigen Kinder, die bereits auf dem Marsch nach Neuwerk waren, wurden ebenfalls aufgelesen. Dann trabten die Gäule mit erhobenen Schwänzen zurück übers Watt nach Neuwerk. So, als wäre der Teufel hinter ihnen her. Das Wasser patschte unter ihren Hufen nur so. Das Gefährt kam keine Minute zu früh auf der Insel an. Während der letzten paar hundert Meter reichte den Tieren das Wasser bereits bis zu den Knien.

Diese Fahrt, diesen Wettlauf mit dem Wattentod, werde ich, werden die Kinder und der Lehrer zeitlebens nicht vergessen. Es war Rettung in letzter Sekunde.

Im Nebel auf dem Watt

Während ich vom Turm aus mit dem Leuchtturmwärter all dies verfolgt hatte, erzählte er mir folgendes: Zwei unserer Bauern waren bei diesigem Wetter mit einem Fuhrwerk hinüber nach Duhnen gefahren. Dem Tidenplan nach mußten sie zurück sein. Wir erwarteten sie längst. Plötzlich senkte sich dicker Nebel übers Watt, so daß man keine zwanzig Meter weit sehen konnte. Auf Neuwerk erkannten nun alle die große Gefahr, in die ihre Leute auf dem Watt gekommen waren. Bei solchem Nebel verliert auch der Einheimische und Ortskundige auf dem Watt zu leicht die Orientierung.

Die Insulaner eilten zum Strand und bildeten eine Kette weit hinein ins Watt, verbunden durch lange Leinen, damit sich keiner verliert. Der letzte — er stand mehrere hundert Meter weit vom Deich entfernt — rief ununterbrochen aus Leibeskräften durch ein Sprachrohr: „Hierher — Hierher!" Und die anderen stimmten mit ein. Der Himmel war den beiden Irrläufern gnädig. Sie hatten sich mit dem Fuhrwerk bereits im Kreise gedreht, hatten die Richtung völlig verloren und wurden erst durch die Rufsignale wieder zurechtgewiesen. Sie fanden den rettenden Strand, bevor noch die Flut zurückgekehrt war.

Dem Wattentod in die Arme gelaufen

Im April war es, vor wenigen Jahren erst. Da zog die grausame Nordsee, die Mordsee, gleich vier Menschen einer Familie ins nasse Grab. Binnenländer aus dem Rheinland. Eine Mutter und drei Kinder kehrten von einer Wattwanderung zur Insel Neuwerk nicht zurück. Sie er-

Auf diesen beiden Bildern — sie zeigen fröhliches Badeleben am Strand des beliebten Nordsee-Heilbades Cuxhaven — lassen sich Ebbe und Flut anschaulich demonstrieren. Bei Niedrigwasser — oberes Bild — unternehmen die Badegäste kreislaufförderndes Wattlaufen, bei Flut tummeln sie sich in den Wogen. Die Kugelbake weist den Schiffen die Einfahrt in die Elbemündung.

Im Watt vor der Marschinsel Neuwerk. Priele – mit Muschelbänken gesäumt – ent- und bewässern das Watt. Priggen, eingegrabene Büsche und Ruten weisen bei Flut den Booten und kleineren Schiffen den Weg. Baken dienen als feste Landmarken den Seefahrern als Wegweiser.

Der Leuchtturm auf der Marschinsel Neuwerk ist der älteste Leuchtturm an der Nordseeküste, fast 700 Jahre alt. Sein Feuer weist den Weg durch die gefährliche Elbmündung. Bei Tage ist der hochragende rote Ziegelbau eine von allen Seefahrern beachtete Landmarke. Im Volksmund heißt man den festen Bau den „Störtebeker-Turm". Der Süßwasserteich dient als Viehtränke.

Wattenwagen auf der Fahrt von Duhnen bei Cuxhaven nach der Insel Neuwerk. Tiefe Priele müssen dabei durchquert werden. Die wassergewöhnten Pferde versinken nicht selten fast bis zum Rücken im ablaufenden Prielstrom. Wattenwagen müssen sehr hohe Räder haben. Für Wattenfahrten bedarf es einer besonderen Fahrerlaubnis.

tranken im Watt. Was wußten sie von der plötzlich aufkommenden Flut; was von tiefen Prielen mit reißender Strömung; was von tückischen Schlickfeldern und Triebsand im Watt!

Niemand weiß, wie und wo sie der nasse Tod da draußen überraschte. Zwei Kinderschaufeln, mit einem bunten Kopftuch zusammengebunden, zwei Paar Gummistiefel und Jacken waren anderntags das einzige, was die See hergab. Suchmannschaften, Landpolizei, Boote der Wasserschutzpolizei, ein Seenotrettungskreuzer und ein Polizeihubschrauber suchten das Watt bei Hoch- und Niedrigwasser ab, fanden schließlich die vier Leichen im Schlick und bargen sie. Man wagt kaum sich's auszumalen, wie qualvoll der Wattentod diese armen Menschen ins nasse Grab gezogen haben mußte.

Vor Jahren ertrank im Priel zwischen der Hallig Norderoog und Hooge der Vogelwart Wandt vom Vogelparadies Norderoog, ein Kundiger der Watt-Tükken, der 41 Jahre lang der Hallig verbunden war. Vor 34 Jahren nahm ihm der „blanke Hans" schon seine Frau.

Kommst du irgendwann und irgendwo einmal zur Nordseeküste, gib acht auf die am Strande aufgestellten Warnschilder, lies ganz genau die Gezeitentafeln, die überall aushängen, befrage dich bei Einheimischen und vor allem: folge ihrem Rat. Er kann dich vor dem Ärgsten bewahren.

An einer Stelle am Strande hatte man eine Tafel errichtet mit folgenden Hinweisen: „*Warnung!* Der Fußmarsch nach Neuwerk darf frühestens zwei Stunden und muß spätestens eine Stunde, bevor die Flut im Watt einsetzt, angetreten und muß ohne Verweilen im Watt beendet werden. Wattenläufer müssen spätestens bei Niedrigwasser aus dem Watt zurückkehren. Bei Nichtbeachtung dieser Zeiten und bei ungünstiger Witterung, insbesondere bei westlichen Winden, besteht Lebensgefahr!"

Daneben warnte ein Schild vor unbefugtem Fuhrverkehr auf dem Watt: „Das Fahren im Watt zwischen Duhnen und Neuwerk ist mit Gefahr verbunden für denjenigen, der den Weg nicht genau kennt. Fuhrleute, die Personen gegen Entgelt befördern, bedürfen einer behördlichen Erlaubnis."

Hoch zu Wagen durch die Nordsee

Am sichersten kannst du das Wattenerlebnis haben, wenn du in einem der Strandorte einen Wattenwagen besteigst und dich der Führung eines wattenkundigen Fahrers anvertraust. Nicht jeder Wagenführer darf Fremde übers Watt fahren — das hörten wir bereits. Dazu bedarf es eines besonderen Erlaubnisscheins. Diese Art „Führerschein" ist einmalig in Deutschland.

Wassergewöhnte Tiere ziehen die Fuhrwerke. Sie haben ein besonderes Gespür für solche Wasserfahrten und reagieren instinktiv, wenn es durch tiefe Priele geht. Dann tasten sie vorbei an Untiefen und ziehen den schweren Wagen — mit sechs oder acht Personen beladen — durch den Priel, auch wenn ihnen manchmal das Wasser fast über dem Rücken zusammenschlägt.

Das passierte mir in der Tat einmal bei einer nächtlichen Fahrt durchs Watt. Da drang Wasser sogar in den Wagen hinein und bereitete mir ein Fußbad. Dieses Erlebnis war schaurig-schön, zumal im Widerschein des Sternenlichts. Ein andermal konnte ich vom Kutscherbock des Wattenwagens aus die Pferde fotografieren. Wenige Sekunden darnach schauten nur noch die Köpfe und Hälse und

Diese Wattenwagen haben fast 10 km Fahrt über den Meeresboden hinter sich. Die Fuhrwerke fahren jetzt auf schrägen Auffahrtsrampen über den Butendiek der Insel Neuwerk. Zurück zum Festland können sie erst nach sechs Stunden; denn kurze Zeit nach ihrer Ankunft auf der Insel kehrt die Flut zurück und überschwemmt den soeben befahrenen Wattenweg.

schmale Streifen vom Rücken aus dem treibenden Prielwasser heraus.

Merkwürdig: als ich nach Jahren einmal zur Sommerszeit hinüber nach Neuwerk fuhr, war der sonst so tiefe Priel fast leergelaufen, so daß den Pferden das Wasser kaum bis an die Knöchel reichte.

Robinsonade auf Scharhörn

Auf dem weißen Sand am Rande des Watts vor der Elbmündung, zwei Marschstunden von Neuwerk entfernt, liegt das Vogelparadies Scharhörn. Diese Sandbank und noch einige andere in ihrer Nähe — vor allem der Vogelsand — sind

Halligen sind kleine, flache Inseln ohne schützenden Deich. Deswegen wurden alle Häuser auf hohen Hügeln — auf Warften — errichtet. Bei Springflut oder Sturmflut melden diese Eilande nicht selten „landunter". Dann ragen nur noch die Hallighäuser auf ihren Erdhügeln aus dem Wasser heraus. Die Häuser werden neuerdings durch Betonstützen gefestigt, um auch größeren Sturmfluten trotzen zu können.

(Fotos: E. Fischer — W. Lüden — Stadtbildstelle Nordsee-Heilbad Cuxhaven)

gefürchtete Schiffsfriedhöfe. Mehr als hundert gestrandete und im Mahlsand versunkene Schiffe bezeugen, wie gefährlich die Elbemündung für die Schiffahrt ist. Vor einigen Jahrzehnten ließ ich mich auf Scharhörn einmal von der Flut einschließen und wartete dann bange sechs Stunden auf Niedrigwasser, um nach Neuwerk zurückzuwandern.

Damals schaute die Sandbank nur wenige Meter aus dem Meere heraus und wurde bei starkem Westwind sogar manchmal überspült. Inzwischen ragt Scharhörn mehr als fünf Meter aus dem Watt heraus, erhöht durch Flugsandbannung mit Strandgras. Ein Vogelwart lebt jetzt in jedem Jahr fast sechs Monate dort in einem Pfahlbau inmitten vieler Brutstätten von Möwen und Strandläufern. Er leistet Forschungsarbeit für die Vogelwarten, beobachtet den Zug der Vögel und beringt Hunderte von Zugvögeln. Scharhörn steht unter Naturschutz und darf nur mit Genehmigung betreten werden.

Auf der Robbenplatte dort ragt eine 30 m hohe hölzerne Bake aus dem Sand auf. Ein Seezeichen für die Schiffahrt, aber auch eine Rettungsinsel für gestrandete Seeleute. Sie finden in flutsicherer Behausung als Havaristen alles, was fürs erste aus Seenot helfen kann: eine Lagerstatt, warme Decken, Speise und Trank und eine Notflagge, die gehißt wird, sobald Menschen hier Zuflucht suchen.

Einem der Vogelwarte wäre übrigens der tiefe Priel zwischen Scharhörn und Neuwerk um ein Haar zum Verhängnis geworden. Die rückkehrende Flut strömte so heftig ein, daß es den Mann davontrieb, und er wäre verloren gewesen, hätten nicht Krabbenfischer ihn zufällig im strudelnden Wasser entdeckt und in letzter Sekunde gerettet.

In einigen Jahren werden wir sogar trockenen Fußes nach der Marschinsel Neuwerk hinüberkommen, per Bahn, per Auto über einen breiten Damm, der dann Neuwerk mit dem Festland verbinden wird. Die Hamburger haben ein unerhört gigantisches Projekt bereits angepackt. Sie wollen bei der Neuwerk benachbarten Sandbank Scharhörn einen hochmodernen Seehafen bauen.

Die künftigen Supertanker von 300 000 t werden dann ihre riesigen Ölmengen direkt an der See löschen und brauchen nicht mehr etwa hundert Kilometer weit landeinwärts zum Hamburger Hafen zu fahren. Sie könnten es außerdem gar nicht, weil sie einen Tiefgang von etwa zwanzig bis dreißig Meter haben werden. Hamburg schiebt nun einen Teil seines Hafens — das „Tor zur Welt" — weit ins Watt hinein, bis dorthin, wo der Elbstrom sich mit dem Meere verbindet. — Bis dahin wird allerdings noch viel Wasser die Elbe hinunterfließen.

Wir bauen eine Sandhaufenburg

Ein Sandhaufen ist eine unerschöpfliche Quelle für schöpferische Kinderkurzweil.

Am Sandhaufen werden Phantasielandschaften gebaut, mit Tunnel, Mauerwerk und allerlei Gipfelformationen. Wie wäre es da mit einer richtigen Burg als Krönung des Werkes? Die Abbildung zeigt, wie eine solche Burg aussehen kann. Sie wird aus einzelnen Bauelementen (s. Abbildung) zusammengesetzt, deren Zungen einfach in den Sand gesteckt werden. Wer sich noch einige Mauerteile hinzufertigt, kann damit zusätzlich die Seitenöffnungen verschließen.

Die einzelnen Teile werden entweder aus Pappe geschnitten oder aus Laubsägeholz mit der Laubsäge hergestellt. Die Bemalung erfolgt dann mit Deckfarben.

Steht unsere Burg, dann können wir den Burgberg entsprechend bearbeiten. Es wird ein Weg angelegt, der mit kleinen Steinen gepflastert werden kann; größere Steine dienen als Felsvorsprünge. Tannenzweige und passendes Geäst hier und da runden dann das Bild.   Walter Sperling

Die Fahrt des letzten Raumschiffes
Eine Geschichte, anno 2304, um eine Zukunftstragödie

Von Alfred K. Nauck

„Good day, Mister Tulipanoff! My name is Quinn, Jonathan Quinn from Boston, indeed, and —"

„Ah, Mister Quinn, der berühmte Chef der —"

Mr. Quinn hob abwehrend die Hand. „Stimmt, Mister Tulipanoff, derselbe! Aber meine Stellung tut zunächst nichts zur Sache!"

Vladimir Tulipanoff war erst vor einigen Jahren in die USA gekommen. Er hatte als anerkannter Aerologe, Aeromechaniker und Weltraumforscher viele Forschungsergebnisse mitgebracht, die ihm in der neuen Heimat zustatten kommen sollten, wenngleich er sie bisher nicht verwenden konnte. Zu seinem Heim, das er sich auf Weisung der Regierung im Nationalpark im Yosemitetal im sonnigen Kalifornien, eingerichtet und mit allen erdenklichen Schutzeinrichtungen versehen hatte, bekam nicht jeder Zutritt.

Der Besuch des Mr. Jonathan Quinn war für ihn insofern überraschend, als ihm das Weltraumministerium in Washington, offenbar aus Sicherheitsgründen, lediglich einen „Mann aus Boston" angekündigt hatte, dessen Wünsche er nach Möglichkeit erfüllen sollte.

So sagte er denn kurz und knapp: „Welche Wünsche haben Sie — Mister Quinn?"

Quinn lächelte und schaute sich forschend um. „Sie werden zunächst gestatten, Mister Tulipanoff, daß ich während unseres Gesprächs, das nicht für fremde Ohren bestimmt ist, diesen kleinen Störsender in Betrieb setze!"

Ohne eine Antwort abzuwarten, zog der Amerikaner ein kleines Kästchen aus der Tasche, stellte es auf den Schreibtisch und drückte einen Knopf. Ein feines Summen ertönte.

„So", sagte Mister Quinn lächelnd, „nun können wir unser Gespräch beginnen. Sie wissen, daß unser neuestes Raumschiff, US-R 41, demnächst mit einer Expertenkommission, die hier nicht zu erörternde, übrigens streng geheime Aufträge hat, zu einer Expedition in den Weltenraum starten wird!"

Tulipanoff antwortete nicht gleich; er überlegte erst. „Welches ist das Kennzeichen, Mister Quinn?" fragte er flüsternd.

Der Amerikaner nickte befriedigt, ergriff schnell die Hand des Russen und strich mit dem Zeigefinger ein X auf den Handrücken. „Gut", sagte er, „Sie sind im Bilde — also kommen wir zur Sache, Mister Tulipanoff!"

„Bitte, Mister Quinn!"

„Wieder muß das Raumschiff im Weltall verlassen werden, Mister Tulipanoff!"

Der Russe nickte. „Ich verstehe, Mister Quinn!"

„Sie wissen — Sie — ah!"

„Ja, ich weiß — auch ich habe meine Informationen, Sir!"

„Hm — vier Mitglieder der letzten Expedition, die mit ihren Raumanzügen —"

„Sie konnten nicht mehr lebend das Raumschiff erreichen — sie sind in ihren

Raumanzügen erstickt, Mister Quinn", fiel ihn der Russe mit harter Stimme ins Wort und fuhr schnell fort: „Ich habe das Unglück vorausgesehen und das Ministerium vor der Verwendung der mitgeführten Raumanzüge gewarnt. Aber man hat meine Warnung in den Wind geschlagen!"

Der Amerikaner nickte bekümmert. Eine Pause entstand; nur das feine Summen des Störsenders auf dem Tisch tönte durch den Raum. Jeder hing seinen Gedanken nach.

Endlich fand der Amerikaner die Sprache wieder. „So könnten Sie uns bessere, unbedingt sichere Raumanzüge liefern, Mister Tulipanoff?" fragte er leise.

Wieder überdachte der andere seine Antwort, bevor er sie laut werden ließ. „Wenn ich die Unterstützung des Ministeriums erhalte, dann — dann könnte ich diesen Auftrag zur Zufriedenheit ausführen", erwiderte er beherrscht.

„Ich kann Ihnen hiermit diese Zusicherung geben, Mister Tulipanoff! Was brauchen Sie und, vor allem, wann können wir damit rechnen, vier Ihrer Raumanzüge zu erhalten? Sie wissen, daß die Expedition am —"

„Ja, ich weiß! Und bis dahin wird auch meine Arbeit fertig sein!"

*

Am festgesetzten Tage fand sich die Abnahmekommission unter Führung des Mr. Jonathan Quinn bei Vladimir Tulipanoff ein. Die Herren waren voller Erwartung, besonders die vier Mitglieder der Expedition, die mit den bestellten Raumanzügen ausgestattet werden sollten.

Tulipanoff, ruhig und gefaßt, wie es seiner Natur entsprach, erwartete die Herren im Kreise seiner drei engsten Mitarbeiter in seinem kleinen Atelier, unter dem Dach seines Hauses. Der Raum war strahlend hell erleuchtet. Neben einem kleinen Rednerpult standen die vier neuen Raumanzüge; sie hatten Ähnlichkeit mit den früheren Anzügen der Tiefseeforscher.

Trotz aller Beherrschtheit konnten doch die durchweg sachverständigen Besucher ihre Bewunderung der technischen Vollkommenheit der Raumanzüge nicht zurückhalten.

Tulipanoff ließ ihnen genügend Zeit zur Besichtigung, bis er, von seinen Mitarbeitern unterstützt, mit seinem Vortrag und mit praktischen Demonstrationen beginnen konnte. „Meine Herren! Lange Zeit und bis in unsere Tage hinein galt das Problem, über die funktionellen Grenzen hinaus ein Raumschiff verlassen zu können, als unlösbar!"

Ein Zwischenruf kam. „Es steht auch heute noch nicht fest, wo diese legendären Grenzen sind, Mister Tulipanoff", rief Professor McKinley von der Howard University aus; er hatte sich in seiner Skepsis erst nach langem Zögern bereit erklärt, in die Kommission einzutreten.

„Gewiß", gab Tulipanoff ruhig zu, „aber es würde wohl sicherlich zu weit führen, diese — nun sagen wir mal — sehr akademische Streitfrage diskutieren zu wollen!"

Heitere Zustimmung ob dieser geschickten Abfuhr wurde laut.

Unbeirrt fuhr Tulipanoff fort: „Für den Zweck, der uns hier zusammengeführt hat, Gentlemen, können wir annehmen, daß der Weltraum bereits da beginnt, wo der Mensch keinen ausreichenden Luftsauerstoff mehr vorfindet. Das wäre bereits in fünfzehn Kilometer Höhe der Fall. Hier beginnt also für die Weltraumfahrt das sogenannte Weltraumäquivalent. Natürlich wird es keinem Men-

schen einfallen, in dieser Höhe, in der das Schwerefeld der Erde noch voll wirksam ist, das schützende Raumschiff mit seiner dem Menschen zuträglichen Atmosphäre zu verlassen. Denn bereits wenige Kilometer höher, in neunzehn Kilometer Höhe, siedet das Blut bei der normalen Körpertemperatur!"

„Bekannt", fiel eine tiefe Stimme ein.

Der Redner machte dem Zwischenrufer lächelnd eine angedeutete Verbeugung. „Ich erwähne das auch nur, Gentlemen, um darzutun, daß in diesen Höhen bis etwa zweihundert Kilometer Höhe die Konstruktion und Verwendung eines Raumanzuges einfach unmöglich ist. Hier liegen die funktionellen Grenzen, von denen ich sprach, das Zusammenspiel von Luft ohne Sauerstoff und Erdanziehung. Aber über diese Höhen hinaus ist das Raumschiff und der mit ihm fahrende Mensch dem Schwerefeld der Erde entrückt. Der Raumanzug hat lediglich die Aufgabe, die Lebensfunktionen des menschlichen Körpers zu ermöglichen, auch wenn kein atmosphärischer Druck auf ihm lastet, ohne den der Mensch es nicht aushalten könnte. Von diesen Überlegungen sind wir, meine Mitarbeiter und ich, ausgegangen. Das Ergebnis unserer Arbeit sehen Sie hier. Wir sind überzeugt davon, daß die Raumanzüge, nach eingehender Prüfung in unserem Versuchsfeld, ihre praktische Bewährung bestehen werden!"

Vereinzelter Beifall klang auf, verebbte aber sogleich, als Tulipanoff noch bemerkte: „Mein Mitarbeiter, Mister Gregory, wird so freundlich sein, die Konstruktion des Raumanzuges näher zu erläutern!"

Anatol Gregory, ein jüngerer Mann, trat vor. Auch ihn zeichnete eine auffallende Selbstsicherheit aus, die zweifellos von Tulipanoff bestimmt war. Sein Englisch war noch ein wenig holprig, aber seine Ausführungen wurden doch gut verstanden, zumal sie durch einen Film und durch eindrucksvolle Diagramme und Versuchstabellen ergänzt wurden, die die ungeteilte Aufmerksamkeit der Anwesenden fanden. Selbst der überaus kritische Professor McKinley war nicht mehr verstimmt und gab sich ganz seinen wissenschaftlichen Überlegungen hin, die der Vortrag bei ihm ausgelöst hatte.

Mister Jonathan Quinn strahlte; er strahlte über das ganze Gesicht. Endlich nahm sein Traum, sein Wunschbild Gestalt an. Er gehörte zu den vier Ausgewählten, die im Weltenraum, geschützt durch den Raumanzug, die Aufträge zu lösen hatten, die endgültig und bis zum Ende der Welt die Sicherheit der Vereinigten Nationen der Erde vor jeder Bedrohung durch andere Planeten, verbürgen würden!

Jetzt endlich sollte, nein, müßte es möglich sein, interplanetarische Stützpunkte im Weltall zu schaffen, die das wachsende Geschlecht der Erdmenschen vor der Vernichtung bewahren würden. Sein Name, der Name Jonathan Quinn, würde sicherlich auf Beschluß der Präsidenten und Parlamente in leuchtendem Glanz von der ersten großen Raumstation herniederstrahlen, so, wie es verheißen war.

Bei diesem beglückenden Gedanken tat sein Herz einige rasche Sprünge; kaum vermochte er, den Ausführungen des jungen Redners zu folgen. Mit Gewalt zwang er sich zur Aufmerksamkeit.

„Wir haben für den Außenmantel des Raumanzuges das neue Metall Elsta verwenden können. Es vereinigt die Leichtigkeit des Elektrons mit der Festigkeit des besten Chromstahles, das heißt, es hat ein spezifisches Gewicht von 1,8, eine Festigkeit von 180 kg/mm² und einen Schmelzpunkt von rund 2000°. Diese Eigenschaften werden jedoch kaum im praktischen Gebrauch voll ausgenutzt werden, obgleich die Konstruktion des Raumanzuges sie als obere Grenzwerte zulassen würde, ohne Gefahr für deren Benutzer.

Hier oben sehen Sie die Einsteigöffnung mit verschraubbarem Deckel, der natürlich in das Kühlsystem des doppelwandigen Geräts mit einbezogen ist. Wir haben im Innern in Dauerversuchen Temperaturen gemessen, die nicht über 20° hinausgegangen sind. Die Innen- und Außentemperaturen werden natürlich laufend und sichtbar genau überwacht. Die Innentemperatur wird durch einen Thermostaten geregelt.

Auf dem Kopfteil ragt der kurze Dipol für KW, UKW und Dezimerterwellen auf, und zwar umschaltbar und ständig zum Senden und Empfangen. Es sind zwei der neuen kleinen HF-Geräte eingebaut, deren Reichweite über 100 000 Kilometer beträgt, also praktisch bestimmt ausreichen wird.

Die vorderen und seitlichen Schauöffnungen sind mit unzerstörbaren Sammellinsen abgedeckt, die der Raumfahrer auf beliebige Entfernungen, auch auf Erscheinungen einstellen kann, die außerhalb des sichtbaren Bereichs liegen. Es steht ihm dadurch ein geradezu universelles Gesichtsfeld zur Verfügung; nichts wird ihm verborgen bleiben!"

„Und wie steht es mit der Adaptation, Mister Gregory?" wollte Jonathan Quinn wissen; er hatte sein inneres Gleichgewicht wiedergewonnen.

„Die Linsen sind vollkommen polarisiert. Es ist gelungen, ihren Wirkungsgrad auf 99 % zu steigern", antwortete Gregory mit Stolz. Das war wirklich eine ganz ausgezeichnete optische Leistung, die erst im letzten Jahr erzielt werden konnte.

Der Redner fuhr fort: „Hier in der Rückenlast sind die Behälter für Preßluft, für Sauerstoff und für den neuen hervorragenden Treibstoff für die verschiedenen Bewegungsrichtungen untergebracht. Der Raumfahrer kann mit Preßluft die verschiedenen Greif- und Bewegungsmechanismen der Hände und Füße bewirken und mit der allseitig beweglichen Rückstoßdüse jede Richtungsänderung durchführen. Das Atemluftreservoir ist so groß, daß im luftleeren Raum Operationen von mehreren Tagen Dauer möglich sind!"

„Wieviel Tage?" wollte ein Hörer wissen.

Gregory warf einen raschen Blick zu Tulipanoff. Dieser nickte.

„Es ist uns gelungen, Luftpatronen zu entwickeln, die in Sätzen von je drei Stück einen Aufenthalt im Vakuum von etwa einem halben Erdjahr möglich machen", sagte er betont.

Bewegung machte sich im Zuhörerkreis bemerkbar.

„Es wird wohl keinem Menschen einfallen, sich ein halbes Jahr im Weltenraum umherzutreiben", rief Professor McKinley eifrig dazwischen, „zumal wohl noch nicht feststeht, ob die übrigen Einrichtungen diese enorme Zeitdauer ebenfalls mitmachen werden und funktionssicher bleiben!"

„Doch, Herr Professor", erwiderte Tulipanoff lächelnd, „sie sind daraufhin entwickelt. Wäre das nicht der Fall, so wäre doch auch die Dauer des Luftvorrates sinnlos!"

„Ganz recht", murmelte Jonathan Quinn.

„Fahren Sie fort, Gregory", gebot Tulipanoff.

„Die Hauptsache ist wohl die Wärmeabstrahlung des Raumanzuges. Es ist uns hier eine Lösung des sehr schwierigen Problems gelungen, deren konstruktive Einrichtung und physikalische Wirksamkeit in einigen Lichtbildern und in einem abschließenden Film erläutert werden sollen. Es kann nochmals versichert werden, daß die Innentemperatur unter keinen Umständen über 20° hinausgehen und natürlich auch nicht absinken kann. Der Raumfahrer stellt die ihm zuträgliche Temperatur ein, die mit plus-minus 3° C konstant gehalten wird. Die verbrauchte, kohlensäurehaltige Luft wird hier durch die Austrittsöffnung, die sich nur nach außen öffnet, ausgestoßen.

Es bleibt lediglich nur noch übrig, darauf hinzuweisen, daß im Raumanzug selbstverständlich auch für die Ernährung und für den Stoffwechsel des Körpers gesorgt ist!

So — das wäre, was ich zu sagen habe!"

*

An einem strahlenden Septembermorgen des Jahres 2304 erhob sich die vierstufige Photonenrakete US-R 41, von den ungeheuren Energiequanten des Lichts angetrieben, in die Lüfte.

Die Expedition, die unter Leitung von Mr. Jonathan Quinn stand, umfaßte 11 Personen: 3 Mechaniker und 8 Wissenschaftler, von denen 4 mit Raumanzügen ausgerüstet waren.

Auf den Fernsehbildschirmen konnten die Menschen der Erde das sich mit steigernder, mehrfacher Lichtgeschwindigkeit ins All hinausschießende Raumschiff noch einige Zeit verfolgen. Dann blieb die Expeditionsleitung des Schiffes nur noch über Sprechfunk in ständiger Verbindung mit dem Forschungszentrum auf der Erde. Alle Meßdaten wurden laufend der Erdstation übermittelt.

Nach längerer Flugzeit hatte die Expedition zahlreiche, nie geahnte wissenschaftliche Ergebnisse sammeln und weitergeben können. Eines Tages rief Expeditionsleiter Jonathan Quinn seinen Kollegen auf der Erde frohlockend über Funk zu: „Wir — haben — das — Geheimnis — des —" Mitten im Satz merkte Quinn am hohen Rauschen seines Lautsprechers, daß die Verbindung zur Erde total ausgefallen war.

Was war geschehen? — Die bisher nur in der Theorie bekannte Zeitverschiebung hatte sich bei dieser Expedition in der Praxis bestätigt. Durch die Relativität von Raum und Zeit bei den mit mehr als Lichtgeschwindigkeit im All dahinschießenden Körpern, ist die im Raumschiff gemessene Zeit verschieden von der Erdenzeit. So kann eine Sekunde Schiffszeit gleich einem Erdenjahr sein. So waren nach einem Jahr Forschung im Raumschiff 86 400 Jahre auf der Erde vergangen. In dieser Zeit war die Erde in der kosmischen Strahlung verglüht und spurlos verdampft. Die elf Besatzungsmitglieder waren die einzigen Überlebenden der Erde und mußten nun eine neue Heimat im Kosmos suchen...

Schon in der Bibel stand: „Vor Ihm sind tausend Jahre wie ein Tag." Und um das Jahr 24 vor Christus schrieb der große römische Dichter und Philosoph Horaz (Quintus Horatius Flaccus, 65—8 v. Chr.) in seinen Satiren (1,1,106): „Est modus in rebus, sunt certi denique fines." Zu deutsch: „Es ist Maß und Ziel in den Dingen; es gibt schließlich bestimmte Grenzen!"

(Zeichnung: Schulze-Forster)

Es werde Licht! –
Kleine Historie der Straßenbeleuchtung

Von Bruno Klinger

Daß die Straßen und Wege in unseren Städten während der Dunkelheit beleuchtet werden, erscheint uns heute als selbstverständlich. Doch das war nicht immer so. Wohl gab es in einigen großen Städten des Altertums bereits eine Straßenbeleuchtung mit Öllampen oder Öllaternen. Doch das sind nur Einzelerscheinungen gewesen. Bis in die Neuzeit hinein kannte man keine Straßenbeleuchtung im heutigen Sinne, abgesehen von Pechpfannen, die bei Unruhen oder Belagerungen die Straßen dürftig erhellten, wenn sie nicht sogar einen fürstlichen Besuch ehren sollten. Wer sonst bei Dunkelheit durch die Straßen ging, mußte eine Laterne oder Fackel mit sich führen, wenn er sein Ziel rasch und sicher erreichen und auch nicht Gefahr laufen wollte, in einen der am Straßenrande befindlichen Unrathaufen zu treten.

Die durch das Fehlen einer Beleuchtung sich ergebenden Unzuträglichkeiten, besonders auch die Zunahme der Unsicherheit auf den Straßen, veranlaßten dann um 1500 die Verwaltungen einiger größerer Städte, erste Schritte auf dem Wege zu einer Straßenbeleuchtung zu tun. So verpflichtete man beispielsweise in Paris die Bewohner der Häuser an den Hauptstraßen, zu bestimmten Zeiten Lichter in die Fenster ihrer Wohnungen zu stellen. Diese Verpflichtung entfiel 1558, als man daranging, die Straßen durch Pech- oder Kienpfannen zu beleuchten. Rund hundert Jahre blieb diese Beleuchtungsart bestehen, bis man die Pfannen durch Öllaternen ersetzte, die an

Als den Gästen noch mit Laterne und Kerzenlicht „heimgeleuchtet" wurde. Zeichnung der „guten alten Zeit" von Ludwig Richter. (Archiv Klinger)

Als es noch den Laternenanzünder gab. Er trug einen langen Stock, an dem oben ein Haken und ein kleines, mit Hilfe eines Dochtes brennendes Öllämpchen festgemacht war. Mit dem Haken öffnete er eine Klappe an der Straßenlaterne und zugleich auch den Gashahn, und dann hielt er die kleine Ölfunzel daran – und schon leuchtete das Licht in der Laterne auf. Am anderen Morgen in aller Frühe kam er wieder und löschte die Lichter eines nach dem anderen wieder aus. (Zeichnung: Archiv)

Stricken quer über die Hauptstraßen aufgehängt wurden.

Kienspäne in hohen Feuerschalen erhellten in jener Zeit u. a. die Straßen des Landstädtchens Berlin-Kölln. Die Feuerschalen wurden auch hier später durch Öllaternen ersetzt, die vor jedem dritten Hause allabendlich entzündet werden mußten. 1682 übernahmen dann Laternen auf Pfählen die Beleuchtung während der Dunkelheit.

Hundert Jahre später entdeckte der Engländer Minckelaers, daß aus Steinkohle ein brennbares Gas zu gewinnen war. Es begannen Versuche, dieses Gas als ein weiteres Mittel zur Beleuchtung der Straßen zu verwenden.

Natürlich gab es auch damals schon überkluge Zeitgenossen, die gegen die Verwertung einer neuen Entdeckung ihre Stimme erhoben. Sie lachten über die Versuche, ein Licht ohne Docht zu erzeu-

Die Kölnische Zeitung schrieb, als 1819 in Paris ein Gaswerk errichtet wurde:

Jede Straßenbeleuchtung ist verwerflich

1. aus theologischen Gründen; weil sie als Eingriff in die Ordnung Gottes erscheint. Nach dieser ist die Nacht zur Finsterniß eingesetzt, die nur zu gewissen Zeiten vom Mondlicht unterbrochen wird. Dagegen dürfen wir uns nicht auflehnen, den Weltplan nicht hofmeistern, die Nacht nicht in Tag verkehren wollen; —

2. aus juristischen Gründen; weil die Kosten dieser Beleuchtung durch eine indirekte Steuer aufgebracht werden sollen. Warum soll dieser und jener für eine Einrichtung zahlen, die ihm gleichgültig ist, da sie ihm keinen Nutzen bringt, oder ihn gar in manchen Verrichtungen stört? —

3. aus medizinischen Gründen; die Oel- und Gasausdünstung wirkt nachteilig auf die Gesundheit schwachleibiger oder zartnerviger Personen, und legt auch dadurch zu vielen Krankheiten den Stoff, indem sie den Leuten das nächtliche Verweilen auf den Straßen leichter und bequemer macht, und ihnen Schnupfen, Husten und Erkältung auf den Hals zieht —

4. aus philosophisch-moralischen Gründen; die Sittlichkeit wird durch Gassenbeleuchtung verschlimmert. Die künstliche Helle verscheucht in den Gemüthern das Grauen vor der Finsterniß, das die Schwachen von mancher Sünde abhält. Diese Helle macht den Trinker sicher, daß er in Zechstuben bis in die Nacht hinein schwelgt, und sie verkuppelt verliebte Paare —

5. aus polizeilichen Gründen; sie macht die Pferde scheu und die Diebe kühn —

6. aus staatswirthschaftlichen Gründen; für den Leuchtstoff, Oel oder Steinkohlen, geht jährlich eine bedeutende Summe ins Ausland, wodurch der Nationalreichtum geschwächt wird —

gen. Aber wie es meistens ist: die Vernunft gewann die Oberhand, und Spötter und Skeptiker erlebten dann am 31. Dezember 1813 die Beleuchtung der Westminster-Brücke und am 1. April 1814 die Beleuchtung der Straßen des gesamten Londoner Stadtteils St. Margareth's mit Gas.

Beleuchtungsversuche in Paris und Wien folgten, und am 19.9.1826 wurden auch die „Linden" in Berlin zum erstenmal mit Gaslaternen erhellt.

Inzwischen hatte Humphrey Davy entdeckt, daß es möglich war, zwischen zwei etwa 10 cm voneinander entfernten Holzkohle-Elektroden einen außerordentlich hellen elektrischen Lichtbogen zu erzeugen. Diese Entdeckung war die Ursache für alle weiteren Versuche, die zur späteren Straßenbeleuchtung mit „Bogenlampen" führten. Allerdings sollte es noch längere Zeit dauern, ehe die Bogenlampen die Gaslampen verdrängen konnten.

Jede der ersten Bogenlampen erforderte nämlich zu ihrem Betrieb noch eine besondere Batterie, die den erforderlichen Strom lieferte, das war sehr kostspielig. Erst als Werner von Siemens nach der Entdeckung des dynamoelektrischen Prinzips im Jahre 1866 die Dynamomaschine und den „Transport" des Stroms über weitere Entfernungen entwickelte, begann ein grundlegender Wandel auf diesem Gebiet. Die Bogenlampe wurde verbessert zur Differentialbogenlampe. Aber auch diese befriedigte noch nicht. Ihre Wartung war umständlich und ihre Benutzung blieb darum auf größere oder besondere Anlagen beschränkt. Man entsann sich wieder der Versuche verschiedener Erfinder zur Herstellung einer Glühlampe.

Bereits 1854 hatte der nach Amerika

Licht auf den Sportplätzen der Welt — die Flutlichtanlage. Die Beleuchtung von Sportanlagen soll ausreichend hoch und schattenfrei, sowie genügend gleichmäßig sein. Sowohl die Spieler als auch die Zuschauer sollen nicht durch Blendungserscheinungen belästigt werden und dem raschen und weiträumigen Spiel stets folgen können. (Foto: Archiv)

ausgewanderte deutsche Uhrmacher Goebel eine Glühlampe hergestellt, die als Faden eine verkohlte Bambusfaser besaß. Doch Goebel vermochte nicht, seine Gedanken zu verwerten. Erst Edison gelang es, nicht nur eine gebrauchsfähige Glühlampe, sondern auch die zu ihrer Anwendung notwendigen Betriebsteile, wie Schalter, Sicherungen usw., zu erzeugen. Diese Glühlampe wurde in der folgenden Zeit immer weiter verbessert, es entstanden mehrere Arten, die sich besonders durch die Verschiedenartigkeit ihrer Glühdrähte unterschieden. Bald begannen dann auch Glühlampen großer Leistung die Bogenlampen auf den Straßen mehr und mehr zu verdrängen.

Doch die zunehmende Motorisierung verlangte nach mehr und stärkerem Licht auf den Straßen. Immer höher wurden die Anforderungen an die Straßenbeleuchtung, welchen die Glühlampen nicht oder nur unvollkommen nachkommen konnten. So wurden dann sogenannte „Entladungslampen" entwickelt, bei denen feste, flüssige oder gasförmige Stoffe durch elektrische Entladungen zum Leuchten gebracht werden. Sie haben heute in Form von Leuchtstofflampen, Natriumdampflampen, Quecksilberdampflampen, um nur einige zu nennen, die Glühlampen in großem Umfange verdrängt und die Aufgabe der Straßenbeleuchtung übernommen.

Doch die Technik schreitet vorwärts, und wie die Straßenbeleuchtung sich einmal entwickeln wird, ist im Augenblick noch nicht zu übersehen.

Umweltschutz geht alle an –
Ein Chemiewerk und seine Bemühungen um eine schadlose Abfallbeseitigung

Von Erich H. Heimann

Fast täglich werden wir im Rundfunk, Fernsehen und in der Presse mit Fragen des Umweltschutzes konfrontiert. Schlagzeilen wie „Ist der Rhein noch zu retten?", „Bodensee in Gefahr", „Fische mit Quecksilber verseucht", „Smog-Opfer in japanischem Industriegebiet" alarmieren uns, und manchmal scheint es, als trieben wir unaufhaltsam einer Katastrophe entgegen, indem wir mehr und mehr unseren eigenen Lebensraum vergiften. Welch gefährlichen Kurs die Menschen des 20. Jahrhunderts steuern, wenn sie bedenkenlos Wasser, Luft und Boden verschmutzen, ihre Nerven durch zunehmenden Lärm ruinieren und ihre Umwelt mit einer Abfallawine überfluten, wird zusehends deutlicher. So ist Umweltverschmutzung längst keine Frage von nur örtlicher Bedeutung mehr, Umweltschutz geht uns alle an.

Läßt sich der schleichende Selbstmord der zivilisierten und hochindustrialisierten Gesellschaft vermeiden? Daß dies möglich ist und daß hochentwickelte Industrie und eine heile Umwelt durchaus miteinander zu vereinbaren sind, beweist das Beispiel fortschrittlicher Industrieunternehmen wie der Bayer AG, die bereits vor mehr als 70 Jahren mit der Gründung einer „Abwasser Commission der Farbenfabriken zu Leverkusen" im Jahre 1901 den Grundstein zu einem schadlosen Nebeneinander von Industrie und Umwelt legte. Mit dem Wachsen der Industrie wuchsen die Probleme und Aufgaben. 1913 wurde ein „Ausschuß zur Reinerhaltung der Fabrikluft" gegründet. Sechzig Jahre später sind bei Bayer über 300 hauptamtliche Mitarbeiter für den Umweltschutz tätig. Sie bilden die Abteilung AWALU, eine Abkürzung für „Abfälle, WAsser, LUft". Sie überwacht nicht nur die laufende Produktion, sondern entwickelt außerdem Reinigungssysteme, um bestehende Anlagen noch besser umweltneutral betreiben zu können. Beim Bau neuer Fabriken sorgt sie dafür, daß auch der letzte Verfahrensschritt, die schadlose Beseitigung aller Abfallstoffe, gelöst, geprüft und genehmigt wird. Am besten lassen sich diese Probleme durch umweltfreundliche Verfahren lösen, bei denen die chemischen Prozesse so verlaufen, daß unerwünschte Abfallstoffe von vornherein vermieden werden. Der beste Abfall ist der, der nicht entsteht! Diese Forschungsarbeiten haben bereits zu beachtlichen Erfolgen geführt; beispielsweise konnte durch das Bayer-Doppelkontaktverfahren der Schwefeldioxidgehalt in der Abluft von Schwefelsäurefabriken um annähernd 90 Prozent gesenkt werden.

Fast zwei Drittel aller Umweltschutz-Investitionen von Bayer entfallen auf die Behandlung und Reinigung von Abwässern, eine zentrale Aufgabe in einem Chemiewerk. Allein durch das Werk Leverkusen fließen täglich rund 700 000 Kubikmeter Wasser. Dies entspricht der Wassermenge, die in Westberlin täglich von sämtlichen Haushalten, öffentlichen Einrichtungen und Industriebetrieben verbraucht wird. Da viele chemische Reaktionen nur bei hohen Temperaturen verlaufen und anschließend abgekühlt werden müssen, ist der Bedarf an Kühlwasser besonders groß. Mehr als 80 Prozent des Wasserverbrauches im Werk Leverkusen dienen der Kühlung von Apparaturen und Maschinenanlagen. Dieses Wasser wird unmittelbar dem Rhein entnommen und gereinigt, damit die Kühlleitungen nicht verstopfen und die Regelventile funktionstüchtig bleiben. Folglich bedeutet der Löwenanteil des das Werk durchlaufenden Wassers für die Reinhaltung des Rheines eine Verbesserung. Es fließt lediglich leicht erwärmt zurück und verursacht im Rhein eine Temperaturerhöhung von weniger als 0,1° C. Etwa zehn Prozent des Wassers kommen nur mit anorganischen Stoffen in Berührung. Sie können unmittelbar in den einzelnen Betrieben so weit gereinigt werden, daß sie keine Belastung verursachen.

Die größten Probleme geben die restlichen zehn Prozent der Gesamtwassermenge auf, denn sie geraten in den ein-

Gemeinschaftskläranlage im Werk Leverkusen der Bayer AG. Riesige Schneckenpumpen mit einer Förderleistung von jeweils 650 l/Sekunde heben das Wasser insgesamt 14 m hoch, damit es die Klärbecken im freien Gefälle durchfließen kann. (Foto: Bayer)

Die Gemeinschaftskläranlage Leverkusen ist seit 1971 in Betrieb. Hier werden Abwässer vom Werk und von sechs benachbarten Städten mit insgesamt 375 000 Einwohnern vollbiologisch in zwei Stufen gereinigt. (Foto: Bayer)

zelnen Produktionsbetrieben mit organischen Stoffen in Verbindung. Ihre Reinigung erfordert aufwendige Sondermaßnahmen. Deshalb werden solche Abwässer getrennt vom übrigen Wasserrücklauf in einem gesonderten Kanalsystem erfaßt, das in Leverkusen bis zu 7,5 m tief unter den Werksstraßen errichtet wurde. Ein einziger Kilometer dieses sogenannten „Biokanals" verschlingt 2,5 Millionen DM an Baukosten. Allein der große finanzielle Aufwand erschien für lange Zeit das geringere Problem zu sein, denn vor rund zehn Jahren zweifelten Fachleute noch daran, daß die biologische Reinigung solcher Abwässer überhaupt möglich sei. Nach mancherlei Mißerfolgen konnten schließlich geeignete Reinigungsverfahren entwickelt werden, die sich auch in die Praxis der Großtechnik umsetzen ließen und nicht nur eine befriedigende Wasserreinigung ermöglichten, sondern zugleich auch die Bewältigung des bei der Abwasserreinigung anfallenden Klärschlammes lösten.

Die biologische Klärung beruht auf demselben Prinzip, nach dem in der Natur die Selbstreinigung von Flüssen und Seen mit Hilfe von Bakterien vonstatten geht. Dabei werden die organischen Abfallstoffe von Bakterien und anderen Mikroorganismen buchstäblich aufgefressen und abgebaut. In der Natur steuert sich dieser Prozeß von selbst. Je mehr biologisch abbaufähige Substanzen anfallen, um so stärker vermehren sich diese nützlichen Kleinstlebewesen. Angebot und Nachfrage regeln also hier das biologische Gleichgewicht, für das allerdings auch der Sauerstoffgehalt des Wassers wichtig ist. Reicht das Sauerstoffangebot für die Mikroorganismen nicht aus, „kippt das Gewässer um". Die sauerstoffabhängigen Abbauvorgänge hören auf, an ihre Stelle treten anaerobe Prozesse, die keinen Sauerstoff benötigen. Diese Fäulnisprozesse verwandeln das Wasser in eine übelriechende Brühe, in der höhere Lebewesen, z. B. Fische, sofort absterben — die Natur wird ohne Hilfestellung des Menschen mit dem Überangebot an organischen Stoffen nicht mehr fertig.

Voruntersuchungen der organisch belasteten Werksabwässer zeigten, daß ihre Reinigung am wirkungsvollsten verlief, wenn man sie zuvor mit der gleichen Menge häuslicher Abwässer mische, um sie anschließend einem zweistufigen biologischen Klärprozeß zu unterziehen. So bot sich die Idee einer Gemeinschaftskläranlage förmlich an, die nördlich des Bayer-Werks in der Nähe des Ortsteiles Leverkusen-Bürrig errichtet wurde. Ihre erste Ausbaustufe ging 1971 in Betrieb. Hier werden organisch belastete Abwässer des Bayerwerkes zusammen mit häuslichen Abwässern von 375 000 Menschen im unteren Wupperraum gemeinsam biologisch geklärt.

Um ein zusammenhängendes, ausreichend großes Areal zu schaffen, waren umfangreiche Vorarbeiten nötig. Zwei Flüsse, Wupper und Dhünn, die das Gelände zerschnitten, mußten verlegt werden. Insgesamt mußten nicht weniger als 600 000 m³ Erdreich bewegt werden, um die Flußläufe zu verlegen, Hochwasserdeiche zu schaffen und einen Straßendamm zu errichten.

Rund 2,5 km mißt der Bio-Kanal, durch den die Werksabwässer von Bayer dem Klärwerk zugeführt werden, 12,5 km der Sammler entlang der Wupper, durch den die Abwässer aus den Städten Solingen, Leichlingen, Burscheid, Bergisch-Neukirchen, Opladen und Leverkusen mit insgesamt etwa 375 000 Einwohnern zur Gemeinschafts-Kläranlage fließen. Beide werden nach getrennter Vorbehandlung gemeinsam biologisch gereinigt.

Die organisch belasteten Bayer-Abwässer, die 12 m unter Bodenniveau das Klärwerk erreichen, sind stark sauer. Sie durchlaufen zunächst eine Rechenanlage zur Abscheidung groben Schwemmgutes, um anschließend mit Kalkmilch auf einen ph-Wert von fünf vorneutralisiert zu werden. Immer noch leicht sauer (neutrales Wasser hat einen ph-Wert von 7), wird das Wasser nun mit Schneckenpumpen um 6 m gehoben, mit dem mechanisch vorgereinigten häuslichen Abwasser gemischt und um weitere 8 m nach oben gefördert, so daß es die eigentliche biologische Kläranlage in freiem Gefälle durchfließen kann. Zunächst wird es in einer zweiten Neutralisationsstufe durch weitere Zugabe von Kalkmilch auf den für die biologische Reinigung günstigsten ph-Wert von etwa 7 eingestellt. Es fließt nun in Absetzbecken, in denen sedimentierbare Stoffe abgeschieden werden. Das mechanisch vorgereinigte Abwasser fließt dann in die zweistufige biologische Kläranlage, in der gelöste organische Schmutzstoffe durch Mikroorganismen nach dem Belebtschlammverfahren abgebaut werden. Dieser Prozeß wird gezielt in zwei Stufen durchgeführt. Insgesamt dauert es 36 Stunden, bis das Wasser die Anlage passiert hat und gereinigt über die Wupper in den Rhein zurückfließt. Von dieser Zeit entfallen 8 Stunden auf die erste, weitere 18 Stunden auf die zweite biologische Reinigungsstufe. Große Rührer (Oberflächenbelüfter) sorgen dafür, daß genügend Sauerstoff in das Wasser eingetragen wird, damit die Mikroorganismen optimale Wachstumsbedingungen vorfinden.

Den Belüftungsbecken sind die eigentlichen Klärbecken nachgeschaltet, in denen sich der aus Mikroorganismen bestehende Schlamm absetzen kann. Zur Aufrechterhaltung der für den biologischen Klärungsprozeß erforderlichen Bakterienkonzentration wird dieser Schlamm den Belüftungsbecken wieder zugeführt. Der Überschuß wird in das Vorklärbecken gegeben, zusammen mit dem Vorklärschlamm abgezogen und in die Schlammaufbereitungsanlage gepumpt. Diese Anlage dient dazu, den Schlamm in eine geflockte, gut sedimentier- und filtrierbare Form zu bringen. Hierzu wird er eine Stunde lang auf 200° C erhitzt, bei einem Druck von 15 atü. Der so behandelte Schlamm wird dann in Filterpressen entwässert. Zurück bleibt der sogenannte Filterkuchen, ein Feststoff-Konzentrat, das zunächst auf der benachbarten Depo-

In der zweistufigen vollbiologischen Gemeinschaftskläranlage Leverkusen bringen rotierende Oberflächenbelüfter den notwendigen Sauerstoff in das mit Mikroorganismen angereicherte Abwasser. (Foto: Bayer)

nie abgelagert und später verbrannt wird.

Unter einer geordneten und kontrollierten Deponie versteht man einen Abfallagerplatz, der so beschaffen ist, daß keine Schadstoffe in das Grundwasser einsickern können. Eine frühzeitige Bepflanzung gibt dem wachsenden Deponiehügel nicht nur ein ansprechendes Äußeres, sondern verhindert das Eindringen von Regenwasser und das Austreten von Geruchsstoffen. In die Deponie von Bayer wandert auch die Asche aus der 1967 mit einem Aufwand von 18 Millionen DM erbauten Rückstandsverbrennungsanlage, in der jährlich etwa 40 000 t brennbare Abfälle und Altöle beseitigt werden. Die Verbrennungstemperatur von 1200° C garantiert eine vollständige Zerstörung organischer Substanzen und damit geruchfreie Abgase, die nach Passieren eines Elektrofilters durch einen 100 m hohen Kamin in die Atmosphäre entweichen.

Auch in den übrigen Bayer-Werken sind umfangreiche Anlagen installiert, die der Reinhaltung der Umwelt dienen. Die Kläranlage Dormagen, die gemeinsam mit der dort ansässigen Erdölchemie GmbH errichtet wurde, ist Europas größte vollbiologisch arbeitende Kläranlage für industrielle Abwässer. Ihre bisherige Kapazität von täglich 60 000 m³ wird in diesem Jahre auf 100 000 m³ erweitert und ist damit ausreichend, nicht nur die derzeitig anfallenden Abwässer zu verkraften, sondern auch die bis 1975 zu erwartenden Zuwachsmengen vollbiologisch zu reinigen.

Eine interessante Neuentwicklung wird im Werk Elberfeld erprobt. In einer Versuchsanlage werden Werksabwässer mit reinem Sauerstoff behandelt. Gegenüber dem bisherigen Verfahren, bei dem der Stickstoffanteil von 80 Prozent der eingebrachten Luft ungenutzt entweicht, wird reiner Sauerstoff in geschlossenen Behältern zugesetzt. Er wird fast vollständig verbraucht. Durch die sehr geringen Abgasmengen wird eine Geruchsbelästigung der Nachbarschaft vermieden. Damit ist die biologische Klärung, bei der die organischen Inhaltsstoffe zu unschädlichen Produkten wie Kohlendioxid, Wasser und neuer Bakteriensubstanz abgebaut werden, noch umweltfreundlicher geworden. Außerdem steigert dieses Verfahren die Kapazität biologischer Kläranlagen ohne zusätzlichen Raumbedarf.

Mit diesen Maßnahmen sind allerdings noch nicht alle Probleme umweltfreundlicher Abfallbeseitigung gemeistert, denn neben den bisher behandelten Stoffen fallen in der chemischen Industrie noch chlorhaltige organische Flüssigkeiten an, die ebenfalls beseitigt werden müssen. Auch hierfür wurden spezielle Verfahren entwickelt. Chlorhaltige organische Flüssigkeiten lassen sich nicht ohne weiteres in Verbrennungsanlagen vernichten, da hierbei aggressives Chlorwasserstoffgas entsteht. Um es zu entfernen, bedürfte es einer sogenannten Naßwäsche, bei der die Chlorwasserstoffgase mit Wasser Salzsäure bilden. Diese wäre wiederum zu neutralisieren. Es entstünde eine in großen Mengen anfallende Salzlösung und die erneute Frage nach dem „Wohin damit?" Aus dem Abluft-Problem wäre ein Abwasser-Problem geworden.

Auch hier fanden die Bayer-Umweltschützer in Zusammenarbeit mit einer Bochumer Firma eine Lösung, die von Fachleuten und Behörden als die zur Zeit beste Beseitigungsart für solche Stoffe an-

Diese Schemazeichnung veranschaulicht den Weg, den ein Industrieabwasser beim Durchfließen einer Kläranlage nehmen muß.

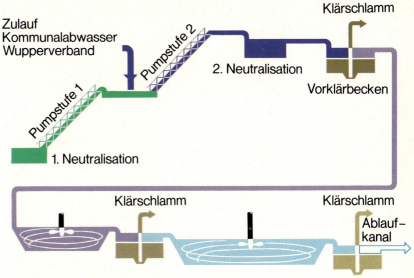

Diese „Dortmundbrunnen" sind Bestandteil der Zentralkläranlage Dormagen der Bayer AG und der Erdölchemie GmbH. In diesen trichterförmigen Brunnen wird der Klärschlamm abgeschieden.

Der eingedickte Schlamm aus der Gemeinschaftskläranlage Leverkusen wird erhitzt, aufgeschlossen und entwässert und kann dann deponiert oder verbrannt werden.

40 000 t brennbare Abfallstoffe werden jährlich in der Rückstandsverbrennungsanlage vernichtet. Die geruchfreien Rauchgase werden über einen 100 m hohen Kamin abgeleitet.

Die Verbrennung chlorhaltiger Flüssigkeiten auf dem Meer durch das Verbrennungsschiff „Matthias" stellt das zur Zeit optimale Verfahren zur schadlosen Beseitigung dieser Stoffe dar.

gesehen wird: die Verbrennung auf See, die von Bayer zum erstenmal auf der Welt erprobt wurde und sich als voller Erfolg erwies.

Die chlorhaltigen organischen Flüssigkeiten werden auf den Verbrennungsschiffen MTS Matthias I und II in einem Rundofen bei Temperaturen von ca. 1400° C verbrannt. In der feuchten Seeluft bildet der entweichende Chlorwasserstoff feinste Salzsäuretröpfchen, die in kurzer Zeit auf die Meeresoberfläche niedergehen, wo sie vom Seewasser begierig aufgenommen und neutralisiert werden. Aus der Salzsäure bildet sich die unschädliche Verbindung „Natriumchlorid" = Kochsalz. Der Salzgehalt des Meerwassers, der rund 3,5 Prozent beträgt, wird hierdurch nicht meßbar erhöht. Dieses Verfahren wird in einem speziellen Nordseegebiet durchgeführt und von den niederländischen Behörden streng überwacht. Seine Umweltfreundlichkeit hat sich voll bestätigt. Lediglich die Schiffahrt wurde anfangs durch den Feuerschein des Ofens irritiert. Inzwischen wird die Position der Verbrennungsschiffe laufend vom Seewarnfunk durchgegeben, damit niemand dem vermeintlich brennenden Havaristen zu Hilfe eilt.

Dünnsäure wird von einem Spezialschiff in einem ausgewiesenen Seegebiet abgelassen, von der Schiffsschraube im Verhältnis 1 : 7000 verdünnt und dabei augenblicklich neutralisiert. Das entstehende Salz ist für die in salzhaltigem Milieu lebenden Meerestiere und -pflanzen unschädlich.

Umweltschutz kostet Geld, viel Geld. Beispielsweise hat Bayer für den Bau von Reinigungsanlagen in den letzten zehn Jahren 600 Millionen DM ausgegeben. Der Betrieb dieser Anlagen kostete im gleichen Zeitraum über eine Milliarde DM. Mit der erfolgreichen Lösung gegenwärtiger Probleme ist die Aufgabe des Umweltschutzes jedoch keineswegs erledigt. Sie bleibt für die Industrie wie auch für uns alle eine ständige Verpflichtung. Diese Verpflichtung unterstreicht Bayer mit der Schaffung eines Umweltschutzzeichens in Form eines stilisierten grünen Blattes mit der Aufschrift „Bayer forscht für den Umweltschutz". Dieses Zeichen soll als ständige Verpflichtung an die Reinerhaltung unserer Umwelt erinnern. Es ist Selbstverpflichtung für das Werk und seine Mitarbeiter und ein Appell an alle, nicht länger Wasser, Luft und Boden sorglos zu verschmutzen und damit unsere Zukunft zu gefährden.

Nach dem Motto „Der beste Abfall ist der, der nicht entsteht", hat Bayer für seine Mitarbeiter einen Ideenwettbewerb ausgeschrieben, der Vorschläge zu einer noch umweltfreundlicheren Gestaltung der Produktion zum Ziel hat und mit einem Gesamtpreis von 10 000 DM dotiert ist.

Ebenso wie im industriellen Bereich sollten wir uns alle um eine saubere Umwelt bemühen, denn Umweltschutz geht uns alle an. Er ist eine Gemeinschaftsaufgabe, der sich niemand entziehen sollte, dem die eigene Zukunft, die seiner Mitmenschen und vor allem die seiner Kinder am Herzen liegt.

Zwei zog es in die Ferne –
Auf- und Abstieg im Leben eines Auswanderers

Von Karl Helbig

Was führt mich ausgerechnet nach Tailfingen?

Es war nicht sehr gemütlich in dem Triebwagen, der mich die kurze Strecke vom Bahnhof Ebingen nach Tailfingen hinauf bringen sollte. Es war auch draußen nicht gemütlich. Der März hatte noch recht kalte Tage beschert. Selbst am Bodensee — ich kam von dort her — war der Schnee noch nicht gänzlich verschwunden. Hier in dem schmalen Tal zur Alb hinauf lag er dick wie im tiefsten Winter. Kahl und frierend stand der entblätterte Buchenwald an den Hängen, und die grauen Wände der zusammengedrängten Häuser, ohne Grün und Sonne, wirkten alles andere als ansprechend. Der Wagen war vollgestopft mit heimkehrenden Schulkindern. Sie lärmten aus vollem Halse und benahmen sich so, als wäre es ihr eigener Wagen; Fremde hatten nichts darin zu suchen. „He, ihr da!" rief ich hinüber. „Benehmt euch doch bitte so, daß ihr angenehm und nicht immer nur unangenehm auffallt. Dann habt ihr viel mehr Freunde in der Welt, und Freunde kann man nicht genug haben. Feinde gibt es sowieso an allen Ecken." — Sie starrten mich an wie einen Verrückten. Einen kleinen Augenblick herrschte Stille. Dann lachten sie und lärmten weiter; einige zeigten auf ihre Stirn. Unlustig piekte ich mir die Pommes frites aus der Tüte, die ich mir beim Umsteigen schnell auf dem Bahnhof gekauft hatte. Es war Mittag vorüber, ich hatte Hunger.

Ich kam zum ersten Male in meinem Leben nach Tailfingen. Bisher war es mir nichts als ein Name gewesen, eines der verwirrend vielen schwäbischen Städtchen mit dem ewig wiederkehrenden „ingen" am Ende: Vaihingen, Tuttlingen, Sigmaringen, Balingen, Reutlingen, Gammertingen, Böblingen, Esslingen, Geislingen, Sindelfingen, Tailfingen.

Aber wegen Gerda Frick mußte ich mich plötzlich mit diesem Tailfingen beschäftigen. Es war mir zwar erinnerlich gewesen, daß sie aus dem Städtchen stammte; jedoch hatte ich sie keineswegs dort vermutet. Nun hatte der Name für mich einen Inhalt bekommen. Ja, er war sogar in mein Reiseprogramm eingebaut worden. Denn Gerda Frick hatte mir kürzlich geschrieben, sie sei nun wieder in ihren Geburtsort zurückgekehrt, und wann immer ich in der Nähe sei, möge und müsse ich sie besuchen. Nur darum hatte ich mir vom Bodensee her den Abstecher vorgenommen. Nun fuhr ich also nach Tailfingen hinauf; und zwar mit etwas gemischten Gefühlen. Denn ich dachte eigentlich weniger an Gerda Frick als vielmehr an Walter Frick, ihren Mann. Doch der saß nicht in Tailfingen, sondern auf dem Rancho Las Pilas mitten in der Republik Honduras, man könnte auch sagen: mitten in Zentralamerika.

Ich will ehrlich sein: tausendmal lieber wäre ich in diesem Augenblick in Las Pilas von meinem Gaul gesprungen als in Tailfingen aus dem Zug geklettert. Nicht nur, weil es dort jetzt wunderbar warm und still und einsam war, sondern auch weil es mir männlicher und abenteuerlicher vorkam, in weiter Ferne mitten in der „Wildnis" auf einer Farm einzureiten, als sich in einer Stadt aus lauter Fabriken und Bürgerhäusern mit einer Hausfrau zu treffen. Doch was half es: Gerda Frick brauchte mich offenbar, wahrscheinlich, um mir ihr Herz auszuschütten — wie damals —, sonst hätte sie mich nicht gerufen. Sie hatte mir nämlich geschrieben, sie sei ihrem Mann endlich und endgültig auf und davon gegangen, und sie dächte nicht daran, je zu ihm zurückzukehren. Das war eine bitterböse Sache. Aber verständlich war sie auch, ich hatte es so oder ähnlich kommen sehen.

Abendbekanntschaft in El Zamorano

Wie hatte ich ihn eigentlich kennengelernt, diesen schwäbischen Auswanderer Walter Frick, dessen Schicksal mir nicht aus dem Kopf gehen will und von dem ich hier erzählen möchte. Ach richtig: ich saß auf der Veranda meines Zimmers im Gästehaus auf dem Gelände der Panamerikanischen Landwirtschaftsschule in El Zamorano, einer Lehranstalt mit Internat der allmächtigen United Fruit Company. In einem rund 100 m hoch gelegenen Gebirgsbecken 40 km östlich der honduranischen Hauptstadt Tegucigalpa war sie, als mustergültiger Betrieb, vor wenigen Jahren fertiggestellt worden. Die Direktion war großzügig genug, durchkommenden Forschern und Wissenschaftlern gastliches Quartier, Benutzung der reichhaltigen Bibliothek, wertvolle Kontakte mit den Lehrkräften und den aus ganz Lateinamerika zusammenströmenden Absolventen zu gewähren. Ich war vor einigen Wochen ins Land gekommen, hatte mich zunächst, wie das üblich ist, in der Hauptstadt umgesehen und war jetzt im Aufbruch zu einem größeren Erkundungsunternehmen im Nordosten der Republik begriffen.

Es war Abend. Ich hatte nach einem reichlich ausgefüllten Tag am gemeinschaftlichen Abendessen drüben im großen Speisesaal teilgenommen, zwischen kräftigen braunen Burschen aus Argentinien und Chile, Peru und Brasilien, Venezuela und Ecuador, aus Mexico, Guatemala oder der Dominikanischen Republik und manchen anderen Ländern Süd- und Mittelamerikas. Und nun saß ich, mit meinen Aufzeichnungen beschäftigt, unter der von mancherlei exotischen Insekten umschwirrten Lampe. Die Lichter im Saal waren schon erloschen; lachend und sich neckend waren die jungen Leute zu dem hinter hohen Bambusgebüschen, Fächerpalmen und Fruchtbäumen verborgenen Schwimmbad gezogen. Hier und da aus den von üppigen Tropengärten umgebenen Lehrerhäusern schimmerte Lichtschein. Sonst aber lag das Land dunkel bis an die Berghänge und sicherlich weit über diese hinaus. Nur die Feuerfliegen funkten über die frisch gesprengten Rasenflächen. Melodisch erschollen von einem Wassergraben jenseits der Umzäunung die lockend läutenden Rufe der kleinen Glockenfrösche; schrill schnarrten die allgegenwärtigen Zikaden. Irgendwo brüllte eine Kuh; ein Esel schrie seine röchelnde Klage durch die Nacht.

Da kam er, breit, mit bedächtigem Schritt, die Ärmel des khakifarbenen Hemdes aufgekrempelt, aus dem dunklen Vorhof herüber auf meine Veranda zu, grüßte, zunächst auf spanisch, und fragte gleich anschließend: „Sie sollen Deutscher sein?" — „Ja", gab ich erfreut zurück; „ich habe gehört, daß hier unter den ‚profesores' ebenfalls ein Deutscher

Honduras –
Bananenpflanzung

sein soll —— das sind Sie?" – „Genau erraten!" bestätigte er, und man merkte, wie ihm die Begegnung mit einem Landsmann wohltat. „Frick ist mein Name, Walter Frick, gebürtig aus ..." Ja, ich muß gestehen, ich weiß es nicht mehr; jedenfalls auch aus einem dieser verflixten ‚ingen' auf der Schwäbischen Alb. Ich stellte mich meinerseits vor, lud ihn zum Niedersitzen, kramte eine Flasche „aguardiente" (wörtlich: brennendes Wasser, schlechter einheimischer Schnaps) aus meinem Gepäck, und schon waren wir mitten im Gespräch über das Heute, Gestern und Morgen.

„Genaugenommen", erklärte mir mein soeben neu gewonnener Bekannter, „gehöre ich nicht zu den beamteten Professoren dieser Schule. Das sind ausschließlich Nordamerikaner. Ich gebe nur Halbtagsunterricht in einigen praktischen Fächern: Viehhaltung, Milchwirtschaft, Bienenzucht. Ich hatte hier unter dem Monte Uyuca, eine knappe Stunde Reitens südwärts, eine kleine Finca aufgezogen. So nennt man hier die Farmen. Das war schon, bevor die Schule gebaut wurde. Der Direktor hat mich dann gebeten, diese Fächer in ihr zu übernehmen, einen besseren Fachmann, meinte er, könne er nicht beschaffen. Abends oder mittags, je nachdem, kehre ich nach Hause zurück. Dort habe ich die andere Tageshälfte mehr als genug zu tun. Heute bin ich hier geblieben, ich habe eine Übernachtungsmöglichkeit. Ich hatte nämlich von Ihrer Ankunft gehört; und die Gelegenheit, mit einem Landsmann zu sprechen, läßt man sich nicht gerne entgehen. Kann mich nicht erinnern, wann hier einer durchgekommen wäre."

„An Deutschen wird auch in Honduras kein Mangel sein?" warf ich ein. „In Tegucigalpa habe ich bereits einige kennengelernt." — „Gewiß", bestätigte er mir, „ein paar Dutzend leben hier. Die meisten von ihnen kenne ich. Doch wenn ich in die Stadt komme, habe ich stets viel zu erledigen, keine Zeit zu Besuchen. Wer andererseits in der Hauptstadt wohnt, verirrt sich so gut wie niemals hinaus aufs Land; was gibt es da schon groß an Attraktionen. Es sind auch noch in einigen anderen Plätzen Deutsche tätig. Fast alle sind ebenso lange im Lande wie ich und wissen nichts Neues von der Heimat zu berichten. Gerade darum geht es aber."

„Seit wann sind Sie in Honduras?" — „Ääh", sagte er, „seit Ende der zwanziger Jahre, als die große Weltwirtschaftskrise herrschte und es in Deutschland kaum noch Arbeit gab. — Anderswo allerdings auch nicht auf Anhieb", fügte er hinzu, und dann lenkte er ab: „Aber heute abend müssen zunächst Sie von drüben erzählen — viel! Ich habe einen Vorschlag: Sind Sie übers Wochenende noch hier? Ja? Famos! Da nehme ich Sie mit nach Las Pilas, meiner Finca, und dort werde ich dann berichten. Da lernen Sie nebenher gleich meine Frau kennen; unsere beiden Söhne studieren zur Zeit in den Staaten (gemeint sind die USA), ihr Zimmer steht leer. Raum für einen Gast haben wir also ... wenn auch ein bißchen bescheidener als die United Fruit es bieten kann", setzte er entschuldigend hinzu. — „Aber, Mensch, das macht doch nichts! Ich schlafe auf meinen Expeditionen in jeder Indiohütte oder draußen im Busch", beruhigte ich ihn. — „Also abgesprochen", bekräftigte er sein Angebot nochmals. — Wir trennten uns erst weit über Mitternacht.

Eine unvollkommene Musterwirtschaft

Am Samstag mittag stand auch für mich am Tor der Schule ein Pferd bereit. Wir ritten ein Stück die große Straße entlang. Dann bog bei den niedrigen Häusern des Dörfchens Jicarito ein steiniger Weg nach Süden ab. Ein verworrener Wald nahm uns auf. Stark verästelte Conacasten — das sind Mimosen mit breiten Schirmkronen —, dunkel belaubte immergrüne Wildfeigen, gewaltige Ceiba-(oder Baumwoll-)Bäume mit aufgetriebenen bedornten Stämmen vom Durchmesser wuchtiger Kirchenpfeiler wechselten mit einer Vielzahl anderer Exoten. Den Boden bedeckte eine dichte Wildnis von Jungholz, Stachelsträuchern und Agaven. Nach einer Weile führte der Weg abwärts, wir ritten durch einen Bach und jenseits wieder hinauf. „Da sehen Sie Las Pilas!" sagte Walter Frick und beschrieb mit dem Arm einen Halbkreis

Honduras — Regengrüner Laubwald in den Hochbecken des Binnenlandes. Typischer Anblick zur Trockenzeit. So sieht der Wald um Las Pilas aus.

über den Kopf seines Pferdes hin. „Ich bin froh, hier mein eigener Herr zu sein", fügte er nicht ohne Stolz und Selbstbewußtsein hinzu.

Ich brachte meinen Braunen zum Stehen, um den Anblick in mich aufzunehmen. Schon der erste Eindruck war der einer mustergültigen Ordnung, wie sie in diesen reichlich lässigen lateinamerikanischen Ländern nicht gerade als Regel gilt. Es überraschte mich nicht, ich hatte diesen Schwaben sofort als einen zielstrebigen Mann erkannt, der keine Arbeit scheute und die Zügel fest in der Hand hielt.

Gerodete Feldflächen und Weiden lösten den Wald ab. Er schloß sich erst wieder am Fuß des unfern aufragenden, längst erloschenen Uyuca-Vulkans zu geschlossenem Mantel zusammen. Mais und Kolbenhirse standen üppig, übermannshoch zur Rechten, links Pflanzungen von Orangen- und Papayabäumen (Baum-Melonen). Hinter ihnen wurden in Reih und Glied buntgestrichene Bienenhäuser sichtbar. Große Ausläufe für schwarzborstige Schweine und Hunderte von Hühnern, ein Corral voll mit Jungvieh, verschiedene Wirtschaftsgebäude lagen in einigem Abstand einem niederen Haus aus Ziegelsteinen gegenüber. Kaffeebraune Arbeiter gingen und kamen, respektvoll hielten sie sich in gemessener Entfernung. Ein Aufseher trat aus einer Pforte im Zaun, nahm den großen geflochtenen Hut vom Kopf und begrüßte höflich seinen Patrón. Die ihm zugeworfenen Zügel fing er geschickt auf.

Mein Gastgeber sprang aus dem Sattel. In der Tür erschien eine hochgewachsene Frau in besten Jahren. Sie sah bescheiden und mütterlich aus, doch reichlich abgearbeitet, nicht glücklich und mit frühen Falten im Gesicht. Sie empfing mich prüfend und freundlich zugleich. — „Ist das Essen fertig?" fragte ihr Mann unvermittelt, ohne einen Gruß für sie übrigzuhaben; und als sie, die üblichen Empfangsfragen an mich sofort abbrechend, beflissen bejahte, schob er mich an ihr vorbei in den Comedor (Eßraum, Speisezimmer). Ich verbarg mein Erstaunen; doch es wuchs, als der Hausherr auch in der Folge kein einziges Wort an seine Frau richtete.

Kaum hatte er, hastig wie ein Gejagter, die Mahlzeit beendet, stand er mit den Worten „Ich muß gleich in die Ställe und anschließend nach der Bewässerung sehen" auf und ging zur Tür. Schon halb draußen, rief er mir noch kurz zu: „Wenn Sie nachher herauskommen wollen, finden Sie mich schon." — Die Frau sagte entschuldigend: „Er hat immer viel zu tun, nehmen Sie ihm seine Eile nicht übel", und sorgte sich rührend darum, daß ich in Ruhe weiter und von allem das Beste aß. Dann zeigte sie mir mein Zimmer. Auf einem Tischchen neben meinem Fenster stand eine Vase mit frischen Blumen. Ich bedankte mich erfreut für diese ungewohnte Aufmerksamkeit; in Ländern wie diesen erinnert so etwas an ferne Märchen. Sie lächelte einen Augenblick und ging still zurück in die Küche. So lernte ich neben Walter auch Gerda Frick kennen ——— und von Anfang an mit gemischten Gefühlen.

Was war los mit diesen beiden? Gestern abend war mir der Mann als einer von jenen entgegengetreten, die in die Welt passen: all und jedes wagen, zupakken, meistern, niemals aufgeben, mit vielerlei Kenntnissen und gesunden Ansichten, tüchtig und unbeirrbar, freilich auch von einer gewissen Härte und Unnachgiebigkeit, mit manchen verschlossenen Türen, durch die nicht einzudringen war. Einem Fremden gegenüber war das gut; doch mir schien, als ob auch zwischen ihm und seiner Frau Mauern aufgerichtet seien. Lebte er nun, wie es in jeder Ehe sein soll, mit oder nur neben, vielleicht sogar über seiner Partnerin? War sie nur die Haushaltsführerin, die Dienerin für ihn, den unbeschränkten Herrn?

Ich hätte Doña Gerda gern gefragt, sie tat mir leid. Doch das wäre unschicklich, vielleicht verletzend gewesen. Ich mußte warten, bis sie von sich aus Vertrauen zu mir faßte. Ich hörte sie mit dem Geschirr hantieren. Warum hatte sie kein einheimisches Hausmädchen für solche Arbeiten, wie es hierzulande bei den Europäern die Regel war? Kurz darauf ging sie durch den Garten zu den Hühnern hinüber und machte sich dort zu schaffen. Später sah ich sie bald hier, bald dort in Tätigkeit. Sie gönnte sich bis zum Abend nicht eine Minute Ruhe, und es war ein sehr heißer Nachmittag. Als sie das Abendessen auftrug, sah sie völlig verbraucht aus. Wieder fiel zwischen den beiden kaum ein Wort, es sei denn, daß er sie reichlich kalt fragte: hast du dies getan — hast du das getan — hast du jenes getan?

Ebensowenig kam Don Walter zu sich selbst. Er war überall und nirgends zugleich mit seinen Augen, Ohren und Händen. Ich hätte sagen mögen, er war geradezu verbissen in seine Arbeit und strapazierte sich über die Maßen. Kaum daß er aufschaute und mir knapp auf meine Fragen antwortete, als ich mich ihm zugesellt hatte. Nun gut, „er hat immer viel zu tun", hatte die Frau gesagt. Aber schließlich hatte er mich auch eingeladen, und ich wollte soviel wie möglich hinzulernen. So ließ ich mit meinen Fragen nicht locker, und allmählich bekam ich trotz seiner kargen Auskünfte Einblick in alle Zweige seines Betriebes.

Nirgends fand ich etwas auszusetzen, im Gegenteil, mein erster Eindruck einer Musterwirtschaft bestätigte sich auf Schritt und Tritt. Doch der Herr über dieses kleine Königreich war völlig anderer Meinung. Nichts, aber gar nichts erschien ihm ausreichend. Alles sollte noch besser, noch größer, noch vollkommener sein, und vor allem: es sollte noch viel, viel mehr Geld einbringen als bisher. „Zu was sonst schufte ich mich in diesem verdammten Affenland ab?!" stieß er einmal ziemlich deutlich hervor.

Das war die Kehrseite von dem besonnenen, sympathischen Walter Frick des gestrigen Abends. War es die wahre Seite seines Wesens? War auch er nur einer von denen, die nie genug bekommen können? Und die Frau? Nein, sie erweckte nicht den Eindruck, als ob bei ihr ebenfalls alles nur um die Zahl, den Mammon kreise. Die Art ihrer Begrüßung, ihre Bescheidenheit, ihre Umsorgung des Gastes deuteten auf innere Werte, die Don Walter verlorengegangen, zumindest bei ihm verschüttet zu sein schienen. Daß sie genau so unermüdlich tätig war, wie er, entsprang gewiß nicht der Jagd nach Geld, sondern ganz einfach dem Pflichtbewußtsein und der harten Notwendigkeit. Kein Zweifel, das war es, was zwischen diesen beiden stand und die anfangs gewiß glückliche Gemeinschaft getrübt, wenn nicht schon völlig zerbrochen hatte. Dieser verdammte Tanz ums Goldene Kalb! Was half da aller äußerlicher Besitz, wenn innen die Harmonie, der Gleichklang fehlte!

Zwei zog es in die Ferne

Mit der Zeit erfuhr ich mehr über den Schicksalsweg der beiden. Nicht gleich bei diesem ersten Besuch, doch fünf Monate später, als ich von meinem Unternehmen zurückkehrte und erneut bei den Fricks abstieg. Denn das hatten sie sich ausbedungen, und es lockte mich auch, den „Roman" weiter zu verfolgen. Auswandererschicksale haben mich immer besonders interessiert. Von den zwei „handelnden Personen" erschien mir Don Walter die kompliziertere, hin und her gerissen durch wer weiß welche Ereignisse und Abläufe, gewandelt vom einfachen, abenteuernden Burschen, der gleich vielen anderen vage das „Glück" in der Fremde gesucht hatte, zum unersättlichen Herrn über eigenen Besitz und zum kalten, liebeleeren Rechner. Bei der Frau hingegen verlief die Kurve einheitlicher. Wohl hatte sie alles Auf und Ab im Daseinskampf des Mannes teilen müssen. Ihr Wesen und ihre Gefühle jedoch waren durch nichts gewandelt worden.

Das war in Kürze Fricks Geschichte: Die Mutter war Kleinbauerntochter, der Vater Posthalter mit kleinem Landbesitz und einer Kuh in einem Dorf auf der Alb gewesen. Für den Sohn wurde gespart, damit er, wenigstens einige Jahre, auf eine höhere Schule in der Stadt gehen konnte. Dort schon lernte er Gerda kennen, und es wurde eine glückliche junge Liebe. Walter lernte Kaufmann; doch kaum aus der Lehre, geriet die Welt aus den Fugen. Handel und Wandel verfielen, das Heer der Arbeitslosen wurde immer größer. Walter Frick war zur Arbeit erzogen, Bummeln war ihm zuwider.

Ein Mitschüler war schon vorher nach Amerika verschlagen. Er hatte Arbeit bei einer großen Bananen-Gesellschaft gefunden. Er schrieb an Walter: „Komm herüber, auch du wirst etwas finden." Er fuhr; erste eigene Ersparnisse und die der

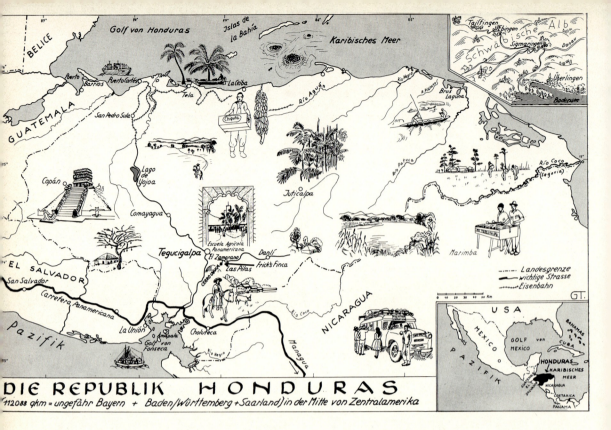

DIE REPUBLIK HONDURAS
(112088 qkm = ungefähr Bayern + Baden/Württemberg + Saarland) in der Mitte von Zentralamerika

Eltern reichten gerade für die billigste Passage aus. In La Ceiba an der Nordküste von Honduras, wo der Freund arbeitete, trafen sie sich. Auf den Bananenplantagen klappte es nicht gleich. Also nahm er jeden Job, der sich bot: Apothekengehilfe, Koch, Warenvertreter, Hafenaufseher ... Dann endlich kam auch er zu den Bananen, und dort lernte er gründlich tropischen Landbau kennen.

Selbst bis hierher schlug die unaufhaltsame Weltwirtschaftskrise jener Jahre ihre Wogen. Eines Tages wurden beide Freunde zusammen mit vielen anderen entlassen. Sie trampten durch das Land, sie lernten Honduras in- und auswendig kennen. Sie schliefen, wo die Nacht sie überraschte. Sie nahmen jede, auch die kleinste Aushilfsarbeit an. Sie hungerten. Sie reiften. Schließlich, mit besseren Zeiten, nahm die Gesellschaft sie wieder auf.

Inzwischen hatte auch Gerda den Sprung über den großen Teich getan. Sie war zu einem Bruder in die Staaten gegangen. Da war sie ihrem Walter schon näher. Einige Jahre später konnten sie tatsächlich in La Ceiba heiraten und ihren Hausstand gründen. Glückliche, schöne Zeit der jungen Ehe, und für Frau Gerda weit über die bescheidenen Erwartungen hinaus.

Sie erzählte mir, mit wieviel Bedenken sie der Einladung ihres künftigen Ehemannes, mit ihm gemeinsam ein Leben und eine Zukunft in Honduras aufzubauen, gefolgt sei. Nicht nur waren ihre eigenen Vorstellungen von diesem Land, trotz Walters brieflicher Berichte, die einer absoluten Wildnis voller Indianer oder Räuber irgendwo am Ende der Welt, sondern auch alle Freunde und die Mitreisenden auf dem Schiff hatten sie wie ein Wunderwesen betrachtet: „Nach Honduras wollen Sie? Sie wollen doch nicht im Ernst mitten im öden Busch oder fieberverseuchten Sumpf unter den Wilden leben?" — In der Tat, so hatte sie selbst es sich ausgemalt.

Als dann jedoch die malerische, von hohen Gebirgen umrahmte Bucht von La Ceiba vor ihr lag, als sie in diesem lebhaften Bananenhafen der Standard Fruit Company in eine hochzivilisierte amerikanische Welt eintrat, als ausgesuchte Eleganz der vielen weißen Angestellten und deren Frauen sie auf Schritt und Tritt umgab und an jedem Samstagabend eine fröhliche Party bald bei diesem, bald bei jenem Gastgeber die durchaus erträgliche Arbeitswoche im geregelten Dienste einer der reichsten Gesellschaften der Erde abschloß, da mußte sie ihre früheren Vorstellungen von Wildnis und Einsamkeit, Entbehrung und Gefahren wohl oder übel gründlich korrigieren. Allzu wohl, gab sie zu, fühlte sie sich freilich nicht in dieser Umwelt, sie liebte mehr ein einfacheres, härteres Leben.

Nun, es ging auch nicht so weiter. Wieder griff höhere Gewalt ein. Der Zweite Weltkrieg begann zu toben; auch Honduras wurde auf seiten der USA mit einbezogen. Die Deutschen wurden interniert, zuerst nur die Männer, später die Frauen in ein Lager bei New Orleans abtransportiert. Noch über das Kriegsende hinaus war alles aus der Bahn geworfen. Erst drei Jahre nach Beginn der Waffenruhe war die Bananengesellschaft zur Wiedereinstellung bereit. Ein Glück, daß man erneut festen Boden unter den Füßen hatte.

Doch in Walter Frick waren höhere Pläne gereift. Hatte er nicht viel gelernt in all den Jahren? Hatte er den anderen, den Größeren nicht abgesehen, wie man zum Aufstieg, zu Besitz und Ansehen kam? Jeder hatte einmal angefangen ... wer nicht wagt, der nicht gewinnt!

Zwei Jahre arbeitete er noch von mor-

Feierabend in Honduras auf der Farm Las Pilas.

gens bis abends in den heißen Bananenfarmen, und Gerda hielt das Verdiente zusammen. Dann reichte es für ein erstes Stück Land oben im Becken von El Zamorano. Schon während seiner Trampzeit hatte es ihm wegen der gesunden Höhenlage und der Möglichkeit, etwaige spätere Kinder in eine gute Schule der nicht sehr weit entfernten Hauptstadt geben zu können, zugesagt. Ein nordamerikanischer Viehzüchter in der Nähe von La Ceiba verkaufte ihm einige Kühe. Die ließ er in wochenlangem Marsch durch zwei Cowboys hinauftreiben. Nur wußten weder sie noch er, daß man in den Tropen Rindvieh — im Gegensatz zu Pferden, Ziegen und Schafen — zwar vom kühlen ins warme, nicht aber umgekehrt vom warmen ins kühle Land versetzen kann. Die Kühe gingen bald ein. Die schönen hohen Gräser, die Don Walter auf dem gekauften, jahrelang unbenutzten Farmland gesehen und für gutes Futter gehalten hatte, waren ohnehin nicht von den Tieren angerührt worden, es waren gar keine Futtergräser. Der erste Anflug zum eigenen Unternehmen war mißlungen.

Einen zähen Sohn der Rauhen Alb wirft so etwas nicht um, erst recht nicht die Frau, der Zupacken ein Bedürfnis war. An jedem Unglück wächst und lernt der Mensch. Walter Frick begann von neuem, eines nach dem anderen: Mais, Hirse und nahrhafte Gräser als Futter, Schweine, Jung- und Magervieh zur Mast, Milchkühe für Buttergewinnung, Hühner, Bienen, Gemüse und Obstbäume. Der Bach in der Nachbarschaft wurde zur Bewässerung der Anpflanzungen herangezogen. Alles wanderte in die Hauptstadt, erst wenig, dann mehr und mehr: Milch und Butter, Eier und Fleisch, Früchte und Honig, Salat, Kohl und Möhren. Nun stiegen die Einnahmen; doch viele Schulden ließen kaum etwas übrig.

Unerwartet kam das „Glück" in besonderer Gestalt hinzu: die neue Landbauschule und die Anstellung dort. Das war sicher zusätzlicher Verdienst und brachte endlich nicht nur langsam, sondern schnell voran. Jedoch: der Farmer war nun zur Hälfte Lehrer und konnte nur noch einen Teil seiner Zeit und Kräfte für seine eigene Finca verwenden. Die größte Last der nicht geringen Arbeit im Betrieb entfiel nun auf Frau Gerdas Schultern, obwohl ihr mit Haushalt, Mann und Kindern, Garten, Personal und Kleinviehbetreuung ohnehin schon genug aufgebürdet war. Sie tat es ohne Murren, ein Jahr, zwei Jahre, drei Jahre ... War sie noch anderes als Lasttier? Fragte der Mann jemals danach, ob es ihr nicht zuviel wurde? Ach, er kannte selber nur seine Arbeit und verlangte von jedem anderen, ob Dienstleute, ob Ehefrau, das gleiche. Es war zwecklos, ihm zu klagen, wie alles über ihre Kräfte ging und sie müde machte. Er wollte nichts davon hören.

So begannen sich die Bande zu lockern, die Mauern aufzutürmen. Noch etwas anderes kam hinzu. Wo blieb der restlos eingespannten Frau jemals Zeit für ihre eigene Person, für die Pflege ihres Körpers, ihrer Kleidung, ihrer Frische? Das Übermaß an Arbeit zwang sie, sich zu vernachlässigen. Viel zu früh begann sie zu welken. Don Walter aber, immer noch stattlich und stark, warf seine Augen auf schönere und gesundere, heißblütige und verlockende Frauen dieses Landes, die ihn, den kräftigen, blonden Weißen zur Genüge umschwärmten. Gerda Frick stand plötzlich allein, erst recht, als die Söhne inzwischen groß genug waren, um zur Weiterbildung in die Staaten geschickt zu werden.

Das war der Zustand, als ich die beiden kennenlernte. Wie sollte das weitergehen?

Ein Wiedersehen und Abschied nach zehn Jahren

Nahezu ein Jahrzehnt war vergangen, ehe ich wieder durch die gleiche Gegend kam. Zwischendurch waren einige Briefchen hin und her gegangen. Nur Frau Gerda hatte geschrieben und am Ende ihrer kleinen Berichte stets dasselbe: Mein Mann läßt Sie grüßen; er selber kommt nicht zum Schreiben.

Nein, Walter Frick kam auch in diesen weiteren zehn Jahren zu nichts anderem, als dem Gelde nachzujagen. Mit dem Aufblühen seines ersten eigenen Wohlstandes schien er jegliches Maß, jegliche Erinnerung an sein früher bescheidenes Einkommen und dennoch glückliches Leben vergessen zu haben. Ich merkte das, als ich erneut Las Pilas besuchte. Nicht, daß er ein schlechter Patrón war, der nur seine Leute ausbeutete und sich durch deren Arbeit ein schönes Leben in Reichtum und Nichtstun verschaffte. Er war selber sein unermüdlichster und fleißigster Arbeiter geblieben. Auch seinen persönlichen Aufwand übertrieb er keineswegs, sich selber gönnte er so gut wie nichts, von den heimlichen Freuden bei fremden Frauen abgesehen. Er fuhr sogar noch die gleiche alte Klapperkarre wie damals und er würde sie auch nicht aufgeben, bis die letzten Teile auseinanderfielen. Daß er sein Haus vergrößert, die Einrichtung vermehrt, neue notwendige Maschinen beschafft hatte, war sein gutes Recht der selbstverständlichen Weiterentwicklung. Jeder strebt nach Verbesserungen. Nein, das Ungesunde, das Gefährliche, das Unsympathische war, daß er kein Ende mit der Mehrung seines Besitzes fand und diesen als den Hauptzweck des Daseins betrachtete.

Den Unterricht in der Landwirtschaftsschule hatte er aufgegeben. Einst seine Rettung, sein gesicherter Rückhalt, erschien sie ihm jetzt ein Hindernis bei der Entfaltung seiner eigenen Pläne. Obwohl er nun wieder ganztägig für seinen Betrieb zur Verfügung stand, war ihm eine Entlastung seiner Frau nicht im Traume eingefallen. Im fruchtbaren Tal von Jamastrán weit hinter der nächsten Kreisstadt wurde Neuland angeboten. Er kaufte es. Er wollte die inzwischen schon stark aufgetriebene Mastviehzucht noch weiter ausbauen und brauchte mehr Futter.

Frau Gerda wagte vorsichtig abzuraten: „Das Land liegt viel zu weit von Las Pilas, und dieses bringt doch schon genug Arbeit!" — „Wir schaffen das", setzte er dem entgegen. „Ich bringe einige Leute zum Roden und einen Traktor dorthin. Kaufe einen großen Wagen, in dem wir gleichzeitig übernachten können, dann brauchen wir nicht jeden Abend zurückzukehren; die Leute können in einem

Oben: Rancho Las Pilas (Honduras).
Unten: Moderner Farmbetrieb. In der Milchabteilung von Las Pilas herrschten peinliche Ordnung und Sauberkeit.
(Karte: G. Tischner, Fotos: K. Helbig)

Buschkamp schlafen. Du kannst dort ebensogut für uns wirtschaften wie hier, wenn es auch primitiver zugehen wird. Später bauen wir für uns ein festes klei-

319

nes Haus, damit wir jederzeit eine zweite Unterkunft haben." — „Willst du nicht wenigstens eines der Mädchen mitnehmen? Ich werde Brennholz brauchen, Wasser ..." — „Ach was, das kann einer der Leute besorgen. Wenn noch eine Frau hinzukommt, gibt es nur Streit unter den Männern. Stell dich nicht an!" — „Ich an deiner Stelle würde es mir doch noch überlegen; haben wir nicht schon genug?" — „Der Boden dort! Was verstehst du davon? Dieser wunderbare fette unverbrauchte Boden! Ich werde Gras und Mais pflanzen. Oh, das wird ein Mais werden! Ich werde wöchentlich doppelt, dreimal so viele Rinder und Schweine verkaufen können wie jetzt!" Seine Augen glänzten, als sähe er bereits, wie sich die Geldscheine in der Kassette häuften.

Es kam, wie es kommen mußte: es ging über beider Kräfte. Die Frau fiel immer mehr ab, sie konnte nicht mehr, sie kränkelte. Und zum ersten Male in seinem Leben warf schwere Krankheit Walter Frick nieder. Aber vorher war der Wald noch gerodet, das Land von ihm selber mit letzten Kräften hergerichtet, der Mais ausgelegt und Stück um Stück des restlichen fetten Landes mit hochwertigen Grasbüscheln bepflanzt worden. Zwei völlig Erschöpfte kehrten nach Las Pilas zurück.

Dann hatten die Regen alles kräftig emporgetrieben. Der Aufseher hatte mehrfach berichtet, wie prächtig alles stand. Als der stolze Besitzer sich endlich vom langen Krankenlager erheben konnte, war gerade die Trockenzeit angebrochen, die Ernte stand vor der Tür. Sein erster Ausflug galt dem Tal von Jamastrán. Frau Gerda, die monatelang zusätzlich noch die Krankenbetreuung übernehmen mußte, nahm er mit. Triumphierend wollte er ihr den neuen Reichtum zeigen, der, wenn es nach ihr gegangen wäre, niemals vorhanden sein würde.

Wenige Minuten nach Ankunft war Walter Frick ein gebrochener Mann. Sie fanden nichts als heiße, rauchende Asche, halb verkohlte Maisstengel, schwarze, brenzlig riechende Grasbulten. Mißgünstige Neider hatten in die trockenen Felder Feuer gelegt. Sie haßten diesen kalt berechnenden Fremden, der ihnen für ihr Jung- und Magervieh niedrigste Preise bot, selber aber Jahr um Jahr reicher wurde und ihnen noch dazu die schönsten Frauen entführte. Don Walter war in die Stadt gefahren, als Frau Gerda mir dieses erzählte. „Ich werde den Anblick nie vergessen", schloß sie ihren Bericht, „den mein Mann in jenem Augenblick bot. Auf der Höhe über den Feldern stand eine einzelne Weinpalme, die Männer hatten sie beim Roden ihres begehrten Fruchtsaftes halber stehenlassen. Von ihr aus konnte man alles übersehen. Dort hatte er sich niedergelassen und schaute geistesabwesend über den verlorenen Traum. Ich wußte nicht, war er wie ein Kind, das Mitleid verdiente; oder geschah ihm recht für seine Habgier?"

Das war die richtige Bezeichnung: Habgier ——— Gier nach Habe, nach Besitz. Sie ließ Walter Frick selbst aus dieser Niederlage nichts lernen. Es war, als müsse er diesen und niemals mehr einen anderen Weg gehen. Es dauerte nicht lange, und er fing von neuem an. Frau Gerdas Hoffnung, er würde nun wenigstens das aufreibende, unselige Projekt „Jamastrán" aufgeben, wurde nicht erfüllt. Mit dem Ende der Trockenzeit begann er dort neu auszusäen und gleichzeitig auf Las Pilas eine eigene Wurstschlachterei auszubauen, Gesellen, Maschinen und Kühlanlagen zu beschaffen. „Ich kann meine Schweine selbst verarbeiten", entschied er; „warum sollen die Leute in der Stadt daran verdienen? Und die Rinder werde ich künftig nicht mehr abends, sondern erst nach Mitternacht schlachten, damit das Fleisch frühmorgens noch naß und schwer in die Stadt kommt. Die zwei Prozent Gewichtsverlust durch das Abhängen mögen die Aufkäufer tragen — nicht ich!" — Er saß stundenlang und rechnete um jeden Centavo, den er mehr herausholen konnte, ohne dadurch das Leben für sich und seine Familie zu erleichtern. Es kümmerte ihn nicht, daß das seiner Frau zuwider, geradezu unheimlich war. Bei all dem rackerte er sich selber bis zur Erschöpfung ab, fanatisch, verbissen; er merkte nicht, wie er gegen seine Gesundheit wütete.

„Warum muß das sein?" klagte mir Frau Gerda. „Es ist wie eine böse Krankheit, wie ein Teufel in ihm. Wir hatten doch genug an allem. Und was für ein schönes, gesundes, harmonisches Leben könnten wir in der Stille und Einsamkeit dieses Landes führen! Sie glauben nicht, wie sehr ich aufgeatmet habe, als wir nach der aufreibenden Turbulenz, dem schimmernden Leben von La Ceiba die ersten Abende hier Hand in Hand, unser Glück kaum fassend, vor der Tür standen und über unseren eigenen kleinen Besitz schauten! So und nicht anders wollten wir es haben, ein zufriedenes Auskommen und zufrieden mit uns selbst. Und was kam statt dessen ...? Zudem kommen wir in das Alter, in dem man aufhören sollte. Unsere Söhne haben inzwischen gute Stellungen, in Notfällen werden sie uns nicht allein lassen. Er aber findet nie ein Ende, nie ein Genug. Und mich selbst", fügt sie leise hinzu, „die ich alles mit ihm geteilt habe und ohne die er dieses alles vielleicht nicht haben würde, wirft er weg wie einen leeren Becher und verwöhnt lieber andere Frauen, die ihn umgarnen und zu umschmeicheln wissen."

Was sollte ich darauf antworten? Was konnte ich, ein durchreisender Fremder, an diesem Wege ändern? Es war der satanische Weg zum falsch verstandenen „Glück", jenem Glück, das für viele nur „Gold" bedeutet.

Nach diesem Wiedersehen hatte ich mir vorgenommen, meine Bekanntschaft mit Walter Frick zu lösen. Allein schon, daß die Frau noch mehr als damals nur seinen Willen anzuerkennen hatte und selber völlig ausgeschaltet blieb, gefiel mir nicht. Das war keine Partnerschaft, das war einseitige Anmaßung, Despotie, Tyrannei; es wog noch schwerer als Habgier und Geiz. Wenn der Finquero (Finca-Besitzer) Walter Frick für die Käuferschaft von Tegucigalpa wegen seiner Vielseitigkeit und begehrten Lieferungen einen guten Namen, einen unentbehrlichen Platz gewonnen hatte — was besagte das gegen diese beklagenswerten Eigenschaften des Menschen Walter Frick! Ich hatte einmal einen Nachbarn, der mir bei jeder Gelegenheit pries, er besitze alle Werke Goethes und betrachte sich als guten Goethe-Kenner. Seinen alten verkrüppelten Vater jedoch behandelte er schlimmer als einen lästigen Bettler. Hätte er besser nicht einen einzigen Band von Goethe in seinem Bücherschrank, dafür aber einige seiner Lebensregeln im Herzen gehabt!

An einem der folgenden Tage ereignete sich etwas, das mir die Trennung von Walter Frick erleichterte. Wir waren gemeinsam mit dem Lastwagen in der Provinzstadt Yuscarán gewesen. Auf der Rückfahrt standen irgendwo im Gelände einige mehr als ärmlich gekleidete Leute winkend an der Straße, und mein Gastgeber bremste. Eine magere, abgewirtschaftete Großmutter, offenbar das Haupt der Gruppe, beschwor in rührenden Ausbrüchen den Señor, sie und ihre Angehörigen mitzunehmen. Der einzige Bus auf dieser Strecke war wieder einmal ausgefallen. Schon seit Stunden warteten sie auf eine andere Fahrgelegenheit; es gab Dringliches für sie in einer ziemlich weit entfernten, doch an unserem Wege gelegenen Ortschaft zu erledigen. Mein Herz klopfte: würde dieser Mann mit dem kalten, harten Herzen sie mitnehmen? Ich hätte ihn fast vor Freude umarmt und um Verzeihung gebeten, als er ohne langes Überlegen die Leute aufforderte, ihre Bündel hinten auf den Wagen zu werfen und aufzusteigen. Überschwenglich bedankte sich die Alte und fügte betont hinzu: „Wir bezahlen es Ihnen, Señor, ganz selbstverständlich bezahlen wir es." — „Ja, ja, schon gut", brummte Don Walter, „wir werden sehen. Klettern Sie nur hinauf, schnell, wir haben keine Zeit."

Schon vor dem Zielort nestelte die alte Frau ihr Geldbeutelchen aus dem Hüfttuch, schüttelte die wenigen Kupfer- und Nickelmünzen in ihren Schoß und ehe sie abstieg, beharrte sie erneut auf der Bezahlung. Nun klopfte mein Herz noch heftiger. Würde er, der wohlhabende Farmbesitzer, ihr wirklich etwas abnehmen? Man sah und wußte doch, wie arm diese Hondureños waren. Der Wagen war leer, was tat es, ob ein paar Leute hinten drauf saßen oder nicht, und wir mußten ja doch diese Strecke fahren. Mich durchfuhr es wie ein Blitzschlag, als mein Begleiter mit eisernem Gesicht sagte: „Im Bus hätte jeder, schätze ich, 25 Centavos zahlen müssen. Ich meine, bei einer solchen Extrafahrt wäre das Doppelte nicht zu viel. Für vier Personen also zwei Lempiras!" (Die Lempira ist die Landeswährung von Honduras, 1 Lemp. = $^1/_2$ US-Dollar.)

Die Frau sagte kein Wort; ihr zitterten die Hände, als sie die Münzen zusammenzählte; es blieben ihr nur einige Kupferstücke übrig. Ich wollte Don Walter veranlassen, doch wenigstens nicht ganz so viel zu nehmen. Er schnitt mir das Wort ab: „Ach was, die Leute müssen wissen, daß unsereiner nicht für alles da ist. Sollen sie zahlen!" Zwei der Gruppe waren noch kleine Kinder, sie hätten im Bus überhaupt nicht zu zahlen brauchen. Ich war drauf und dran, von mir aus diesem Geizhals den Betrag vor die Füße zu werfen. Doch das hätte einen Bruch mit Pauken und Trompeten ausgelöst, den wollte ich vermeiden. Ich wünschte nur, diesen gleichen Leuten noch einmal zu begegnen, um ihnen ihr Geld zurückzugeben. Ich fühlte mich in einer Schuld, die bei dem Schuldigen selbst überhaupt nicht aufkam.

Am Abend packte ich meine Sachen. „Sie wollen schon fort?" fragte Frau Gerda mit ein wenig Enttäuschung in der Stimme. „Ja", sagte ich, „morgen früh; ich muß weiter." Ich merkte, daß sie mir den Vorwand nicht glaubte. — „Ob wir uns je wiedersehen?" Sie sah mich hilflos an. „Ich möchte es wünschen", stellte ich in Aussicht und wandte mich schnell ab.

Ende gut — trotzdem schlecht?

Ja, und nun sahen wir uns in Tailfingen wieder, drei, vier Jahre nach jenem letzten Abschied. Manches von dem, was ich hier niederschrieb, erfuhr ich erst dort; das tut nichts zur Sache. „Das schlimmste war schließlich", sagte sie, „daß unsere Arbeiter und die Leute in der Nachbarschaft über mich zu spotten begannen. Sie wußten, daß ich längst nicht mehr die

‚señora' war, sondern daß andere Frauen die Gunst des Patróns besaßen. Eine kam sogar, frech und aufgeblasen genug, auf die Farm, mit zwei kleinen Kindern an der Hand und einem im Tuch — Mischlingskinder! Sie tat, als ob sie die Herrin sei, und mein Mann wies sie nicht einmal fort." — „Caramba — dieser Teufel!" entfuhr es mir. — „Wissen Sie, alle Arbeit und Kälte habe ich ertragen. Dieses nicht! Ich habe mich von ihm getrennt. Meine Söhne halten zu mir, im Sommer wollen sie mich hier besuchen. Ich habe eine angenehme Tätigkeit gefunden, die mich ausfüllt. Alle Menschen sind freundlich, niemand verlangt zuviel von mir, niemand demütigt mich. Ich bin wieder zu Hause. Nach Las Pilas werde ich nie zurückkehren."

Ich war diesem Walter Frick, der mir anfangs so gut gefallen hatte, noch mehr gram als je. Warum mußte er sich so weit verlieren? Die Frage ließ mich nicht los, ich versuchte eine Antwort. Er war doch aus keinem schlechten Holz geschnitzt. Sein Lebensweg war in der Tat nicht glatt und geebnet, wie er manchem jungen Menschen als Selbstverständlichkeit vor die Füße gelegt wird, und er braucht nur auf ihm weiterzugehen. Es war wirr und schwer, die typische Geschichte eines jener Auswanderer, die nichts vorfinden und alles fertigbringen, sich mit Zähigkeit durchbeißen, bis sie oben sind — — um dann mit sich selber nicht mehr fertig zu werden. War es all das Ungewohnte, Bittere, Feindliche, das in der Fremde auf sie einstürmte und ihre Seele zerfraß? Fehlte ihnen der heimische Boden, in dem ihre Wurzeln gewachsen und aus dem sie dann herausgerissen waren? Hatten sie allzuviel Schlechtes ringsum beobachtet und es allmählich selbst übernommen, ohne es zu merken und es noch als schlecht zu empfinden? — Man durfte auch diesen Walter Frick nicht einseitig verurteilen; vielleicht war ihm nur alles eine Zeitlang über seine Kräfte gegangen. Vielleicht würde er doch noch eines Tages zu sich zurückfinden? — —

Ich war noch gar nicht lange wieder zu Hause, als erneut ein Brief von Frau Gerda eintraf. Fast war ich unwillig; er konnte nur ein anderes Mal von diesem Walter Frick handeln. Ich hatte mich schon viel zuviel mit ihm beschäftigt.

Nachdem ich die wenigen Zeilen überflogen hatte, war ich jedoch sehr befriedigt. „Als ich vorgestern nachmittag nach Hause kam", schrieb sie, „sagte meine Nachbarin, ein Herr warte auf mich, sie habe ihn in ihr Wohnzimmer gebeten. Ich ging hinein. Es war Walter. Er stand vor mir wie damals, als er mich in La Ceiba am Pier zur Hochzeit empfing, tadellos angezogen, mit einem großen Blumenstrauß in der Hand. Dennoch sah er zum Erbarmen aus, krank, erschöpft, nervös. Er sagte mir, er hielte das nicht mehr aus, und seine Irrwege habe er eingesehen — wie viele Tage und Nächte lang habe er darüber nachgedacht. Es sei alles leer und hohl im Hause seit meinem Fortgang; der einzige, der wieder Leben und Wärme hineinbringen könne, sei ich. So sei er gekommen, mich um die Rückkehr zu bitten. Er habe mit unserem Ältesten vereinbart, sich in die Farm einzuarbeiten und sie später zu übernehmen, und wir beide wollten dann endgültig in die Heimat zurückkehren. — Was sollte ich tun? Ich sagte ihm: Komm mit hinauf zu mir. Es ist gut, daß du da bist. Oben können wir weitersprechen!" —

Nachsatz: Walter und Gerda Frick würde der Leser vergebens in Honduras und im Schwabenland suchen; ihre Namen habe ich abgewandelt.

Glanz und Elend im Dasein berühmter Dichter – Friedrich Hölderlin

Von Johannes Carstensen

Friedrich Schiller, der Ende des 18. Jahrhunderts in Weimar *Die Horen*, „Die Stunden", herausgab, war interessiert an geeigneten Mitarbeitern für diese Zeitschrift und hatte sein Auge auf zwei junge Schriftsteller geworfen. Als Goethe nach Frankfurt reiste, bat er den Freund, die beiden dort zu empfangen: Herrn Schmidt aus Friedberg und Herrn Hölderlin aus Nürtingen. Goethe entledigte sich zuverlässig der Aufgabe und berichtete darüber nach Weimar, Herr Schmidt sei ein hübscher junger Mann ... „Ich konnte nichts Bedeutendes aus ihm herauslocken ..." Und ein paar Tage später: „Gestern ist auch Hölterlein bei mir gewesen ... ich habe ihm besonders geraten, kleine Gedichte zu machen und sich zu jedem einen menschlich interessanten Gegenstand zu wählen."

Von den Großen verkannt

Ungläubig liest der Mensch von heute diese erste, wirklich grotesk anmutende Begegnung der Großen der Weltliteratur mit dem genialischen Dichter des *Empedokles*: Goethe schreibt den Namen falsch, und Schiller als Redakteur der literarischen Zeitschrift stellt Hölderlin in eine Linie mit einem gewissen Herrn Schmidt, der heute völlig unbekannt ist: „Ich bin nun einmal in dem Fall, daß mir daran liegen muß, ob andere Leute etwas taugen und ob aus ihnen etwas werden kann, daher werde ich diese Hölderlin und Schmidt so spät als möglich aufgeben."

Es erscheint dabei nur als geringer Trost, daß sich andere Genies – sei es Kleist oder Mozart – einst haben gefallen lassen müssen, an Durchschnittlichem gemessen zu werden.

Hölderlin ist heute – aber nicht „längst", denn erst fünf Jahrzehnte nach seinem Tode hat sein Volk ihn als Dichter „entdeckt" – zum Mythos geworden. Er ist wie der Traum der Menschheit von ihrem göttlichen Ursprung.

Friedrich Hölderlin stammt aus dem Städtchen Lauffen am Neckar und wurde dort – elf Jahre jünger als sein Landsmann Schiller – als Sohn eines Klosterhofmeisters geboren. Er erhielt seine Schulbildung auf dem Seminar zu Maulbronn, und als Student wurde er – das bedeutete eine Auszeichnung – in das Evangelische Tübinger „Stift" aufgenommen, das in seiner traditionsreichen Wirksamkeit eine Fülle Hochbegabter des württembergischen Geisteslebens beherbergt hat; zeitgenössische „Stiftler" waren die späteren Philosophen Hegel und Schelling.

Friedrich Schiller war für Hölderlin der Abgott seiner Jugend; Schillers Dichtkunst war sein Ideal. Niemand hat sich zu dessen Lebzeiten so begeistert über *Don Carlos* geäußert wie der junge Hölderlin; dieses Freiheitsdrama war „lange Zeit die Zauberwolke, in die der gute Gott meiner Jugend mich hüllte, daß ich nicht zu früh das Kleinliche und Barbarische der Welt sah, die mich umgab".

Bescheidener Hauslehrer

Wie seine beiden Mitstiftler geriet der junge Theologiestudent in Widerspruch

Friedrich Hölderlin, 1770—1843

Im heiligsten der Stürme falle zusammen meine Kerkerwand, Und herrlicher und freier walle mein Geist ins unbekannte Land.

zur evangelischen Lehre; er konnte sich nicht entschließen, Pfarrer zu werden. Schiller verwendete sich bereits damals für den Dreiundzwanzigjährigen um eine Hauslehrerstelle, doch das Urteil in seinem Empfehlungsschreiben an seine Freundin Frau von Kalb ist noch recht zurückhaltend: „Ich glaube, daß Ihnen sein Äußeres sehr gefallen wird. Auch zeigt er vielen Anstand und Artigkeit. Seinen Sitten gibt man ein gutes Zeugnis; doch völlig gesetzt scheint er noch nicht, und viele Gründlichkeit erwarte ich weder von seinem Wissen noch von seinem Betragen..."

Frau von Kalb konnte in ihrem Dankesbrief an Schiller bald bestätigen, daß „der gute Hölderlin" sich „klug und hingebungsvoll" der Erziehung ihres Sohnes widme. Bald darauf trat er eine Stelle bei dem Bankier Gontard in Frankfurt am Main an. Als dieser den „Haushofmeister" für seine vier Kinder annahm, fühlte er sich damit weitgehend einer Sorge enthoben, die ihm als Familienvater zukam. „Den Börsenkurs verstehe ich aufs Haar", hatte er des öfteren kennzeichnend geäußert, „aber wie die Kinder geleitet werden sollen oder was sie lernen müssen, das ist nicht meine Sache, dafür muß die Mutter sorgen."

Die Mutter — das war seine Frau Susette, Tochter des Großkaufmanns und Kommerzienrats Borkenstein aus Hamburg, und so wenig Verständnis der Bankherr Gontard, gefühlsarm und ganz aufs Lebenspraktische eingestellt, für seine Kinder und ihre Ansprüche zeigte, so wenig ging er auch auf seine zartbesaitete Ehefrau ein, auf ihre seelischen Bedürfnisse und Ansprüche, auf ihr Verlangen nach geistiger Bereicherung.

Soweit ihm Susettes „Grübeleien" und Kümmernisse bewußt waren, begrüßte er den Einzug des jungen „Bücher- und Weisheitsnarren" in sein Haus, denn neben seinem Amt als Hauslehrer schien der junge Gelehrte geeignet, auch die Bankiersfrau von ihren romantischen Schwärmereien abzulenken und sie zu unterhalten. Hölderlin brachte dafür besondere Voraussetzungen mit, denn bereits zwei Jahre zuvor war in der „Neuen Thalia" ein dichterisches Fragment von ihm, *Hyperion*, veröffentlicht worden. Der neue Hofmeister der Familie war ein fleißiger, gewissenhafter Lehrer und rechtfertigte vollauf, was Jakob Friedrich Gontard für die Erziehung und Ausbildung seiner Kinder von ihm erwartete; und alles, was er der Dame des Hauses in den Abendstunden an Lektüre und literarischen Anregungen bot, entsprach genau dem, was der vielbeschäftigte Bankherr für die geistige Zerstreuung seiner Frau erwartet hatte.

Gontard war viel zu selbstbewußt, als daß er den hochgeistigen Hauslehrer zugleich als männliche Persönlichkeit ernst genommen hätte.

Der Frankfurter Handelsherr hatte Susette als Siebzehnjährige in Hamburg kennengelernt und sie sehr bald geheiratet. Nun lebte er seit neun Jahren in der Ehe mit ihr, ein Geldmann von gepflegter Erscheinung, tadellosem Benehmen und dem weltgewandten Auftreten des Kavaliers. Doch dem oberflächlichen Mann fehlte ganz die Gefühlswärme, nach der die zarte und empfindsame Susette so sehr verlangte; sie war eine romantische Natur und für alles Geistige und Schöne aufgeschlossen. Was Gontard zu ihr zog, waren ihr auffallendes Äußeres — eine „vollendete Schönheit von edler griechischer Gestalt" —, und sicherlich war auch ihr beträchtliches Vermögen von der Mutter Seite her nicht ohne Einfluß auf seine Werbung gewesen. Doch nach der Eheschließung ließ der Bankherr sich damit genug sein, eine schöne, edle Frau erobert zu haben und sie als Mutter seiner Kinder und zur Repräsentation seines Hauses zu besitzen. Über das hinaus, was Höflichkeit und gesellschaftliche Pflichten erforderten, bemühte er sich in der Folge kaum mehr um sie und ihre geistigen Interessen.

Schicksalhafte Begegnung

Daß der etwas weltfremd erscheinende Büchermensch in dem abgeschabten schwarzen Rock des hungerleidenden Studierten ihm je als Konkurrent „gefährlich werden" könne, kam dem selbstherrlichen Bankier nicht in den Sinn; der nüchtern rechnende Handelsherr ahnte zu wenig von den geistigen und seelischen Ausstrahlungen, die von Mensch zu Mensch bestehen.

Schon bei der ersten Begegnung erkannten Susette Gontard und Friedrich Hölderlin instinktiv und naturhaft, daß das Schicksal sie „von Ewigkeit füreinander bestimmt" hatte. Sie fanden sich sogleich in einer tiefen Herzensverwandtschaft und innigen Geistesgemeinschaft; es war nach Hölderlins Worten „eine ewig fröhliche, heilige Freundschaft mit einem Wesen, das sich recht in dies arme, geist- und ordnungslose Jahrhundert verirrt hat".

Während der Bankier den Inhalt seines Daseins — Les affaires avant tout: „die Geschäfte haben den Vorrang" — in beruflicher Arbeit und abendlichen Herrenpartien sah, erlebte Susette an der Seite ihres Herzensgeliebten tiefste innerliche Erfüllung. Es war der Mensch, nach dem ihre Seele gedurstet hatte. „Was sind Jahrhunderte gegen den Augenblick, wo zwei Wesen sich ahnen und nahen?" kennzeichnet Hölderlin jene glücklichste Zeit seines Lebens. Als die Franzosen damals gegen Frankfurt vorstießen und Susette mit Kindern und „Gesinde" in Kassel und in Bad Driburg Unterkunft suchen mußte, erblühten für die beiden Liebenden Monate höchsten, ungestörtesten Glücks.

Nach dem Namen der Priesterin in Platons hochgeistigem „Gastmahl", dem *Symposion*, nannte er sie Diotima, die „Gottgeehrte", denn voller Dankbarkeit erlebte Hölderlin die Wandlung, die sein eigenes unstetes Wesen im Umgang mit ihr erfuhr, und die vielfältige anregende Förderung, die seine dichterische Arbeit durch das Zusammensein mit ihr gewann.

Zeitgenossen sprechen voller Verehrung von Susettes anmutiger Erscheinung und von ihrem gewinnenden Wesen, von ihrem „reinen tizianischen Teint", und so hat Hölderlin ihre Erscheinung mit den Augen der Liebe gesehen: „Sie ist schön wie ein Engel. Ein zartes, geistiges, himmlisch reizendes Gesicht! Ach! ich könnte ein Jahrtausend lang in seliger Betrachtung mich und alles vergessen bei ihr ..."

Voller Beglückung spürt er, wie der Umgang mit der Geliebten ihn zu einem ganz neuen Menschen gemacht hat. „Du weißt ja", schrieb er damals an einen Freund, „wie ich vorher war, wie mir Gewöhnliches entleidet war, weißt ja, wie ich ohne Glauben lebte, wie ich so karg geworden war in meinem Herzen und darum so elend; konnt' ich werden, wie ich jetzt bin, froh wie ein Adler, wenn mir nicht diese eine erschienen wäre und mir das Leben, das mir nichts mehr wert war, verjüngt, gestärkt, erheitert, verherrlicht hätte mit ihrem Frühlingslichte?"

Wie in überirdischer Verklärung strahlt diese Lebenserfüllung aus seinen Gedichten an Diotima: „Dann umfängt ihr himmlisch Wesen / Süß im Kinderspiele mich, / Und in ihrem Zauber lösen / Freudig meine Bande sich; / Hin ist dann mein dürftig Streben, / Hin des Kampfes letzte Spur, / Und ins volle Götterleben / Tritt die sterbliche Natur."

Wunder deutscher Sprachgestaltung

Als unvergängliche Frucht dieser hochgestimmten Zeit erwuchsen der zweite Teil des *Hyperion*, viele gedankenvolle *Oden* und *Hymnen* wie auch Entwürfe zu dramatischen Werken. Hölderlins ganz persönliche Lyrik erhält einen Klang, wie ihn die deutsche Sprachkunst zuvor noch nie vernommen hat. In „freien Rhythmen" strömen ihm seine Gefühle dahin — und doch ist Hölderlin nicht etwa formlos, sondern einer der formvollendetsten Dichter Deutschlands.

Seine meisten Werke gehen natürlich über das Begriffsvermögen junger Menschen hinaus, doch man wird aus seinem Gedicht *Die Jugend* heraushören, wie Gott und Natur ihn beim Aufwachsen sicher geleitet haben:

Da ich ein Knabe war,
Rettet ein Gott mich oft
Vom Geschrei und der Rute der Menschen.
Da spielt ich sicher und gut
Mit den Blumen des Hains,
Und die Lüftchen des Himmels
Spielten mit mir.

Hölderlins lyrischer Briefroman *Hyperion* oder *Der Eremit in Griechenland*, der in den letzten Jahren der Gemeinschaft mit Diotima entstand, ist ein Selbstbekenntnis, das Hölderlins Lebensschau und sein Seelentum ganz vergegenwärtigt. Wer in die Verse des Dichters hineinzulauschen versteht, dem ist es oft, als seien die Götter Griechenlands wieder auferstanden und führten in seinem Bereich mit ihm als Seher und Propheten ein neues Leben. Im Mittelpunkt stehen die Erlebnisse der Freundschaft, der Liebe und der Natur. Die Liebe zu Diotima gibt seinem Dasein Erfüllung und Richtung, denn „was ist alles, was in Jahrtausenden die Menschen taten und dachten, gegen einen Augenblick der Liebe?" In der Schilderung Griechenlands durchdringen sich Vergangenheit und Zukunft, Traum und Verheißung.

Hellsichtig versenkt sich der Dichter in den Ablauf der Welt. In seinem *Gesang des Deutschen*, einer seiner vaterländischen Oden — „O heilig Herz der Völker, o Vaterland!" — hat die Hoffnung auf zukünftige Erfüllung ihren schönsten Ausdruck gefunden. In seinen Stromgedichten — *Der Main, Der Neckar, Der Rhein, Am Quell der Donau* — wandern seine Gefühle und Gedanken sehnsüchtig schweifend hinaus und enthüllen ihm die geheimen Zusammenhänge des Lebens. In seiner tiefen Tragödie *Empedokles* mahnt er eindringlich, über dem Menschlichen nicht das übergeordnet Göttliche zu vergessen. Hölderlins Werk gipfelt in Gesängen von visionärer Tragweite, die als das kostbare Vermächtnis seines Schaffens gelten.

Die Zeitgenossen wußten seine dichterische Tiefe nicht zu würdigen. Daß Schiller, den er anbetete, ihn mißverstand und den poetischen Gehalt seines Schaffens verkannte, brachte Hölderlin an den Rand des Verzweifelns. „Sagen Sie mir ein freundliches Wort, und Sie sollen sehen, wie ich verwandelt bin", schrieb der zarte Grübler flehend. Schiller hatte kein Wort für den abgeschlossenen *Hyperion*, obwohl er sich einst für den ersten Teil eingesetzt hatte. Für Hölderlins herrliche, kühne *Sophokles*-Übersetzung hatte er, so berichtet Voß, nur Lachen.

„Von Apoll geschlagen"

Das einzigartige, überirdische Verhältnis der beiden Liebenden, vergleichbar dem von Tristan und Isolde, konnte nicht von Dauer bleiben. Es kam zu einer häßlichen Szene mit dem Hausherrn, und auf Susettes Rat verließ Hölderlin von einem Augenblick auf den andern das Haus der Gontards. In einem Brief bereut die Geliebte ebenso schnell den hastigen Entschluß: „Wie manches hätten wir noch für die Zukunft ausmachen können, hätte unser Auseinandergehen nicht diese feindselige Farbe angenommen." Die Trennung führte nach Jahren furchtbaren Leidens zum Tode Susette Gontards. Damals begann zugleich die tragische Entwicklung im Dasein Friedrich Hölderlins: Er versank in geistige Umnachtung.

Die ersten Anzeichen machten sich bemerkbar, als er 1802, zweiunddreißigjährig, von Susettes Tod erfuhr, seine Hauslehrerstelle in Bordeaux aufgab und durch Frankreich heimwärts irrte. Verwahrlost, wirre Reden führend, erschien er bei der Mutter in Nürtingen. Fügsam wie ein Kind ließ er sich bald darauf in Pflege geben.

Von Tübingen, Hölderlins einstiger Universitätsstadt, wo ihn vorzeiten das Stift beherbergt hatte, gibt es als berühmteste Stadtansicht den malerischen Dreiklang der Stiftskirche und der „Alten Aula", die sich über dem alten Wehrturm unmittelbar am Neckar erheben. Dort in der ehemaligen Rundbefestigung, einst Teil der Stadtmauer und der Wallanlagen, wohnte der Schreinermeister Zimmer mit Frau und Tochter. Er räumte dem geistig Gestörten den Raum im Obergeschoß als Wohnzimmer ein, und Friedrich Hölderlin, treulich umsorgt von seinen Wirtsleuten, lebte in der idyllischen Atmosphäre des Erkerzimmers und des Zwingergärtchens, im Angesicht der Plantanenallee und mit dem Blick ins Neckartal und ins Steinlachtal gegen die Schwäbische Alb. Nicht selten hatte er Augenblicke ungetrübten Verstandes, in denen sich sein Geist, gleichsam überwältigt von natürlichem Instinkt, wieder zu öffnen schien. Drei Jahre Lebenszeit hatte der Arzt vorausgesagt. Der Kranke lebte noch volle sechsunddreißig Jahre.

Er galt keineswegs als „gefährlicher Irrer" und durfte sich frei bewegen, hatte ein Klavier zu seiner Verfügung, und Musik, auch Flötenspiel und Gesang, bildete seine hauptsächliche Unterhaltung; nicht wenige Gedichte verfaßte er in diesen Jahren des Versunkenseins. Als besondere Freude empfand er es, wenn alte Freunde — wie Uhland und Schwab, Waiblinger und Mörike — ihn besuchten und ihm von der „Welt da draußen" berichteten; allerdings konnte es auch geschehen, daß er die wohlmeinenden Gäste teilnahmslos und gleichgültig wie Fremde behandelte und beleidigend abfertigte. Für Besucher mußte der Dichter in seinem hohen Alter gleichsam als Gestalt aus einer verklungenen Welt erscheinen. Auf seinem Tisch lagen immer aufgeschlagen die Bände seiner *Gedichte* und des *Hyperion*.

Als Friedrich Hölderlin dreiundsiebzigjährig starb, zeigte er noch eine vom Alter wenig gebeugte Gestalt. Ein voller Lorbeerkranz schmückte das Haupt des Toten. Trotz des Unwetters folgten viele Studierende und Professoren der Leiche des Dichters, dessen einsame Größe man nur zu ahnen begann. Als der Sarg in die Tiefe gelassen wurde, erhellte sich der verhangene Himmel, und die Sonne goß ihre freundlichsten Strahlen über das offene Grab. Auf das einfache Denkmal setzte man die Worte aus seinem Gedicht „Das Schicksal":

Im heiligsten der Stürme falle
zusammen meine Kerkerwand,
Und herrlicher und freier walle
mein Geist ins unbekannte Land.

1954: „Friedensfeier"

Vor erst zwei Jahrzehnten gab es eine literarische Sensation, als in London überraschend eine Handschrift Friedrich Hölderlins auftauchte, die eineinhalb Jahrhundert lang verschollen war. Es ist die vollständige *Friedensfeier*, von der bisher nur Teilstücke bekannt waren: Der Titel schon kündet etwas von der Menschheitssehnsucht, die auch gerade gegenwärtig die Welt erfüllt. „Versöhnender und seliger Friede, nimmer geglaubt", so feiert er das ersehnte Ereignis, das den zeitgenössischen zweiten Koalitionskrieg beendete. Er erhofft in ihm den Anbruch eines neuen Zeitalters, das von „Gemeingeist, Liebe und schöner Menschlichkeit" getragen ist. Vier große Themen — menschliches Wesen / Bedeutung des Todes / Sinn der Geburt / göttliche Existenz Christi — überspannen den Kreis der Betrachtungen dieses so unerwartet neu entdeckten Hölderlin-Werkes: Das Glück des Menschengeschlechts wird erst kommen, wenn die Götter bei ihm einkehren. Immer aufs neue hofft der Dichter, daß ein heiliger Morgen über der entgötterten Nacht der Gegenwart wieder aufsteigen werde.

(Seite 325: Pastellbild von F. K. Hiemer, 1792; Foto: Archiv für Kunst und Geschichte)

Lustige Täuschung — Der fixe Tormann

Nähert man sich mit der Nasenspitze langsam dem schwarzen Kreuz, so wird deutlich sichtbar, wie der fixe Tormann den Ball fängt.

Mahagoni aus Afrikas Urwäldern

Von Hans Leuenberger

König Nana Atta II., Omanhene des Staates Aowin, saß in seiner Hauptstadt auf seinem Sessel aus Mahagoni. Um seinen kräftigen Nacken hing eine schwere Goldkette, die bis fast auf den Boden reichte. Neben ihm kauerte ein Knabe, der Kronprinz. Und vor ihm trachteten einige muskulöse Männer, einen von der Tropensonne gebleichten riesigen Sonnenschirm zu spannen. Als es ihnen endlich gelungen war, wurden einige Risse und Löcher im Stoff sichtbar. Die Wirtschaft im königlichen Palast ist auf die verminderten Einnahmen des Herrschers angewiesen, der seit der Erreichung der Unabhängigkeit der ehemaligen Goldküste der republikanischen Regierung in Akkra untersteht. Seine Einnahmen — vor allem aus Edelhölzern seiner Urwälder — werden so stark besteuert, daß ihm nur noch wenig bleibt, um das aufrechtzuerhalten, was man nicht mehr so recht als „Hof" bezeichnen kann.

Alle schwarzen Herrscher Westafrikas haben ihren „Stuhl", ihren Thron, würden wir sagen. Er besteht ausschließlich

Titelbild: Die Länge der „logs", also der Baumstrünke, wird von den Schiffsgesellschaften vorgeschrieben. Sonst wird die Ladung auf Deck äußerst schwierig. Ketten und Stahlseile sind schon an Normen gebunden. Und so dann eben auch das Sägen der gefällten Riesen.

aus dem edelsten Holz Afrikas, aus Mahagoni.

Der König von Aowin hatte einem Europäer eine Konzession über die Ausbeutung eines Teils seiner Urwaldgebiete erteilt, an der er anteilsmäßig beteiligt blieb. Die finanziellen Mittel zur Anschaffung der riesigen Traktoren, Motorsägen und Transporter besaß er nicht. Trotz politischer Freiheit war eine gewisse wirtschaftliche Abhängigkeit gegenüber den Weißen geblieben.

Ein einheimischer Förster, im Dienst des weißen Unternehmers, lud mich zu einer Besichtigung des Holzschlags ein. Es wurde ein Unternehmen, das einem Besuch eines Bergwerks ähnlich sah.

Wir tauchten bald mit unserem Geländewagen in den sogenannten Primärurwald ein. Darunter verstehen Botaniker Urwaldgebiete, die ihre ursprüngliche Zusammensetzung beibehalten haben. Im sekundären Urwald, in den Lichtungen, die durch das Fällen der riesigen Mahagonibäume entstanden sind, wuchern bereits Sträucher und Bäume, rasch wachsende Weichhölzer, die industriell höchstens zur Papierherstellung verwendbar wären, deren Transport aber wegen eines zu großen Volumens kaum lohnt.

„Unsere Förster haben eine von den Engländern während der Kolonialzeit eingeführte Methode weitergeführt, die verhindern soll, daß der Primärurwald langsam verschwindet und baumhohem Unkraut Platz macht. In gewissen Abständen müssen etwa fünf Kilometer breite Waldstreifen unberührt bleiben. Von diesen Bändern aus kann sich durch Besamung und Ausbreitung über Wurzelwerk ein durch Baumschlag ausgelichtetes Nachbargebiet sozusagen regenerieren." So erzählte mein Begleiter und bog durch dichtes Buschwerk hindurch in einen schmalen Seitenpfad ein.

Jetzt umgab uns plötzlich Halbdunkel. Trotz der feuchten Tropenhitze umfing uns kühles, schwarzgrünes, geheimnisvolles Einerlei und unheimliche Stille. Am Rande des Urwaldes sahen und hörten wir noch zahlreiche Vögel. Hier, hinter dem grünen Vorhang, bemerkte ich kein Lebewesen mehr. Gleich erstarrten Riesenschlangen wanden sich Lianen an den völlig glatten, geraden Stämmen hinauf in die Kronen, die Höhen von sechzig Metern erreichen.

Eine losgelöste Eigenwelt aus kleinen Tälern, Bächen und Hügeln formte den lehmigen Boden, auf den ständig Kondenswasser vom Blätterdach heruntertropfte. „Der Urwald weint", sagte mein Begleiter und blickte an den Stämmen hinauf, die wie Säulen einer Kathedrale wirkten. Erst etwa in fünfzig Metern Höhe hatten die Baumriesen Äste angesetzt. Wenn die feuchtheiße Luft über dem Blätterdach mit der kühlen Luft unterhalb in Berührung kommt, scheidet sich ein Teil des Wassergehalts der warmen Luft aus, so daß sich Tropfen bilden. Die schweren Tropfen fallen also etwa fünfzig Meter hinunter und wirken im weichen Erdreich wie kleine Geschosse. Das Kondenswasser sammelt sich zu Gerinnseln, die sich zu kleinen Bächen vereinen und schon eine große Erosionskraft ausüben.

Wir mußten unsern Geländewagen verlassen und auf einen Traktor umsteigen, der in einer Art „Berg-und-Tal-Bahn" weiter in den dämmrigen Primärurwald vorstieß. Die Erosion des nackten Urwaldbodens erinnerte mich an Landschaften — wenn ich sie vergrößert darstellen würde —, die ich in Arabien und Ostiran,

Stämme von acht Meter Länge, die durch den Primärurwald bis zum nächsten „Holzweg" geschleppt werden müssen, sorgen für die größte Anstrengung im ganzen Prozeß.

in Kurdistan, in Afghanistan und in der Mongolei erlebt hatte.

Mich schauderte leicht; und mein Begleiter schien es bemerkt zu haben. Er flüsterte mir zu: „Unsere Stammesleute, die noch wenig zivilisiert sind, glauben immer noch fest daran, daß die Seelen der Verstorbenen unsere Primärurwälder aufsuchen und wie feine Eisnadeln im Halbdunkel dahinschweben". Ich dachte an meine Erlebnisse im Urwald des Kongo zurück, in dem ich zahllose Male im Auto genächtigt hatte. Wie oft hatte ich Nachtvögel schreien gehört, die mich an Schreie Sterbender erinnerten, oder Halbaffen und andere kleine nächtlich auflebende Klettertiere, die Laute erzeugten, die dem Röcheln eines Erstikkenden ähnlich sind. Daß die Einheimischen solch nächtliches Treiben mit Geistern und eine ewige Bleibe suchenden Seelen in Verbindung bringen, erstaunte mich jetzt keineswegs.

Nach einer Viertelstunde Fahrt auf unserem Traktor gelangten wir in eine kleine Lichtung. Darin erhob sich ein etwa sechzig Meter hoher Riesenbaum: „Mahagoni!" rief mein Begleiter mit sichtlichem Stolz aus.

Ich dachte an unsere Holzfäller, die

mit Motorsägen ganze Waldgevierte in Reihen umlegen, als wären es Getreidehalme. Hier, im Herzen von Ghana, mußte jeder der Mahagonibäume einzeln gesucht und gefunden werden. Dann stellte sich das Problem des Schlags und des Transports an den nächsten wasserführenden Strom, auf dem der Stamm abgeflößt werden konnte. Der Mahagonibaum ist ein Einzelgänger. Er findet sich also nicht in dichten Beständen und ist von Weichholz umgeben, durch das eine Schneise geschlagen werden muß, will man den Stamm abschleppen.

Das Fällen solcher Riesen ist eine uralte Kunst, die den Einsatz von Männern aus dem Stamm der Wasa erfordert, die im Norden Ghanas leben. Zwei dieser Männer entdeckte ich erst nach längerem Suchen. Sie hatten ein leichtes Gerüst aus dünnen Stämmen um den Mahagonibaum herum aufgebaut. Es war gute vier Meter hoch und reichte knapp über den Grundstamm hinaus, der schottenartige Querplatten aufwies, die den Riesenstamm zu stabilisieren hatten. Dieser unterste Teil des Baumes bleibt ungenutzt. Die zwei Männer hatten gewöhnliche große Handsägen angesetzt und fingen an, tiefe Kerben in den Stamm zu schneiden. Sie hatten Erfahrung in der Berechnung der Schnittform und wußten recht genau die Richtung des Sturzes des Urwaldriesen zu lenken. Während die Sägen kreischten, erscholl das Gekrächze von Pfefferfressern, die auf dem Blätterdach aufgescheucht worden waren. Das sind Riesentukane mit gewaltigen Hohlschnäbeln, die wir gelegentlich auch in unseren Zoos finden.

Die beiden Wasa waren eher schmächtige Männer, kaum eineinhalb Meter hoch gewachsen, mit sehnigen Gliedern und schmächtigen Muskeln. Was sie aus sich an Kraft herausholten, war bewundernswert. Ihr Werk schritt überraschend schnell voran, so daß mich ein Gefühl der Unsicherheit beschlich. „Wohin wird dieser Riese stürzen? Sind wir genügend weit von seinen obersten Ästen entfernt? Werden nicht andere Bäume mitgerissen, so daß eine Art Kartenhaus zusammenstürzt und uns noch weit hinter den letzten Bäumen der Lichtung niederschlagen wird?"

Mein Begleiter schien meine Befürchtungen zu erraten. Er blickte sich prüfend um, schaute auf die Form des Sägeschnitts am Mahagonibaum und sagte: „Der Stamm wird diesen Weichholzbaum dort drüben im Sturz mitreißen. Dieser wird aber leicht nach links ausbrechen und jenen andern Baum treffen und zu Fall bringen. Es ist jetzt Mittag; und um diese Zeit bilden sich in unserer Gegend gerne Hitzeböen, Fallwinde, die den Sturz unseres Stammes beeinflussen können. Und achten Sie auf die vier schenkeldicken Lianen, die an unserem Mahagonibaum hochgeklettert sind. Sie werden nur langsam zerreißen, wenn der Stamm zu fallen beginnt. Sie werden ihm einen Drall nach rechts geben oder ihn sogar einige Zeit lang zu halten vermögen, bis scharfe Beilschläge den endgültigen Sturz ermöglichen. Ein möglichst langsamer Sturz ist erwünscht, da dies besonders im oberen Teil des Stammes Risse verhindern hilft."

Ich war jetzt holzfällerisch so aufgeklärt, daß ich es vorzog, mich nicht als „Stierkämpfer" gegen Urwaldriesen aufzuspielen. Ich entfernte mich so weit vom Schauplatz, daß ich alles beobachten konnte, ohne meine eigene Haut zu riskieren.

Es wurde plötzlich ganz still. Die beiden Holzfäller trockneten sich mit Lap-

Ein unangenehmes Gefühl, seinen „Käfer" zwischen tonnenschweren Baumstämmen vertaut zu sehen. Was geschieht, wenn der Frachter ins „Rollen" gerät, kann einer sich ausmalen. Abfahrt aus Takoradi, Ghana.

pen den Schweiß vom triefenden Körper. Sie trugen ihre Säge weit weg, kamen zurück, stiegen auf ihr Gerüst und setzten jetzt ihre großen Beile an. Nach wenigen Schlägen begann ein Ächzen im Baumriesen. Die zwei Wasa kletterten zu Boden und verschwanden im Urwald. Sie waren die letzten, die Mut zeigen wollten, indem sie sich zu nahe an ihrem Opfer aufhielten.

Wer einmal das Krachen einer schweren Bombe im Weltkrieg erlebt hat, der weiß, was jetzt folgte. Alle unsere schönen Berechnungen wurden über den Haufen geworfen. Der Baum stürzte in eine ganz andere Richtung! Genau dorthin, wo wir uns hatten in Sicherheit bringen wollen, bevor wir uns entschlossen, einfach mehr Abstand zu nehmen.

Im Sturz hatte der Mahagonibaum etwa ein Dutzend Bäume von durchschnittlich zwanzig Metern Höhe mit sich gerissen. Sie blieben einfach liegen und würden mit der Zeit verfaulen. Denn ihr Holz war den Transport nicht wert.

Als der Baumriese vor uns lag, geriet ich in eine Stimmung der Trauer. Ich hatte den Wunsch, den Schöpfer um Vergebung zu bitten, obwohl ich nicht der „Baummörder" war. Ich war aber Zeuge ohne zu protestieren... In wohl zweihundert Jahren hatte hier die Natur fast fünfzig Tonnen Holzzellen aufgetürmt. Einige aufgescheuchte Fledermäuse flatterten durch unsere Lichtung, und einige Lemuren — Halbaffen — krochen über die benachbarten Äste, wie ich durchs Fernglas festzustellen vermochte. Sie hatten sich, aufgescheucht durch den Sägelärm, rechtzeitig entfernt. Ich hatte auch beobachtet, wie ein kleines Tier ganz am Schluß noch von einem der schwingenden Äste fiel. Es hatte den Sturz offenbar lebend überstanden. Ich hob das kleine Tierchen auf, ein Potto, eine Art „Klein-Faultier", das tags schläft und nachts auf Jagd nach Insekten ausgeht, die in den Asthöhlen leben. Ich nahm das Tierchen mit, das sofort in tiefen Schlaf zurückfiel.

Schon waren neue Männer am Werk. Sie sägten aus dem etwa fünfzig Meter langen Stamm, der auf der ganzen Länge fast den gleichen Durchmesser aufwies, nur zwei Stücke von etwa acht Metern Länge. Der zum Teil hohe „Sockel" blieb stehen, und das gleiche Schicksal hatten die oberen Stammesteile und dikken Äste, die bei uns schon Bäume wären. All dies wertvolle Holzmaterial vermodert also im Urwald. Wäre es wertvoll genug, könnte man es in Zellulosefabriken zu reiner Zellulose verarbeiten. Aber solche Fabriken müßten erst einmal im Land selber gebaut werden. Bis es soweit ist, wird sich wohl eine Generation noch auf die Hauptstämme beschränken. Aber auch diese werden immer seltener, so daß sie bald unter Naturschutz gestellt werden müssen.

Man kann recht wohl von einem Raubabbau sprechen. Übrigens gilt dies auch für die Urwälder Mexikos und Zentralamerikas, wo das Schlagen von Mahonibäumen in vielen Gebieten schon verboten worden ist. Das erhöht natürlich den Wert der antiken Mahagonimöbel! Mahagoni gehört zu den widerstandsfähigsten Hölzern der Erde und wird nicht von ungefähr im Schiffbau benützt, wo die salzige Luft weichere Hölzer rasch zerfallen läßt.

Doch zurück zu unserem gefällten Riesen! Die acht Meter langen Stammesstücke mußten abtransportiert werden. Das erste „log" — wie man diese Stücke auf englisch nennt — wurde mit Ketten an den Traktor angehängt. Wir setzten uns mit auf das Ungetüm, das unter furchtbarem Gedröhne einen Weg durch den schlammigen Grund pflügte. Immer wieder blieben wir stecken. Dann mußte die Motorwinde eingesetzt werden, die den Stamm langsam durch den Schlamm hochzog, wenn es ein wenig aufwärts ging.

Nach zwei Stunden waren wir am Waldrand angelangt, wo schon ein Lastwagen auf seine Fracht wartete. Über besondere Hebevorrichtungen gelangte das „log" auf den Lastwagen mit Anhänger. Dieser fuhr bis zum nächsten Urwaldstrom, wo der Stamm kurzerhand ins Wasser gerollt wurde. Er schwamm davon und erreichte nach vielen Tagen eine Uferstelle, wo er erneut auf einen Lastwagen gehievt wurde, um zuletzt den Hafen von Takoradi an der Küste des Atlantischen Ozeans zu erreichen.

Dort wurden die Stämme geschält und ins Hafenbecken gesteuert, wo die Schiffskrane sie herausholten, um sie auf Deck aufzuschichten. Jedes der „logs" wiegt etwa sechs Tonnen. Meist wurden von den Kapitänen der Frachter nur die zwei Mittelstücke der Mahagonibäume, also zwei „logs" zu je acht Meter Länge und sechs Tonnen Gewicht aufgenommen. Die restlichen „logs", die nicht ganz gerade sind, kommen nicht in Frage. Sie gehen gelegentlich, wenn der Transport lohnt, in lokale Schreinereien, die sie weiterverarbeiten, bis sie in Form von Brettern und Balken exportfähig werden. Schon leicht gekrümmte „logs" sind eine Gefahr für die Frachter, denn sie können sich bei Sturm leicht verlagern und das Schiff aus dem Gleichgewicht bringen.

Der Potto, ein Halbaffe der Familie der Loriartigen, lebt in den Baumkronen von Maden und sogar ... von Vögeln, obwohl er wie das Faultier zu den langsamsten Tieren der Erde gehört. (Fotos: H. Leuenberger)

Ich begab mich mit dem Holzexporteur auf einen der Frachter, auf dem die Stämme, etwa zehn Meter hoch aufgeschichtet, verkettet worden waren. Der Förster und Kaufmann zeigte auf die Stammesquerschnitte und sagte: „Sehen Sie den wellenförmigen Verlauf der Jahresringe am unteren Ende dieses ‚logs'? Es ist durch den Druck des gewaltigen Gewichts des Stammes entstanden. Es ist in der Möbelschreinerei sehr gesucht und löst ‚Sonderpreise'! Dann fuhr er fort: „Leider werden wir je Tonne diesmal nur etwa 200 Mark lösen. Denn in den Vereinigten Staaten von Amerika herrscht gerade die Kirschbaumholz-Mode, während die Italiener für ihre Möbel ‚Sapele' bevorzugen, ein tropisches Holz, das dem Mahagoni gleicht, aber weicher — und daher billiger ist."

Es gibt also auch in der Möbelschreinerei eine „Holzmode"! Der Preis für

Mahagoni ist vor allem auch deshalb gestiegen, weil die Bäume, die transporttechnisch leicht zugänglich waren, gefällt worden sind und weil man jetzt schon tiefer in den Urwald vordringen muß, will man noch Mahagoniriesen entdecken. Ihr Abtransport wird so teuer, daß eben „Sapele" eine Chance bekommt, obwohl es nicht die Eigenschaften des edelsten aller Hölzer, des Mahagoni, hat.

Als die Europäer — vor allem die Spanier — erstmals afrikanische Sklaven aus den Gebieten des Golfes von Guinea auf den Karibischen Inseln und dann in Mexiko ansiedelten, stießen diese auf einen Baum, den die Spanier als „Caoba" bezeichneten. Die Indianer nennen ihn in Mexiko „Zopilote". Diese Caobas haben fast genau dieselben Eigenschaften, was das Holz anbelangt, wie der afrikanische Mahagonibaum, obwohl sie einer anderen Pflanzenfamilie angehören. Es handelt sich also um einen der seltenen Fälle, wo Pflanzen ganz verschiedener Familien ähnliche Eigenschaften aufweisen.

Ich will noch kurz verraten, wie es dem kleinen Faultierchen, dem Potto, ergangen ist, den ich mit mir genommen hatte, als er aus dem Geäst des gefällten Mahagonibaums purzelte. Er hinderte mich erst einmal an einem gesegneten Schlaf. Denn er ist ein Nachttier. Kaum wurde es dunkel, wanderte er in dem Bungalow herum, den ich in Ghana gemietet hatte. Ich legte ihm eine Banane hin, die er in einem „Tempo" verschlang, daß es etwa eine Stunde dauerte. Ich hatte eine Katze im Haus, die sich mit ihm sofort anfreundete. Jedenfalls benützte der Potto brav dasselbe Sandkistchen, das die Katze schon seit Wochen benützt hatte. Er klammerte sich an meinen Unterarm und schlief ein — tagsüber —, während ich auf der Schreibmaschine schrieb. Das Geklapper weckte ihn nie. Er klammerte sich auch an den Arm meiner Frau, wenn sie mit einer Kelle in der Suppe rührte — ebenfalls schlafend. Und er liebte es, an Flaschen hochzuklettern, worauf er beide Arme um den Flaschenhals legte — und einschlief, falls gerade der Morgen dämmerte. Er überlebte aber nur einige Wochen. Er hatte durch den Sturz des Baumriesen vermutlich eine innere Verletzung erlitten. Armer Potto, armer Mahagonibaum...

In tropischer Hitze und arktischer Kälte – Klimatest für Autos

Von Erich Heimann

Rüsselsheim, im Oktober 1972.

Trotz Sommerhemd und Shorts fließt der Schweiß in Strömen. Immer wieder wischt sich der Prüftechniker hinter dem Lenkrad des nagelneuen Opel Diplomat den Schweiß von der Stirn. Kein Wunder, denn das Thermometer zeigt fast 50° C, und die Luftfeuchtigkeit ist so hoch wie nach einem tropischen Gewitterregen. Ein wahres Saunaklima. Seit knapp einer Stunde rollt der Diplomat mit einer Durchschnittsgeschwindigkeit von 50 km/h durch die brütende Hitze, und der Fahrtwind bringt nur wenig Kühlung, während die Sonne erbarmungslos auf das Dach der Limousine brennt...

Skeptische Leser mögen diese Schilderung für das jüngste Märchen eines wiedererstandenen Barons von Münchhausen halten, denn trotz aller Eskapaden,

Titelbild: Leitstand und Klimakammer im neuen Klima-Versuchs- und Entwicklungszentrum der Adam Opel AG. Ein Techniker verfolgt den Ablauf eines Tests.

die der Wettergott in jüngster Zeit für uns bereithielt, erscheinen Tropentemperaturen im Oktober — wenigstens in Mitteleuropa — wenig glaubwürdig. Und dennoch ist unsere Geschichte kein modernes „Erlebnis" des Lügenbarons, sondern Wirklichkeit. Wie angenagelt steht der Zeiger des Thermometers bei $+48°$ C, und der Feuchtigkeitsmesser zeigt seit Stunden konstant 86 Prozent relative Luftfeuchte an. Beide Instrumente zeigen richtig an, obwohl der Wetterbericht für diesen Tag allenfalls einen kühlen Herbsttag angekündigt hat. Und auch dies ist richtig, wenngleich es kaum mit dem Tropenklima in Einklang zu bringen ist, das die Meßinstrumente anzeigen. Des Rätsels Lösung ist einfach, denn tropische Temperaturen und Luftfeuchtigkeit werden an jenem Tag selbstverständlich nicht in der Rüsselsheimer Innenstadt verzeichnet, sondern einige Kilometer entfernt im neuen Klima-Versuchs- und Entwicklungszentrum der Adam Opel AG, das im Sommer 1972 in Betrieb genommen wurde. Die imposante Anlage ermöglicht es, alle Klimabedingungen zwischen Polarkreis und Äquator zu simulieren und komplette Autos unter Fahrbedingungen zu testen.

Eine gewaltige Kühlanlage im Keller des Gebäudes kann die Temperatur im Testraum auf $-40°$ C absenken.

Sieben Reihen leistungsfähiger Infrarotstrahler — je 16 Stück pro Reihe —, die in einer unter der Decke der Prüfzelle aufgehängten Plattform montiert sind, simulieren jede gewünschte Sonneneinstrahlung vom ersten Frühlingssonnenstrahl bis zur sengenden Gluthitze der senkrecht stehenden Tropensonne, die das Thermometer auf $50°$ C klettern läßt.

Aus einem mächtigen Windkanal bläst stufenlos steuerbar nach Wunsch ein müdes Lüftchen oder ein Orkan, denn der stehend eingebaute Windkanal vermag jede Windgeschwindigkeit zwischen 0 und 180 km/h zu liefern. Fahrgeschwindigkeiten von 0 bis 200 km/h erlaubt ein Rollenprüfstand, auf dessen zwei Meter im Durchmesser messender Stahltrommel die Hinterräder des Testfahrzeuges abrollen. Über eine Bremsanlage lassen sich unterschiedliche Belastungen — so zum Beispiel Bergfahrten — nachahmen.

Der Stromverbrauch des neuen Testzentrums beträgt in der Spitze 1,5 Megawatt, also 1 500 000 Watt. Das entspricht der Stromaufnahme von 25 000 Glühlampen zu je 60 Watt. Noch eindrucksvoller ist vielleicht folgender Vergleich: Der Stromverbrauch der Klimakammer während einer dreistündigen Testphase unter Vollast aller Aggregate entspricht dem Jahresverbrauch eines modernen Drei-Personen-Haushaltes mit allen denkbaren elektrischen Haushaltsgeräten vom Heißwassergerät über Elektroherd, Gefriertruhe, Kühlschrank und Waschmaschine.

Wozu dient nun dieser erstaunliche Aufwand? Temperatur- und Klimabedingungen aller Variationen findet man doch in der Natur, warum wird dann eine solche Simulationsanlage gebaut? Diese Frage läßt sich mit einem amerikanischen Sprichwort beantworten. Es lautet: „You can buy everything but time", zu deutsch: „Man kann alles kaufen außer Zeit." Und Zeit — so sagt ein anderes im Geschäftsleben oft zitiertes Sprichwort — ist Geld. Es ist kaum möglich und sinnvoll, bei der Untersuchung eines bestimmten technischen Problems abzuwarten, bis die Natur die gewünschten Testbedingungen bietet, oder das zu prüfende Aggregat dorthin zu transportieren, wo gerade die gewünschten Bedingungen herrschen.

Für den Automobilkonstrukteur ist das

Eine künstliche Sonnenplattform mit 112 Infrarot-Strahlern schafft in kurzer Zeit Wüstentemperaturen. Hier wird ein Opel Diplomat getestet. Die schwarze Öffnung vor dem Wagen ist die Mündung des Windkanals, vor der ein Windmesser und ein Staudruckrohr angeordnet sind. Die Hinterräder des Testwagens ruhen auf einer drehbaren Stahltrommel. Die Auspuffgase werden über Schlauchleitungen abgeführt.

Zeitproblem besonders wichtig, denn die Entwicklung eines neuen Typs beansprucht in der Regel volle drei Jahre. Sollen neueste technische Erkenntnisse bei einer Neukonstruktion Verwendung finden, müssen die damit verbundenen Tests und Entwicklungsarbeiten in konzentrierter Form schnellstmöglich abgeschlossen werden. So fehlt die Zeit, abzuwarten, bis die Natur die Testbedingungen freiwillig präsentiert.

Für den Techniker gibt es aber auch ein zweites, wichtiges Argument für die Simulation bestimmter Testbedingungen:

Winterliches Wetter zaubert hier die 1,5 Millionen Watt verschlingende Maschinerie des Klimazentrums in Rüsselsheim. Ein beleuchtetes Blindschaltbild läßt die planmäßige Regelung der Versuchsbedingungen und die Überwachung des Klimakanals zu.

die Wiederholbarkeit des Versuches. Jedes Testverfahren kann beliebig oft und zu jeder beliebigen Zeit unter exakt gleichen Bedingungen wiederholt werden und erlaubt so direkte Vergleiche verschiedener Entwicklungsstufen. Zudem können die Techniker jederzeit eine unter bestimmten Bedingungen in der Praxis aufgetretene Erscheinung geplant herbeiführen und untersuchen. Außerdem schließt die Simulation das Risiko aus, daß zum Beispiel ein kostbarer Prototyp

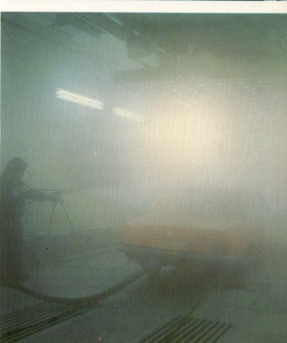

Tests in arktischer Kälte. Oben links: Dick vermummt in eine pelzgefütterte Kombination besteigt ein Prüfmechaniker einen Rekord II, der im Kältetest bereits Reif angesetzt hat. Im Vordergrund die Geräte zur Messung der Windgeschwindigkeit. Oben rechts: Ein Mechaniker überprüft hier den Vergaser eines Rekord. Unten links: Wenn das Thermometer fällt, sinkt auch die Leistung der Batterie. Hier wird die verbliebene Spannung gemessen. Unten rechts: Die „Schneekanone" überzieht die Scheiben mit einer dicken Schneeschicht, um die Wirksamkeit der Scheibenwischer bei Schneebelastung und die Wirkung der heizbaren Heckscheibe zu testen.

bei Tests unter natürlichen Bedingungen durch einen Unfall beschädigt wird und so die Entwicklung des Typs Verzögerungen erleiden könnte.

Die in Rüsselsheim errichtete Anlage dient in erster Linie der Erprobung von Heizung, Lüftung und Innenraumklima in der Entwicklung oder auch bereits in

In der Großkälteanlage wird das „Wetter" gemacht. Der Maschinenraum liegt im Keller des Betonbaus, dessen Fundamente zur Verhinderung von Eisbildung beheizt sind. Im Vordergrund schlägt das Herz der Anlage, der mächtige Turbo-Kompressor samt Antriebsmotor (links im Bild).

der Produktion stehender Typen. Dieser Testkomplex ist keineswegs allein eine Frage des Fahrkomforts, den ein Fahrzeug bietet oder vermissen läßt, sondern beeinflußt auch die Fahrsicherheit des Fahrzeuges und seines Fahrers. In einem ungünstig belüfteten Wagen ermüdet der Fahrer schneller als in einem Wagen mit einer leistungsfähigen und dennoch zugfreien Lüftung. Beschlagende Scheiben stellen ebenso ein erhöhtes Unfallrisiko dar wie von Schneefall blockierte, überlastete Scheibenwischer. Beides läßt sich in der Rüsselsheimer Klimakammer wirklichkeitsgerecht simulieren und testen. So gibt es eine Schneekanone, die bei entsprechender Kammertemperatur Wasser fein verstäubt, das unmittelbar zu Schneekristallen gefriert und eine wirklichkeitsnahe Prüfung der Wirksamkeit der Scheibenwischer ermöglicht.

Neben der eigentlichen Klimakammer mit Rollenprüfstand, die innerhalb von nur drei Stunden von Arktis- auf Tropenbedingungen gebracht werden kann, verfügt das Testzentrum außerdem über einen Kaltstartraum, in dem mehrere Motoren gleichzeitig auf ihr Startverhalten bei niedrigen Temperaturen getestet werden können. Jedes zu testende Aggregat wird hierzu auf einem fahrbaren Bock montiert und in der Kaltstartkammer über einen Schlauch an ein zentrales Abgassystem angeschlossen, so daß die Luft im Testraum sauber bleibt. Auch in der Klimakammer werden die Abgase über Schläuche, die auf die Auspuffrohre aufgesteckt werden, ins Freie geleitet. Zur Sicherheit des Bedienungspersonals sind zudem Warngeräte installiert, die gefährliche Benzindampf- oder Kohlenmonoxid-Konzentrationen rechtzeitig signalisieren.

Der Kaltstartraum, der auch kompletten Fahrzeugen Raum bietet, erlaubt weit härtere Testbedingungen, als sie üblicherweise in unseren Breiten selbst im härte-

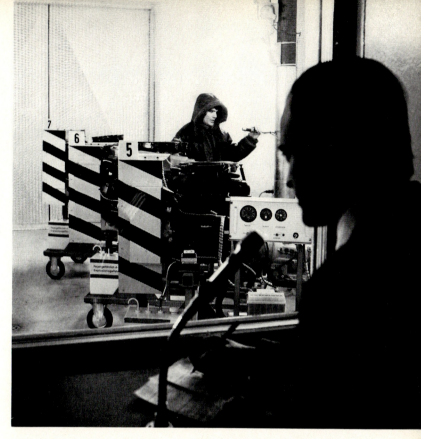

Motoren auf fahrbaren Prüfständen im Kaltstart-Prüfraum. Über eine Gegensprechanlage erhält der Testmechaniker Anweisungen für die von ihm durchzuführenden Versuche. Alle Versuche werden sorgfältig protokolliert. Meßstreifen halten die ermittelten Daten, die elektrisch übertragen werden, fest.

sten Winter auftreten. Die Motoren und Testwagen können hier auf Dauer extrem tiefen Temperaturen ausgesetzt werden, die bis zu —40° C reichen und zuverlässigere Rückschlüsse auf die Kaltstarteigenschaften eines Motors zulassen als der Eispanzer-Test, mit dem Tester im Fernsehen ihr Publikum beeindrucken. Ein dicker, das ganze Fahrzeug überziehender Eispanzer ist keineswegs eine Garantie für härteste Kaltstartbedingungen, denn der Eispanzer behindert das Abkühlen des Motors erheblich. Er wirkt wie der Iglu des Eskimos. Schwierig wird es aber erst, wenn der Motor durch und durch ausgekühlt ist und die Kälte auch das sich verdickende, fast gallertartige Öl durchdrungen hat, das in diesem Zustand einen recht guten Isolator darstellt und der Kälteausbreitung einen erheblichen Widerstand entgegensetzt.

Verläßliche Werte, die den Betriebsbedingungen am Polarkreis vergleichbar sind, werden erst erreicht, wenn Wagen oder Motor 24 Stunden und länger hohen Minustemperaturen ausgesetzt werden. Als Starthemmnisse erweisen sich beim Startversuch mehrere Faktoren. Einmal hemmen die niedrigen Temperaturen die Bildung des für die Funktion des Motors unerläßlichen Gas-Luft-Gemisches, weil kein oder zu wenig Treibstoff vergast. Ein anderer wichtiger Punkt, der außerhalb des eigentlichen Motors liegt und das Anspringen sabotiert, ist der Umstand, daß die Batterie des Wagens bei niedrigen Temperaturen kaum noch Strom abgibt, so daß Zündung und Anlasser versagen. Wer in polaren Regionen lebt und auf sein Auto angewiesen ist, kennt dies und nimmt meist abends die Batterie mit ins geheizte Haus, damit der Motor am anderen Morgen wieder problemlos startet. Aber selbstverständlich kann auch der

Motorenkonstrukteur dazu beitragen, daß der Motor bei ungünstigen Bedingungen schnell und sicher anspringt. Hierzu sollen die Versuche in der Kaltstartkammer beitragen.

Niedrige Temperaturen bereiten übrigens nicht nur dem Automobilbauer Sorgen, sie können auch für den Architekten und Bauingenieur zum Problem werden — so zum Beispiel beim Bau des Klima-Versuchs- und Entwicklungszentrums, bei dem ein Gefrieren des Erdreiches im Bereich der Fundamente unbedingt verhindert werden mußte, wenn das gesamte Gebäude mit seinen umfangreichen tonnenschweren Maschinenanlagen und den meterdicken Betonmauern nicht beim Auftauen des gefrorenen Bodens im Schlamm versinken sollte. Auch hier wußte man sich zu helfen und beheizt das gesamte Fundament, das nun stets eine Temperatur im Plus-Sektor aufweist, so daß das Erdwasser nicht gefrieren kann, gleich welche Temperaturen im Innern der Prüfräume oder im Freien herrschen.

Ein Streiflicht auf die Bedeutung derartig aufwendiger Testanlagen, die dazu dienen, Fahrzeuge mit ständig verbesserter Sicherheit und Zuverlässigkeit und gesteigertem Fahrkomfort zu entwickeln und auf den Markt zu bringen, werfen einige Zahlen über Produktion und Verkauf von Opel-Fahrzeugen im Jahre 1972. Insgesamt wurden in diesem Jahr 877 963 Personen-, Liefer- und Lastwagen produziert. Fast die Hälfte dieser gewaltigen Zahl — genau 48,6 Prozent oder 426 923 Fahrzeuge — wurden in nicht weniger als 115 Länder der Erde exportiert, die praktisch alle Breiten zwischen den Polen und somit alle Klimazonen der Erde erfassen. Das neue Klimazentrum in Rüsselsheim wird dazu beitragen, daß der Opel-Fahrer in Deutschland oder in Nordschweden nahe dem Polarkreis einen ebenso guten Fahrkomfort genießt wie sein Markengefährte, der nahe dem Äquator im Kongo oder in Brasilien einen Wagen gleichen Typs fährt, und daß alle Wagen trotz unterschiedlichster Betriebsbedingungen, die die Klimazonen der Erde bieten, gleich zuverlässig und sicher sind.

Die Freuden der Musik

Von Joseph Wechsberg

Musik macht viel Freude, aber die Freude muß verdient sein. Sie kommt nicht von selbst; man muß viel dazu tun. Ich habe jahrelang gelernt, wie man richtig Musik hören soll, und ich lerne noch immer. Dabei habe ich Musik immer gern gehabt und seit meinem siebenten Lebensjahr die Geige gespielt.

Es war manchmal gar nicht leicht, aber der Lohn blieb nicht aus. Die Geige und das Musikmachen überhaupt haben mir wunderbare Stunden beschert. Die Musik hilft einem, die trüben Tage weniger trüb zu machen. Und sie macht die schönen Tage noch schöner. Kann man mehr verlangen? Heute, nach allen diesen Jahren, freue ich mich mehr denn je auf einen Abend guter Musik.

Ich war zwölf Jahre alt und übte fleißig (und ungern) die Ševčík-Skalen und Kreutzer-Etüden, die auch heute noch viele zwölfjährige Geiger ungern üben. Eines

Tages kam Onkel Bruno zu uns und schlug vor, daß er, Tante Grete und ich zum fünfundsiebzigsten Geburtstag von Großmutter Mozarts „Sinfonia Concertante" spielen sollten. Großmutter würde eine riesige Freude haben.

Großmutter vielleicht, aber ich weniger. Onkel Bruno hatte kein Verständnis für meine Probleme; er war Musiker mit Leib und Seele, obwohl von Beruf in der Papierbranche tätig. Aber Papier interessierte Onkel Bruno nur, falls es bedrucktes Notenpapier war, womöglich mit Themen von Haydn, Mozart und Beethoven, denn Onkel Bruno liebte die klassische Musik über alles. Heute weiß ich, wie recht er hatte. Die Klassiker sind unsere musikalische Goldreserve.

Mit Schrecken denke ich an die Proben zur „Sinfonia Concertante" zurück. Ein herrliches Stück, wie ich heute weiß, für Klavier, Violine und Viola geschrieben; aber damals kam es mir weniger herrlich und eher schrecklich vor.

Die Schwierigkeiten schienen die ganze Schönheit zu vertreiben. Onkel Bruno war im normalen Leben ein gütiger Mensch, mit warmen Augen und einer sanften Stimme; wenn er Papier verkaufen sollte, begann er sogar zu stottern. Aber seine Schwäche verflog in dem Augenblick, da er sich ans Notenpult setzte. Dann wurde er ein Diktator, seine Züge waren hart und seine Augen feurig.

Einmal begann ich während des Spielens mit dem rechten Fuß den Takt zu schlagen, weil ich in der Hitze des musikalischen Gefechtes das Tempo verloren und noch nicht gelernt hatte, für mich im stillen zu zählen. Onkel Bruno bekam fast einen Tobsuchtsanfall und bedrohte mich mit seinem Violabogen, was noch gefährlicher für den teueren Bogen als für mich war. Aber er hatte natürlich recht; ein echter Kammermusiker zählt und leidet im stillen. Heute werde i c h nervös, wenn wir Streichquartett spielen und einer meiner Mitspieler mit dem Fuß den Takt schlägt. Bei uns tut man das nicht. Ich sage nichts, aber der Fußtaktschläger wird nächste Woche nicht mehr eingeladen.

Onkel Bruno hatte Verständnis dafür, daß ich hie und da falsche Noten spielte, aber er verlangte unbedingten Enthusiasmus während der Proben und duldete kein Nachlassen äußerster Anspannung. Bisher hatte ich mit einer gütigen, älteren Dame musiziert, die geduldig wartete, wenn ich mich mit einem schwierigen Lauf abmühte und der Klavierbegleitung nachhinkte. Sie erhob sogar keinen Einwand, wenn ich gewisse hohe Töne auf der E-Saite einfach ausließ.

Das gab es jetzt nicht mehr. Onkel Bruno behandelte mich wie den Zögling in einer musikalischen Besserungsanstalt. Ich hatte viele Pflichten und wenig Rechte. Um die Proben zu überleben, mußte ich lernen zu hören — nicht nur auf mich, sondern auch auf Tante Grete und Onkel Bruno. Es war eine harte, gute Schule. Ich begann zu verstehen, daß man Musik nur machen kann, wenn man führen und begleiten kann, gleichzeitig spielen und hören, nehmen und geben.

Die musikalische Vorführung an Großmutters Geburtstag begann unter bösen Vorzeichen. Großmama weinte, weil es „so schön war". Onkel Bruno, der mir gegenüber saß, trat mich ins Schienbein, weil ich im ersten Satz eine einfache Phrase verpatzte, die bei den Proben immer gut gelungen war. Dafür gelang mir, zu meiner eigenen und Onkel Brunos Überraschung, ein schwieriger Lauf, der mich während der Proben fast zur Verzweiflung gebracht hatte. Außerdem spielte ich zahllose falsche Noten, verzählte mich während

der Pausen und verlor die Kontrolle über meinen Bogen während einer s p i c - c a t o - (Springbogen-)Stelle, was ärger ist, als wenn einem Sänger während seiner großen Arie der Atem ausgeht. Kurz, ich beging alle Sünden des unerfahrenen Anfängers.

Aber dann, mitten im langsamen Satz, geschah etwas Seltsames, Wunderbares. Plötzlich freute ich mich an meiner Geige: Einige Augenblicke lang hörte ich die Geige singen. Ich begann mich in die Architektur der Töne einzufügen, und ich war wie im Himmel, der voller Harmonien ist. Es war fast ein Rausch, wie ihn der Skifahrer empfindet, der durch eine Wolke von Pulverschnee, durch Licht und Sonne den Abhang hinunterschießt.

Ich hatte das Geheimnis des Musizierens entdeckt — Musik zu machen aus reiner Freude an der Musik.

Seither habe ich viele, viele Stunden musiziert, überall auf der Welt, wohin ich komme, und die Freude ist niemals durch Wiederholung getrübt worden. Heute freue ich mich am meisten mit meiner Kammermusik, vor allem mit dem geliebten Streichquartett, der tiefsten, wahrsten, reinsten Musik. Die größten Komponisten aller Zeiten haben Wunderwerke voller Schönheit und Tiefe des Gefühls mit nur vier Stimmen ausgedrückt — zwei Violinen, einer Viola und einem Cello. Kammermusik wurde ursprünglich für das Musikzimmer im eigenen Heim geschaffen, nicht für das Konzertpodium; für den musikliebenden Amateur, nicht für den geplagten Berufsspieler. Unter „Amateur" verstehe ich nicht unbedingt einen zweitklassigen Musiker — eher einen Enthusiasten, dessen Enthusiasmus größer ist als seine Schwächen. Er „spielt nicht vor", er „macht Musik", was nicht dasselbe ist. Onkel Bruno hatte schon recht: Man muß mit Leib und Seele dabeisein, sonst hat es keinen Zweck. Die größte Sünde ist Gleichgültigkeit.

Zugegeben, der Amateur ist nicht eine ungetrübte Freude für seine Umgebung. Ein Geiger, der seine Skalen übt, klingt nicht immer angenehm. Einmal wohnte ich in einem Hotel, und im Nebenzimmer übte ein sehr berühmter Geiger die Kadenz des Beethoven-Violinkonzerts; sogar er klang nicht gerade ermutigend. Vielleicht ist das einer der Gründe, warum so viele Eltern ihre Kinder Klavier spielen lassen. Außerdem ist ein Klavier ein imposantes Möbelstück und macht sich gut im Salon.

Und dann kommen die Krisen. Der aufstrebende junge Geiger hört einen großen Künstler — Heifetz oder Oistrach oder Stern oder Milstein — und kommt völlig deprimiert nach Haus und ist fest entschlossen, sein Instrument nicht mehr anzurühren. Wozu auch? Er wird niemals so spielen wie der große Meister heute abend.

Aber am nächsten Tag nimmt er wieder seine Geige und übt doppelt eifrig an den Etüden. Das eben ist das Geheimnis der Freude an der Musik.

Angeblich gibt es Menschen, die Musik nicht leiden können. Ich habe solche Menschen noch nicht getroffen, aber ich habe auch noch keinen Jungen oder kein Mädchen getroffen, die Eiscreme nicht leiden können, und vielleicht gibt es auch solche. Möglicherweise gibt es Leute, die nie Gelegenheit hatten, gute Musik zu hören, die sich während der fünf Stunden langen Aufführung von Wagners „Walküre" oder Bruckners Achter Symphonie oder einer atonalen Kantate langweilen. Daran ist nichts außergewöhnlich, denn solche Musik setzt eine gewisse musikalische Erziehung voraus. Aber gibt es jemanden, der ein Schubert-Lied, ein einfaches Volkslied oder „Stille Nacht, Heilige Nacht" nicht mag?

Ich kenne Menschen, die sagen, sie hätten nichts gegen Musik — aber auch nichts dafür. Diesen Menschen entgeht viel Schönes im Leben, wie den Farbenblinden in einer Gemäldegalerie, oder anderen, die in ein gutes Restaurant geführt werden und nichts vom Essen verstehen.

Um wirklich etwas von Musik zu haben, muß man viel Geduld und guten Willen darauf verwenden. In meinen jüngeren Jahren langweilte mich Bach: Ich fand seine Musik schwer verständlich, „ohne Melodie", voller Wiederholungen. Dann bemühte ich mich, Bach zu verstehen, und hörte mehr und mehr Bach — und allmählich begann ich in die großartige Architektur des größten Tonbaumeisters einzudringen. Es war wie ein Spaziergang durch eine gotische Kathedrale. Heute liebe und verstehe ich Bach und kann mir ein Leben ohne seine Musik gar nicht denken.

Freilich ist es nicht immer einfach, zuzuhören. Aufmerksamkeit und Konzentration sind nötig, um sich der Musik zu widmen, vor allem wenn es schwere Musik ist. Man kann Bruckner oder Mahler oder Schönberg nicht beim ersten Hören in sich aufnehmen: Die großen Komponisten machen es einem nicht immer leicht, aber sie geben einem auch am meisten. Allmählich kam ich darauf, daß das Vergnügen an der Musik durch Kenntnis erweitert wird; daß es einem hilft, etwas über den Komponisten und seine Zeit zu wissen, wie die Komposition entstand, was ihn dazu trieb, wie er es machte. Man hat mehr Freude an der Musik, wenn man die Grundbegriffe von Stil und Tempo, von Intonation und Phrasierung studiert, wenn man eine Oboe von einer Klarinette unterscheiden kann und einen guten Tenor von einem nicht so guten. Das alles klingt reichlich kompliziert, aber es kommt eigentlich von selbst, wenn man oft und richtig Musik hört. Nicht leer und gedankenlos, sondern mit Liebe und Verständnis. Gute Musik wird immer besser, je öfter man sie hört. Ich habe Mozarts „Jupiter"-Symphonie oder Beethovens „Pastorale" bestimmt hundert- oder zweihundertmal gehört, vielleicht auch öfter — und jedesmal entdecke ich neue Schönheit darin. Nur schlechte Musik wird schlechter, je besser man sie kennt.

Allmählich bemerkt man, daß man immer mehr Musik gern hat, sogar solche, die einem ursprünglich gar nicht gefiel.

(Zeichnung: J. Szönyi)

Jupiter im Fadenkreuz

Von Wolfgang Richter

Neun große Planeten kreisen um die Sonne. Bis vor wenigen Jahren konnte nur ein einziger davon an Ort und Stelle wissenschaftlich untersucht werden — unsere Erde. Innerhalb kurzer Zeit hat die Raumfahrt dazu beigetragen, das menschliche Wissen über das Sonnensystem wesentlich zu erweitern. Den aus nächster Nähe fotografierenden und messenden Mondsonden folgten schon bald weichlandende Sonden, die die Oberfläche des Erdtrabanten analysierten und schließlich 12 Menschen, von denen einer Wissenschaftler war. Der Schwesterplanet der Erde, die Venus, wurde bereits von 2 weich gelandeten Sonden intensiv erforscht. Mars, der rote Planet, hat schon drei künstliche Satelliten, die ihn sehr genau „unter die Lupe" nahmen, und beinahe wäre eine weiche Marslandung gelungen.

Damit waren die der Erde am nächsten kommenden Himmelskörper alle schon Ziele von Raumsonden. Es wäre nun zu erwarten, daß als nächster Planet der Merkur angeflogen würde, da er nach Venus und Mars der Erde am nächsten kommt.

Doch die Sonnennähe des Merkur machte den Raumfahrttechnikern mehr Schwierigkeiten als die Realisierung eines Fluges zu den sogenannten äußeren Planeten. Im Herbst 1973 soll eine Mariner-Sonde der USA an Venus vorbei zum Merkur fliegen. Aber bereits seit dem

Der Start der ATLAS-CENTAUR mit der Nutzlast PIONEER 10 auf Cape Kennedy am 2. 3. 1972 um 20 h 40 Ortszeit. (Foto: NASA)

So stellen sich die Astronomen Jupiter und seine vier großen Monde aus der Nähe gesehen vor. (Foto: NASA)

3. März 1972 ist Pioneer 10 unterwegs zum Jupiter, gefolgt von Pioneer 11, die am 5. 4. 1973 gestartet wurde.

Der Flug zum Jupiter ist ein weiterer Meilenstein sowohl der Geschichte der Technik als auch der Erforschung der Planeten.

Was ist denn bereits über das Ziel dieser Raumsonden, über Jupiter bekannt?

Der nach dem Göttervater der Römer benannte Planet ist nach Mond und Venus das dritthellste Objekt am Nachthimmel. Im Jahre 1610 richtete der Italiener Galileo Galilei das kurz zuvor in Holland erfundene Fernrohr auf Jupiter. Dabei entdeckte er die vier großen Monde des Planeten. Mit verbesserten Teleskopen wurde bald erstmals die Bänderstruktur der Jupiter-„Oberfläche" gesehen. Der große rote Fleck und weitere Monde wurden im Laufe der Zeit entdeckt. 1951 wurde der 12. Mond aufgefunden, und vor einigen Jahren registrierten die Radioastronomen vom Jupiter abgestrahlte Radiowellen.

Die Umlaufbahn des Jupiter ist 5,2mal so weit von der Sonne entfernt wie die Erdumlaufbahn, das heißt, Jupiter ist

Dieses Foto von Jupiter wurde von einem unbemannten Ballonteleskop (Stratoscope II) aufgenommen. Deutlich sind die Wolkenstreifen zu erkennen. (Foto: NASA)

Rechte Seite: Die Flugbahn der PIONEER-Sonden zum Jupiter. In dieser nicht maßstäblichen Zeichnung ist auch die Magnetosphäre der Erde dargestellt. (Foto: NASA)

durchschnittlich 778 Millionen Kilometer von der Sonne entfernt. Nur $1/27$ der Sonnenenergie, die die Erde trifft, erreicht Jupiter. Elf Jahre, zehn Monate und 27 Tage benötigt er, um einen Umlauf um die Sonne durchzuführen.

Zu Recht wird Jupiter als Riesenplanet bezeichnet. Er ist der größte Planet des Sonnensystems. Sein Äquatordurchmesser ist elfmal so groß wie der der Erde, und in seinem Innern fände der Rauminhalt von 1310 Erdkugeln Platz. Er besteht jedoch aus leichterer Materie als die Erde, so daß „nur" 318 Erdkugeln notwendig wären, um diesen Riesenplaneten aufzuwiegen.

Im Fernrohr bietet Jupiter einen äußerst interessanten Anblick. Auf der leicht abgeplatteten Scheibe sind deutlich viele farbige Streifen zu erkennen. Es zeigt sich, daß Jupiter mit einer sehr hohen Geschwindigkeit um seine Achse rotiert, was auch der Grund für die Abplattung ist: Eine Umdrehung, ein „Jupitertag", ist in nur 9 Stunden 50 Minuten vollendet. — Schon nach kurzem Betrachten wird der Beobachter den großen roten Fleck sehen, wenn dieser gerade auf der der Erde zugewandten Seite des Planeten ist. Besonders interessant für Laien ist das Spiel der 4 großen Monde, das schon mit einem kleinen Feldstecher (mit Stativ oder notfalls durch Aufstützen ganz ruhig gehalten!) gut verfolgt werden kann[1].

---

[1] In dem im Verlag des Jahrbuches „Durch die weite Welt" — Franckh-Verlag — jährlich erscheinenden „Das Himmelsjahr" sind für die gesamte Sichtbarkeitsperiode des Jahres für jeden Tag die Stellungen der Jupitermonde im Bild dargestellt.

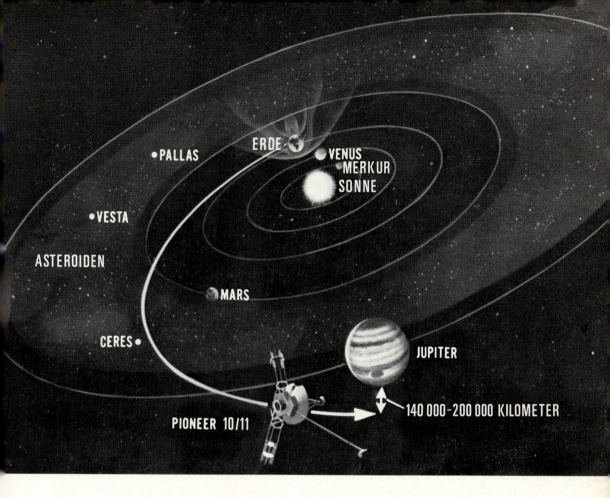

Die Astronomen haben festgestellt, daß die farbigen „Streifen" mit unterschiedlicher Geschwindigkeit rotieren. Je näher ein solcher Streifen einem Pol des Jupiter ist, um so schneller dreht er sich. Die Differenz zwischen Äquator und polnaher Gegend beträgt rund 5 Minuten! Dies zeigt eindeutig, daß die sichtbare Oberfläche nicht fest ist. Weiterhin konnte mit Hilfe der Spektralanalyse die Zusammensetzung der Oberfläche geklärt werden: sie besteht hauptsächlich aus den Gasen Ammoniak, Methan und Wasserstoff. Wir sehen also die Atmosphäre des Jupiter.

Aus was der große rote Fleck besteht, der eine Fläche bedeckt, die fast so groß wie die Erdoberfläche ist, konnte bisher nicht geklärt werden. Nach der einen Theorie ist er ein riesiger Gaswirbel, nach einer anderen Theorie ragt hier ein Teil einer (hypothetischen) festen Oberfläche über die Wolken.

Die sichtbaren Schichten des Jupiter sind sehr kalt. Eine mittlere Temperatur von —140 Grad wurde gemessen. Es muß angenommen werden, daß tiefere Schichten sehr viel wärmer sind. Ja, manche Wissenschaftler meinen sogar, daß es auf Jupiter niedriges Leben geben könnte. Mit Hilfe der Spektralanalyse (Zerlegung des Lichts in die „Regenbogenfarben" und deren Analyse) konnten bereits erste Hinweise für das Vorkommen von Aminosäuren, die Bausteine des irdischen Lebens, gefunden werden! Wenn es tatsächlich Leben auf Jupiter gibt, so muß man annehmen, daß es in der Atmosphäre schwebende Kleinstlebewesen sind.

Im Jahr 1955 wurde festgestellt, daß Jupiter Radiowellen aussendet. Zeitweise ist Jupiter die stärkste Radioquelle am Nachthimmel (am Tag ist die Sonne der stärkste Radiostrahler). Das bedeutet, daß Jupiter selbst Energie erzeugt und abstrahlt. Deshalb wird er manchmal auch als ein verkümmerter Stern bezeichnet.

Es ist unbekannt, wie diese Energie entsteht. Nach einer Theorie zieht sich Jupiter ganz langsam zusammen, wodurch in seinem Innern eine große Hitze entsteht, die als Radiowellen abgestrahlt wird. Doch damit ist noch nichts über den inneren Aufbau des Planeten gesagt, der diese Kontraktion hervorrufen könnte. Andere Theorien schließen von einem angenommenen inneren Aufbau auf die Entstehung der Energie. Der englische Astronom Ramsey vermutet, daß der Kern des Riesenplaneten 120 000 Kilometer Durchmesser hat und aus Wasserstoff besteht, der wegen des hohen Drucks metallische Eigenschaften angenommen hat. Darüber soll sich ein 8000 km dicker Mantel aus festem Sauerstoff befinden. Nach außen hin geht der Wasserstoff schließlich in seine flüssige Form über, woran sich das Gasgemisch der Atmosphäre anschließt.

Die Energie, die Jupiter abstrahlt, soll durch die Dynamo-Wirkung des heißen und nicht exakt mit der Umdrehung des übrigen Planeten mitrotierenden Metallkerns erzeugt werden.

Die gleiche Energiequelle nimmt der Deutschamerikaner Wildt an. In seiner Theorie besteht der Jupiterkern jedoch aus metallischem Gestein und hat nur 60 000 km Durchmesser. Über diesem Kern soll eine 27 000 km dicke Schicht aus festem Wasserstoff und Helium liegen. Die beiden äußeren Schichten werden, wie in der Theorie von Ramsey, als aus Flüssigwasserstoff und einem Gasgemisch bestehend angenommen.

Soviel zum Planeten selbst. Wie schon oben erwähnt, bildet er zusammen mit seinen 12 Monden ein großes System. Die vier großen von Galilei entdeckten Monde tragen die Namen „Io", „Europa", „Ganymed" und „Kallisto". Sie gehören nach den Planeten zu den größten Körpern im Sonnensystem. „Ganymed" und „Kallisto" sind mit über 5000 km Durchmesser sogar größer als Merkur, während die beiden andern Monde etwa so groß wie der Erdmond sind. Alle 4 Monde dürften Atmosphären besitzen!

Sehr viel kleiner sind die übrigen 8 Jupitermonde. „Amalthea", der innerste Mond, und „Hestia" haben nur je 160 Kilometer Durchmesser. Noch kleiner sind „Heres", „Demeter", „Andrastea", „Pan", „Poseidon" und „Hades", deren Durchmesser zwischen 25 und 65 Kilometern beträgt. Interessanterweise umkreisen die 4 äußersten Monde Jupiter in entgegengesetztem Umlaufsinn zu den übrigen Monden, der Drehung Jupiters um seine Achse und zur im gesamten Sonnensystem vorherrschenden Drehrichtung.

Der Durchmesser des Systems der Jupitermonde entspricht den Dimensionen des Zentralkörpers: Die Bahn des äußersten Mondes, „Hades", hat 48 Millionen Kilometer Durchmesser, das entspricht dem Durchmesser von 672 Jupiter-Kugeln.

Die Astronomen konnten schon viele Daten von Jupiter gewinnen. Doch um mehr und Genaueres über den Riesenplaneten erfahren zu können, genügen irdische Teleskope nicht. Hierzu gibt es nur eine Möglichkeit: selbst hinfliegen oder Meßgeräte hinschicken.

PIONEER 10 passiert Jupiter in 140 000 Kilometer Entfernung. Die große Parabolantenne ist auf die Erde gerichtet. – An dem Gestänge links oben und unten an der Raumsonde sind die Radionukleidgeneratoren zur Stromversorgung angebracht. Die wissenschaftlichen Instrumente befinden sich in und an dem unregelmäßig geformten „Kasten" hinter der Parabolantenne, an dem auch das Gestänge für das Magnetometer befestigt ist.

(Foto: NASA)

Deshalb nahm die Raumfahrtbehörde der USA, die NASA, vor einigen Jahren das Projekt „Pioneer F/G" in Angriff. Zwei Raumsonden zum Jupiter war das Ziel. Das setzte neue Höchstleistungen der Technik voraus. Erstmals mußte die 2. kosmische Geschwindigkeit weit überschritten werden, erstmals mußte eine Raumsonde ganz mit Kernenergie versorgt werden, erstmals mußten Daten aus Jupiter-Entfernung empfangen werden ...

Alle Probleme wurden gelöst. Nun sind Pioneer 10 und 11 unterwegs zum Jupiter. Beide Raumfahrzeuge gleichen sich in ihrem Aufbau und der Aufgabenstellung. Deshalb genügt die Beschreibung einer Raumsonde: Sie wiegt 270 Kilogramm beim Start, wobei 30 Kilogramm das Gewicht der wissenschaftlichen Instrumente ist. Größter Bestandteil der Sonde ist eine Schüsselantenne von 2,7 m Durchmesser. An ihr ist ein achteckiger Kasten befestigt, der alle Geräte enthält, die die Funktionsfähigkeit garantieren. Ein kleinerer Kasten enthält die wissenschaftlichen Geräte. An 2 je 3 Meter langen Auslegern sind je 2 Radionukleïdgeneratoren befestigt, die den elektrischen Strom liefern. An einem dritten, 6,6 Meter langen Ausleger ist ein Gerät zur Messung von Magnetfeldern befestigt.

Bereits beim Start der Sonden wurde eine technische Höchstleistung vollbracht. Keiner der zuvor gestarteten Raumflugkörper war schneller als 41 000 Stundenkilometer geflogen. Doch diese Geschwindigkeit reicht nicht aus, wenn der Flugkörper zum Jupiter gelangen soll. Deshalb erhielt die zweieinhalbstufige bewährte Trägerrakete Atlas-Centaur noch eine zusätzliche dritte Stufe. Diese verlieh Pioneer 10 und 11 eine Geschwindigkeit von 51 800 Stundenkilometern. Bereits nach 11 Stunden waren die Sonden weiter als der Mond von der Erde entfernt, nach knapp 2 Monaten weiter als die Marsbahn. Tiefer in den Weltraum war bisher noch keine Raumsonde vorgedrungen.

Mitte Juli 1972 trat Pioneer 10 in den Asteroidengürtel ein. Dieser ist ein etwa 280 Millionen Kilometer breiter und 80 Millionen Kilometer dicker Gürtel um die Sonne, in dem Zehntausende Kleinplaneten von ein paar hundert Meter bis zu einigen Kilometern Durchmesser um die Sonne kreisen, zusammen mit unzähligen kleineren Brocken und riesigen Mengen Staub. Da es absolut unmöglich ist, alle diese Teile und Teilchen, die wegen ihrer hohen Geschwindigkeit sehr leicht die Raumsonden zerstören können, zu orten und zu registrieren und ein Umfliegen des Asteroidengürtels mit den heutigen Antrieben unmöglich ist, besteht hier eine große Gefahr für die Raumsonden. Schutzschilde konnten wegen der geringen Masse der Raumsonden keine angebracht werden. — Kein Wunder, daß die Männer im Kontrollzentrum in Pasadena und im Ames Research Center im Februar 1973 erleichtert aufatmeten, als Pioneer 10 diese Gefahrenzone unbeschädigt überwunden hatte. Pioneer 11 muß diese Hürde noch nehmen.

Seit dem Start von der Erde führen die Raumsonden pausenlos Messungen durch. Die interplanetaren Magnetfelder, der Sonnenwind, kosmische Strahlungen, das Vorkommen von Wasserstoff und das Auftreten von interplanetarem Staub und von Asteroiden werden untersucht. Während der ungewöhnlich starken Sonneneruptionen im Sommer 1972 konnte Pioneer 10 zusammen mit seinen seit zum Teil vielen Jahren funktionierenden Vorgängern Pioneer 6 bis 9 (im interplanetaren Raum zwischen Venus und Mars) und anderen Raumflugkörpern sehr wertvolle Daten zur Erde senden.

Pioneer 10 soll sein Ziel, den Jupiter, voraussichtlich am 3. Dezember 1973 erreichen. Die Sonde soll in einer Entfernung von etwa 140 000 Kilometern am Jupiter vorbeifliegen. Dann wird der Flugkörper so weit weg von der Erde sein, daß die Radiosignale zwischen Pioneer und Erde 45 Minuten lang unterwegs sein werden. Die von der Raumsonde die Erde erreichenden Signale werden die Stärke von einem hundertbilliardstel Watt haben. Würde man diese Energie 19 Millionen Jahre lang ohne Verluste sammeln (z. B. in einem Akkumulator) und dann an den Sammler eine 7,5-Watt-Birne anschließen, würde diese nur eine tausendstel Sekunde lang aufleuchten. So schwach sind die von Pioneer eintreffenden Signale, und dennoch wird es der NASA keine Schwierigkeiten bereiten, alle vom Jupiter her eintreffenden Daten zu empfangen. Drei Schüsselantennen mit je 64 Meter Durchmesser, je eine in Goldstone (Kalifornien), Madrid (Spanien) und

Canberra (Australien) mit angeschlossenen Maser-Verstärkern sind speziell für die Verfolgung von Tiefraumsonden ausgerüstet.

Schon einige Wochen vor dem Vorbeiflug wird ein Gerät an Bord beginnen, Jupiter zu fotografieren. In den Tagen während des Vorbeiflugs wird die Zusammensetzung der Jupiter-Atmosphäre, die Temperaturverteilung auf dem Planeten, das Magnetfeld und die Strahlungsgürtel und die eventuell vorhandene Wechselwirkung zwischen Sonnenwind und Jupiter gemessen werden.

Allein mit Hilfe der von der Raumsonde gesendeten Funksignale werden weitere Daten gewonnen werden. Die Flugbahn wurde bei Pioneer 10 so gewählt, daß die Sonde von der Erde aus gesehen hinter dem Jupitermond „Io" vorbeifliegen wird. Aus der Abschwächung der Signale bis zur Unterbrechung der Verbindung und nach dem Wiederauftauchen der Sonde auf der anderen Seite des Mondes wird man Rückschlüsse auf die Dicke und Art der höchstwahrscheinlich vorhandenen Atmosphäre des Mondes schließen können.

Sowohl Pioneer 10 als auch Pioneer 11 sollen hinter Jupiter vorbeifliegen, so daß auf dieselbe Art wie bei „Io" dessen Atmosphäre untersucht werden kann.

Die große Masse des Jupiter wird beide Raumsonden von 33 000 Stundenkilometern beim Anflug auf 126 000 Stundenkilometer bei der größten Annäherung an den Riesenplaneten beschleunigen und gleichzeitig die Flugbahn stark verändern. Wenn alles nach Plan verläuft, wird sich Pioneer 10 in einer weiten Spiralbahn immer mehr von der Sonne entfernen. Im Jahr 1977 wird der Flugkörper die Saturnbahn kreuzen und

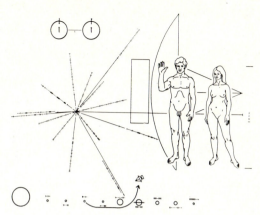

Diese Plakette wird von PIONEER 10 als Botschaft für fremde Intelligenzen mitgeführt. (Foto: dpa)

schließlich nach vielen Jahren das Sonnensystem verlassen und in der Unendlichkeit des interstellaren Raumes verschwinden. Doch bereits etwa im Jahr 1977 wird der Kontakt mit Pioneer 10 verlorengehen, da die Signale zu schwach werden.

Für Pioneer 11 wurde eine Bahn gewählt, die zu einer Passage etwa am 5. 12. 1974 führen wird. Während Pioneer 10 den Planeten in dessen Äquatorebene umfliegen wird, soll sich Pioneer 11 über eine andere Region, vielleicht einen der Pole, bewegen. Erst nach dem Vorbeiflug der ersten Sonde wird der Anflug der zweiten festgelegt werden. Deshalb ist auch der weitere Flugverlauf noch offen. In Betracht gezogen werden ein Einschwenken in eine stark zur Ekliptik (Ebene der Planetenbahnen) geneigte Sonnenumlaufbahn oder ein Verlassen des Sonnensystems oder sogar ein naher Vorbeiflug am Saturn.

Zu Pioneer 10, dem ersten von Menschen gebauten Flugobjekt, das das Sonnensystem verlassen wird, haben sich amerikanische Astronomen noch etwas Besonderes einfallen lassen. Sie befestigten an der Raumsonde eine Plakette, die einer außerirdischen Intelligenz, die diese Sonde vielleicht irgendwann in ferner Zukunft im interstellaren Raum findet, zeigen soll, woher sie kommt.

Mit einem Code, der ihrer Meinung nach jedem Astronomie und Raumfahrt treibenden Lebewesen verständlich sein sollte, stellen sie in Verbindung mit ganz markanten Sternen, den Pulsaren, den Standort der Sonne in der Milchstraße dar. Eine zweite Zeichnung verdeutlicht, daß die Sonde vom 3. Planeten der Sonne gestartet wurde. Eine Zeichnung der Umrisse der Sonde und im gleichen Maßstab ein Mann und eine Frau zeigen die Lebewesen, die die Sonde gebaut haben. — Werden andere intelligente Lebewesen die Sonde einmal finden? Die Chancen sind ganz außerordentlich gering, denn im tiefen Weltraum ist dieser Flugkörper eigentlich unauffindbar.

Immerhin sind sehr viele Fachleute überzeugt, daß es noch sehr viele Planeten mit intelligenten Lebewesen im Weltraum gibt. — Wer weiß, vielleicht wird Pioneer 10 in ein paar Millionen Jahren, durch Meteoriteneinschläge schon stark beschädigt, als exklusives Schaustück in einem Museum des Planeten XYZ ausgestellt werden...

Ein Regenspiel

Von Walter Sperling

Regenspiele! Was ist das nun wieder?

Ganz einfach: Schlechtwetterunterhaltung, die nichts kostet und keine Utensilien erfordert; kurz: Spiele an jedem Platz, zu Hause oder unterwegs auf Wanderfahrt!

„Wörterangeln" ist ein solches Spiel. Der Unterhaltung liegt die Tatsache zugrunde, daß sich fast in jedem mehrsilbigen Wort andere Wörter verstecken, die sich durch Umstellung und Wiederbenutzung einiger Buchstaben „herausangeln" lassen. Glaubt es — oder glaubt es nicht: Aus dem Stadtnamen STUTTGART hat der Spielemacher 24 Wörter herausgeangelt, obwohl das Wort nur aus sechs verschiedenen Buchstaben zusammengesetzt ist. Vielleicht hat dieser oder jener so viel Anglerglück, die 24 Wörter zu entdecken, oder gar den Spielemacher mit einem fünfundzwanzigsten Wort um eine Nasenlänge zu schlagen.

Doch nun zu unserem Spiel: Die Teilnehmer sitzen um den Tisch herum. Jeder hat Papier und Bleistift vor sich liegen. Der Spielleiter gibt das Schlüsselwort bekannt (geographische oder Namen der Geschichte eignen sich am besten!) und dann hat — nach der Uhr — jeder fünf oder zehn Minuten Zeit zum „Worteangeln". Nach Ablauf der Zeit wird reihum vorgelesen, was jeder geangelt hat. Auftauchende gleiche Wörter werden von den Teilnehmern gestrichen. Wer von den restlichen Wörtern die meisten hat, ist Gewinner der Partie. Das Spiel ist interessant und lehrreich zugleich. Versuchts einmal!

Die 24 Wörter aus STUTTGART stehen im Rätsel-Lösungsteil auf Seite 399.

Auf der Himmelstreppe zur Fußspur des Glücks – Mond- und Sonnenkult bei der Wallfahrt zum Adam's Peak (Ceylon)

Von Sigrid Knecht

"Uns ward gegeben, auf keiner Stufe zu ruhn."

Friedrich Hölderlin (1770—1843)

Es begann ganz prosaisch: Ich wollte mit eigenen Augen sehen, wie man auf Ceylon Edelsteine gewinnt und wie der berühmte Ceylon-Tee angebaut und geerntet wird. So flog ich eines Tages von Trivandrum im südindischen Staat Kerala nach Colombo auf Ceylon. Und weiter ging's per Bus nach Nuwara Eliya, kurz „Nurelia" genannt, zu deutsch: „über den Wolken gelegen". Nurelia liegt in 1800 m Höhe im Südwesten des zentralen Hochlandes, etwa dort, wo die birnenförmige Insel am dicksten ist. Rings um Nurelia dehnen sich endlose dunkelgrüne Teeplantagen.

Nachdem ich diese Tee-Metropole besichtigt hatte, stellte ich fest, daß sich von hier aus Ceylons höchster Berg, Pedrotallagalla (Pidurutalagala) besteigen läßt. Man riet mir zwar von dem geplanten Alleingang auf den 2524 m hohen Gipfel ab. Man fabulierte von wilden Tieren und einem strapaziösen Aufstieg; was mich nicht hinderte, trotzdem die Besteigung zu wagen. Sie ist tatsächlich fast kinderleicht.

Als ich auf bequemen Fußpfaden durch schattende „Glitzerwälder" — Bäume mit glatten, reflektierenden Blättern — den unbewaldeten Gipfel wie auf einer Schwarzwaldwanderung erreicht hatte, bot sich eine überwältigende Rundsicht.

Doch am meisten entzückte mich ein traumhafter Anblick: Hinter einem Rhododendron-Busch, dessen flammendrote Blüten ein kühler Bergwind gegen den blaßblauen Tropenhimmel tanzen ließ, schwebte wie hingehaucht, wie aus dem Blütentanz geboren, in gläserner Transparenz die Pyramide des Adam's Peak. Mit 2243 m ist er der fünfthöchste Berg Ceylons, berühmter Wallfahrtsort für eine Milliarde Menschen — Buddhisten, Hindu, Mohammedaner.

Blitzartig erwachte in mir der sehnliche Wunsch nach dem „heiligen Berg" Lankas. Welch poetische Namen trägt diese Insel.

Für die Perser war das Tropenparadies südlich von Indien das „Land der Hyazinthen und Rubinen". Die Tamilen, die etwa 20 % der vorwiegend singhalesischen Bevölkerung Ceylons ausmachen, gaben ihr den Namen „Juweleninsel". Auf sanskrit hieß sie nach dem arischen Eroberer „Singhala" (Löwenwohnort). Daraus machten die Portugiesen als spätere Besitzer der Insel „Cilão", die Holländer „Ceilan", die Engländer „Ceylon". Auf singhalesisch wird wie im indischen Volksepos Ramayana der Name „Sri Lanka" = „der königlich leuchtende (strahlend schöne) Löwe" gebraucht.

Zurück in Nurelia, zählte ich die Tage bis zum nächsten Vollmond, um eine ein-

drucksvolle Wallfahrt zum Adam's Peak mitzuerleben. Denn die großen Pilgerfahrten finden zu den Hauptphasen des Mondes statt. Auf Ceylon lebt man nach dem Mond. Der Rhythmus von Arbeitstagen und arbeitsfreiem Wochenende schwingt mit den Mondphasen (Poya). Nicht die Sonntage, sondern die Hauptphasen des Mondes bestimmen den wöchentlichen Feiertag. Vor dem Viertel-, Halb-, Voll- und Neumond wird nur vormittags gearbeitet. Auch wenn seit dem Winter 1971 das Poya-System offiziell abgeschafft und die westliche Wochentageseinteilung eingeführt wurde, läßt sich die Tradition, nach dem Mondrhythmus zu leben, nicht von heute auf morgen beseitigen, besonders nicht bei der Landbevölkerung.

Daher machen sich die Pilger am Nachmittag vor den Poya-Nächten zum „Samanala Kanda" (= Berg des Gottes Samana), wie der Adam's Peak auf singhalesisch genannt wird, auf den Weg. Sie alle haben den Wunsch, zum Sri Pada, zum „Fußabdruck des Herrn" (auch „des Glücks") zu gelangen. Letztlich versinnbildlicht diese Wallfahrt einen altüberlieferten Höhen- oder Gipfelkult in Verbindung mit einem Mondkult.

Auf dem Gipfelplateau des heiligen Berges befindet sich im Fels eine Vertiefung, die wie ein Fußabdruck aussieht. „Sri Pada" ist für die Buddhisten die Fußspur Buddhas. Da der Erleuchtete für die Hindu eine Menschwerdung (avatâra) von Vishnu war, so wird „Sri Pada" auch als hinduistisches Heiligtum verehrt. Die Moslims erkennen in der Vertiefung die Fußspur Adams, der auf luftiger Höhe tausend Jahre lang auf einem Bein stehend den Verlust des Paradieses beweint haben soll. Der „Gipfel Adams" gehört zu den größten Heiligtümern der Welt.

Links: Blick durch den Urwald zum Adam's Peak. Mit 2243 m ist er der fünfhöchste Berg Ceylons, berühmter Wallfahrtsort für eine Milliarde Menschen — Buddhisten, Hindu, Mohammedaner.

Rechts: Die „Himmelstreppe" zum Gipfel des Adam's Peak und zur Fußspur Buddhas hat viele tausend Stufen. Auf ihnen wallfahren die Pilger in Vollmondnächten auf den „heiligen Berg".

Ich fuhr von Nuwara Eliya im Bus auf windungsreicher Straße talwärts. Unter der Glut des Abendhimmels dehnten sich dunkelgrüne Teeplantagen. Die Pflückerinnen, die sich während der Woche in ihren bunten Umschlagetüchern wie Blumen auf der Wiese ausnehmen, fehlten am heutigen Vorabend zum Vollmond. Wechselnde Landschaftsformen verkürzten mir die Fahrt, Felsabstürze, Wälder, Reisfelder. Spät abends Ankunft in Hatton. Ich wollte in den Bus nach Maskeliya umsteigen. Aber, o weh — kein Bus heute abend! So nah am Ziel sollte meine Wallfahrt scheitern?

Da kam mir die Idee, den Polizei-Inspektor aufzusuchen, um ihm mein Mißgeschick vorzutragen. In dieser Vollmondnacht müsse ich nach meiner so weiten Anreise aus Germany den Samanala Kanda besteigen. Bis zum nächsten Vollmond könne ich leider nicht warten. Der Polizeigewaltige kam nicht aus dem Staunen heraus, daß ich mutterseelenallein diese Pilgerfahrt unternehmen wolle. Als vollendeter Gentleman fuhr er mich höchst persönlich in seinem Dienstwagen nach Maskeliya, mit einer Teepause in seiner Villa an einem mondbeschienenen Stausee. In Maskeliya bekam ich einen Jeep zur Verfügung gestellt und einen polizeilichen Begleiter, um meine Schritte zum „Sri Pada" zu beschützen. Den Transport bis nach Dalhousie nahm ich dankend an, nicht aber den männlichen Beschützer. Ich wollte allein pilgern.

An der Endstation für alle Fahrzeuge stehen ein paar Buden, in denen Gebetsheftchen, Räucherstäbchen und kleine Opfergeschenke käuflich sind. Außerdem — nach Art unserer farbigen Heiligenbildchen — zahllose kitschige Blättchen von Buddha in den verschiedensten Meditationshaltungen, mit einem rosenroten, jugendlich-pausbäckigen Antlitz. Ich kaufte ein paar Räucherstäbchen.

Um Mitternacht begann ich die Wanderung. Wie ein Lampion hing der volle Mond halbhoch am samtschwarzen Nachthimmel. Über mir im Zenit breitete Orion, einem riesigen Schmetterling vergleichbar, seine schimmernden Schwingen. Diese Stellung des glanzvollen Sternbildes, die nur in Äquatornähe möglich ist, rief mir in Erinnerung, daß sich Ceylon knapp nördlich des Äquators befindet, etwa zwischen $5 \frac{1}{2}$ und $9 \frac{1}{2}$ Grad Nord.

Nach angenehmem, etwa einstündigem Aufstieg erreiche ich das erste Rasthaus, dem bis zum Gipfel noch mehrere folgen. In diesem „ambelam", wo auf schmalen Pritschen seit dem Abend zahlreiche Pilger lagerten, die sich gerade eben zum Aufbruch rüsten, beginnt die „Himmelstreppe" mit ihren vielen tausend Stufen.

Und hier beginnt auch die elektrische Illumination. Ein „frommer Mann", einstiger „Minister of Transports and Works", hatte sie in Erfüllung eines Gelöbnisses an Gott Samana vor einigen Jahren installieren lassen. An dieser schimmernden „Perlenkette" konnte ich den Weg ermessen, der noch zu bewältigen war. Es sind vom Tal aus insgesamt etwa dreizehn Kilometer. Die Lichtpunkte meines Pfades zu Adams Fußspur verlieren sich hoch droben zwischen Sterngefunkel.

Noch bin ich allein. Es ist 1.30 Uhr. Das Stufensteigen ist beschwerlich, und ich suche daher seitlich auszuweichen. Aber meist vereiteln Felsen zu beiden Seiten ein Ausbrechen. Es hilft nichts, ich muß Stufe für Stufe erklimmen. Die ersten Pilger nahen, barfüßig, in weißer Kleidung. Manch ein erstaunter und neugieriger Blick trifft mich aus kohlschwarzen Augen. Wohl hauptsächlich wegen meiner ungewohnten Kleidung, Bundhosen und Rucksack. Ausländer sind hier eine Seltenheit.

Immer mehr Pilger holen mich ein. Sie kommen zu Dutzenden, in kleineren und größeren Rudeln. Grölend, wie es mir schien. Aber sie beten und singen mit ergreifender Inbrunst. Beim Schein einer Fackel liest ein Vorbeter Gebete. Enthusiastisch stimmt der Chor ein. „Unna, dunna, sansidē — ... (jetzt komme ich zum Berg, Seelenfrieden) — Sadhu, Sadhu (heilig, heilig) — Bud-dha, Buddha ..."

Sie klettern wie Bergziegen und Gemsen über die Steine. Je höher wir kommen, um so größer wird ihre religiöse Begeisterung. Wahrhaft eine physische Leistung, sich lerchenhaft mit Gesang himmelwärts zu schwingen. Manche von ihnen placken sich redlich. Alte und Gebrechliche humpeln mühsam von Stufe zu Stufe.

„Unna, dunna ... gatchami — gatchami (amen — amen)." „Unna, dunna, sansidē ..." Sie singen Spirituals und klettern höher und höher.

Ein junger Mann trägt auf dem Rücken in einem Korb seinen kranken Vater. Mütter führen ihre Kinder an der Hand, das kleinste im Rückentuch eingebunden. Ergreifende Bilder boten sich mir in dieser Vollmondnacht auf der „Himmelstreppe".

Nicht aus Gottgefälligkeit nehmen diese Pilger alle Mühsal des Aufstiegs auf sich. Denn Buddha sagt nichts aus über die Existenz einer Gottheit. Seine Lehre will nur der Menschheit einen Weg weisen, das irdische Leid auf ein Minimum zu beschränken, ebenso die Wiederholungen der Erdenleben und somit des Leidens. Das Endziel alles buddhistischen Strebens ist Nirwana, die endgültige Befreiung von Wiedergeburten, Altern und Sterben, von dem krampfhaft sich ans Leben klammernden Willens- und Leistungstrieb, von Geltungswünschen, Gier, Haß, Angst. Alles, was wir an geistigen und körperlichen Erscheinungen in unserem Dasein erkennen, ist einer steten Veränderung unterworfen. Das Gesetz der physikalischen Kausalität wirkt auch auf geistigem und moralischem Gebiet.

Immer steiler, immer beschwerlicher wird der Pfad. Manchmal sind die Stufen so hoch, daß ich sie nur mit Handstütz und Knie zu nehmen vermag. Schwer drückt meine Rückenlast, der Rucksack mit Wolldecke, Kameras, Fernglas, Marschverpflegung für zwei Tage.

Der Aufstieg wird mir sauer. Aber er bringt mir keine religiösen Verdienste ein wie all denen, die mit mir nach oben klettern. Ihnen winkt das Ziel: Sri Pada, die strahlende, glückbringende Fußspur. Ich dagegen mache nichts als eine nächtliche Bergbesteigung. Die Strapazen gehen auf mein eigenes Konto, ohne Zinsen.

Immer mehr weiß gekleidete Pilger überholen mich. Noch immer verliert sich die „Perlenkette" der Glühbirnen hoch droben im Dunkel. Und tausendfach dröhnt es in meinen Ohren: „Unna, dunna, sansidē — Sadhu — Sadhu — Buddha — gatchami..."

Ich muß bei meinem mühevollen Aufstieg an die „vier edlen Wahrheiten" des Buddhismus denken: Die Wahrheit vom Leiden, von der Leidensentstehung (ja, ja — ich bin selbst schuld, daß ich mit Gepäck auf diesen Berg steige), von der Leidenserlösung (wäre ich nur endlich oben!) und von dem zur Leidenserlösung und -erlöschung führenden achtfachen Pfad, der sich in drei Abschnitte gliedert: 1. Wissen (rechte Erkenntnis, rechte Gesinnung); 2. Sittlichkeit (reine, unmißverständliche Rede, rechtes Handeln, rechte Lebenshaltung); 3. Geisteszucht (rechte Aufmerksamkeit, rechtes Bemühen, rechte Sammlung und Versenkung — das heißt Meditation). Kurz gesagt: In Denken, Sprechen, Handeln, Streben, Glauben die rechte und reine Form zu finden. Der „achtfache Pfad" gilt für alle Menschen, nicht nur für Buddhisten. Sie sind Hinweise für unser aller Menschsein.

Ob die Pilger, die wie Schemen an mir vorbeiziehen, alle dieses Ziel anstreben?

Es sind inzwischen immer mehr und mehr geworden. Schließlich kam ich mir vor wie in einem endlosen Zug von Ameisen. Eine Ameise unter Tausenden von Ameisen. Das letzte steile Stück zum Gipfel war besonders anstrengend. Stufe für Stufe muß man sich an Halteseilen in die Höhe ziehen wie bei einer alpinen Kletterei.

Nach vier Stunden hatte ich es geschafft. Mit mir ziehen sich erschöpft Dutzende, Hunderte von Menschen die letzten Stufen empor. Der Mond ist tief hinabgesunken. Die Konturen eines Gebäudes zeichnen sich ab, taghell erleuchtet in pechschwarzer Dunkelheit. Frenetischer Jubel bei den Pilgern: „Unna, dunna — gatchami —." Sie bringen Blumen und Nahrungsmittel als Opfer mit. Sie läuten die Glocke. Jeder, der den heiligen Berg erklommen hat, schwingt glückstrahlend den Klöppel. Nur ich schlug ihn nicht. Mich fror. Ein kühler Wind pfiff mir um die Ohren und ließ mich die Äquatornähe vergessen. Ich schlotterte vor Kälte. Gut, daß ich eine Decke mitgenommen hatte.

Tausende von Menschen waren bereits auf dem Gipfelplateau versammelt rings um das Tempelchen mit dem Fußabdruck von Adam, Buddha oder von wem sonst. Es war mir ein Rätsel, wie auf so engem Raum — das Plateau mißt etwa 10 × 20 Meter — so viele Menschen Platz finden. Dabei waren alle freundlich miteinander.

Ich suchte die Fußspur Adams. Obwohl sie nicht sichtbar war, küßte sie jeder (außer mir). Manche warfen weiße Tücher als Symbol der Reinheit über die mutmaßliche Stelle, um anschließend diese „geweihten" Tücher voll tiefer Inbrunst zu küssen. Obwohl ich fror, wurde mir warm ums Herz bei so viel frommem Enthusiasmus ...

Ich hatte mir ein Sitzplätzchen erobert. Wie in einem Amphitheater saßen wir in mehreren Reihen übereinander und erwarteten den Sonnenaufgang. Auch ich starrte in die Ferne. „In 15 oder 20 Minuten ...", geht es flüsternd auf und ab, „wird die Sonne aufgehen." Allmählich lösen sich aus der Schwärze die Umrisse von Bergen. In den Tälern wallen Dunstschleier. Nun glitzert ein Fluß wie ein Lamettafaden zwischen den sich auflockernden Schwaden. Der Himmel wird heller. Er färbt sich violett, rot, orange. Schließlich zucken Strahlenbündel hervor.

Und endlich rollt die Sonnenscheibe golden über den Gipfel eines Berges. Enthusiastischer Applaus. Es ist wie der Auftritt einer Primadonna. Die Pilger recken verzückt ihre Arme der Sonne entgegen. Sie schreien, singen, beten vor Glück. Suriya ist aufgegangen, die Sonne, das göttliche Licht, Symbol der Weisheit und des geistigen Feuers. Eine Musiktruppe mit Trommeln und Blasinstrumenten umrundet mehrmals den Tempel. Ein Priester betet und predigt zu der nun andächtigen Menge. Mein erkämpfter Sitzplatz war ausgezeichnet. Ich konnte nach oben und nach unten das Schauspiel gut verfolgen: Von unten hievten sich unentwegt weitere Pilger am Drahtseil herauf.

Ich wendete mich zur Westseite des Gipfelplateaus. In diesem Moment löste sich aus den Morgennebeln der Riesenschatten einer langgestreckten Pyramide. Wie ein magisches Dreieck zeichnete sich der Gipfel des heiligen Berges von Sri Lanka als Schattenbild ab. Genauso erlebte ich seinerzeit den frühen Morgen auf dem Pik Teide von Teneriffa. Hier auf Ceylon schwebte der Schatten genau zwischen zwei markanten Felsen. Einer von ihnen heißt „Bibel-Rock". Dort hatte der Legende nach ein christlicher Missionar die Bibel verloren. Man fand und las sie und wurde zum Christentum bekehrt. Das waren die ersten Christen Ceylons.

Einige Leute hatten ein Feuer angezündet, um die junge Sonne zu begrüßen und sich zu wärmen. Fasziniert schauten sie auf den magischen Schatten. Doch bald hatte sich der Zauber verflüchtigt. Aus dem Zwielicht war ein heller Morgen emporgestiegen.

Rechts: Die Prozession der Pilger am „heiligen Berg". Betend und singend ziehen sie zur Fußspur des Glücks. (Fotos: Sigrid Knecht)

„Denn nimmer über Gipfel immerfort
vermag ein Mensch zu wandern; immer wieder
rückfordert ihn das Tal, der Grund, die Schlucht,
das Zwischen-den-Gipfeln..."

Christian Morgenstern

Bedauerlich ist, daß wir von einem mühsam erklommenen Gipfel immer wieder zurück ins Tal müssen. Der übliche Abstieg vom Adam's Gipfel führt über die vielen Stufen zurück nach Maskeliya. Ich wählte jedoch den unvergleichlich schöneren, wenn auch steileren und mühsameren Weg nach Palabaddala. Denn ich wollte die berühmten Edelsteinminen von Ratnapura besuchen, die auf der Westseite des heiligen Berges liegen. Das bedeutete für mich: von etwa 2440 m Meereshöhe bis auf rund 50 m über eine Strecke von 9 bis 10 km abzusteigen.

Zunächst führt ein stufenloser, wildromantischer Pfad mit großartigen Ausblicken abwärts, vorbei an hochgetürmten Felsblöcken und -wänden, durch Felsentore, schäumende Wildbäche und Wälder. Ich begegnete keiner Menschenseele. Über mir die himmelragende Pyramide des heiligen Berges vor einem dunklen Tropenblau. Ich war wie in einem Rausch der Glückseligkeit. Die herrliche Berglandschaft, die reine Luft, die Einsamkeit und Stille, der in leuchtende Farben gebadete Morgen. Am fernen Horizont der silberne Saum des Indischen Ozeans.

Gegen 10 Uhr wurde es heiß. Die klaren Farben verblaßten. Die Luft begann zu flimmern. Ich wanderte ja nicht daheim in mitteleuropäischen Breiten, sondern knapp in Äquatornähe. Die Sonnenglut wuchs mit jeder Minute. Noch weit über 2000 m Höhendifferenz lagen vor mir. Der Weg wurde zur Hölle. Der nächtliche Aufstieg war dagegen ein Kinderspiel.

Tief, tief unten leuchtete weiß in grüner Umrahmung das Dorf Palabaddala. Dort mußte ich den Nachmittagsbus erreichen, den einzigen des Tages. Zu allem begannen nun auch Stufen, die viel anstrengender sind als ein einfacher Pfad. Meine Füße bluteten. Da zog ich die Schuhe aus, aber rasch wieder an: Es war wie eine glühende Herdplatte, als ich mit meinen Füßen die steinernen Stufen berührte. Endlich war die Palmenwaldzone erreicht. Zu beiden Seiten dehnte sich undurchdringlicher Dschungel, aus dem sich manchmal ein unheimliches Knistern und tierische Laute lösten.

Ich schnitt mir ein Bananenblatt ab und hielt es mir — wie ein Sklave dem Maharadscha — als Sonnenschirm übers Haupt. Ich war trotzdem einem Sonnenstich nahe. Ein weißer Stupa (buddhistisches monumentales Kultgebäude) im Palmengrün unter tiefblauem Himmel grüßt friedvoll herüber. Goldgelb gekleidete Mönche unterm gelben Schirm, in einer Hand die Opferschale, begegnen mir. Ich vermag diese Sinfonie an Farben kaum noch in mich aufzunehmen, so erschöpft bin ich. Noch liegt ein erhebliches Stück vor mir. Ich haste mit blutenden Füßen und trockener Zunge talwärts. Dort — der Bus.

Ich renne über eine Holzbrücke. Eben fährt der Bus ab. Mit dem Aufgebot meiner letzten Kräfte fuchtele ich mit meinem Bananenblatt. Hurra, der Bus stoppt. Jemand kommt mir entgegen und nimmt den Rucksack ab. Ein anderer hilft mir einzusteigen. Überglücklich sinke ich auf einer Sitzbank nieder. Also komme ich doch noch heute nach Ratnapura.

Die Leute starren mich an, als käme

ich von einem anderen Stern. Sie wollen es nicht glauben, daß ich allein vom Adam's Peak komme. Ohne Waffe! Ob ich denn nicht gehört habe, daß die Westseite nach Palabaddala gesperrt sei für Pilger. Wieso? Wegen eines Leoparden, der in den Wäldern sein Unwesen treibe und schon seit einiger Zeit die umliegenden Dörfer in Atem halte. Ich war zu erschöpft, um diese Nachricht richtig zu erfassen, daß ich möglicherweise in Lebensgefahr gewesen war. In diesem Moment empfand ich nur das wohlige Glück, geborgen zu sein und auf einer harten Bank im Bus ausruhen zu können, auch wenn das Vehikel tüchtig durch Schlaglöcher holperte.

Meine Pilgerfahrt zum, mehr noch *vom* heiligen Berg Sri Lankas wird mir in unauslöschlicher Erinnerung bleiben, obwohl ich mir damit kein „religiöses Verdienst" erwerben konnte. Aber ich habe religiöse Begeisterung erlebt und bin mit Menschen gewandert, die im Rhythmus des Mondes leben und der Sonne ihre Verehrung darbringen.

Ein Spiel mit Nullen

Paßt einmal auf, was Faxenmacher Hutzliputz ausgetüftelt hat: Zwei Nullen und e i n Strich ergeben zusammen fünfzehn! Die Nullen hat er selbst hingeschrieben; den Strich sollt ihr hinmalen. Aber wo und wie? (Lösung auf Seite 399)

Mahatma Gandhi –
Sieg durch Gewaltlosigkeit

Von Richard Diederichs

„Ihre Reden und Veröffentlichungen wie auch die Ihrer Anhänger und Ihrer Bewunderer lassen keinerlei Zweifel, daß viele Ihrer Taten ungeheuerlich sind und sich mit Menschenwürde nicht vereinbaren lassen, vor allem nicht in den Augen von Menschen, die meine Wertvorstellungen teilen; denn unsere Glaubensforderung schließt universale Güte in sich." So schrieb Mahatma Gandhi am 18. Februar des Jahres 1941, also inmitten des Zweiten Weltkrieges an Adolf Hitler. Sicherlich hat der Führer des Deutschen Reiches solche Mahnung verächtlich beiseite geschoben — möglicherweise hat seine Umgebung ihn auch sogar solcher „Zumutung" gegenüber abgeschirmt.

Nächstenliebe als Realpolitik

Die beiden Namen kennzeichnen den weltanschaulichen Gegensatz von Kräften, die vom Schicksal berufen erscheinen, Geschichte zu gestalten, und die damit über Glück und Unglück der Völker entscheiden. Es ist der grundlegende Widerstreit zwischen dem totalitären Machtanspruch im Nebeneinander der Menschen und andererseits der Humanität, die bestrebt ist, „mit Nächstenliebe Realpolitik" zu betreiben. So spricht Gandhi den Geboten der Sittlichkeit ewige Gültigkeit zu, und in diesem Ganzheitssinne will er Sittlichkeit und Gerechtigkeit, Barmherzigkeit und Gewaltlosigkeit in allen Bereichen zur Geltung bringen,

Mahatma Gandhi, 1869–1948.
(Foto: Archiv für Kunst und Geschichte)

er lebt für Würde und Freiheit des Menschen — auch im politischen Bereich.

Der Geschichtsverlauf bis in die modernste Gegenwart macht offenbar, daß in der Politik des Völkerlebens immer wieder das Bestreben besteht, Menschheitsfragen mit den Mitteln der Gewalt zu lösen, und daß immer wieder überlegene Macht und Gewalt den Vorrang gewinnen. Stellt Gandhis politisches Ziel, die Welt auf friedlichem Wege in Ordnung zu bringen, die Illusion eines Utopisten dar? Widersprechen seine Bestrebungen den Erkenntnissen unserer Menschheitsgeschichte?

Zu Beginn des Jahres 1948 fiel Mahatma Gandhi dem Attentat eines fanatischen Hindu zum Opfer. Ist sein politisches Wollen damit als Sinnlosigkeit entlarvt, als die unwirkliche Zielsetzung eines Träumers?

Gandhi, von Verehrern als Heiliger, als Prophet, als Sendbote Gottes gepriesen, bezeichnet sich selbst „als demütigen Sucher nach der Wahrheit, voller Ungeduld, sein wahres Ich zu verwirklichen und seelische Befreiung zu erringen". Doch in seinem unerschütterlichen Bemühen, das Böse mit Gutem zu überwinden, hat er zeitgeschichtliche Politik gemacht. Ihm ist es gelungen, das Kastenwesen seiner indischen Heimat zu reformieren, er hat die Stellung der Frau und besonders die der Witwen in Indien von Grund auf geändert, über sein Volk ist eine ganze Welle neuer Gläubigkeit und reinerer Sittlichkeit geflossen. Gandhi ist es, der Indien zur politischen Unabhängigkeit geführt hat — nicht auf dem Wege der Gewalt.

Das sind Erfolge, die eine Rechtfertigung seiner Lehre darstellen. Als Englands jahrhundertelange Herrschaft über Indien endete, erklärte der letzte britische Vizekönig in feierlicher Rede: „Wir wollen in diesem geschichtlichen Augenblick nicht vergessen, was das Land Mahatma Gandhi zu verdanken hat; er ist der Baumeister der Freiheit Indiens durch Gewaltlosigkeit."

„Tugend der Wahrhaftigkeit"

Über Gandhis Lebensgang berichtet seine Autobiographie. Teilweise ist sie in den Jahren entstanden, die er als „Aufrührer" in Gefängnishaft schmachten mußte.

Wer das bekannte Erscheinungsbild des bedürfnislosen Gandhi vor Augen hat, den Churchill noch in den 30er Jahren als „halbnackten Fakir" bezeichnete, wird überrascht sein über den jungen Mohandas Karamchand — so lauten seine ursprünglichen Vornamen —, der aus einer Familie hoher Beamter stammte: Sein Großvater, sein Onkel, sein Vater waren nacheinander Ministerpräsident in dem Kleinstaat Porbandar. Er selber war der jüngste Sohn aus der vierten Ehe seines Vaters und entsann sich — 1869 geboren — später aus der Zeit in der Elementarschule nur daran, „daß er damals nicht viel anderes gelernt habe, als gemeinsam mit den Mitschülern dem Lehrer das Dasein schwerzumachen". Er bezeichnet sich selbst als „einen recht mittelmäßigen Schüler".

Die Eltern haben als Vorbilder ganz ungewöhnlich prägsam auf seine Entwicklung eingewirkt: der Vater ein wahrhaftiger, tapferer Mann, hochherzig und voller Leidenschaft, als Beamter unbestechlich, doch unnachgiebig in seiner Vaterlandsliebe. Und die Mutter: „Wenn ich an sie denke", bekennt Gandhi noch im hohen Alter, „so weht mich vor allem der Duft der Heiligkeit an. Sie war tief innerlich fromm." Die Hingabe, mit der sie schonungslos religiöse Fastengebote und harte Gelübde einhielt, hat ihn tief und wirkungsvoll beeinflußt; das Fasten als Lebensausdruck der Frömmigkeit hat er am Beispiel der Mutter gelernt.

Kennzeichnend für den nachhaltigen Erziehungseinfluß auf seine Wesensart ist Gandhis Bemerkung: „Ich kann mich nicht erinnern, in dieser Jugendzeit jemals eine Lüge über die Lippen gebracht zu haben, weder meinen Lehrern noch meinen Schulkameraden gegenüber." Diese „heldische Tugend der Wahrhaftigkeit" hatte er als Junge in dem Legendentheater einer Schauspielertruppe verkörpert gesehen, und sie wurde sein Leben lang ein Teil seiner selbst, daß er „nur noch den einen Gedanken hatte, der Wahrheit zu folgen und siegreich durch alle Prüfungen hindurchzugehen".

Unsitte der Kinderheirat

Jahrzehntelang hat Gandhi unter den Folgen der indischen Unsitte zu leiden gehabt, die die Tradition auch ihm auferlegte: der Kinderehe. In Indien war es nach der Landessitte selbstverständlich, daß die Eltern über den Lebensweg ihrer Kinder entschieden und untereinander deren Eheschließung vereinbarten. Bereits mit sieben Jahren war Gandhi — ohne sein Wissen! — verlobt, und als bald darauf die „Braut" starb, zum zweiten Male; mit dreizehn Jahren wurde er verheiratet. „Wenn ich Jungen dieses Alters sehe, so empfinde ich Mitleid mit mir selbst", erklärt er später. „Ich weiß keinerlei Begründung, mit der man eine so unsinnig frühe Heirat wie die meine moralisch befürworten könnte."

So nahm seine Ehe keinen guten Weg; er bekennt selber, wie er durch seine Unbeherrschtheit, seine Eifersucht und seine Rechthaberei die junge Frau gequält und daß er erst in reifen Jahren beschämt eingesehen habe, welches Maß an Geduld und an entsagungsvoller Nachsicht seine Frau immer wieder bewiesen habe. Das sind nicht Schatten, die auf das Bild des „Heiligen" fallen, sondern hier bestätigt sich sein Bekenntnis: „Ich bin ein suchender Mensch."

Es erscheint für abendländische Lebensbegriffe kaum vorstellbar, daß ein dreizehnjähriger Schüler Ehemann ist. Gandhi büßte dadurch tatsächlich zunächst eine Schulklasse ein. Es waren ja auch zugleich die schwierigen Entwicklungsjahre, in denen der junge Mensch in die Selbständigkeit der eigenen Verantwortung hineinwächst, in der man die Tradition seiner Vatergeneration kritisiert und begeistert für alle Reformen eintritt. Gandhi hatte damals manche schwere Krise durchzustehen. Freunde wollten ihn verführen, Zigaretten zu rauchen, kleine Diebstähle zu begehen, entgegen dem Gebot der indischen Lehre Fleisch zu essen, und brachten ihn in schweren Widerstreit zu Wahrhaftigkeit und Kindespflichten den Eltern gegenüber.

Über alle Anfechtungen siegte die tiefe hinduistische Frömmigkeit, die er als selbstverständliche religiöse Lebensgrundlage aus dem Elternhaus aufgenommen hatte: vom Vorbild des Vaters, der Mutter, der Amme, von dem Einfluß der nationalen Schriften seines Volkes. Aber der gläubige junge Mensch war zugleich kritisch und wahrte sich seine freie Entscheidung. Hatte er als Kind in seinem Hindukatechismus die tausend Namen Gottes gelernt, so gewann er nun die Erkenntnis, daß Gott keinen Namen habe. Reifer geworden, erkannte er: „Gott ist die Wahrheit!" Der suchende junge Mensch verstand es, tiefe Ehrfurcht mit ernster Prüfung durch Vernunft und Gewissen zu verbinden.

Daraus erwuchs die weitherzige Duldsamkeit, die sein Leben beherrschte: die Achtung vor der ernsthaften Auffassung anderer.

Student in London

Daß er nach bestandener Reifeprüfung die Universität zu London bezog, um Rechtsanwalt zu werden, war nach der bisherigen Familientradition ganz unerhört. Würde er nun die heimischen Vorschriften mißachten, „die Zigarre nie aus dem Mund kommen lassen und sich schamlos kleiden wie ein Engländer"? Gandhi wurde aus seiner Kaste ausgestoßen, die Krawatte, „die ich später mit Behagen trug", erschien ihm abscheulich und der kurze Rock unanständig. „Doch dieses Unlustgefühl war nur ein Schatten gegenüber dem Verlangen, nach England zu gelangen, das all meine Vorstellungen beherrschte." Als der Achtzehnjährige im Jahre 1887 in Southampton englischen Boden betrat, trug er einen weißen Flanellanzug und einen hochmodernen Zylinderhut. Ernsthaft war er bemüht, sich innerhalb der neuen Lebensverhältnisse zu europäisieren, ließ sich einen modernen Abendanzug anfertigen und nahm Tanzunterricht; er befolgte andererseits streng die Fastengelübde, die er der Mutter vor der Abreise abgelegt hatte.

Nach dem Abschluß der Studien wollte er sich in der Heimat als Anwalt niederlassen. Er war „damals noch des Glau-

371

bens, daß das Britische Reich zum Heil der Welt bestünde", doch durch britische Regierungsstellen erlebte er schroffe Demütigungen, die — „bitter wie Gift" — tiefste Erschütterung bewirkten und seinen ganzen Lebenslauf veränderten.

Anwalt der Gerechtigkeit

Er ließ sich für den Prozeß einer Firma auf ein Jahr nach Südafrika verpflichten, und diese Reise führte eine entscheidende Wende im Dasein des jungen Juristen herbei. Denn aus dem einen Jahr wurden über zwei Jahrzehnte, und diese Zeitspanne ließ den Rechtsanwalt zu einem „Anwalt der Gerechtigkeit" werden. Gandhi verwirklichte damals sein neuartiges Vorgehen in seinem Einsatz für die Gleichberechtigung seiner farbigen Landsleute in Südafrika den Weißen gegenüber.

Grundlegendes hatte sich inzwischen in seiner Lebenshaltung vollzogen. „Unbegrenztes Streben nach Vollkommenheit ist unser Menschenrecht; es trägt seinen Lohn in sich selber. Alles übrige liegt in Gottes Hand." Das war seine Erkenntnis.

Und dann sein Verhältnis gegenüber dem Bösen: Wir dürfen es nicht einfach geschehen lassen; wir müssen es überwinden. Doch dabei geht es um die rechten Mittel: nicht Gewaltanwendung, denn diese verstrickt uns selbst in den Bannkreis des Bösen; nicht die passive Gewaltlosigkeit, die Tolstoj in seinem Buch „Das Reich Gottes ist in euch" fordert, sondern nichtgewalttätige Aktivität. Das ist Gandhis neue Forderung: Er bejaht den Widerstand, doch er verneint die Gewalt.

In Südafrika waren seit drei Jahrzehnten ständig Inder als Vertragsarbeiter angeworben. Sie wurden dort in ganz unmittelbarem Sinne wie Sklaven ausgebeutet. Auch der „farbige" Akademiker Gandhi lernte sehr schnell und bitter die Krankheit des Rassenvorurteils am eigenen Leibe kennen. Doch er war nicht bereit, die Nachteile und Kränkungen, denen er als turbantragender Inder im Gerichtssaal, in den öffentlichen Verkehrsmitteln, in Gaststätten ausgesetzt war, widerspruchslos hinzunehmen. Für ihn waren alle Erlebnisse, mit denen man ihn als „Sammy" zu demütigen suchte, lehrreiche Erscheinungsformen einer Krankheit, die er zu bekämpfen berufen war. Er tat es mit Entschiedenheit und mit bewundernswertem Mut, um die Rechte seiner Landsleute zu sichern.

In dem Rechtsstreit, zu dem er herbeigeholt war, gelang ihm ein ganz ungewöhnlicher Erfolg. Er erkannte sehr schnell, daß der gerichtliche Prozeß letztlich beide Parteien ruinieren müsse, und er erreichte einen sinnvollen Vergleich. „Meine Freude war unbändig", bekennt er selber. „Ich hatte den wahren Sinn der Rechtsprechung begriffen, nämlich die gute Seite im Menschen herauszufinden und den Menschenherzen nahezukommen. Als wahre Aufgabe des Anwalts erkannte ich, die veruneinigten Parteien wieder zusammenzuführen. Diese Lehre hat sich unauslöschlich in mein Bewußtsein eingebrannt."

Gandhi hatte damals in Pretoria Umgang mit zahlreichen Weißen, die die christliche Lehre in überzeugender Wahrhaftigkeit lebten, er lernte den Islam kennen und vertiefte sich in die Schriften seines eigenen Hinduismus. „Ich hatte die Forderung des Dienens zu meiner Religion gemacht, weil man Gott nur im Dienen erleben kann", das bekannte er später als seine Erkenntnis, „und Dienst war für mich der Dienst an der indischen Sache."

Für die Freiheit der Landsleute

So trat er vor Gericht für die Inder ein, bekämpfte Rassen- und Glaubensunterschiede, er gründete eine Gesellschaft, die den unterdrückten indischen Einwanderern gegenüber den Übergriffen der Behörden beistehen sollte. Er verstand es, die Presse — auch durch seine Schrift über die Notlage der indischen Kulis — zu gewinnen, mutig scheute er auch kein Auftreten in der Öffentlichkeit und wäre bei einem Straßentumult fast ums Leben gekommen. Schon zeichneten sich seine ersten Erfolge für die bisher beengte Freiheit der Inder ab, doch die Weißen in Natal und im Oranjefreistaat fürchteten die Überfremdung und gingen brutal gegen Gandhi als den Anstifter vor. In Durban geschah es einst, daß die Polizei ihn vor der wütenden Menge der Weißen schützen mußte. Als Polizist verkleidet, konnte er der Lynchjustiz entgehen.

Die englische Regierung handelte korrekt, denn Gandhi war ja britischer Untertan und stand unter englischem Schutz. In aller Öffentlichkeit wurde nun bekannt, daß er mit seinem Eintreten für die Inder in den Kronkolonien und in den Burenstaaten gutes Recht, dazu eine menschliche Pflicht erfüllt hatte. Der Kampf stärkte die Selbstachtung der unterdrückten Inder; Gandhis Ansehen gewann bereits damals weltweite Verbreitung.

Als der Kronanwalt von Natal den jungen Anwalt bat, die Missetäter, die gewalttätig gegen ihn vorgegangen waren, zur Bestrafung namhaft zu machen, schüttelte er ablehnend den Kopf: „Ich habe ihnen bereits verziehen..."

Zu nachhaltiger Stärkung von Gandhis kämpferischen Bestrebungen um die Rechte seiner Landsleute wurde die Wochenzeitung *Indian Opinion*, „Indische Meinung", die er gründete und der er ständig einen Beitrag beisteuerte. Er wurde daraufhin „förmlich überschwemmt mit Briefen voller Herzensergüsse in allen Abstufungen".

Hier erkannte er seine Aufgabe. Immer tiefergreifend wurde sein Einfluß, immer eindeutiger verschrieb er sich seiner Idee. In der Nähe der Stadt erwarb er eine Farm, in der er die Siedlung „Phönix" als „ethisches Experiment" anlegte. Hier lebten die Zeitungsleute zusammen mit Anhängern des „einfachen Lebens" in völliger Gemeinsamkeit und in reiner Harmonie, bei gleichen Einkünften und gleicher Arbeit. Es war, modern gesehen, eine kommunistische Großfamilie im besten Sinne.

Gerechtigkeit — Gewaltlosigkeit

Gandhis Kampf für die Rechte seiner indischen Landsleute ist im Verlauf und im Erfolg geradezu beispielhaft für seine Kampfesart, die Satyagraha, d. h. den Kampf der Gerechtigkeit mit den Mitteln der Gewaltlosigkeit. Es ging um die Rechte der indischen Bergarbeiter, die im Sinne des Arbeitsvertrages nach fünfjähriger Arbeit als freie Bürger im Lande bleiben durften; die Südafrikanische Union machte den Aufenthalt jedoch von einer Sondersteuer abhängig, durch die die Zusage praktisch zunichte wurde: Sie mußten sich weiter als Kuli verpflichten oder aber das Land verlassen.

Die Arbeiter traten in Streik, sie ließen sich — selber in bewundernswerter Disziplin gewaltlos — schikanieren und mißhandeln, sie zwangen die Regierung zu rechtswidrigen Gewaltmaßnahmen. Was Gandhi damals — persönlich immer in vorderster Front und keinerlei Gefahr oder Inhaftierung scheuend — mit friedlichen Demonstrationen durchgesetzt hat, war die praktische Anwendung seiner Erkenntnis: „Es war mir klar, daß Gewaltanwendung kein Heilmittel sein konnte für Indiens Nöte und daß seine Kultur eine andere, edlere Waffe der Selbstbehauptung benötigte."

Längst waren die Weltöffentlichkeit mobilisiert und das Gewissen der Regierung wachgerüttelt. Am Ende stand ein Sieg, den niemand vorher für möglich gehalten hätte. Für die Lehre Gandhis bedeutete es einen überwältigenden Erfolg.

Mahatma: Große Seele

Als Gandhi damals in die Heimat zurückkehrte, stand er plötzlich ganz im Mittelpunkt des Darshan, das heißt: allgemeiner Ehrfurcht des Volkes. Schon damals erhielt er den Ehrentitel: „Große Seele": Mahatma. In kurzer Zeit wurde er Führer dieses Vierhundert-Millionen-Volkes. War er bisher seinen eigenen Willensentscheidungen gefolgt, so spürte er sich nun immer stärker in den Bannkreis des göttlichen Willens gezogen. Er fühlte sich berufen und bestimmt, den Willen Gottes an seinem Volke zu vollziehen.

Und es ist ihm gelungen wie in Südafrika: durch dieselbe unblutige Methode des gewaltlosen Kampfes hat er sein Volk zur nationalen Freiheit und zu grundlegenden Reformen geführt.

Die sozialen Lebensverhältnisse in Indien, das Unwissenden als das orientalische Wunderland mit der Pracht märchenhaft reicher Maharajas erscheinen mochte, waren damals grauenhaft. Zersplitterung in Kasten, Unterentwicklung und Armut lebten trotz — nicht infolge — der englischen Kolonialherrschaft noch als verhängnisvolles Erbe der Vergangenheit fort, den Frauen fehlte jedes Recht auf Eigenleben, Witwen führten ein Dasein wie Verfluchte, die hygienischen Verhältnisse waren auf unvorstellbarem Tiefpunkt, die Haustiere wurden in beispiellosem Elend vernachlässigt; beschämend war ebenso die Situation der Volksbildung.

Gandhi gab für all diese verhängnisvollen Mängel den indischen Stadtverwaltungen die Schuld. Er gründete Ashrams, das waren Großfamilien als Mustersiedlungen. Mit seinen Reformen trat er gegen den Grundsatz der Unberührbarkeit auf und nahm Parias, Menschen der verachteten Kaste, auf. Das bedeutete in der Tat etwas grundstürzend Neues im sozialen Gefüge Indiens.

Doch sein Kampf galt der Freiheit seines indischen Vaterlandes, und zwar durch Asahajoga, indem er bürgerlichen Ungehorsam proklamierte. Immer wieder predigte er gewaltlosen Kampf, Kampf durch Seelenkraft, durch Ergreifung der Wahrheit. In einer antibritischen Front boykottierte man das Wirtschaftssystem der Machthaber, durch häusliches Spinnen machten sich die Inder von der britischen Textilindustrie unabhängig.

Immer wieder wurde Gandhi ins Gefängnis geworfen, doch jeder Druck hob sein Ansehen und stärkte den Widerstandswillen seiner Landsleute. Im Frühjahr 1930 rief er wieder eine umfassende Protestbewegung gegen die britische Herrschaft ins Leben, als er mit dem „Marsch zum Meer" das Salzmonopol zu brechen suchte.

Immer wieder wirkte Gandhi durch eine überzeugende Gewaltlosigkeit, so durch seinen Protest im Gefängnis, als der asketische Politiker durch ungewöhnlich langes Fasten gegen die britische Unterdrückung protestierte.

Am Ende des langwierigen Kampfes stand der Erfolg: die Erklärung der Unabhängigkeit Indiens und Pakistans am

15. August 1947. Gandhi, von den Hindus wie ein Heiliger verehrt, hat es durch seine menschliche Lauterkeit und das Vorbild seiner tiefen Religiosität verstanden, die Landsleute aus der Gleichgültigkeit herauszureißen und für die Freiheitsbewegung zu begeistern: Das Land mit seiner Kultur von über vier Jahrtausenden gewann endlich die Selbständigkeit.

Daß Gandhi die blutigen Auseinandersetzungen zwischen Hindus und Mohammedanern nicht verhindern konnte, spricht nicht gegen seine Leistung. Die Ermordung Gandhis bedeutete gleichsam eine Überhöhung seines Strebens: eine Aufforderung an die Menschheit, sich brutaler Gewalt zu widersetzen. Indien, von Gandhi zur Freiheit geführt, ist heute auf dem Wege, eine wirtschaftlich bedeutende Industrienation zu werden.

Lange nicht gesehen — doch wiedererkannt

Zwei Cowboys treffen sich. Sie leben in einem nordamerikanischen Bundesland, dessen Name von A bis A reicht. Wie heißt es? (Lösung auf Seite 399)

Die Abschreckungswaffe der USA: Interkontinentalraketen

Von Fred R. Stoker

Trotz der noch recht frühen Morgenstunde macht mir die Hitze und die hohe Luftfeuchtigkeit bereits sehr zu schaffen. Es wird wohl mal wieder ein sehr heißer Tag, denke ich und stapfe etwas mißmutig neben meinem Begleiter über das Brachland. Sehnsüchtig geht mein Blick zu einem kleinen Wäldchen zu unserer Rechten, aber mein Begleiter denkt gar nicht an Schatten und Kühle, sondern ändert bereits wieder die Richtung. Seit nunmehr einer halben Stunde laufen wir — wie es mir scheint — ziel- und planlos durch die Landschaft Missouris.

Dabei wollte ich doch einen Blick hinter die Kulissen werfen, wollte mir ansehen, wie es auf einem Gelände aussieht, auf dem die riesigen Interkontinentalraketen der USA auf ihren Abschuß warten.

Wir durchqueren ein Gelände, auf dem offensichtlich vor einiger Zeit ein Wald gerodet wurde. Die geschlagenen und fein säuberlich geschnittenen Stämme hat man zu kleinen Holzstößen aufgeschichtet, die nun auf den Abtransport warten.

An einem solchen Holzstoß macht mein Begleiter halt. „Setzen wir uns für einen Augenblick", meint er und deutet dabei auf die aufgeschichteten Hölzer. „Sie sind sicher enttäuscht über das, was Sie bisher zu sehen bekamen."

„Nun ja", entgegne ich etwas mißmutig, „sehr informativ war es bisher nicht."

„Mag sein, das wird sich aber sehr bald ändern. Aber auch so haben Sie schon mehr gesehen, als Sie vielleicht annehmen."

„Dunkel, Herr, ist deiner Rede Sinn", denke ich und warte auf eine nähere Erklärung. Außer einem Teil der Landschaft, den Hügeln, einigen kleinen Wäldchen, vereinzelt wachsenden großen Sträuchern und ähnlichem, habe ich nämlich bisher wirklich nichts Außergewöhnliches entdecken können.

Ich starre immer noch zu dem kleinen Wäldchen hinüber und denke daran, wie herrlich kühl es in seinem Schatten wäre, als sich das Wäldchen plötzlich nach rechts aus meinem Blickfeld bewegt. Habe ich bereits einen Sonnenstich? Jetzt höre ich ganz deutlich ein dumpfes Rumoren. Schnell kommt mir zum Bewußtsein, daß sich nicht das Wäldchen bewegt, sondern wir bewegen uns zur Seite. Mein Begleiter will sich ausschütten vor Lachen. Ohne etwas zu ahnen, bin ich mit ihm die ganze Zeit zwischen den Silos einer Interkontinentalraketenstellung spazierengegangen. Als Krönung hat er dann ausgerechnet einen Holzstoß als Rastplatz ausgesucht, der zur Tarnung eines Lukendeckels dient.

„Wie gefällt es Ihnen?" erkundigt er sich und deutet auf ein rundes Loch an der Stelle, wo noch eben unser Holzstapel stand. Mitten in dem ausbetonierten Schacht erkennt man die Spitze einer Rakete.

„Übrigens", erklärt mein Begleiter, „der Deckel über dem Silo schließt luftdicht ab, ist 1,25 m dick und wiegt die

Rechts: Auf einem langen Feuerstrahl „reitet" die „Minutemen" — hier bei einem Probeschuß — in den Himmel. Weiße Rauchwolken der Rakete verdecken die Abschußstelle.

Kleinigkeit von 45 Tonnen. Die Rakete steht in einem 27 m hohen oder — wenn Sie so wollen — tiefen Schacht mit einem Durchmesser von 10 m. Am Boden hat der Schacht jedoch nur einen Durchmesser von 4 m."

„Die Rakete müßte doch eigentlich beim Start erheblich beschädigt werden, denn die überheißen Abgase hüllen doch für einige Sekunden die Rakete vollständig ein", meine ich und sehe meinen Begleiter fragend an.

„Ja, das ist richtig", erklärt er, „für die Raketen wurde ein spezieller Kunstharzlack entwickelt, und so kann die Rakete nicht mehr durch ihre eigenen Verbrennungsgase beschädigt werden."

Wir bewegen uns etwas zur Seite — hoffentlich stehen wir jetzt nicht auf einer anderen Luke. Mein Begleiter scheint meine Gedanken erraten zu haben. „Hier in diesem Gelände befinden sich zehn Abschußsilos für Minutemen-Raketen, alle gut getarnt, aber sicher weiß man auf der Gegenseite bereits längst, wo man sie zu suchen hat. Aber auch das ist ein Teil unserer Strategie. Nur wenn der Gegner weiß, was ihn bei einem Angriff erwartet, wird der Frieden gewahrt bleiben."

Wie von Geisterhand bewegt sich unser Holzstapel wieder an seinen Platz, und nach einigen Sekunden kann man nichts Verdächtiges mehr erkennen, was die Anwesenheit einer so fürchterlichen Waffe verraten könnte.

„Was ist das eigentlich für eine Rakete, die Minutemen?" frage ich, während wir unseren Weg fortsetzen.

„Im Unabhängigkeitskrieg der amerikanischen Kolonien Englands gegen das Mutterland kam es am 18. April 1775 in Lexington, im heutigen Bundesstaat Massachusetts, zu einem Gefecht. Sieger blieb die Miliz, die beim Herannahen der englischen Truppen ihre Gewehre aus dem Schrank holte und innerhalb von Minuten — daher auch der Name Minutemen — einsatzbereit war. Da der neue Raketentyp, der ja die bisherigen Titan- und Atlasraketen ablöste, ebenfalls in Minutenschnelle einsatzbereit ist, wurde er Minutemen benannt. Im Gegensatz zu seinen Vorgängern ist die Minutemen nämlich eine Feststoffrakete und viel schneller einsatzbereit, da der langwierige Tankvorgang entfällt. Aber sehen wir uns doch die unterirdischen Anlagen an."

Der Eintritt ins unterirdische Reich geht natürlich nicht ohne Sicherheitskontrollen ab, aber sehr schnell haben wir alle Formalitäten erledigt und befinden uns in einem Raum, den man mit elektronischen Geräten aller Art vollgestopft hat.

Die Kommandozentrale ist ein fester Bestandteil des gesamten Waffensystems, und die unterirdischen Anlagen der Raketenbatterien gehören zu den bedeutendsten Befestigungsanlagen, was ihre Stärke und Ausdehnung anbelangt. Über zwanzig Meter unter der Erde sitzt das Personal in einem durch meterdicke Stahlbetonwände geschützten Raum. Hier befinden sich die Rechner, Startkonsolen und Funkgeräte. Damit die Schockwellen eines gegnerischen Treffers die Geräte nicht unbrauchbar machen, hat man sie auf Gummi gelagert. Frischluftanlagen, Ersatzteile und Lebensmittel machen die Besatzung im Ernstfall von der Außenwelt unabhängig. Sollte trotzdem einmal eine Kommandozentrale ausfallen, so können die Raketen durch eine „fliegende Kommandozentrale", eine Boeing EC-135, gestartet werden.

Damit die Raketen in ihren Silos gewartet werden können, sind sie von der Kommandozentrale aus durch eine Röhre zu erreichen. Im Silo selbst befinden sich ebenfalls verschiedene Rechner, Prüfgeräte und eine Klimaanlage, die die Rakete unter bestimmter Temperatur hält.

Nachher, im Büro meines Begleiters, erfahre ich Weiteres über die Interkontinentalraketen, auch kurz ICBM genannt, für Intercontinental Ballistic Missile.

Als die Raketen die Hauptaufgabe der Abschreckung gegenüber einem möglichen Angreifer übernahmen, stand hauptsächlich der Typ Atlas und die Titan-Rakete zur Verfügung. Diese Raketen gehören zum Typ der Flüssigkeitsraketen, das heißt, ihr Brennstoff wird in flüssiger Form mitgeführt. Die Reaktionsgeschwindigkeit gegenüber einem feindlichen Angriff erwies sich jedoch bald als zu langsam. Trotz des sehr gut ausgebauten amerikanischen Frühwarnnetzes betrug die Vorwarnzeit im günstigsten Fall fünfzehn Minuten. Diese Zeit reichte gerade, um die Rakete startfertig zu machen, da bei Flüssigkeitsraketen der Tankvorgang lange Zeit in Anspruch nimmt. Voll aufgetankt können die Raketen jedoch nicht gelagert werden.

Als Ausweg bot sich die Entwicklung von Feststoffraketen an, die praktisch in Sekunden abschußbereit sind.

1958 wurde die Firma Boeing — bekannt als Hersteller von Passagierflugzeugen — mit der Entwicklung und Herstellung eines neuen Waffensystems beauftragt. Dabei stellte die Luftwaffe an die Firma Boeing eine Reihe von Forderungen, die bei der Konstruktion zu berücksichtigen waren. Die Minutemen sollte von Anfang an für den Abschuß von unterirdischen Anlagen ausgelegt sein, eine lange Lagerfähigkeit haben und eine Reaktionsgeschwindigkeit — vom Startbefehl bis zum Schuß — von einer Minute nicht überschreiten.

Das Ergebnis war die in ihrer Einfachheit, ihrer Zuverlässigkeit und ihrer leichten Bedienbarkeit in der westlichen Welt einzigartige Minutemen. Die Länge der Minutemen — ihre offizielle Bezeichnung lautet LGM-30 B Minutemen I — beträgt 16,80 m bei einem maximalen Durchmesser von 1,83 m. Das Gewicht beträgt beim Abschuß 29,48 t. Sie ist eine Dreistufenrakete, deren einzelne Stufen von je vier beweglichen Düsen angetrieben werden.

Die erste Stufe arbeitet mit einer Mixtur aus Ammoniumperchlorat und Polybutadine-Acrylsäure. In der zweiten Stufe wird eine Mischung aus Ammoniumperchlorat und Polyurethan verbrannt, während die dritte Stufe eine Brennstoffmischung aus Nitrocellulose, Nitroglyzerin und Ammoniumperchlorat besitzt.

Ihre eigentliche Vernichtungskraft wird in der Spitze der dritten Stufe in Form eines Atomsprengkopfes mitgeführt. Die Weiterentwicklungen der Minutemen tragen sogar mehrere dieser Gefechtsköpfe, die unabhängig voneinander ausgestoßen werden und ihr Ziel angreifen.

Die Minutemen I ist bereits die zweite Version, in der man diese Rakete gebaut hat — die eigentliche Minutemen ist bereits außer Dienst gestellt worden. Der Minutemen I folgten bald die LGM-30 F Minutemen II und die LGM-30 G Minutemen III. Diese Versionen sind etwas größer und haben eine größere Reichweite. Nur bei der 2. Wing in Ellsworth und bei der 5. Wing in Warren steht die Minutemen I noch im Dienst.

Neben den ungefähr 1000 ICBM der Luftwaffe verfügt die amerikanische Marine ebenfalls über eigene Interkontinentalraketen, wie etwa die Polaris und die neue Poseidon. Diese Zweistufenraketen — ebenfalls Feststoffraketen — sind auf den Atom-U-Booten stationiert und können unter Wasser abgeschossen werden. Da U-Boote ihren Aufenthaltsort ständig wechseln und dabei vorwiegend unter Wasser fahren, ist ihre Lokalisierung für einen Gegner sehr schwierig. Ihr Wert in der Aufgabe der Abschreckung ist daher besonders hoch. Wie alle Interkontinentalraketen der USA verfügen auch die Polaris und die Poseidon über Atomgefechtsköpfe.

Im Rahmen des bisherigen Wettrüstens waren sowohl die USA wie auch die UdSSR immer bestrebt, ein Übergewicht zu erreichen. Nach den Studien des Jahres 1970 hatte die UdSSR eine größere Anzahl von Raketen, die aber durch die amerikanischen Raketen mit Mehrfachsprengköpfen wieder kompensiert wurde. Nur auf dem Sektor der seegestützten Interkontinentalraketen hat die USA ein Übergewicht. Auch hier bietet die neue Poseidon-Rakete einen Ausgleich, da sie über einen Mehrfachgefechtskopf mit zehn Sprengladungen verfügt, die voneinander unabhängig verschiedene Ziele angreifen können.

Der quantitative Gleichstand zwischen beiden Ländern — bei dem die USA einen qualitativen Vorsprung aufzuweisen haben — führte zu dem bekannten atomaren Patt, bei dem beide Seiten bei einem Angriff vernichtet würden. Im Laufe der Jahre hat sich eine Situation entwickelt, die man mit „overkill" bezeichnet, das heißt, die vorhandenen und im Falle eines Krieges einsatzbereiten Raketen mit Atomsprengkopf reichen aus, um den Gegner in jedem Fall zu vernichten. Selbst wenn es gelänge, den größten Teil der gestarteten Raketen in der Stratosphäre zu vernichten, würde der Rest für eine vollständige Vernichtung ausreichen. Nach Ansicht der Militärs — und nicht zuletzt der Politiker — ist nur eine solche Situation geeignet, den Frieden in der Welt zu gewährleisten.

Jede weitere Entwicklung auf dem Sektor der Interkontinentalraketen mit dem Ziel, einen Vorsprung zu erreichen, würde weitere Milliarden verschlingen. Es ist daher kein Wunder, wenn sich die beiden Mächte am Konferenztisch zusammenfanden, um ein Abkommen auszuhandeln, in dem die Beschränkung der Rüstung auf diesem Gebiet vereinbart wurde.

Die Annäherung der Supermächte war nicht zuletzt der Entwicklung von Anti-Raketen-Raketen zuzuschreiben, für deren Abwehr ein sehr umfangreiches und sehr kostspieliges Abwehrverfahren hätte entwickelt werden müssen. Diese Raketen tragen wie ihre großen Brüder einen atomaren Gefechtskopf und explodieren in der Nähe der angreifenden Rakete.

In den USA hatte man dieses bekannte Abwehrsystem bereits bis zur Einsatzreife entwickelt. Am 31. August 1970 startete in Vandenberg AFB, Kalifornien, eine Minutemen-Rakete. Vom Kwajelein-Atoll, 6760 km von Vandenberg entfernt, startete man eine Anti-Raketen-Rakete vom Typ Spartan, um die Minutemen abzufangen. Weder die Minutemen noch die Spartan trugen Atomgefechtsköpfe. Mit elektronischen Meßinstrumenten wurde ermittelt, daß die im Pazifik gestartete Spartan die Minutemen in solcher Nähe passierte, daß es zur Vernichtung der Minutemen gekommen wäre, hätte die Spartan einen Atomgefechtskopf getragen.

Es bleibt abzuwarten, inwieweit sich die zwischen den USA und der UdSSR ausgehandelten Abmachungen auf dem Gebiet der Interkontinentalraketen realisieren lassen, denn für beide Mächte taucht bereits eine neue Gefahr auf: die mit allen Mitteln vorangetriebene ICBM-Entwicklung in der Volksrepublik China.

Die geheimnisvollen Höhlen von Qumran

Von Franz Braumann

Achmad, der Beduinenjunge aus dem Stamm der Ta'amira, hatte mit seinen zwei Brüdern Ras und Tafar die Ziegen mehr als einen Kilometer weit in das Wadi Qumran am Toten Meer hinaufgetrieben bis zu der Stelle, wo die Steilfelsen begannen und das Wadi sich in zwei Schluchten aufspaltete. Dort fand die Abendsonne nicht mehr hin, und unterhalb des Abbruchs, der im Winter einen Wasserfall bildete, wuchs saftiges Gras. Im Wadi floß längst kein Tropfen Wasser mehr. Aber wenn man in den lockeren Sand des Flußbettes hineingrub, fühlte sich dieser bald feucht an.

Die Ziegen weideten gierig. Achmad warf sich unter einer Felsunterwaschung nieder und begann mit den Händen im Sand zu wühlen. „Suchen wir Wasser!" trieb er die jüngeren Brüder an. Wasser war der köstlichste Genuß, den es für Beduinenjungen aus dem Moab gab.

So hatten sie auch die Rufe der Männer überhört, die sie zu den Zelten zurückriefen. Erst als knirschende Tritte im Wadi hörbar wurden, fuhren sie aus ihrer kleinen Grube empor. Um die letzte Krümmung tauchten zwei Beduinen auf.

„Wo steckt ihr? Warum antwortet ihr nicht?" schimpfte der erste. „Wir stolpern das heiße Wadi hinauf, und die Bande liegt auf dem Bauch und leckt Wasser!" Sie schauten sich in den tiefen Schatten des Wadis um. „Fünf — sieben — neun — wo stecken die letzten zwei Ziegen?" fragte der Ältere.

Nachdem sich die mageren schwarzen Tiere auf dem Quellgrund des Wadis gesättigt hatten, waren sie rechts und links in Geröllhalden und steile Felsen hinaufgestiegen und rupften von den ausgesetzten Kanten und Felsbändern die wenigen Grashalme, die der Winterregen herausgelockt hatte. Achmad pfiff durch zwei gekrümmte Finger einen langgezogenen Ton. Die Tiere hoben lauschend den Kopf. Der junge Hirt winkte mit beiden Armen und rief: „Kelje, kelje!" Die Ziegen sprangen meckernd von Absatz zu Absatz und trippelten auf dem Grund des Wadis hinter Achmad drein, der sich jetzt zum Gehen gewendet hatte.

Tafar, sein jüngerer Bruder, trieb die säumigen Tiere rascher an. Er zählte murmelnd: „Eine Hand, zwei Hand". Aber die zweite Hand wurde nicht mehr voll. Die Sonne mußte nun vollends untergegangen sein — auch die hohen Felsen des Wadis verloren ihren roten Schimmer und sanken in ein düsteres Grau zurück. Achmad, Ras und die Männer waren bereits weit voraus. Tafar war erst zehn Jahre alt und wurde immer noch rasch nachtscheu. Dann fühlte er förmlich, wie aus den tiefen Schatten der Schluchten die Geister heranwehten.

„Achmad — Achmad!" rief er furchtsam. Der Bruder hörte den kläglichen Ruf. „Mein ängstlicher Tafar sieht schon wieder Geister!" lachte er.

Doch während die Ziegen eine nach der anderen an ihm vorbeihüpften, stellte auch er mit einem wachsenden Unbehagen fest, daß zwei der genäschigen Tiere fehlten. Als Tafar in der zunehmenden Dämmerung auftauchte, fragte er schnell: „Zwei Ziegen fehlen noch — hast du sie nicht vor dir hergetrieben?"

„Ich meinte, sie wären schon voraus bei euch", antwortete Tafar ängstlich.

Achmad hielt ihn zurück. „Wir müssen die zwei Ziegen suchen! Du kennst den Vater, wenn wir schlechte Hirten gewesen sind!"

Tafar wand sich unter dem Griff des Bruders. „Jetzt nicht; es wird schon finster! Morgen kommen sie sicher wieder ins Lager zurück!"

„Angst hast du — sonst nichts!" schimpfte Achmad. Er ließ den Arm des Bruders los. „Lauf weiter und sag, daß ich bald nachkomme. Ich muß sie finden!"

Er wandte sich um und lief in das eindämmernde Tal zurück. Als das Trappeln der Ziegen hinter ihm nicht mehr zu hören war, sank eine lauernde Stille über ihn herab. Achmad wollte noch so weit zurücklaufen, bis die Qumran-Schlucht in das breitere Wadi einmündete.

Als er die Abzweigung der Schlucht erreichte, rief er von neuem: „Kelje, kelje!" Er hielt den Atem an und lauschte auf ein Meckern oder einen Tritt. Es geschah selten, daß sich eine Ziege ausweglos auf einen Felsen verirrte, wo sie dann nicht mehr vor und zurück konnte. Traf es aber einmal ein, dann schrie das kluge Tier wie ein menschliches Wesen um Hilfe.

Plötzlich entdeckte Achmad auf der halben Höhe des Steilfelsens einige niedrige schwarze Löcher, Höhlen, die manchmal steil abwärts in den Berg hineinführten. Waren die neugierigen Tiere in eine dieser Höhlen hinabgerutscht?

Der Fels war griffig und fest; Achmad gewann rasch an Höhe. Das dunkle, enge Wadi unter ihm füllte sich immer höher mit der Finsternis. Achmad durfte nicht hinabsehen, damit nicht auch ihn die Angst überfiel. Er suchte stumm die Wand über sich nach einer dunklen Stelle ab, die ein größeres Loch in den Felsen hinein vermuten ließ. Wenn eine der Höhlen so steil in die Tiefe führte, daß eine eingeschlossene Ziege nicht mehr heraufklettern konnte, wie sollte da er auf den Grund eines solchen Loches hinabgelangen?

Mit angespannter Vorsicht schwang sich der Kletterer auf ein senkrecht abfallendes Felsriff. Er konnte sich aufrichten und eine kurze Strecke weit wieder frei ausschreiten. Nur vor dem Blick in die nächtliche Tiefe schauderte ihm. Weit draußen sah er den reglosen schwarzen Glanz des Toten Meeres. Er trat um eine Wandbiegung und hielt jäh an. Vor ihm gähnte ein niedriges Loch in der Steinwand. Mit klopfendem Herzen trat er hinzu, beugte sich nieder und streckte den Kopf in die schwarze Öffnung. Er lauschte. Kein Laut kam herauf. „Kelje, kelje!" rief er zaghaft. Er hörte den kurzen, dumpfen Widerhall seiner eigenen Stimme herauf. Das Loch mußte tief in den Berg hinabreichen.

Mutlos erhob sich Achmad und kroch auf dem Felsband weiter. Er erinnerte sich an zwei Höhlen, die er am Tag gesehen hatte. Auch die zweite konnte nicht mehr weit sein. Eine neue Stufe zwang ihn höher. Er stieg hinauf, als folgte er einem heimlichen Befehl. Einen Augenblick dachte er daran, daß er auch die Felswand wieder hinabklettern mußte. Seine Zähne schlugen aufeinander — jetzt griff die Angst nach ihm.

Achmad spürte einen kühlen Lufthauch über sich herabfließen. Als er sich auf die Beine erhob, erkannte er, daß er schon knapp unterhalb der zweiten Höhle kauerte. Sie erschien ihm breiter, aber niedriger als die erste. Er tastete den Höhlenboden innerhalb der Steinwand ab. Seine suchende Hand kam nicht weit, dann fiel der Boden jäh ab. Unentschlossen hockte er sich hin und wartete.

Zaghaft beugte sich Achmad hinab in das pechschwarze Loch im Gestein und rief lockend: „Kelje, kelje, wo seid ihr?" Ein dumpfer Laut antwortete ihm — als seufze der Berg. Achmad wartete eine Weile und rief wieder: „Kelje..." Es war nur das dunkle Echo seiner Stimme, das ihm antwortete.

Unentschlossen spielte seine Hand im Felsgeröll vor der Höhle. Spielerisch ließ er einen faustgroßen Stein in die Wölbung hineinrollen. Das rollende Geräusch brach ab — jetzt fiel der Stein — jetzt schlug er auf!

Wie tief war die Höhle? Aus der Zeit und dem Klang des Aufschlags mußte Achmad es erkennen. Er griff lebhaft, weil er eine neue Aufgabe vor sich hatte, nach einem zweiten Stein, mit einem leichten Schwung rollte er ihn in den Berg hinein. Hüpfen, Gepolter — dann ein klirrender Aufschlag, als wäre ein Tongeschirr in Scherben zerborsten.

Achmad sprang jäh empor. Gab es in der Tiefe der Höhle Geschirr, eine Tonschüssel, einen Krug? Atemlos horchte er, ob sich auch ein anderer Laut aus der Tiefe regte. Nichts — nicht einmal Geriesel von nachrollendem Sand. Mit zitternden Fingern tastete er nach einem neuen Stein, begierig, dieses seltsame Geräusch noch einmal zu hören. Genau an dieselbe Stelle mußte der Stein hinschlagen wie der vorige. Er zielte und warf ihn — von neuem ein noch stärkerer zerscherbender Ton! Etwas brach in sich zusammen, klirrte und war wieder still.

Achmad hatte Ziegen gesucht — aber was lag in dieser Höhle verborgen? Der junge Beduine wußte nichts von der alten und unerhört bewegten Geschichte seines Heimatlandes. Zu den Zeiten der Sumerer hatte sich Abrahams Stamm aus Mesopotamien aufgemacht und war über den Jordan in dieses damals wasserreiche und grüne Land herübergekommen. Babylon und die Pharaonen Ägyptens hatten sich auf diesem Flecken Erde bekriegt. Das Volk Juda wurde später an die Wasser Babylons geführt, bis die alten Reiche zerfielen und das Volk aus der Gefangenschaft wieder heimkehrte. Hethiter und Phönizier bekriegten sich blutig; der Assyrer Assurbanipal lieferte hier Ägyptens Neuem Reich seine Schlachten. Blut floß immer wieder, Schätze wurden gewonnen und gingen verloren im Auf und Ab der Herrschaft über Palästina.

Achmad, der Beduine, wußte nichts davon — nur daß gerade jetzt ein neuer Krieg zwischen Arabern und Juden bevorstand — man schrieb das Jahr 1947 — und daß jeder Mensch sein Besitztum oder seine Schätze verbergen mußte.

Verborgene Schätze! Diese Worte warfen ihn in eine neue Erregung hinein. Er ließ einen vierten Stein rollen und horchte dem Aufschlag nach — dieser fiel ins Taube. Achmads Vorstellung aber blieb, daß in der Tiefe dieser Höhle ein Schatz verborgen liegen müsse — ein geheimnisvoller, reicher Schatz. Er trug noch den Klang zerberstender Krüge im Ohr, und das war ihm Zeichen genug. Er kehrte ohne die Ziegen zurück...

*

Fast senkrecht stieg die Sonne am Morgen hinter den Moabbergen aus dem Meer der Nacht empor. Der nächtliche Himmel färbte sich bleiern, eine grüne Fahne, so flatterte die Dämmerung über das unendliche Gewölbe der Nacht, sie wandelte sich in Lila, in Rot, in flammendes Gelb. Unvermittelt stach weißes Feuer über den kahlen Horizont; der

Mantel der Finsternis wehte nach Westen hinab. Die Sonne, die glühende Mutter des Lebens, verschluckte die finsteren Schatten in den Schluchten und Wadis der Berge von Judäa.

Achmad und Tafar trieben die Ziegenherde gegen Norden das langgestreckte Tal hinauf. Sie hüpften fröhlich lachend und sich zurufend hinter den schwarzen Tieren her, die abends noch alle heimgekehrt waren. Achmad trug unter dem Haik, dem weiten Umhang, einen langen, dünnen Strick. Jetzt zog er ihn von der Schulter und zeigte ihn dem Bruder. „Kennst du das?" fragte er augenzwinkernd.

Tafar lachte arglos. „Ein Strick! Wen willst du damit anbinden?"

„Mich selber — und du wirst mich festhalten!"

Der junge Bruder erschrak. „Willst du eine Bergwand hinaufklettern? Denk an den Vater! Wenn er es erfahren würde!"

Achmad lachte laut. „Ich steige in den Berg hinein!"

Tafar wandte sich um und wollte entsetzt zurücklaufen. Achmad aber hielt ihn am Haik fest. „Zu einem Schatz steige ich hinab! Wir werden viel Geld haben, wenn ich wieder heraufkomme!" Er hielt die Hände aufgewölbt vor sich hin, als ob er einen schweren Sack trüge. Dann strich er dem furchtsamen Bruder tröstend über die schwarzen, strähnigen Haare. „Du brauchst nur den Strick zu halten, bis ich wieder heraufkomme."

Durch den engen Einschnitt des Wadis blinkte das Tote Meer weiß und blitzend von tausend kleinen Morgenwellen herauf. Es schien bis unter den Steilabfall heranzureichen; Achmad winkte Tafar, erst bei den Ziegen zu warten, dann kletterte er gewandt zwischen ausgebleichten Felsklötzen empor.

Tafar folgte ihm furchtsam. Achmad erwartete ihn ungeduldig. Er wies schräg an einem Hang empor. „Ich habe die Höhle wiedergefunden — dort drüben muß sie sein!"

Das Feuer des Neuen ergriff jetzt auch Tafar. Er folgte dem Bruder wortlos. Die Glut der Sonne nagelte sie an der weißgrauen Wand förmlich fest. Andere als die abgehärteten Beduinenjungen hätten sie zu dieser Tagesstunde kaum ertragen.

Ein dunkles Loch in der waagrechten Schichtung des Gesteins gähnte ihnen drohend entgegen. „Das ist die Höhle!" flüsterte Achmad, als müßte er verhüten, noch von einem Dritten gehört zu werden.

Die Buben beugten sich unter die Felswölbung und starrten hinab. Achmad lockerte behutsam einen Stein und warf ihn in den Schlund. Gepolter an der Höhlenwand, dann ein klirrender Aufschlag wie auf Scherben. „Hörst du es?" jubelte Achmad. „Ich muß hinab! Schnell, binde mich an!" Der Schatz, der große Schatz, der ihn erwartete, erfüllte ihn jetzt ganz. Er brauchte nur hinabzusteigen und ihn heraufzuheben — da ist er!

Achmad schlang sich das Seilende um seine Mitte. Er fühlte nach dem Feuerzeug in der Falte seiner weiten Hose — seine Ausrüstung für die Hebung des Schatzes erschien ihm vollkommen.

Langsam begann er, mit den Füßen voraus, sich auf dem Bauch in die Höhle hinabgleiten zu lassen. Tafar hatte sich auf den Boden hingeworfen und hielt den Strick krampfhaft fest. Die Wölbung der Höhle wurde steiler, Sand geriet ins Rutschen. „Laß nach, laß nach!" keuchte Achmad am Seil.

Tafar fühlte, wie die Innenflächen der Hände brannten, aber er ließ den Strick nur Ruck um Ruck hindurchgleiten.

„Laß schneller nach!" stöhnte Achmad von neuem.

Tafar öffnete die schmerzenden Hände ein wenig — da entglitt ihm der straffe Strick. Er hörte Gepolter in der Tiefe der Höhle, Geklirr, dann Stille.

Er horchte — nichts! „Achmad, Achmad!" rief er voll Entsetzen.

„Sei doch still!" brummte jetzt Achmad völlig heil aus der schwarzen Tiefe. „Erst läßt du mich los, dann heulst du noch dazu!"

Er prüfte scharrend mit den Füßen den Boden der Höhle, die sich eine Spanne hoch oder noch mehr mit Staub gefüllt hatte. Von oben fiel ein geringer Widerschein des Tageslichtes um die Krümmung herab. Er selbst hockte in einer Staubwolke, die sich nun langsam wieder senkte.

Als er weiterkroch, stieß er mit den Fingern an etwas Hohes, Glattes. Er tastete an ihm empor, fühlte die Rundung — sein Herz krampfte sich jäh zusammen: der Schatz! Im Geist sah er bereits alles hell und überscharf: ein hoher Krug, bis zum Hals hinauf gefüllt mit Geldmünzen, goldenen, silbernen — was gab es sonst noch für Metalle?

Warum fand er nur das verlorene Feuerzeug in dem dichten Staub nicht mehr! Er mußte versuchen, ohne Licht zurechtzukommen.

Von neuem griff er vorwärts, umfaßte das Gefäß ganz — es erschien ihm als Tonkrug von fast einem Meter Höhe, mit

einem kurzen, engen und oben nach außen gekrümmten Hals. Ein Griff noch in die Tiefe des Kruges — dann wußte er alles! Seine Finger glitten weiter — der Krug besaß oben keine Öffnung! Wenn er nur etwas mehr sehen könnte! Er streckte sich aufgeregt und erkannte, daß er ungehindert in der Höhle stehen konnte.

„Achmad! Was siehst du?" fragte Tafar drängend von oben. „Oder ist die Höhle leer? Dann komm herauf!"

Achmad faßte den Krug um die Mitte und versuchte ihn zu heben. Was er nicht erwartet hatte, traf ein — es gelang ihm ohne weiteres. Fast leicht fühlte sich der hohe Krug an, wenn man bedachte, daß er voll sein müßte, gefüllt mit Geld! Er schüttelte das hohe Gefäß — nichts klirrte in seinem Innern. Er versuchte, mit der Hand die verschlossene Öffnung durchzustoßen — es gelang ihm nicht.

Der Krug erschien ihm allmählich als ein immer größeres Rätsel. Wer hatte ihn hier verborgen — wenn er gar nichts enthielt?

„Achmad, komm wieder herauf!" rief Tafar weinerlich. Er rüttelte an dem Strick, der den Bruder in der Tiefe mit der sonnenflimmernden Hitze des Berghanges verband.

Achmad hatte sich an die Dunkelheit in der schmalen Höhle gewöhnt. Jetzt konnte er zu seinem Erstaunen noch zwei weitere Krüge erkennen, schattenhaft angedeutet unter hohen Schichten von Staub. Am äußersten Rand der Höhle stachen zackige Scherben aus dem Staub. Natürlich, er selber hatte am Abend den Krug mit seinen Steinen zerschlagen!

Achmad schob sich durch den aufwallenden Staub zu den Scherben hin. Vorsichtig wischte er den Staub fort und tastete durch den zerbrochenen Deckel in die Öffnung des Kruges. Er faßte einen harten, armdicken Knochen, so schien es ihm.

„Achmad, warum sagst du nichts? Wenn du nicht antwortest, dann laufe ich fort!" drohte Tafar.

„Nein, bleib, ich klettere zu dir hinauf!" rief Achmad hastig und tastete sich an die Stelle zurück, auf die er herabgeglitten war.

Nun war es Tafar, der neugierig fragte: „Hast du gar etwas gefunden?"

„Nichts — nur drei große Krüge und Scherben und ..." Die weiteren Worte Achmads waren nur noch ein Gemurmel.

„Und was noch? Sag mir's doch, Achmad!" forschte Tafar weiter.

Achmad überlegte. „Nichts weiter als einen dicken Knochen." Er tastete sich zu den Scherben zurück, zog den seltsam abgerundeten Knochen aus dem Staub und stemmte sich an die Seiten der Höhle. „Zieh fest am Strick, ich komme hinauf!" Mit einigem Gekeuch und zerschunden an den Knien kam er wieder oben im Licht an.

Tafar bückte sich neugierig über den Fund. Es war ein braun verkrustetes Bündel, vielleicht so lang und dick wie der Oberarm eines erwachsenen Mannes. Er kratzte ein wenig daran, da blätterten braune, glänzende Schichten ab. Achmad hatte verdrossen die Augen vor dem flirrenden Licht gesenkt; als er Tafars Bemühen sah, wurde auch er aufmerksam. Er trug ein kurzes, dolchartiges Messer im Gürtel; nun schabte er damit eine Kruste nach der anderen fort. Fünf, sechs harte, braune Schalen ließen sich lösen, dann geriet er an eine, die hell, fast weiß war. Mit Eifer breitete er das Loch durch die Schalen aus. In der Öffnung erschienen schwarze Zeichen. Sie lagen wie auf unsichtbaren Linien nebeneinander — eine Schrift! Plötzlich lachte Achmad und schlug auf das Bündel, daß es aufstäubend knisterte. „Das ist ein Buch!"

„Ein Buch?" fragte Tafar verwundert.

„Es ist sehr alt, vielleicht ein heiliger Koran — das siehst du doch!"

„Wurden früher die Bücher zusammengerollt?"

„Wahrscheinlich, wenigstens dieses Buch, das dort unten jemand im Krug versteckt hat!"

Sie beugten sich über die Schriftzeichen und versuchten sie zu lesen. Drüben in ihrer Heimat Moab hatten sie im Winter stets einige Monate die Schule besuchen müssen. Der Mufti, der Religionslehrer, hatte sie einige Zeilen des Korans lesen gelehrt. Die Schrift vor ihnen aber verstanden sie nicht. Doch sie blieben dabei: Sie hatten eine heilige Schrift des Islam gefunden!

Ihr Interesse war erwacht, der Goldschatz, den sich Achmad vorgegaukelt hatte, war vergessen. Sie bohrten mit dem Messer noch tiefer in die Rolle hinein. Schicht auf Schicht des mürben Stoffes blätterte ab, jedesmal tauchten wieder auf dem sonderbaren Papier oder Leder die seltsamen Schriftzeichen auf. Vielleicht hätten sie so in ihrem Eifer die ganze Rolle in kleine Fetzen zerlegt, als sich Achmad plötzlich auf die Stirn schlug: „Auch in den anderen Krügen sind heilige Schriften versteckt!"

Damit erschien den jungen Beduinen das Rätsel der hohen Krüge gelöst. Er legte die halbzerstörte Rolle beiseite und schlang sich wieder den Strick um die Mitte. „Ich steige hinab und hole die Krüge. Aber gib acht, wenn du sie heraufziehst!"

Die Beduinenjungen waren nun mit Feuereifer am Werk. Achmad sauste fast wie ein Pfeil in den dunklen Schlund; Tafar brauchte ihn kaum festzuhalten. Er rückte den ersten Krug heran, und da dieser Henkel besaß, konnte er den Strick gut daran befestigen. Dann hob er ihn zaghaft, damit er nirgends heftig an den Stein stieß und rief hinauf: „Zieh! Langsam, ganz vorsichtig. Er darf nicht brechen!"

Tafar tat, was er konnte. Er brachte den Krug unbeschädigt nach oben und ließ den Strick von neuem hinabgleiten. Schwieriger ging es mit dem zweiten Krug, der keine Henkel besaß. Aber auch dieser stand endlich oben im heißen Licht.

„Noch einer steht hier!" rief Achmad nach oben. Der Strick baumelte wieder herab; er wickelte ihn ein paarmal um den Krug, und als Tafar daran zog, schob er hinterdrein.

Nun besaßen die jungen Beduinen an „Schätzen" zwei harte Rollen und drei Krüge, in denen sie ebensolche Schriften verborgen wähnten. Sie waren müde geworden, und der Durst quälte sie sehr. Über dem Toten Meer lag ein schimmernder Dunst, wie er sich manchmal gegen Mittag erhob. Die Berge Moab sanken hinter einem heißen Schleier zurück.

„Wir verkaufen die Schriften in Jerusalem" beschloß Achmad eifrig.

Dies geschah auch später, und die jungen Beduinen erhielten dafür fünf Pfund in palästinensischer Währung, etwa dreißig Mark. Erst viel später zeigte es sich, daß Achmad einen Millionenfund, die zweitausend Jahre alten Schriftrollen von Qumran am Toten Meer, entdeckt hatte...

(Zeichnung: K. Grindler)

Zum Fußball-As geboren

Von Helmut Sohre

Im Garten eines der größten Fußballer aller Zeiten, Alfredo di Stefano, steht auf einem Sockel ein Fußball aus Marmor mit der Aufschrift: „Dir verdanke ich alles!"

Wie wurde Alfredo di Stefano einer der Größten? Seine Antwort: „Ich hatte Talent, war vom Fußballspiel besessener als tausend andere und versuchte bis zu jenem Tag, als ich abtrat, hinter das Geheimnis dieses Sports zu kommen. Ob es mir gelang, kann ich nicht sagen. Ich weiß nicht, ob es überhaupt einem gelingen wird."

Helmut Schön, Bundestrainer und einer der besten Trainer der Welt, wird täglich in zahlreichen Briefen und Gesprächen von ehrgeizigen jungen Sportlern gefragt: „Was muß ich tun, um ein großer Fußballer zu werden?"

Seine Antwort darauf: „Die Laufbahn eines Fußballspielers ist nicht eine Sache der Jahre um die Zwanzig herum. Viel wichtiger sind die früheren Jahre, die erste Bekanntschaft mit dem Ball und die Zeit, in der man Freude am Spiel, am Besser-sein-Wollen als die anderen gewinnt. Das Höher-Weiter-Schneller, das bessere Schießen, Köpfen und Spielen-Wollen beginnt zweifellos in den Kinderjahren, und gerade dort wird der Grundstein zu einer mehr oder weniger erfolgreichen Fußballer-Laufbahn gelegt."

Man kann durch sehr viel Fleiß und einen starken Willen, verbunden mit Beharrlichkeit, ein sehr guter Fußballer, ein Nationalspieler werden, aber um zu den ganz Großen dieses Sports zu gehören, dazu muß man geboren werden. Man braucht ein überdurchschnittliches Talent, wie in jeder anderen Sportart auch.

Es gibt Hunderte von Bundesligaspielern in der Bundesrepublik, alles überdurchschnittliche Fußballer. Aber es gab nur einen Fritz Walter, einen Uwe Seeler zu deren Zeit, und es gibt nur einen Franz Beckenbauer, Gert Müller, Günter Netzer und Wolfgang Overath. Es sind jene Spieler, die das gleiche Trainingspensum leisten wie ihre Kollegen, die aber mit den plötzlich auftretenden Situationen besser fertig werden, den Blick dafür haben, was im nächsten Augenblick geschehen muß, und sofort handeln. Man kann es auch als Instinkt bezeichnen. Dabei ist nicht einmal gesagt, ob sie auch technisch perfekter sind als die anderen. Es gibt Fußballspieler, die sind ‚Trainings-Weltmeister' und reine Ball-Artisten..., aber im Wettkampf überragen sie ihre Mitspieler nicht.

Als junger hoffnungsvoller Nachwuchsspieler beim Dresdener Sportklub lernte der heutige Bundestrainer Helmut Schön den berühmtesten Ball-Jongleur seiner Zeit, den Italiener Enrico Rastelli, kennen. Rastelli übte mit seinen Bällen täglich bis zu acht Stunden. Das alles für einen abendlichen Auftritt von etwa 20 Minuten. In der Erinnerung von Helmut Schön sah die Arbeit Rastellis folgendermaßen aus: „Rastelli ließ den Ball auf der Schuhspitze, auf den Schultern, auf dem Kopf tanzen, schlug — wenn der Ball in der Luft war — einen Salto und spielte den Ball im Überschlag mit den Fersen aufs Tor."

Dann baten die Spieler des Dresdener SC ihren berühmten Gast, an einem kleinen Übungsspiel teilzunehmen, und da wurde der große Rastelli entzaubert. Er

Englands Fußball-Nationalelf auf eigenem Boden besiegt. Es war eine Sensation, als die deutsche National-Mannschaft den Engländern 1972 im Londoner Wembley-Stadion mit 3:1 Toren das Nachsehen gab und damit den Grundstein für den Sieg in der Europameisterschaft legte. Das Bild v. l. n. r. zeigt den Münchner Breitner (am Boden), den Engländer Bobby Moore, den Münchner Gerd Müller, den Engländer Bell und den Münchner Torhüter Sepp Maier im Kampf um den Ball. (Foto: Horst Müller)

hatte keinen Raum mehr zum Jonglieren, wurde angegriffen, wenn er den Ball besaß, und mit seiner Kunst war es vorbei. Seine Balltechnik genügte den veränderten Anforderungen nicht.

Man spricht von Technik, die ein Fußballspieler beherrschen muß.

Was versteht man darunter? Es ist die vollendete Beherrschung des Balles mit den Füßen, dem Kopf und Körper. Eben das, was Meisterjongleur Enrico Rastelli artistisch demonstrierte. Man kann sich Technik bei etwas Geschick und sehr viel Fleiß im hohen Maße aneignen. Sie in einem Spiel unter Bedrängnis des Gegners aber auch virtuos anzuwenden, gelingt eben nur den ganz Großen dieses Sports, jenen, die den sechsten Sinn für das Fußballspiel besitzen. Und der muß angeboren sein! Nach Helmut Schöns Worten: „Eine hervorragende Technik ist nur dann erfolgreich, wenn sie auch unter dem Druck des angreifenden Gegners mit großer Schnelligkeit auf engem Raum angewendet werden kann. Die Balltechnik verlangt heute, daß man den Ball in allen Situationen des Spiels beherrscht und genau weiß, was man damit anfängt, bevor er noch da ist."

Neben der Technik gibt es die Taktik, und hier hat der ehemalige Reichstrainer, der berühmte Professor Dr. Otto Nerz, ein treffendes Wort gesprochen: „Die Taktik ist eine Sache der Intelligenz, und diese ist im allgemeinen dünner gesät als körperliche Fertigkeiten (Geschick), auch beim Fußballspiel. Das einende Band in einer Fußball-Mannschaft ist die Taktik. So ist es ganz verständlich, daß auf den schwierigsten Posten Taktiker bevorzugt werden, und daß der ideale Spielführer einer Mannschaft große taktische Fähigkeiten besitzen muß. Die Zusammenarbeit in einer Mannschaft gründet sich auf Ideen, die Technik liefert dabei das Rüstzeug zur Durchführung. Der Nurpraktiker wird nie die höchste Stufe erreichen können. Bei großem Talent und Instinkt mag er wohl Gutes leisten können, aber mehr nicht. Insbesondere bedarf ein Mannschaftssport der Theorie, weil nur Ideen die einzelnen Glieder verbinden und so zu einer Mannschaft zusammenschmelzen." Professor Dr. Otto Nerz gilt als jener Mann, der ein geordnetes Spielsystem in den deutschen Fußball brachte, er kreierte 1934 in Deutschland das aus England übernommene WM-System. Das heißt, wenn man die Aufstellung der Angriffs- und Abwehrspieler von oben betrachtete, glich sie einem „W" und einem „M". Die Stürmer bildeten den Buchstaben „W", während die beiden Verteidiger und die drei Läufer den Buchstaben „M" darstellten. Wobei hinzuzufügen ist, daß das „W" der Stürmerreihe dadurch zustande kam, weil die Halbstürmer zurückgezogen, die fünf Stürmer also nicht in einer Linie spielten.

Das WM-System gilt inzwischen als überholt, jetzt wird in dem sogenannten 4-2-4- oder 4-3-4-, ja sogar im 1-4-2-3-System gespielt. Letzteres System ist eine defensive Methode, das sogenannte „Mauersystem".

Ein Weltklasse-Fußballer muß Einfühlungsvermögen nicht nur zu seinem Gegner, auch zu den Mitspielern haben, und auch das ist angeboren und kaum zu erwerben. So ist auch der Ausspruch von Bundestrainer Helmut Schön zu verstehen: „Elf gute Fußballer ergeben noch längst keine gute Mannschaft. Entscheidend ist, daß elf gute Fußballer auf dem Platz stehen, die sich in allen Lagen zurechtfinden."

Bleiben noch die körperlichen Voraussetzungen, die ein großer Fußballer haben muß. Das wäre in erster Linie eine unerhörte Kondition der Muskulatur und der Organe. Denn Fußball ist heute reiner Kampfsport geworden, wie es vor wenigen Jahren noch undenkbar war. Es wird von Beginn an ein hohes Tempo angeschlagen und versucht, mit diesem Tempo den Gegner zu zermürben. Das aber wiederum bedeutet ausgeprägtes Fitneß-Training. Doch auch körperliche Ausdauer, Strapazierfähigkeit und Härte kann man nur bis zu einem gewissen Grade erwerben. Auch hierzu muß man die Veranlagung mitbringen, wenn man Überdurchschnittliches leisten will. Mit viel Fleiß und gutem Willen kann man auf diesem Gebiete jedoch sehr viel erreichen.

Helmut Schön, der den Weg eines großen Fußballstars erfolgreich beschritt, sagt über seine Anfangszeit als junger Spieler: „Wir trainierten damals offiziell zwei- oder dreimal in der Woche, aber ich nahm jede Gelegenheit wahr, um zusätzlich auch noch privat zu trainieren. So war ich manchmal mutterseelenallein im großen Stadion des DSC, das dem Verein gehörte und über 50 000 Zuschauer faßte. Ich beschäftigte mich stundenlang mit dem Ball. Mir tat es gut, und ich habe immer wieder den Spielern gesagt, wie wichtig es ist, mehr zu tun als die anderen. Das bringt Sicherheit und auch Selbstvertrauen, wenn man weiß, daß man alles getan hat, um sich auf die schweren Wettkämpfe vorzubereiten."

Das Pensum, das heute Bundesligaspieler bewältigen müssen, liegt weit über dem, das sich Helmut Schön damals selbst auferlegt hat. Mit dieser Art Training wäre heute kein Blumentopf mehr zu gewinnen. So haben sich die Zeiten geändert. Auch im Fußballsport!

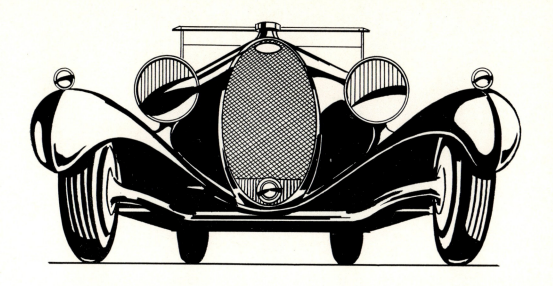

Traumwagen gestern – Traumwagen heute

Zu der farbigen Ausklapptafel am Beginn des Buches

Von Claus Bock

Das Wort „Traumwagen" hat für den Autofreund von heute, in unserer nüchternen, zweckbestimmten, auf die Massenproduktion von Waren, nicht zuletzt von Autos ausgerichteten Zeit einen faszinierenden, magischen Klang. Die Autoindustrie macht sich heute diesen, beim Käufer noch vorhandenen „Traum vom funkelnden Luxuswagen" zunutze, indem sie ihren jährlich neu erscheinenden Modellen immer kühnere Formen, mehr Chrom, größeren Fahrkomfort und, zugegeben, auch größere Fahrsicherheit geben.

Dennoch erfüllen heute nur noch wenige Spitzenmodelle die Anforderungen, die man an einen „Traumwagen" stellen darf. Hierüber entscheidet letztlich nicht die Größe eines Autos, nicht der Chrom und der Lack, sondern die Eigenart der Konstruktion, hohe Leistung, bestes Material und eine hervorragende Verarbeitung.

Zunächst sei festgestellt, daß viele, ganz auf die Produktion von Luxusautos eingestellte Autofirmen nicht mehr existieren und ihre Nobelmarken von den Straßen verschwunden sind. Namen wie Maybach, Duesenberg, Bugatti, Isotta-Fraschini, um nur einige zu nennen, sind nur noch Älteren oder Oldtimer-Fans ein Begriff. Nur noch einzelne Exemplare dieser großen Vergangenheit stehen heute gehegt und gepflegt in Museen oder Privatsammlungen und sind der Stolz ihrer Besitzer.

Die Herstellung von Luxusautos für anspruchsvolle Käufer geht bis in die Früh-

Titelbild: „Bugatti" 13-Liter-„Le Royale". Dieser Traumwagen wurde in nur sieben Exemplaren hergestellt. (Zeichnung: C. Bock)

zeit des Automobils zurück. Der Besitz eines Mercedes galt schon um die Jahrhundertwende als Beweis eines „großen Portemonnaies" und einer Kennerschaft für technische Raffinessen und Qualität.

Damit sind wir schon bei einem wahren Stern unter den Automobilen, dem Mercedes. Der Ursprung dieses Autonamens geht zurück auf die so um 1900 herum elfjährige Tochter Mercédès, des Daimler-Frankreichvertreters Jelineck. Neben den großen internationalen Rennerfolgen mit ihren Silberpfeilen sind es die technisch fortschrittlichen und bestens verarbeiteten Serienmodelle, die den Namen Mercedes weltberühmt machten.

Hier eine kleine Aufzählung erfolgreicher Modelle: Der 7,3 Ltr. „28/59" von 1914. Dann nach dem Zusammenschluß der Traditionsfirmen Daimler und Benz 1928 der Typ „SSK", 7 Ltr. mit Kompressor, einer der erfolgreichsten Sportwagen der Welt. 1930 erscheint der in kleinen Stückzahlen hergestellte „Große Mercedes" mit 7,7 Ltr. Hubraum. Berühmte Besitzer dieses Spitzenproduktes waren: Papst Pius XII., der japanische Kaiser Hirohito und der letzte deutsche Kaiser Wilhelm II., der seinen kriegsschiffgrauen, „Großen Mercedes" mit Hohenzollernwappen im holländischen Exil überreicht bekam. Der Nachfolger dieses Traumwagens der dreißiger Jahre ist wohl in dem heutigen „Typ 600" zu suchen. Internationalen Erfolg hatte in den fünfziger und sechziger Jahren der Mercedes „300 SL", der die große Mercedes-Tradition nach dem letzten Kriege wieder fortsetzte. Ein waschechter Traumwagen ist das vor einigen Jahren herausgekommene Versuchsmodell „Mercedes C 111", in dem alle autotechnischen Erfahrungen und Errungenschaften (einschließlich Wankelmotor) Berücksichtigung finden.

Ein weiterer Stern am deutschen Autohimmel erschien in den Jahren 1920 bis 1930. Der Sohn Wilhelm Maybachs, eines langjährigen Mitarbeiters von Gottlieb Daimler, Karl Maybach, befaßte sich neben dem Motorenbau mit der Herstellung großer, leistungsfähiger Autos. Sein größtes und teuerstes Modell, der in Friedrichshafen am Bodensee hergestellte Maybach, „Typ Zeppelin", hieß nach den erfolgreichen deutschen Zeppelin-Luftschiffen, die fast ausschließlich mit den enorm zuverlässigen Maybach-Motoren ausgerüstet waren.

Die nach dem deutschen Autopionier August Horch genannten „Horch-Wagen" besaßen schon früh (um 1906) einen weltweiten Ruf. Ursache dieses Rufs waren erfolgreiche Langstreckenfahrten und Tourenrennen. Der Sohn des großen Autoerfinders Gottlieb Daimler, Paul Daimler, schuf bei Horch 1926 den ersten deutschen Achtzylinder. 1932 vereinen sich die Horch-Werke mit drei anderen Autofirmen zur Auto-Union. Nun verläßt bis zur Einstellung der Autoproduktion im Zweiten Weltkrieg ein eleganter und komfortabler Wagen nach dem anderen die Horch-Werke in Zwickau in Sachsen.

Einen ganz besonderen, man könnte sagen einen musikalischen Klang hat bei allen Autoliebhabern der Name „Bugatti". Der Begründer dieser Marke, (Le Patron) Ettore Bugatti, vereinte in seinen Schöpfungen Schönheit mit technischer Höchstleistung. Automodelle wie der Bugatti „Le Royale", oder der „57 C Atalanta" stellen wahre Kunstwerke des Autobaus dar.

Kühlerzeichen an Traumwagen

Der 13-Liter-„Le Royale" wurde in ganzen sieben Exemplaren hergestellt und gilt bei Kennern als das großartigste Auto, das je gebaut wurde. Unter den „begnadeten" Besitzern des „Le Royale" waren die Könige Gustav von Schweden und Carol von Rumänien. Die Bugatti-Wagen, das Werk wurde 1909 von Ettore Bugatti in Molsheim bei Straßburg auf deutschem Staatsgebiet gegründet, gelten nach 1918 durch den Verlust Elsaß-Lothringens an Frankreich als französisches Erzeugnis.

Eine Nobelmarke, die sich über die Zeiten bis heute halten konnte ist der englische „Rolls Royce". Von der Jahrhundertwende bis 1918 war der Rolls Royce „Silver Ghost", 7,4 Liter, im Hinblick auf Technik und Qualität das seiner Zeit beste Auto der Welt. Auch heute noch basiert der gute Ruf, den Rolls-Royce-Wagen in aller Welt haben, auf dieser Vergangenheit. Zwei besondere Vorzüge zeichnete den Rolls Royce seit eh und je aus: „Lautlosigkeit und Langlebigkeit."

Auch in den USA spezialisierten sich vor allem in den „goldenen zwanziger Jahren" einige Autohersteller auf den Bau von luxuriösen Traumwagen. Zum Beispiel die riesigen und besonders leistungsstarken „Duesenberg"-Modelle „J" und „SJ" müssen hier an erster Stelle genannt werden. — Aber auch „Packard", „Stutz" und „Cord" waren in der ganzen Welt verbreitet.

Es ist interessant, daß die Autohersteller mit einigen Ausnahmen in der klassischen Traumwagenzeit, also zwischen 1900 und 1940, ausschließlich Fahrgestell und Motor lieferten. Die mehr oder weniger traumhaften Karosserien wurden von spezialisierten Karosseriefabriken maßgeschneidert angefertigt.

Viele großartige Automarken sind in den Kriegs- und Nachkriegsjahren verschwunden. So der eigenartige belgische „Minerva". Der Motor des „Minerva" wurde nicht durch Ventile, sondern durch Flachschieber, wie sie zum Beispiel Dampfmaschinen besaßen, gesteuert. Oder der spanisch-schweizerische „Hispano-Suiza" (die Autos dieses Konzerns wurden bei Paris gebaut), der zu den teuersten Wagen der Welt zählte. Das Glanzstück dieser Marke, der 8-Liter-„Typ 45 Boulogne" hatte eine rennbootartige Karosserie aus Rosenholz und poliertem Kupferblech, miteinander verbunden durch Tausende von Kupfernieten. Oder die besonders bergfreudigen österreichischen „Austro-Daimler", bei deren Entwicklung kein Geringerer als Ferdinand Porsche maßgeblich mitwirkte.

Einen ganz großen Welterfolg haben besonders in den Nachkriegsjahren italienische Traumwagen verschiedener Fabrikate. Waren es früher Marken wie: „Alfa Romeo", „Lancia", oder „Isotta Fraschini", so sind es heute die maßgeschneiderten Sportcoupés von „Ferrari", „Lamborghini", „Maserati" und andere. Ihren hervorragenden technischen Ruf erwarben sie sich im internationalen Motorsport, der ja bekanntlich höchste Ansprüche an die Autotechnik stellt. Die Formgebung italienischer Autos ist vorbildlich. Sie gibt der gesamten Autoindustrie wesentliche stilistische Impulse.

Das Auto, vor allem seine schönsten und großartigsten Beispiele, ist und bleibt für viele „das schönste Spielzeug, das der Mensch je erfunden hat". Auch wenn die Zukunft des Autos — wegen der zukünftigen Sicherheits- und Umweltschutzbestimmungen — in seiner heutigen Form etwas in Frage gestellt ist.

Was ist Elektronik?

Von Rudolf Wollmann

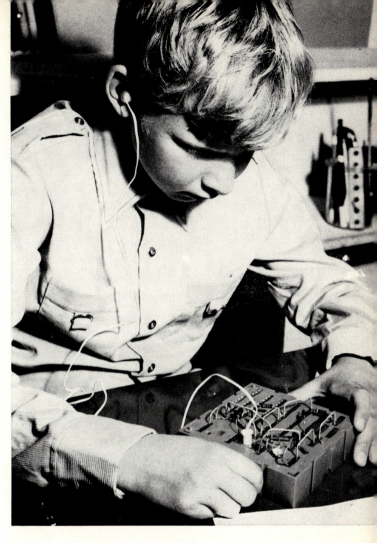

Beim Experimentieren mit dem KOSMOS-Elektronikus

Ein Prüfungskandidat erhielt die Frage, was Elektrizität sei. Verlegen rutschte er auf seinem Sitz hin und her und sagte schließlich: „Heute morgen habe ich es noch genau gewußt, Herr Professor, und nun ist es mir völlig entfallen!" Der Professor lächelte und erwiderte belustigt: „Das tut mir aufrichtig leid, Herr Kandidat. Denn die Wissenschaft wäre Ihnen für die richtige Antwort unendlich dankbar gewesen!"

Vor etwa 70 Jahren, als man sich diesen Scherz erzählte, gab es längst Telefon und Telegraf, elektrische Kraftwerke, Motoren und Lichtanlagen. Man hatte die Elektrizität schon in großem Ausmaß dem Menschen dienstbar gemacht, aber ihr Ursprung war ungeklärt. Heute wissen wir, daß die Elektronen, die kleinsten Bausteine der Materie, die Träger der Elektrizität sind und durch ihr Wandern in metallischen Leitern und Halbleitern den elektrischen Strom hervorrufen. Wir wissen, daß sich die Elektronen unter gewissen Voraussetzungen aus einem Leiter herauslösen und frei in den Raum heraustreten, und daß elektromagnetische Wechselfelder hoher Schwingungszahl als Raumwelle den Äther durchfluten. Aus diesen Erkenntnissen entstand das Wunder des Rundfunks und Fernsehens, Radar, Elektronenmikroskop und Atomspaltung.

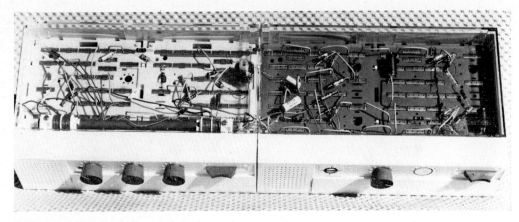

Radiogerät aus Radio + Elektronik-Serie

Alle diese Erfindungen waren mit Hilfe der Elektronenröhre entwickelt worden. Die elektrische Tonaufzeichnung auf Schallplatte und Tonband, Fotozellenverstärker und Tonfilm, elektronische Musikinstrumente, Fernsteuerung und vieles andere gab es schon vor 40 Jahren. Ja, sogar Fernsehen konnte man damals schon, wenn auch die Bilder sich mit den heutigen nicht vergleichen lassen.

Radioröhren brauchen eine Heizstromquelle für den Glühfaden, der nur bei Erhitzung Elektronen austreten läßt, sowie eine Anodenstromquelle hoher Spannung, welche die Elektronen durch den äußeren Arbeitsstromkreis treibt. Glühfaden, Steuergitter und Anode müssen sich im Vakuum befinden, und die Lebensdauer einer Radioröhre ist beschränkt. Alle diese Nachteile beseitigte der Transistor, dem wir die ungeahnte Entwicklung der heutigen Elektronik verdanken. Er braucht keine Heizstromquelle und kein Vakuum, benötigt eine nur niedrige Arbeitsspannung, hat eine praktisch unbegrenzte Lebensdauer und ist — das wohl Wichtigste — mindestens hundertmal kleiner als eine Radioröhre gleicher Leistung. Wegen dieser winzigen Ausmaße, des geringen Gewichts und des besseren Nutzeffekts hat der Transistor heute auf den meisten Gebieten der Radiotechnik die Elektronenröhre verdrängt. Ihm ist zum größten Teil nicht nur der heutige Stand der Weltraumfahrt und die Satellitentechnik zu verdanken, sondern auch die Datenverarbeitung im Computer, der schon bei einer mittleren Anlage bis zu 10 000 Transistoren enthält. Der Transistor ist allerdings nur eines der vielen Elektronik-Bauelemente. Fast jede Schaltung benötigt auch Dioden, Kondensatoren und Widerstände, manche auch Heißleiter, Thyristoren und Fotozellen, um nur die wichtigsten zu nennen.

Jeder von uns benutzt heute elektronische Geräte, ohne viel darüber nachzudenken: Rundfunk- und Fernsehempfänger, Plattenspieler und Tonbandrecorder, Torsprechanlage und vollautomatische Kamera. Wir wundern uns nicht mehr, wenn sich Türen beim Nähern selbsttätig öffnen, die Straßenbeleuchtung bei Dämmerung einschaltet oder die Töne einer Elektronik-Orgel oder -gitarre tausendfach verstärkt aus dem Lautsprecher kommen. Aber was dahinter steckt, ist manchem ein Buch mit sieben Siegeln. Und doch ist die Elektronik durchaus nicht so schwierig zu verstehen, wenn man sich einmal praktisch, im Experiment und Selbstbau damit beschäftigt. Hunderttausende begeisterter Elektronik-Bastler haben sie längst zu ihrem Hobby gemacht, seitdem es sämtliche Bauteile im Handel zu kaufen gibt und die erforderlichen Schaltungen heute zahlreichen Fachbüchern und -zeitschriften zu entnehmen sind.

Nicht überall gibt es allerdings Fachgeschäfte für die Bauteile, und der Bezug durch ein Versandhaus erfordert oft Wartezeiten, bis man alle Teile beisammen hat. Weitaus bequemer machen es die Radio- + Elektronik-Experimentierkästen von Kosmos *). Sie enthalten nicht nur sämtliche Bauteile, sondern auch sehr sinnreich konstruierte Aufbauplatten zum Einstecken der Bauelemente. Diese brauchen daher nicht gelötet zu werden, so daß sich insgesamt 60 verschiedene Schaltungen in kürzester Zeit aufbauen und wieder auseinandernehmen lassen. Schon ein 11jähriger Junge kann an Hand des mitgelieferten Anleitungsbuches Rundfunkempfänger, Einbruch-Signalanlagen, Regenmelder, Mikrofonverstärker und sogar eine Lichtorgel bauen. Wäre das nicht ein prächtiges Geschenk?

* Kosmos-Verlag. Franckh'sche Verlagshandlung, Stuttgart, Postfach 640.

Das Geheimnis der magischen Dreiecke

Von Walter Sperling

Hans Rechner kommt mit einem kuriosen Rechenkunststück. Er hat auf Papier diese Zahlenkombination notiert:

```
      3
   5     7
 2    6    4
```

Er sagt dazu: „Die Ziffernreihe 2-3-4-5-6-7 ist so in Dreieckform gesetzt, daß das Dreieck ‚magisch‘ geworden ist! Was das heißt? Nun, die Ziffern stehen in Beziehungen zueinander; nämlich: Die gegenüberliegenden Ziffern 2 und 7, 5 und 4, wie auch 6 und 3 ergeben als Summe stets 9!"

„Das soll ein Kunststück sein!..." ruft einer. „Mit der Neun gibt es allerhand Rechentricks! Mach das mal so, daß überall als Additionssumme eine Zehn herauskommt!"

„Kann ich", sagt Hans. „Nur muß man andere Ziffern wählen. Das Dreieck erreiche ich mit den Ziffern 1-2-3-7-8-9 und sieht so aus:

```
      7
   9     8
 2    3    1
```

„Kannst du es auch mit der Endsumme Elf?" will einer wissen.

„Natürlich!" lacht Hans und zeichnet diese Figur:

```
      3
   5     9
 2    8    6
```

„Mensch, das hast du alles im Kopf?" verwundert sich nun die Runde. Hans nickt vergnügt.

Natürlich hat Hans einen Trick, und der ist so einfach, daß wir die Sache sofort probieren können; viel Rechnerei ist nicht dabei. Angenommen wir wollen ein solches Dreieck mit dem Ergebnis 12 anfertigen, dann müssen wir zunächst die drei Eckzahlen hinsetzen — und die müssen in diesem Falle schon 12 ergeben. Beispiel:

$$\begin{array}{cc} & 4 \\ 3 & 5 \end{array}$$

Nun sind nur noch die drei Zwischenzahlen zu finden, die erhält man, wenn jeweils die zwei Ziffern einer Reihe — also hier 4 und 5, 3 und 4, 3 und 5 — zusammengezählt werden. Zwischen 4 und 5 kommt eine 9; zwischen 3 und 4 eine 7; zwischen 3 und 5 eine 8, fertig!

Das Dreieck sieht so aus:

$$\begin{array}{ccc} & 4 & \\ 7 & & 9 \\ 3 & 8 & 5 \end{array}$$

Die gegenüberliegenden Zahlen ergeben jeweils 12. Ein Versuch mit den magischen Summen 13, 14, 15 usw. wird zeigen, wie leicht dieses verblüffende Zahlenkunststück ist.

Hutzliputz zeigt ein tolles Zauberkunststück: Das frei schwebende Glas

Hinter das Geheimnis dieses Tricks wird wohl keiner kommen: Hutzliputz zeigt ein Weinglas und ein Tuch zum Untersuchen vor. Dann stellt er das Glas erhöht (auf ein Buch), damit es jeder sehen kann. Das Tuch faltet er zum Streifen zusammen und legt es über den Glasfuß a, Abb. 1.

Dann brabbelt er einen kilometerlangen Zauberspruch und umkreist das Ganze mit seinem Zauberstab. Jetzt geschieht etwas, das wir auf Abb. 2 sehen können: Hutzliputz ergreift die Tuchenden, strafft das Tuch und hebt die Arme. Das Glas folgt und schwebt in einigem Abstand völlig frei unter dem Tuch. Selbst wenn Hutzliputz die Arme noch mehr hebt oder senkt, oder umhergeht, folgt das Glas gehorsam. So stellt er es auch wieder ab und reicht sogleich Tuch und Glas zum Untersuchen. Da ist nichts Verdächtiges dran.

Wie macht er das? Hier das Geheimnis (aber nichts verraten!): Abb. 3 zeigt Buch und Glas. Über dem Buch liegt eine Nylonfadenschlinge von dunkler Farbe. Das Glas steht zwischen den Fadenteilen. Zusammen mit dem Tuch werden die Schlingenenden mit aufgehoben, und beim Straffen legen sich die seitlichen Fadenteile unter den Glasfuß a; somit kann man das Glas mit aufheben. Durch seine Schwere hängt der Faden etwas durch und es sieht aus, als würde das Glas frei in der Luft schweben.

Auflösung der Rätsel und Denksportaufgaben

Seite 45: Kluge Kombination:
NOTEN NUTEN TUTEN TATEN

Seite 57: Die drei Verschwörer:
A und 6, B und 8, C und 5.

Seite 61: Wieviel Eier sind im Korb?:
15 ist die Hälfte; 5 mehr sind 20 = 2/3. 3/3 = 30 Eier.

Seite 73: Die gemeinsame Vorsilbe:
mo — al — do — ra — in — de = Madrid.

Seite 84: Pinguin und Pinguine:
Waagerecht: 1 Amt, 4 Maus, 5 Peter, 7 Irrtum, 9 Oede, 10 Speer, 13 Inge, 16 Rom, 18 noir, 19 Tran, 21 Zange, 22 Gnom.
Senkrecht: 1 Amerika, 2 Matrose, 3 Tuete, 5 Pinguin, 6 Ruder, 8 Meer, 11 Pier, 12 Rum, 14 Notiz, 15 Girlande, 16 Rind, 17 Olive, 20 Arno, 23 mal.

Seite 91: Wer hat besonders gute Augen?:
Es sind genau 20.

Seite 123: Eine Seefahrt, die ist lustig:
1. Nordsee — 2. Eibsee (in Bayern) — 3. Parana — 4. Ussuri — 5. Themse.

Seite 141: Von wem sind die Spuren im Schnee:
Hereingefallen! Hier hatte jemand spaßeshalber „alle Hände voll zu tun". Ein junger Mann lief im Handstand durch den Naßschnee.

Seite 183: Das rätselhafte Glas:
Oben kommen 6 3 5;
unten kommen 1 4 2.

Seite 230: Ein lustiger Knüttelreim:
Wer lange liegt im Federbett, der bleibt trotz aller Bäder fett!

Seite 358: Ein Regenspiel:
STUTTGART
UTA RAT GRAT GAS AST START STAR GAST GAR RAST GUT TRUST STAU TAU GAU TRUG SATT TAT GURT RUST (die Storchenstadt am burgenländischen Neusiedlersee) TAG GRAS SARG ART.

Seite 367: Ein Spiel mit Nullen:
Nehmt den Bleistift und setzt ihn oben beim Stern in der rechten Ecke an. Zieht einen Bogenstrich zur linken Kante der oberen Null. Zieht diese Kante entlang und zwischen die Nullen durch; weiter gehts an der rechten Kante der unteren Null entlang, bis zum Stern unten links. Es entsteht oben eine 6 und unten eine 9; und das macht bekanntlich zusammen 15! Stimmt's?

Seite 375: Lange nicht gesehen — doch wiedererkannt:
ARIZONA

Durch die weite Welt mit Franckh-Büchern

Ob es sich um Geschichte, Entdeckungen, Reisen, Fußball, Reiten, Radio und Elektronik, Auto und Eisenbahn, Briefmarkensammeln, fremde Länder oder Sport und Technik handelt — in eurem großen Jahrbuch DURCH DIE WEITE WELT habt ihr schon manches darüber gelesen. Viel mehr noch über jedes Gebiet findet ihr in den beliebten Büchern aus dem Franckh-Verlag:

Gut Freund mit Pferden

Das Pferd ist neben dem Hund des Menschen treuester Gefährte. In spannenden Berichten erzählt dieses Buch vom Pferd als Helfer in Krieg und Frieden, bei Sport und Arbeit, von berühmten Reitern, über Pferderassen und Pferdezucht.
Von Helmut Sohre.

Kosmos-Taschenkalender 1974

Für Praktiker und Wißbegierige. Der Taschenkalender für jeden Jungen: vielseitig, aktuell, voll nützlicher Übersichten für Schule, Haus, Hobby, Sport und vieles mehr.

Die drei ??? und der verschwundene Schatz

Ein dreister Diebstahl mitten aus einem gutbesuchten Museum bereitet den drei jungen Detektiven Peter, Bob und Justus diesmal erhebliches Kopfzerbrechen. Daß sie im Zuge ihrer Ermittlungen noch einen Bankraub aufklären und eine alte Dame von seltsamen „Gnomen" befreien, ergibt sich beinahe am Rande.
Von Alfred Hitchcock.

Tempo 200

Wer kennt wirklich alle Seiten eines modernen Eisenbahn-Unternehmens? Tempo 200 ist der Titel eines Buches, das in interessanten Berichten und mit 200 großformatigen Fotos Technik und Betriebsgeschehen der Bundesbahn schildert.
Von Ralf Roman Rossberg.

Der Große Naturführer

Dieser Naturführer, in seiner Art völlig neu, ist der ideale Begleiter für jeden Naturfreund. Über 1000 Tiere und Pflanzen sind anhand eines rasch orientierenden Systems ausführlich beschrieben und mit insgesamt 1193 farbigen Abbildungen naturgetreu dargestellt, so daß der Benutzer sämtliche Tiere und Pflanzen zuverlässig bestimmen kann.
Von Dr. J. Felix / Dr. J. Toman / K. Hisek.

Stern für Leser

In seinem neuesten Buch vertraut Horst Stern allein dem Wort als Medium. Auf seinen ausdrücklichen Wunsch hin wurden nur zwei Fotografien aufgenommen. Die Themen: Tiere und Landschaften. Wie man weiß, liegen diese Themen dem Journalisten, Rundfunkmann und ständigen Fernsehgast besonders am Herzen. Hier schildert er gesammelte Erlebnisse der letzten zwei Jahrzehnte.

Die Diamanteninsel

Der junge Wissenschaftler Garth Larson stößt bei seinen Forschungsarbeiten auf der Insel Molahve auf ein geheimnisvolles Tabu, das diese umgibt. Als Larson das Rätsel lösen will, sieht er sich plötzlich vielen Gefahren ausgesetzt ...!
Von Robb White.

Super Nova und der fremde Satellit

Wir befinden uns im Jahr 2050 auf der Mondstation Port Imbrium. Der Funk- und Radarkontakt zum Raumfrachter Archimedes ist abgebrochen. Doch plötzlich wird die Funkstille von schwachen SOS-Rufen unterbrochen. Das bedeutet für den jungen Steve Muray den ersten Einsatz im Rettungsschiff Super-Nova. Er ahnt nicht, daß ihm ein Kampf auf Leben und Tod bevorsteht.
Von Angus MacVicar.

Franckh-Bücher gibt es in jeder Buchhandlung.

Den kostenlosen, vierfarbigen Jugendbuch-Prospekt (P 239) schicken wir auf Anforderung gerne zu.

Franckh-Verlag, 7 Stuttgart 1, Postfach 640

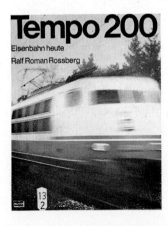